THE PROMISED NEVERLAND

6

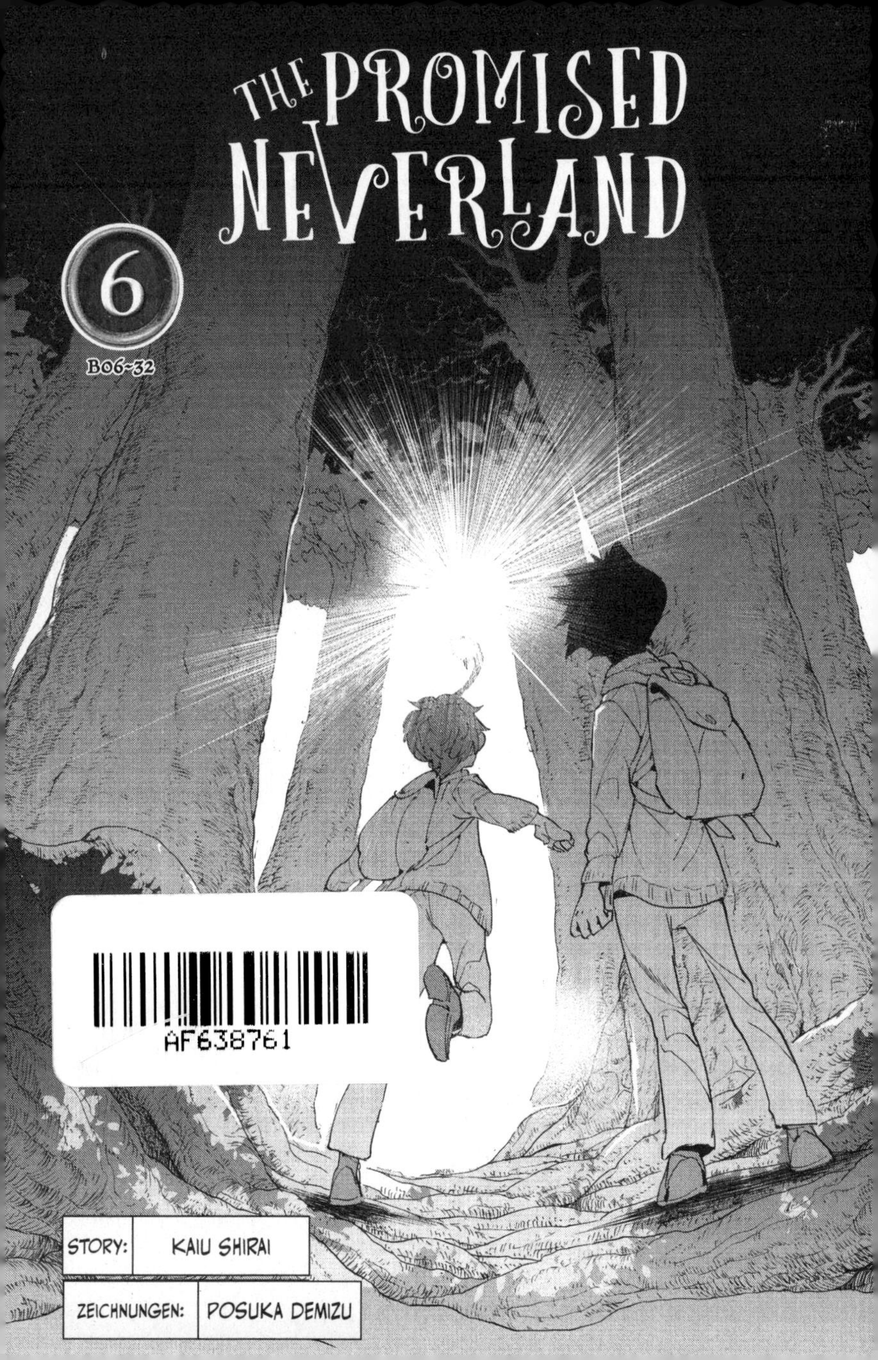

STORY:	KAIU SHIRAI
ZEICHNUNGEN:	POSUKA DEMIZU

DIE KINDER VON GRACE FIELD HOUSE

SIE WOLLEN INNERHALB VON ZWEI JAHREN ALLE KINDER BEFREIEN, DIE SIE IM GRACE FIELD HOUSE ZURÜCKLASSEN MUSSTEN.

CHARAKTERE

EMMA

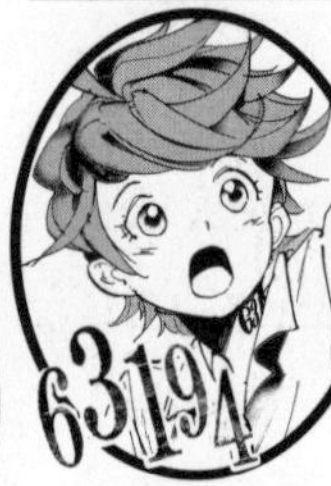

EXTREM SPORTLICH, MIT SCHNELLER AUFFASSUNGSGABE. EINE STIMMUNGSMACHERIN.

RAY

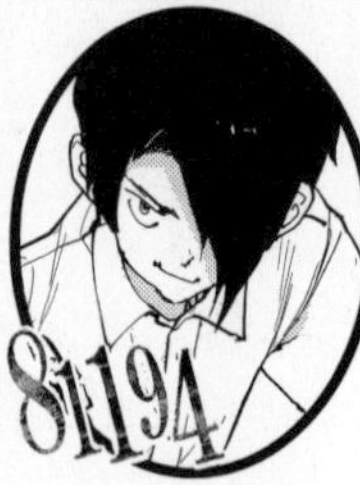

NUR DER KLUGE UND BELESENE RAY KANN ES MIT NORMANS INTELLEKT AUFNEHMEN.

NORMAN

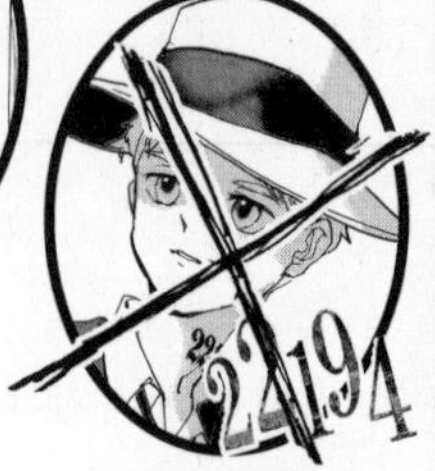

AUSGEZEICHNETER ANALYTIKER MIT KÜHLEM VERSTAND. DAS GENIE VON GRACE FIELD HOUSE.

PHIL

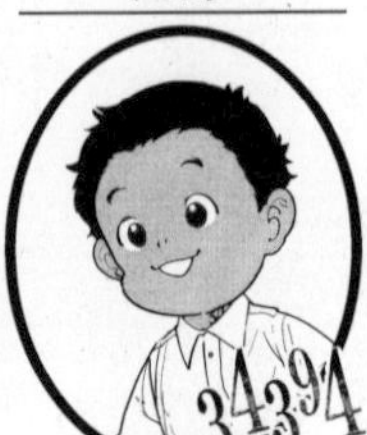

FRÖHLICHER JUNGE, DER EMMA ÜBER ALLES LIEBT

GILDA

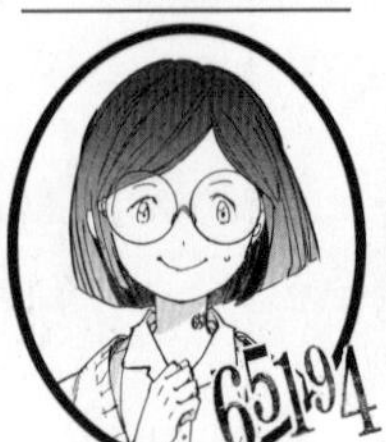

SCHARFSINNIGES MÄDCHEN, DAS WOHLÜBERLEGT HANDELT

DON

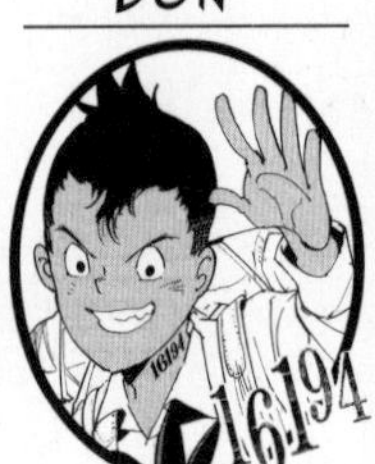

FRÖHLICHER, ÜBERMÜTIGER JUNGE, DER NICHT GUT VERLIEREN KANN

LANNION

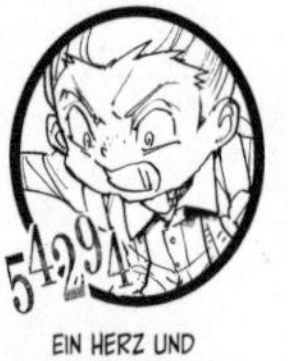

EIN HERZ UND EINE SEELE MIT THOMA

THOMA

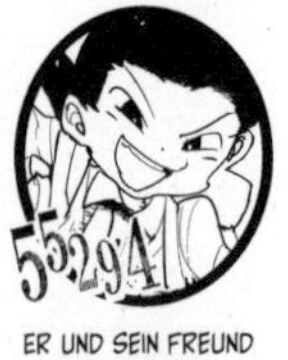

ER UND SEIN FREUND LANNION SIND UNZERTRENNLICH.

NAT

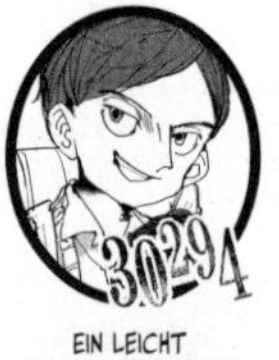

EIN LEICHT SELBSTVERLIEBTER ANGSTHASE

ANNA

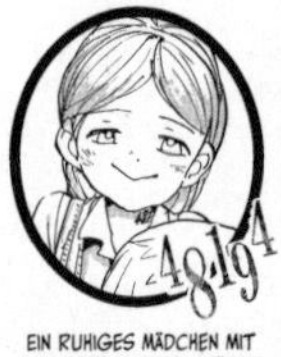

EIN RUHIGES MÄDCHEN MIT GROSSER INNERER STÄRKE. SORGT SICH UM IHRE GESCHWISTER.

DIE ERWACHSENEN VON GRACE FIELD HOUSE

WERDEN AM LEBEN GELASSEN, UM DIE KINDER ALS NAHRUNG FÜR DIE MONSTER HERANZUZÜCHTEN

KRONE

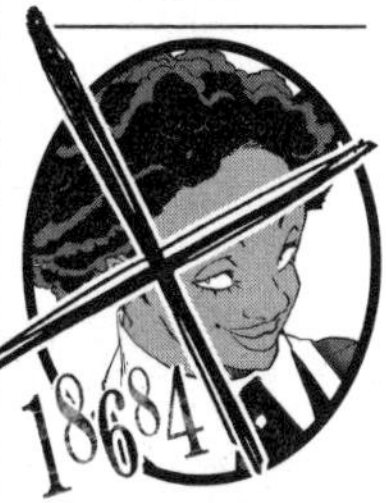

ISABELLAS GEHILFIN UND EINE HANDLANGERIN DER MONSTER

GROSSMUTTER

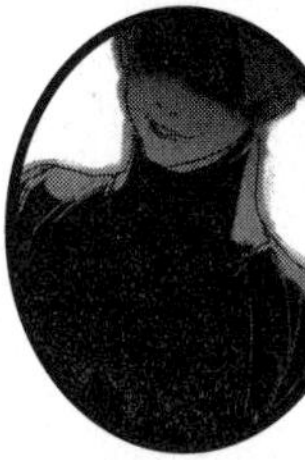

LEITERIN DER ERWACHSENEN VON GRACE FIELD HOUSE

ISABELLA

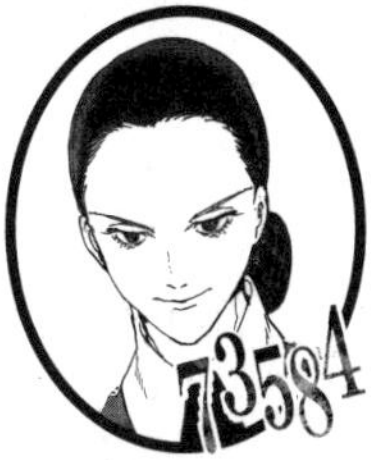

FÄHIGE ZUCHTLEITERIN. HAT EMMA UND IHRE GESCHWISTER GROSSGEZOGEN.

???

W. MINERVA

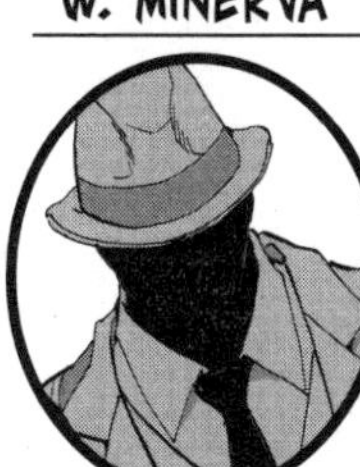

HAT DEN KINDERN GEGENSTÄNDE HINTERLASSEN, DIE IHNEN HELFEN SOLLEN, VON DER FARM ZU FLIEHEN

DIE MONSTER VON GRACE FIELD HOUSE

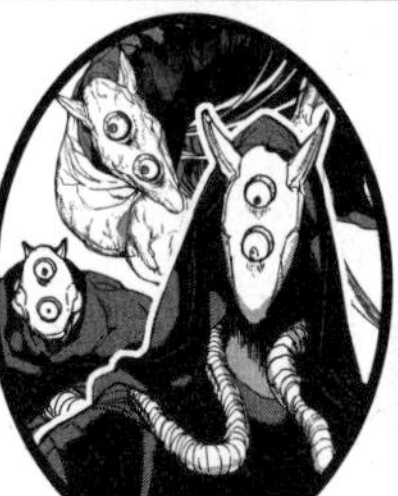

ZÜCHTEN KINDER MIT BESONDERS WEIT ENTWICKELTEN GEHIRNEN HERAN, UM SIE ZU ESSEN

WAS BISHER GESCHAH

IN »GRACE FIELD HOUSE« FÜHREN 38 WAISENKINDER MIT IHRER BETREUERIN ISABELLA, DIE SIE WIE EINE WIRKLICHE MUTTER LIEBEN, EIN GLÜCKLICHES LEBEN.
EINES TAGES MÜSSEN EMMA UND NORMAN JEDOCH FESTSTELLEN, DASS IHRE »MAMA« SIE IN WIRKLICHKEIT ALS NAHRUNG FÜR MONSTER HERANZÜCHTET. UM NICHT GEFRESSEN ZU WERDEN, BEREITEN SIE EINE FLUCHT VOR, BEI DER SIE ALLE IHRE GESCHWISTER MITNEHMEN WOLLEN. SIE WEIHEN RAY, DON UND GILDA IN IHR VORHABEN EIN. DOCH KURZ VOR DER FLUCHT WIRD NORMAN, DER KOPF DER GRUPPE, AN DIE MONSTER AUSGELIEFERT. UM NICHT NOCH MEHR KINDER ZU VERLIEREN, BESCHLIESSEN EMMA UND IHRE FREUNDE, DIE UNTER FÜNFJÄHRIGEN VORERST IM WAISENHAUS ZURÜCKZULASSEN. SIE MACHEN SICH AUF DEN WEG ZU DEN KOORDINATEN B06-32, DIE IN MINERVAS NACHRICHT ERWÄHNT WURDEN...

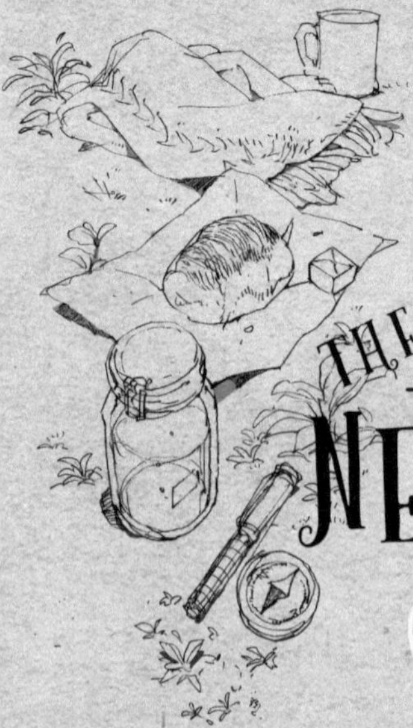

THE PROMISED NEVERLAND

6

B06-32

Inhalt

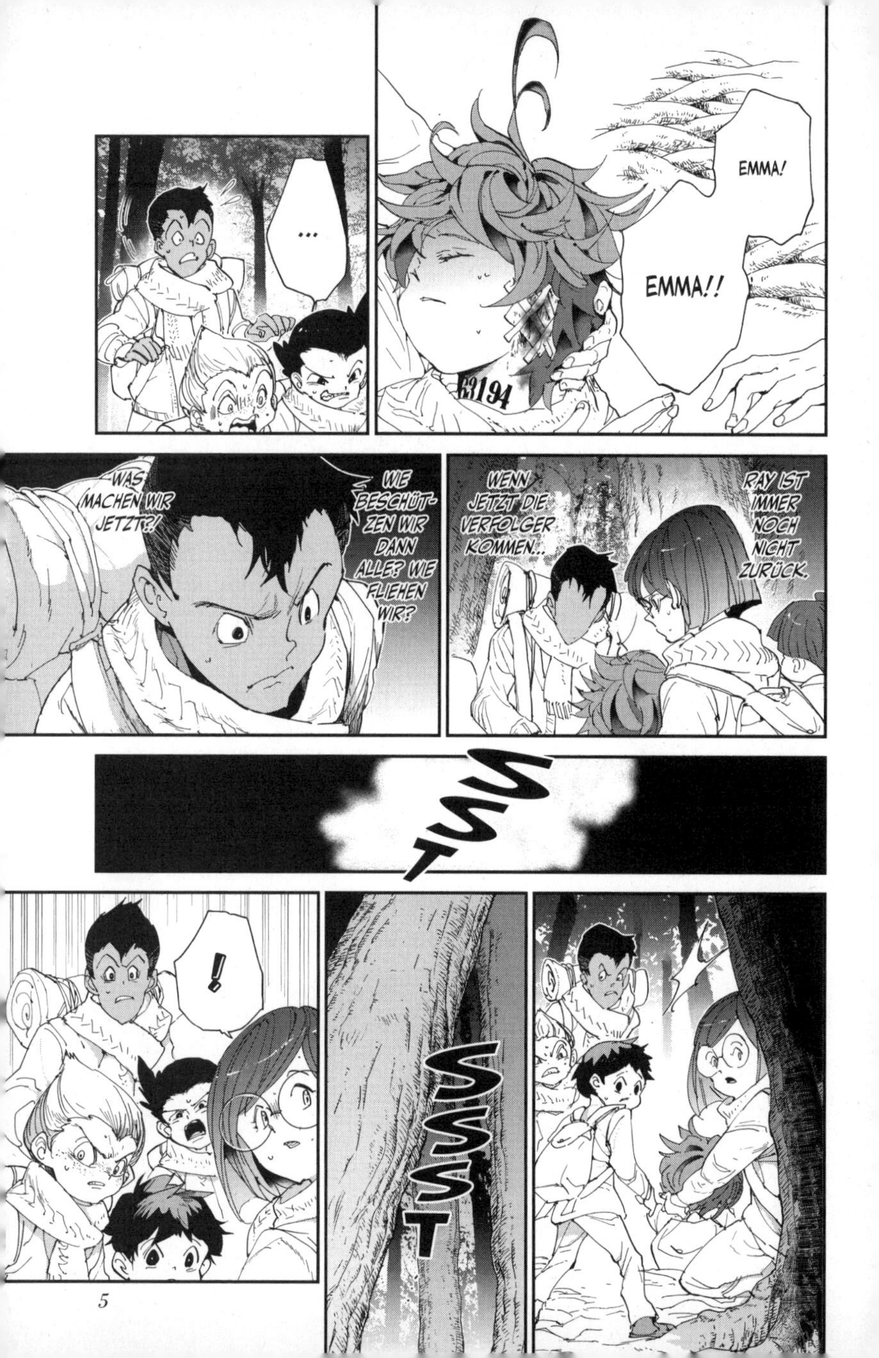
EMMA!
EMMA!!
...
RAY IST IMMER NOCH NICHT ZURÜCK.
WENN JETZT DIE VERFOLGER KOMMEN...
WIE BESCHÜT-ZEN WIR DANN ALLE? WIE FLIEHEN WIR?
WAS MACHEN WIR JETZT?!
SSST
SSSST
!

Kapitel 44: Das Kapuzenmädchen

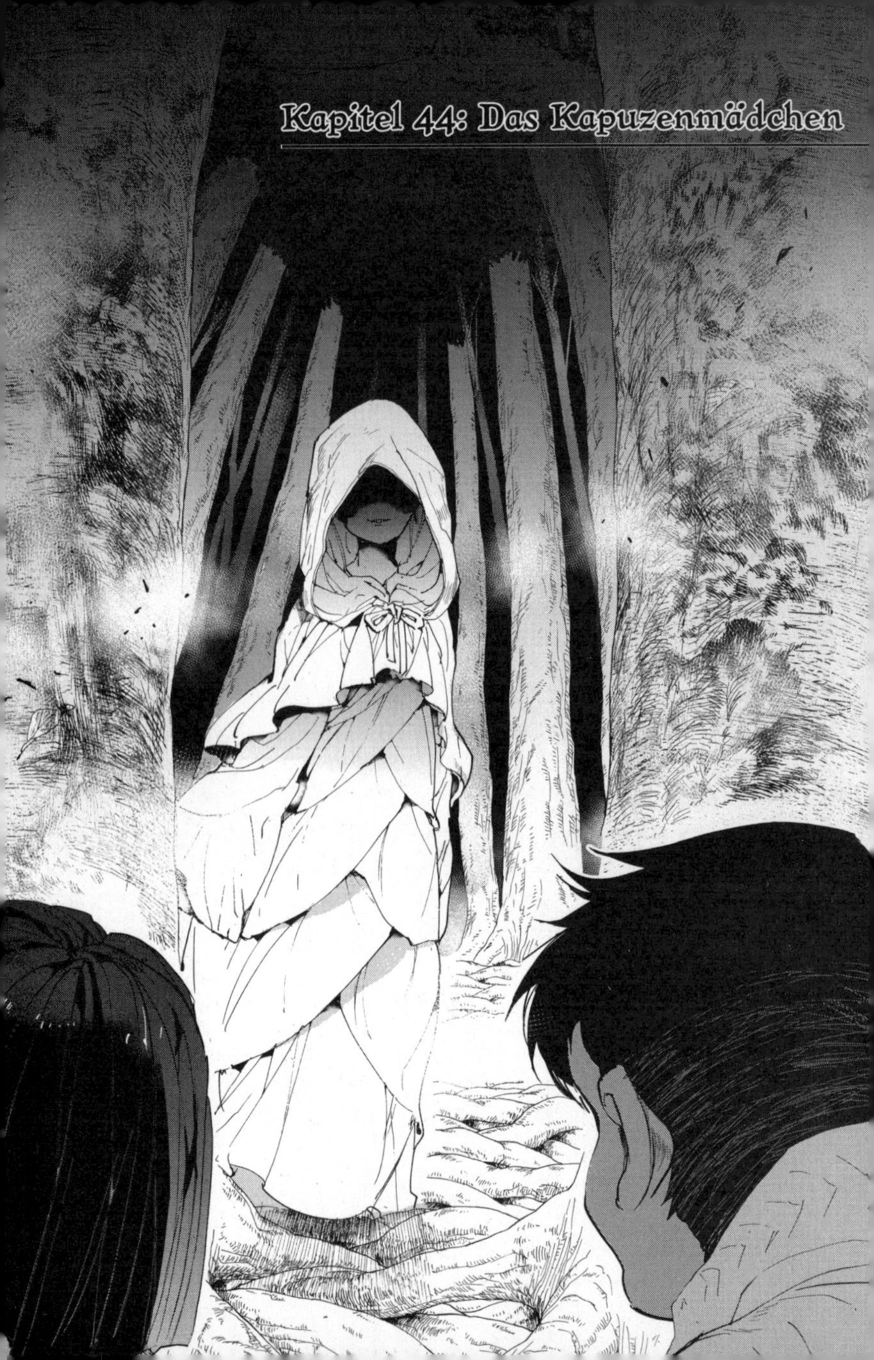

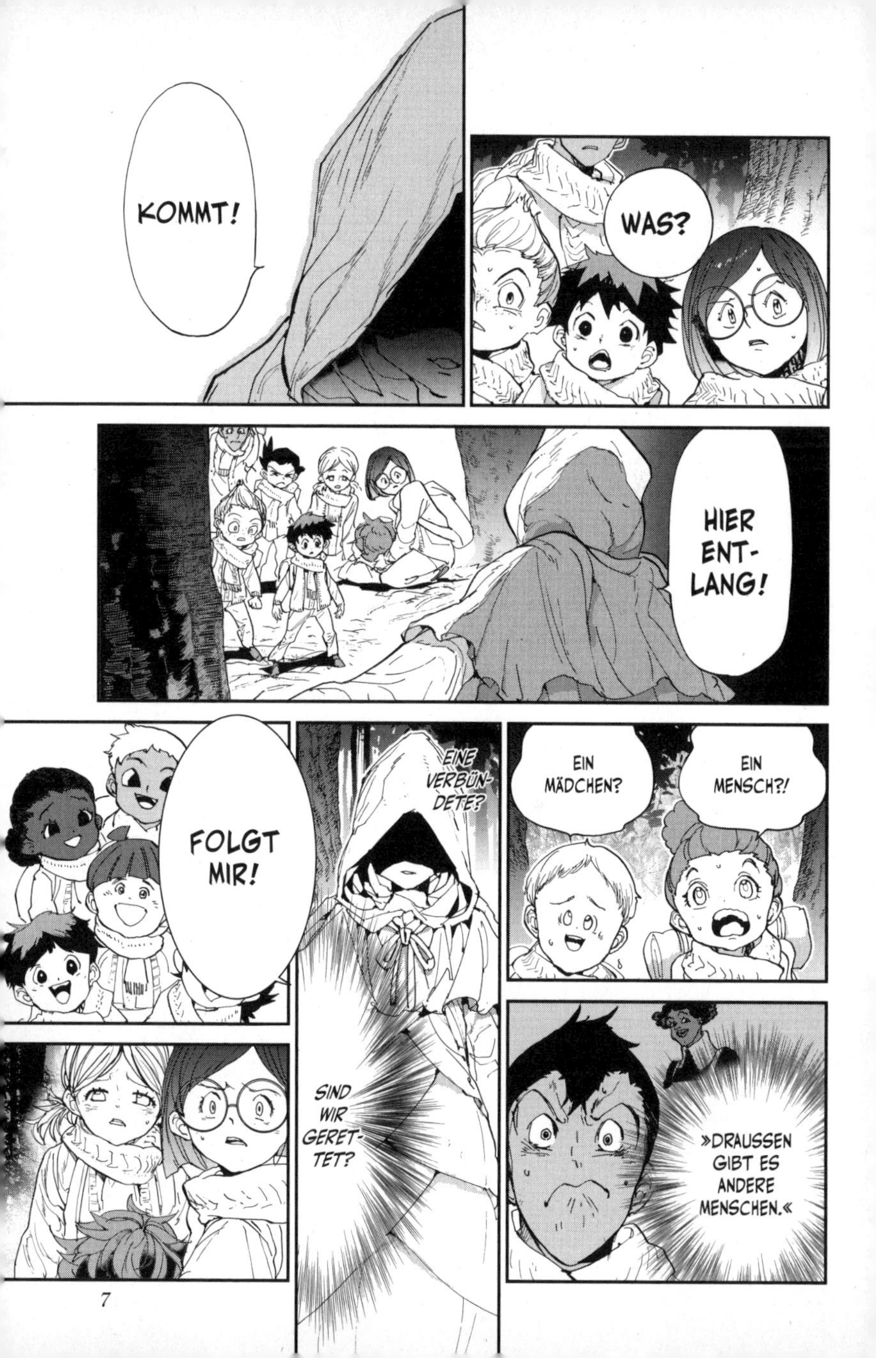
KOMMT!
WAS?
HIER ENT-LANG!
EIN MENSCH?!
EIN MÄDCHEN?
EINE VERBÜN-DETE?
FOLGT MIR!
»DRAUSSEN GIBT ES ANDERE MENSCHEN.«
SIND WIR GERET-TET?

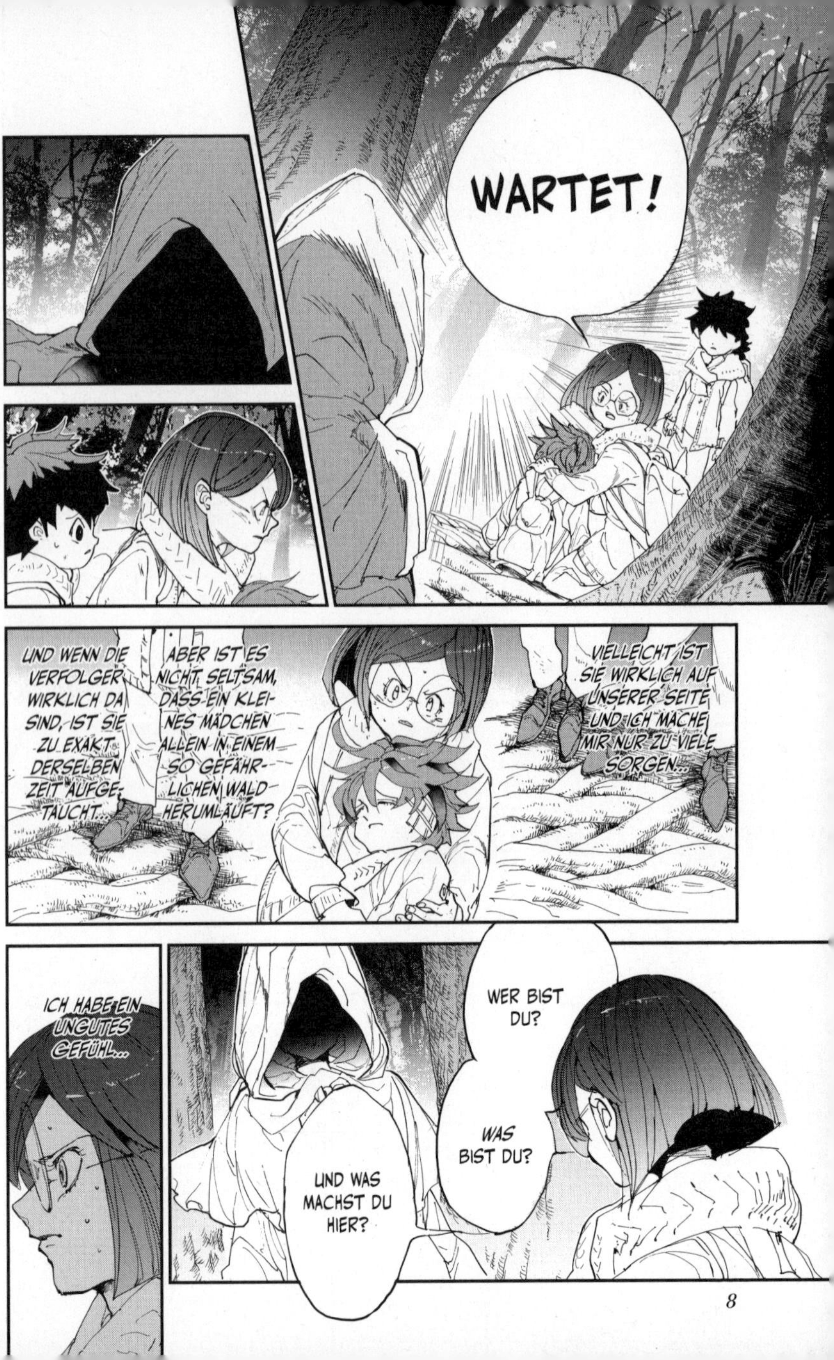
WARTET!
UND WENN DIE VERFOLGER WIRKLICH DA SIND, IST SIE ZU EXAKT DERSELBEN ZEIT AUFGETAUCHT...
ABER IST ES NICHT SELTSAM, DASS EIN KLEINES MÄDCHEN ALLEIN IN EINEM SO GEFÄHRLICHEN WALD HERUMLÄUFT?
VIELLEICHT IST SIE WIRKLICH AUF UNSERER SEITE UND ICH MACHE MIR NUR ZU VIELE SORGEN...
WER BIST DU?
WAS BIST DU?
UND WAS MACHST DU HIER?
ICH HABE EIN UNGUTES GEFÜHL...

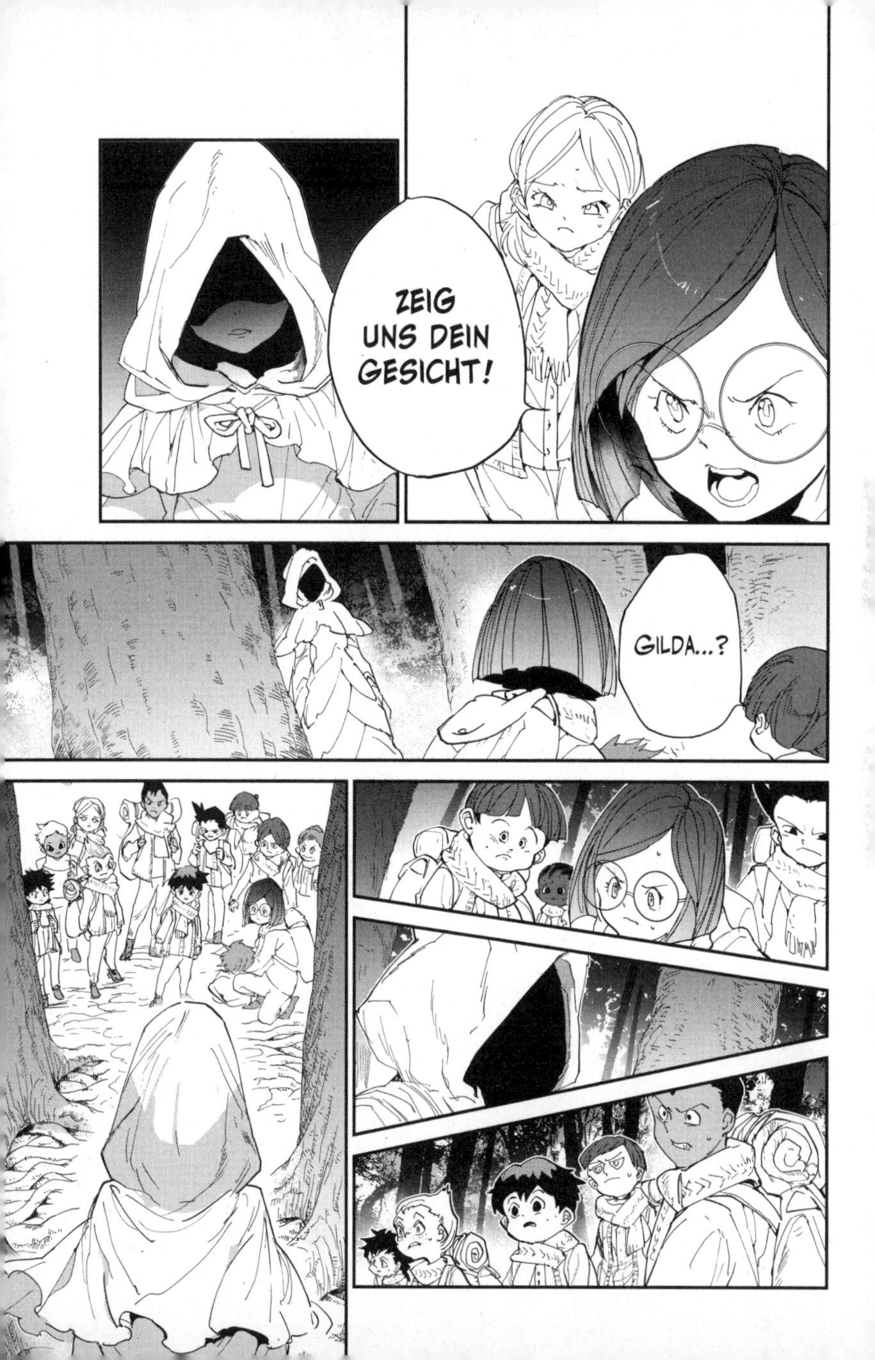
ZEIG UNS DEIN GESICHT!
GILDA...?

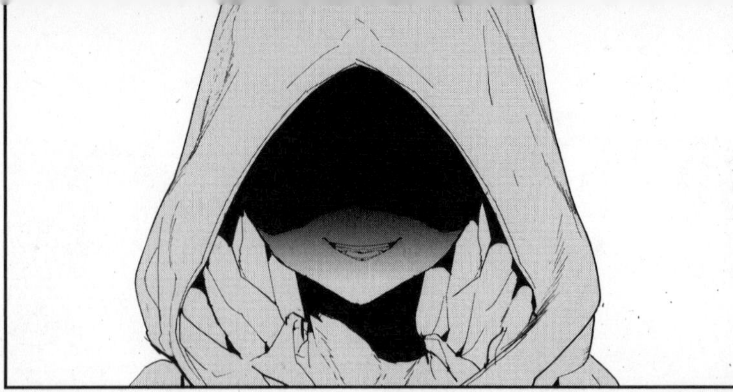

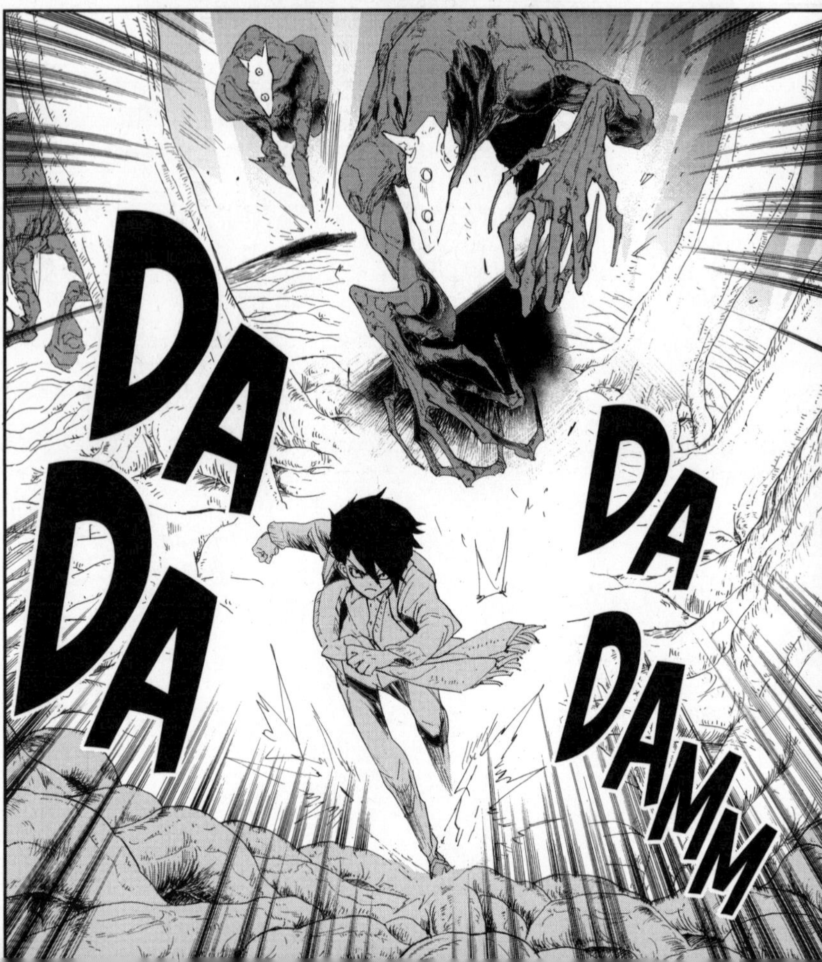
DA DA DA DA DA DAMM

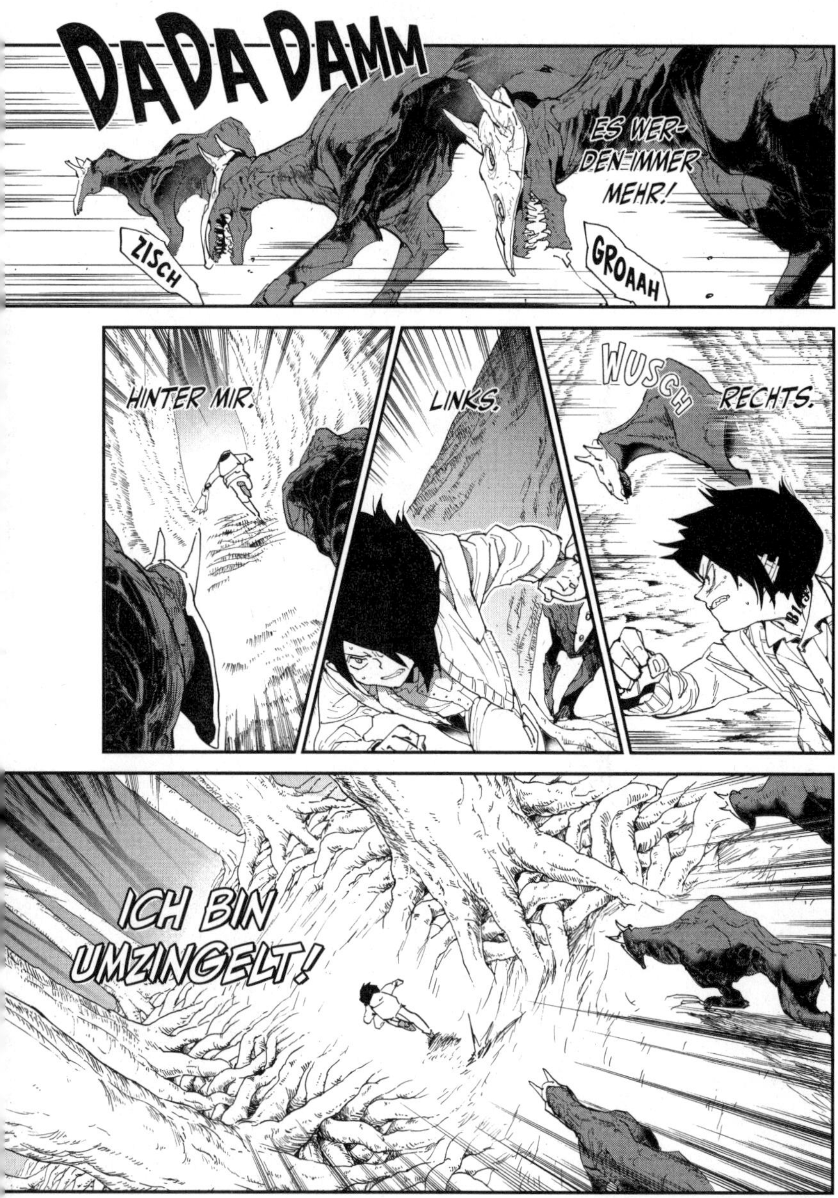
DADA DAMM
ES WER-
DEN IMMER
MEHR!
GROAAH
ZISCH
RECHTS.
WUSCH
LINKS.
HINTER MIR.
ICH BIN
UMZINGELT!

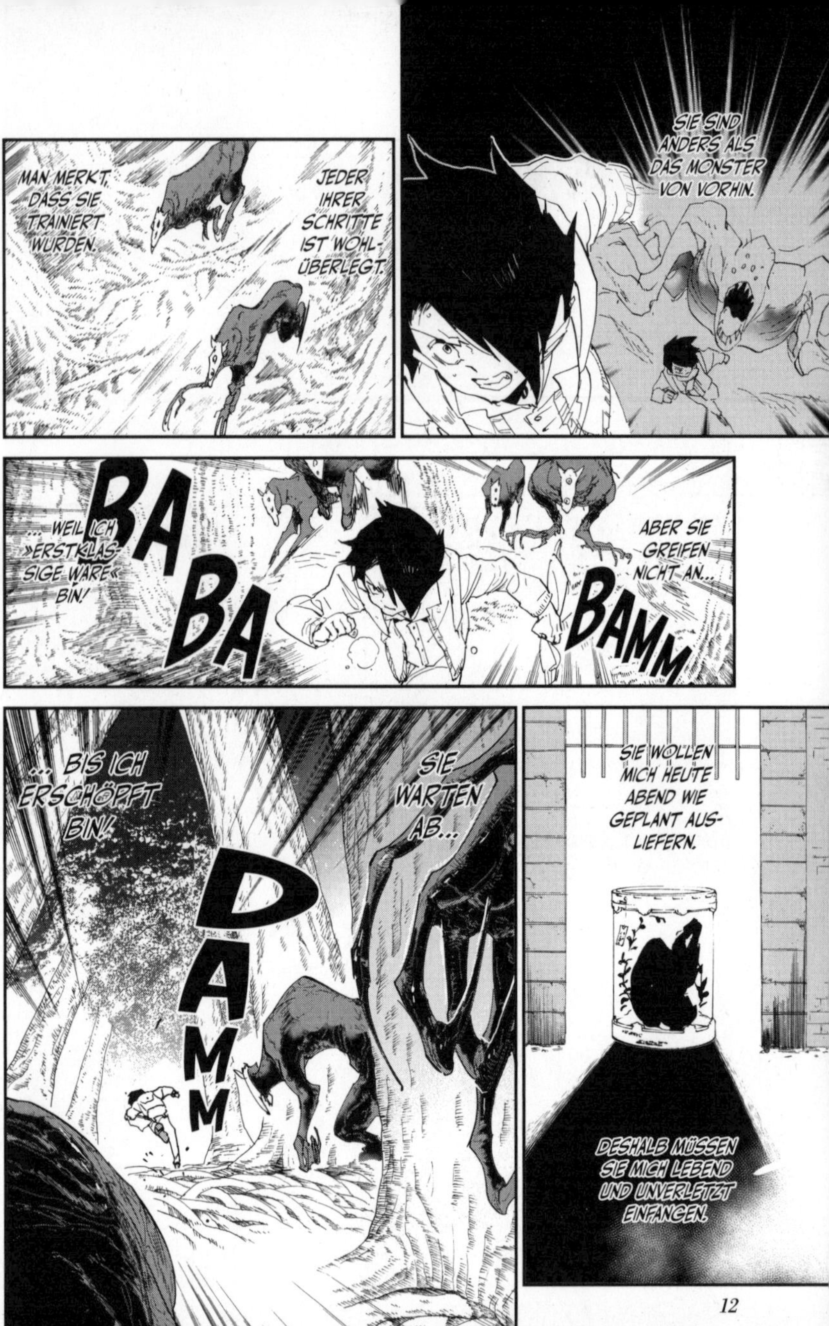
SIE SIND ANDERS ALS DAS MONSTER VON VORHIN.
JEDER IHRER SCHRITTE IST WOHLÜBERLEGT.
MAN MERKT, DASS SIE TRAINIERT WURDEN.
ABER SIE GREIFEN NICHT AN...
BAMM
BA BA
... WEIL ICH »ERSTKLASSIGE WARE« BIN!
SIE WOLLEN MICH HEUTE ABEND WIE GEPLANT AUSLIEFERN.
DESHALB MÜSSEN SIE MICH LEBEND UND UNVERLETZT EINFANGEN.
SIE WARTEN AB...
DAMM
... BIS ICH ERSCHÖPFT BIN!

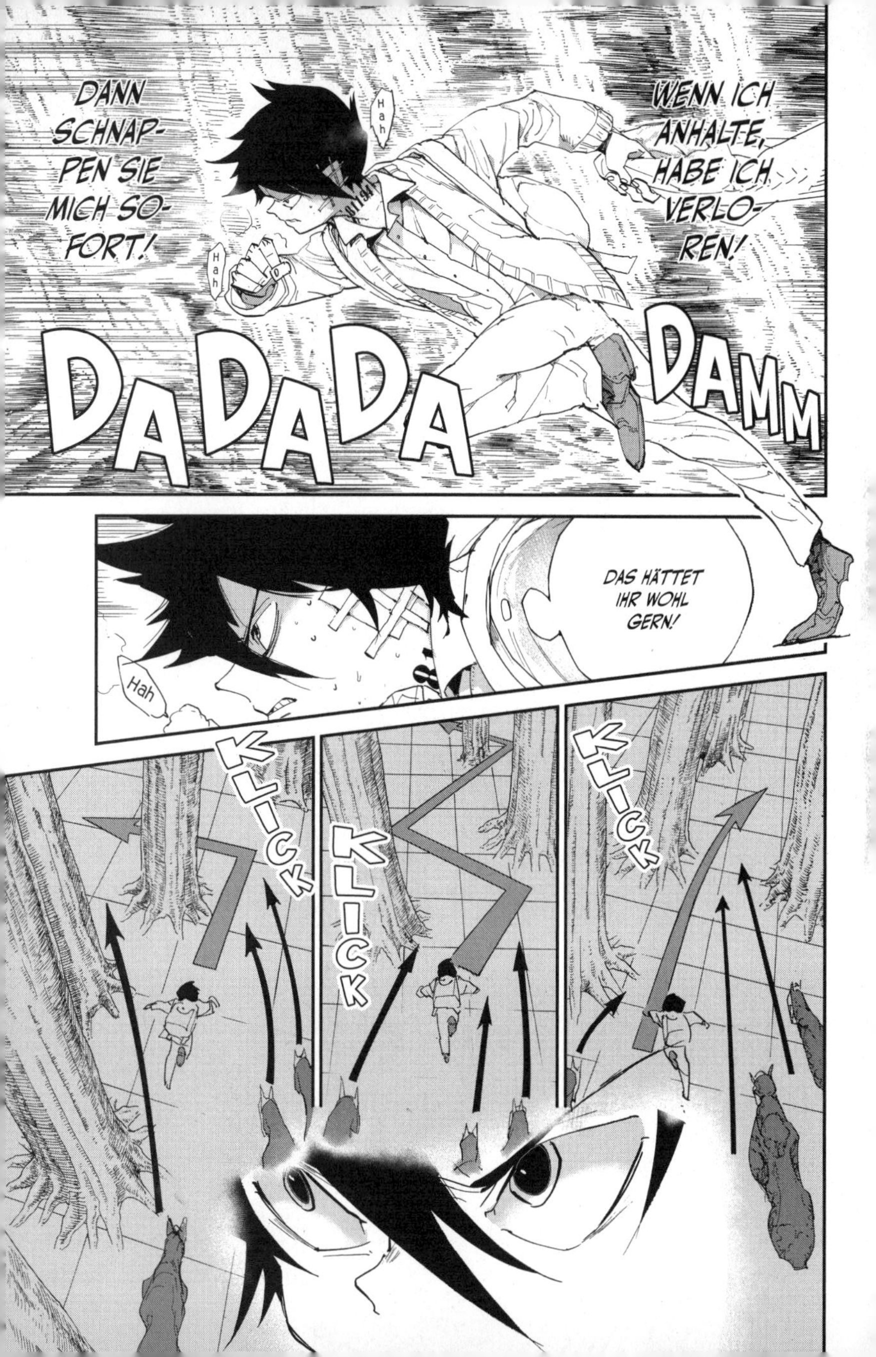
WENN ICH ANHALTE, HABE ICH VERLO-REN!
DANN SCHNAP-PEN SIE MICH SO-FORT!
Hah
Hah
DADADADAMM
DAS HÄTTET IHR WOHL GERN!
Hah
KLLICK
KLLICK
KLLICK

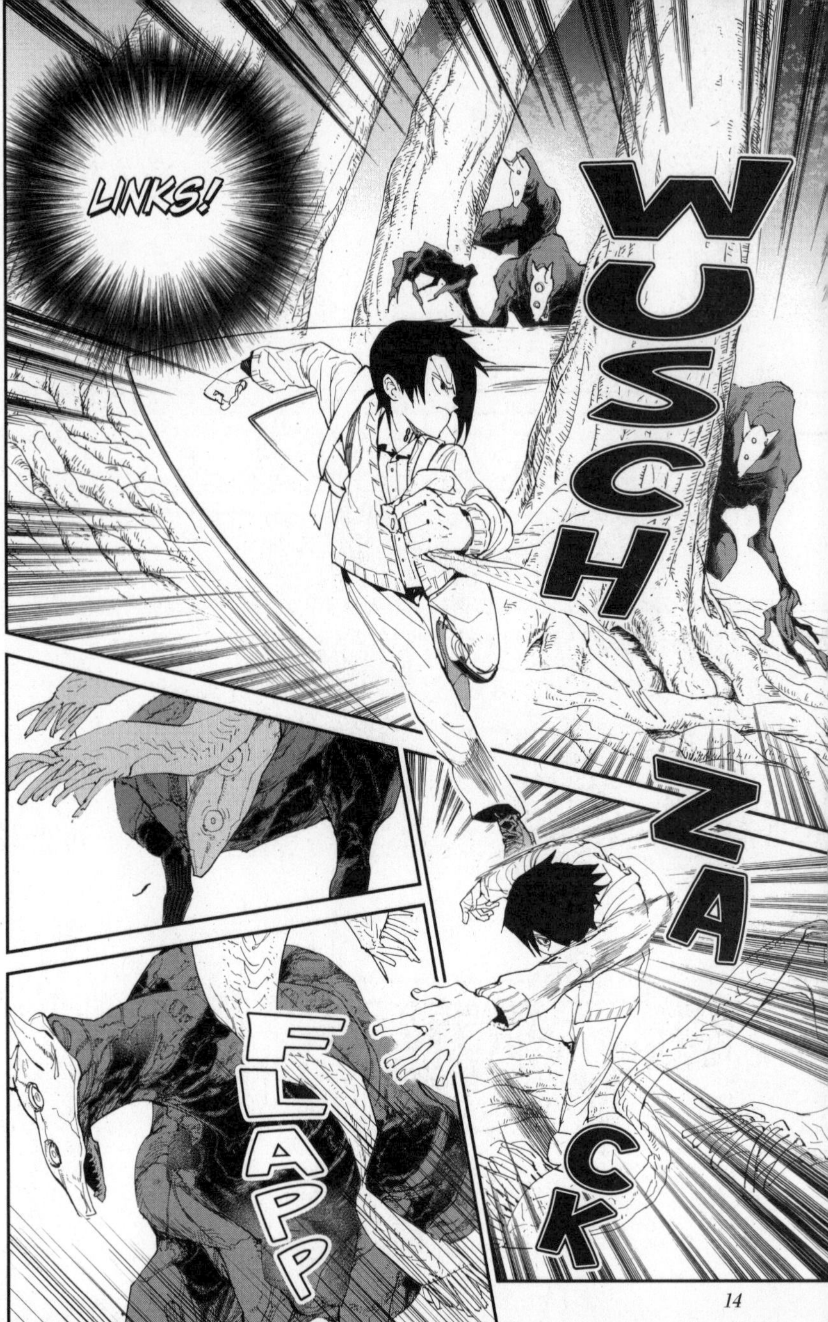
LINKS!
WUSCH
ZACK
FLAPP

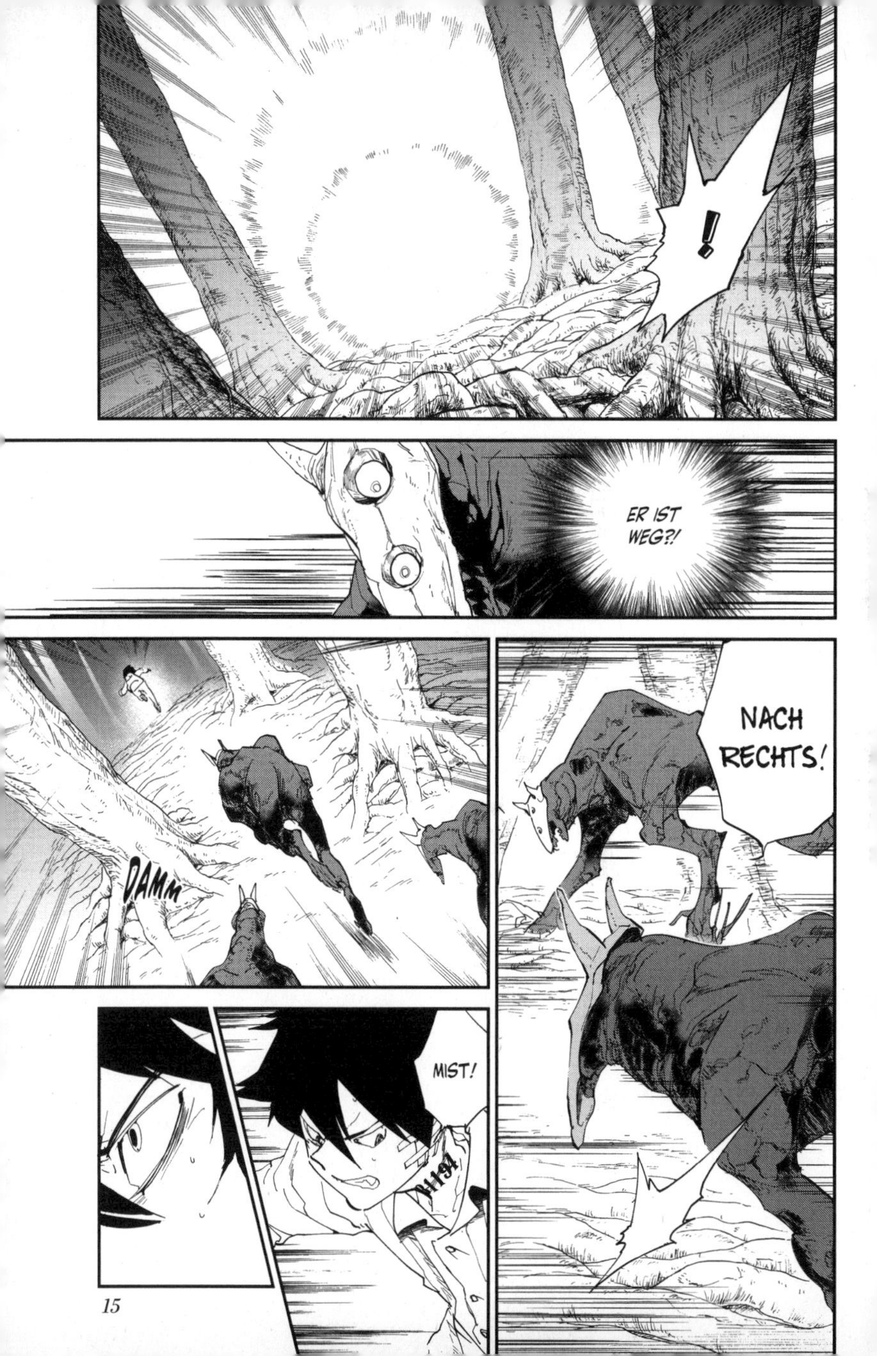
!
ER IST WEG?!
NACH RECHTS!
DAMM
MIST!
11194

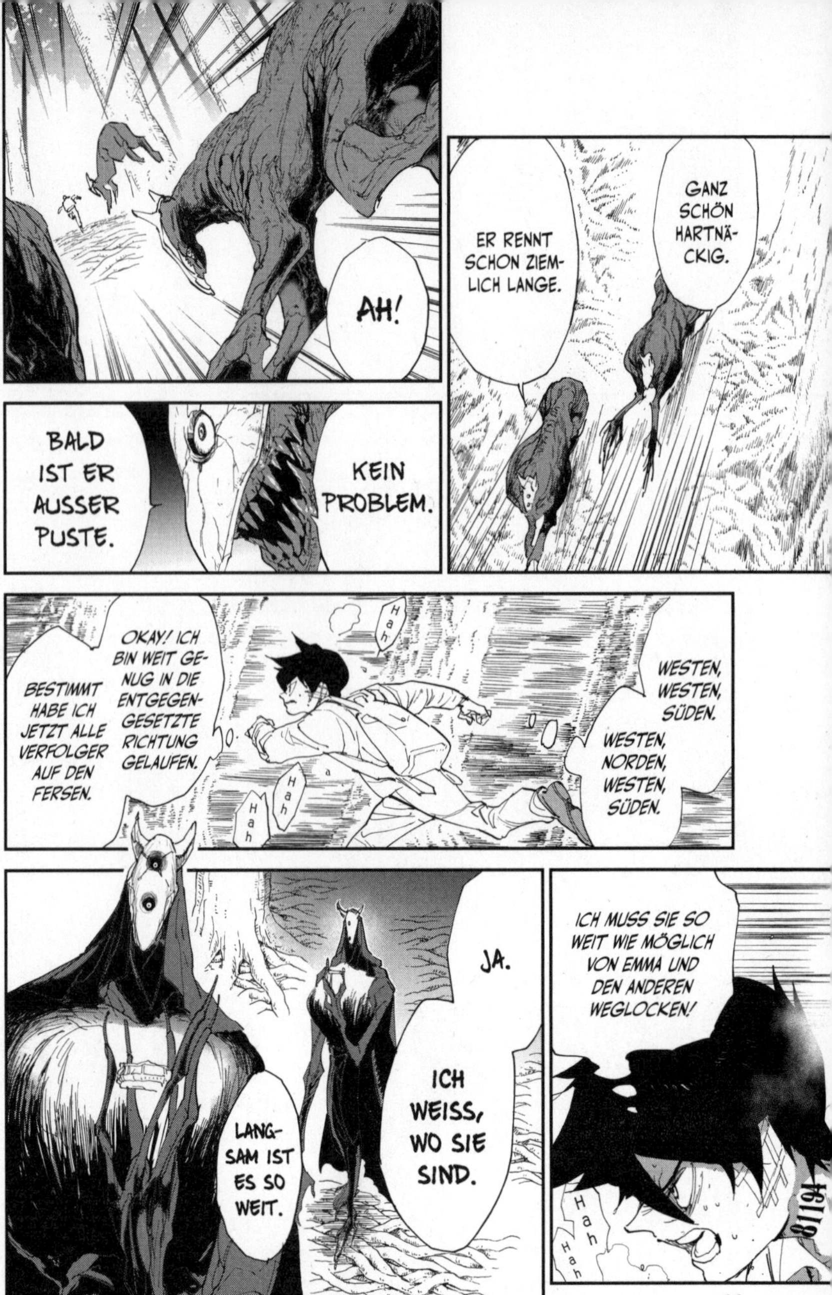
GANZ SCHÖN HARTNÄCKIG.
ER RENNT SCHON ZIEMLICH LANGE.
AH!
KEIN PROBLEM.
BALD IST ER AUSSER PUSTE.
WESTEN, WESTEN, SÜDEN.
WESTEN, NORDEN, WESTEN, SÜDEN.
Hah
OKAY! ICH BIN WEIT GENUG IN DIE ENTGEGENGESETZTE RICHTUNG GELAUFEN.
BESTIMMT HABE ICH JETZT ALLE VERFOLGER AUF DEN FERSEN.
Hah
Hah
ICH MUSS SIE SO WEIT WIE MÖGLICH VON EMMA UND DEN ANDEREN WEGLOCKEN!
Hah
Hah
JA.
ICH WEISS, WO SIE SIND.
LANGSAM IST ES SO WEIT.

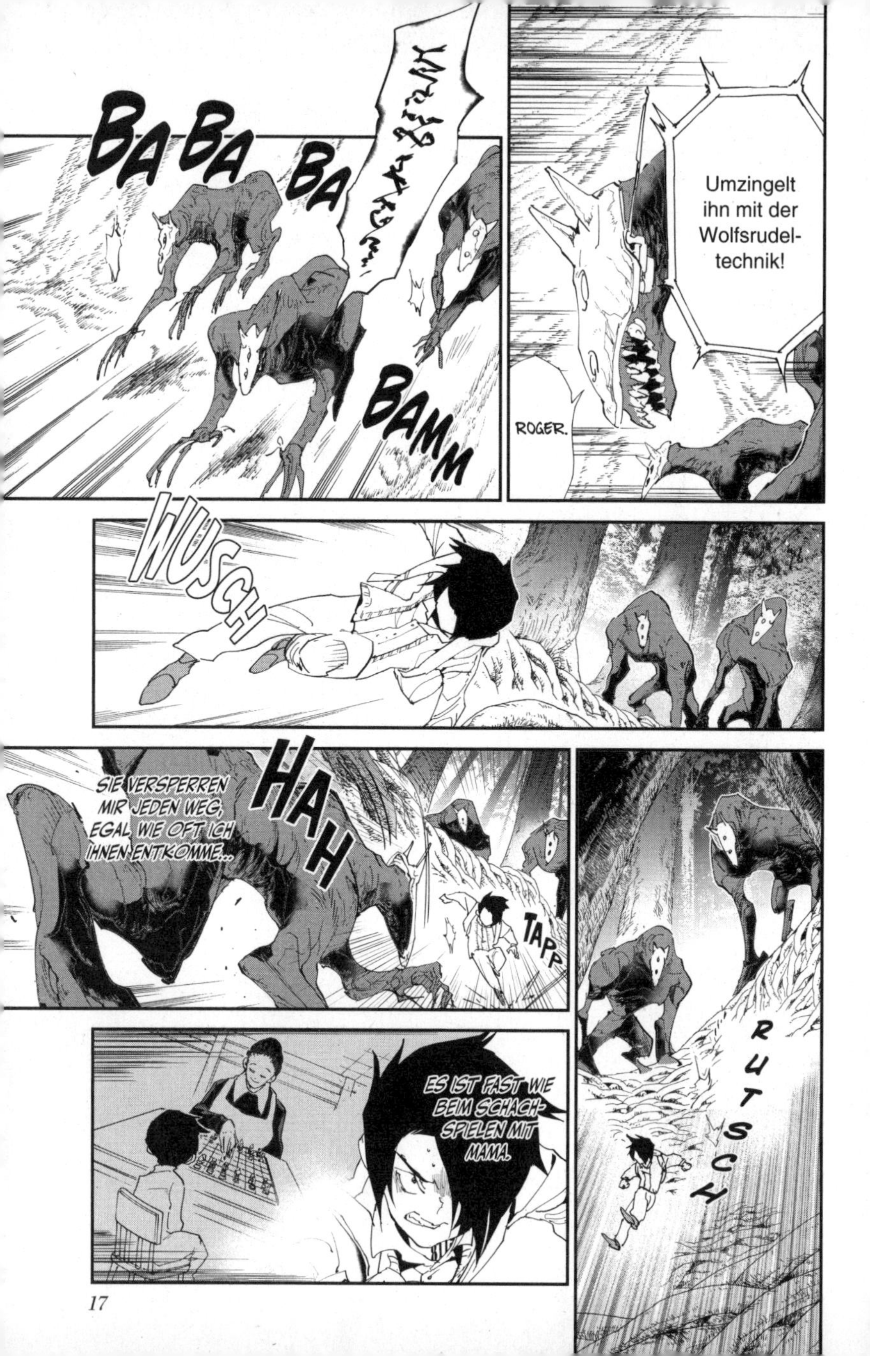

Umzingelt ihn mit der Wolfsrudel-technik!
ROGER.
BA BA BA BA
BAMM
WUSCH
RUTSCH
SIE VERSPERREN MIR JEDEN WEG, EGAL WIE OFT ICH IHNEN ENTKOMME...
HAH
TAPP
ES IST FAST WIE BEIM SCHACH-SPIELEN MIT MAMA.

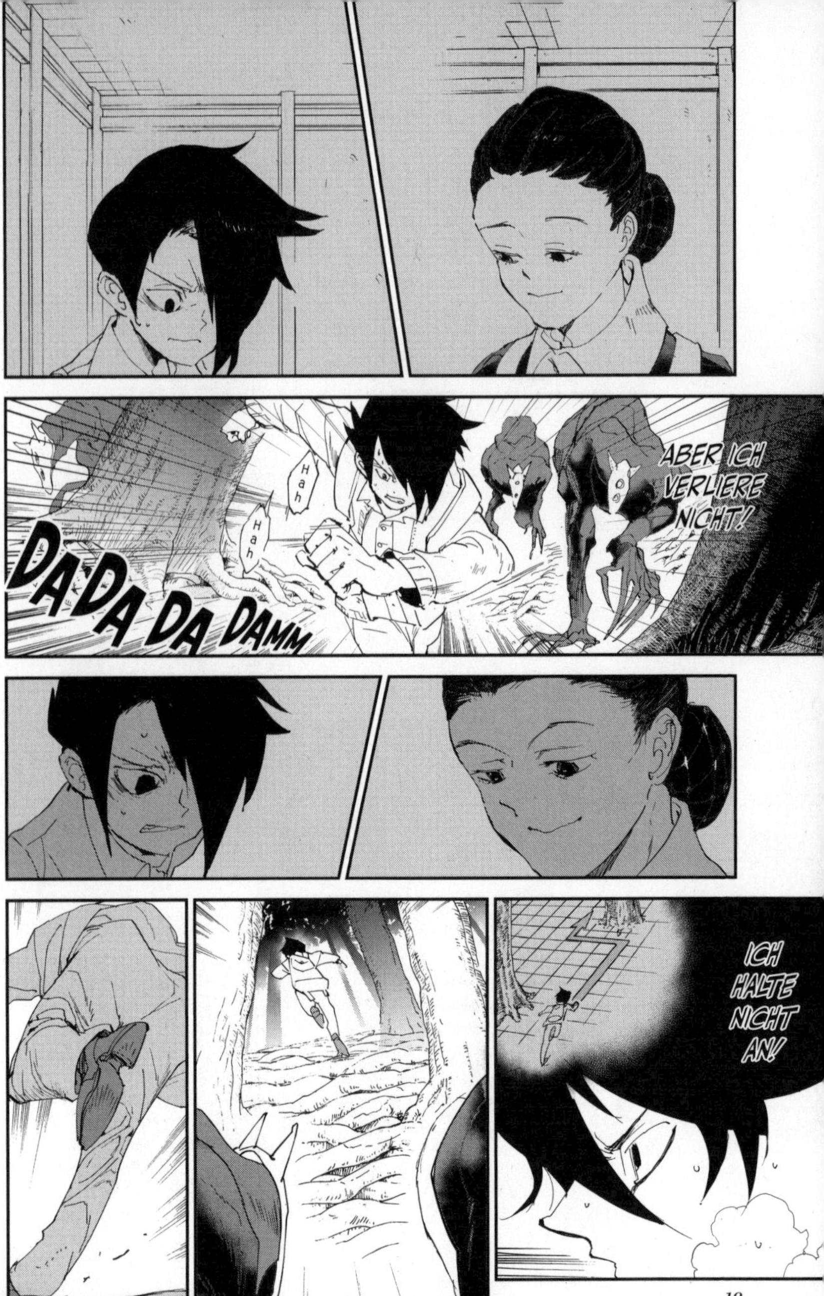

ABER ICH VERLIERE NICHT!
Hah
Hah
DADA DA DAMM
ICH HALTE NICHT AN!

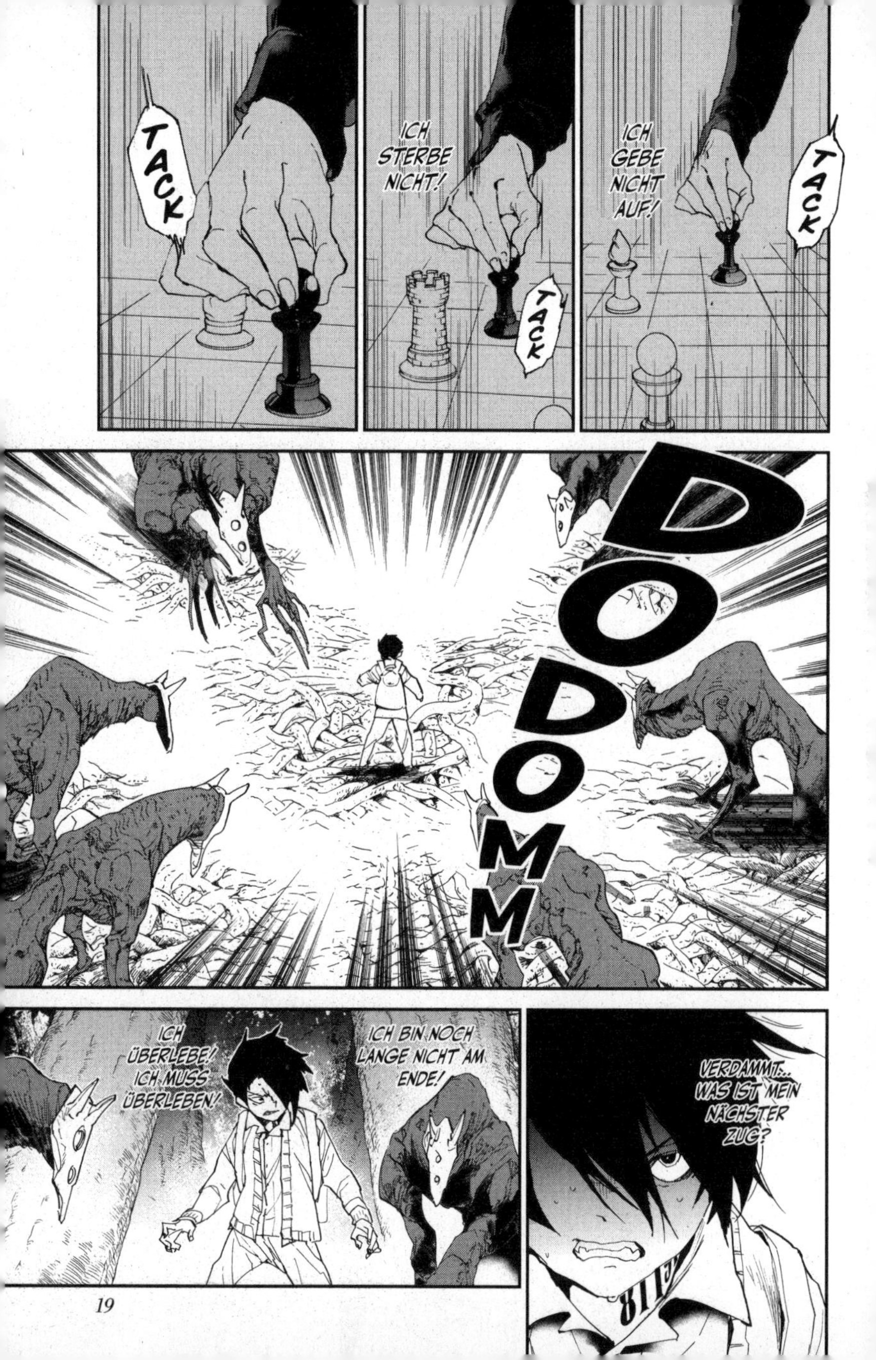
TACK
ICH GEBE NICHT AUF!
TACK
ICH STERBE NICHT!
TACK
DODOMM
ICH BIN NOCH LANGE NICHT AM ENDE!
ICH ÜBERLEBE! ICH MUSS ÜBERLEBEN!
VERDAMMT... WAS IST MEIN NÄCHSTER ZUG?
81194

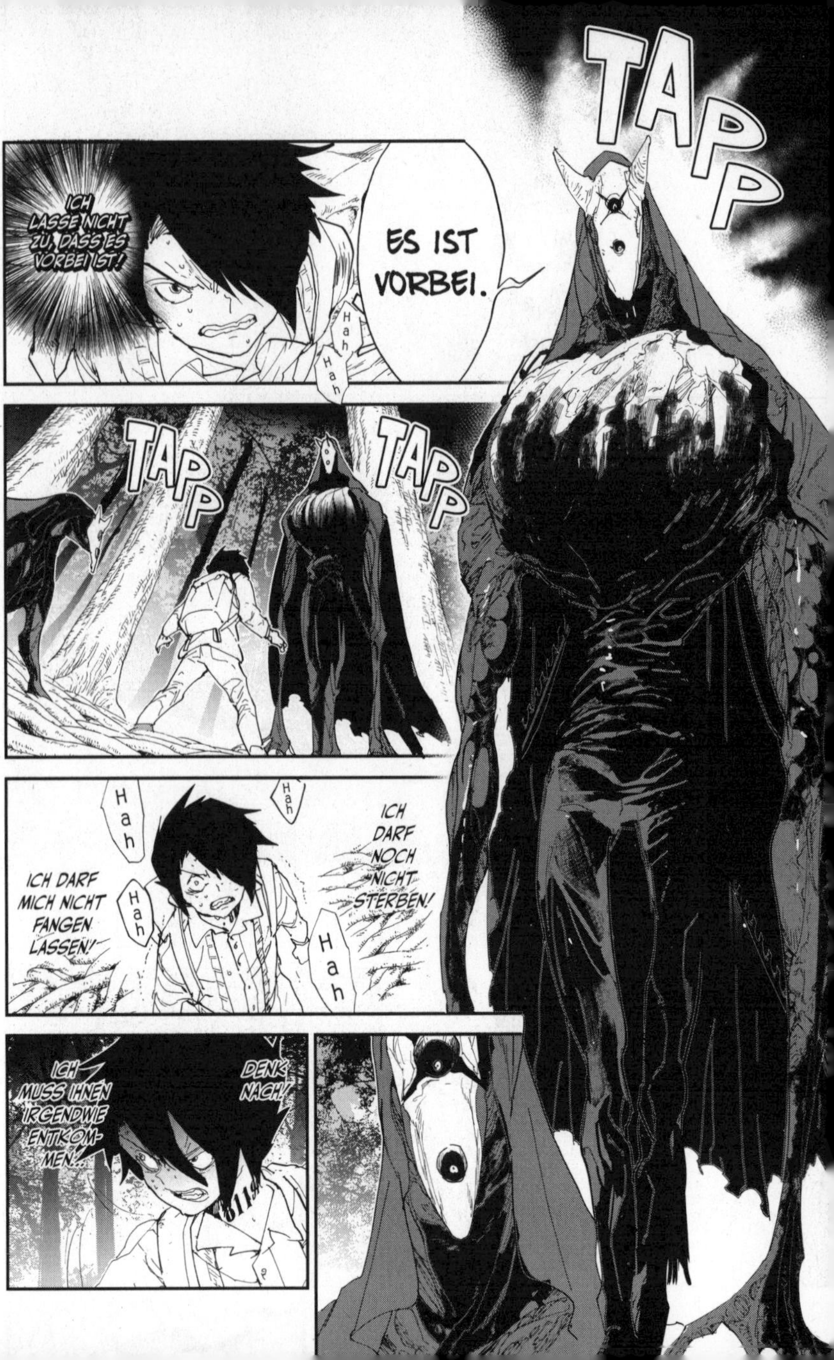
TAPP
ES IST VORBEI.
Hah Hah Hah
ICH LASSE NICHT ZU, DASS ES VORBEI IST!
TAPP
TAPP
ICH DARF NOCH NICHT STERBEN!
Hah
Hah
Hah
ICH DARF MICH NICHT FANGEN LASSEN!
Hah
DENK NACH!
ICH MUSS IHNEN IRGENDWIE ENTKOMMEN...

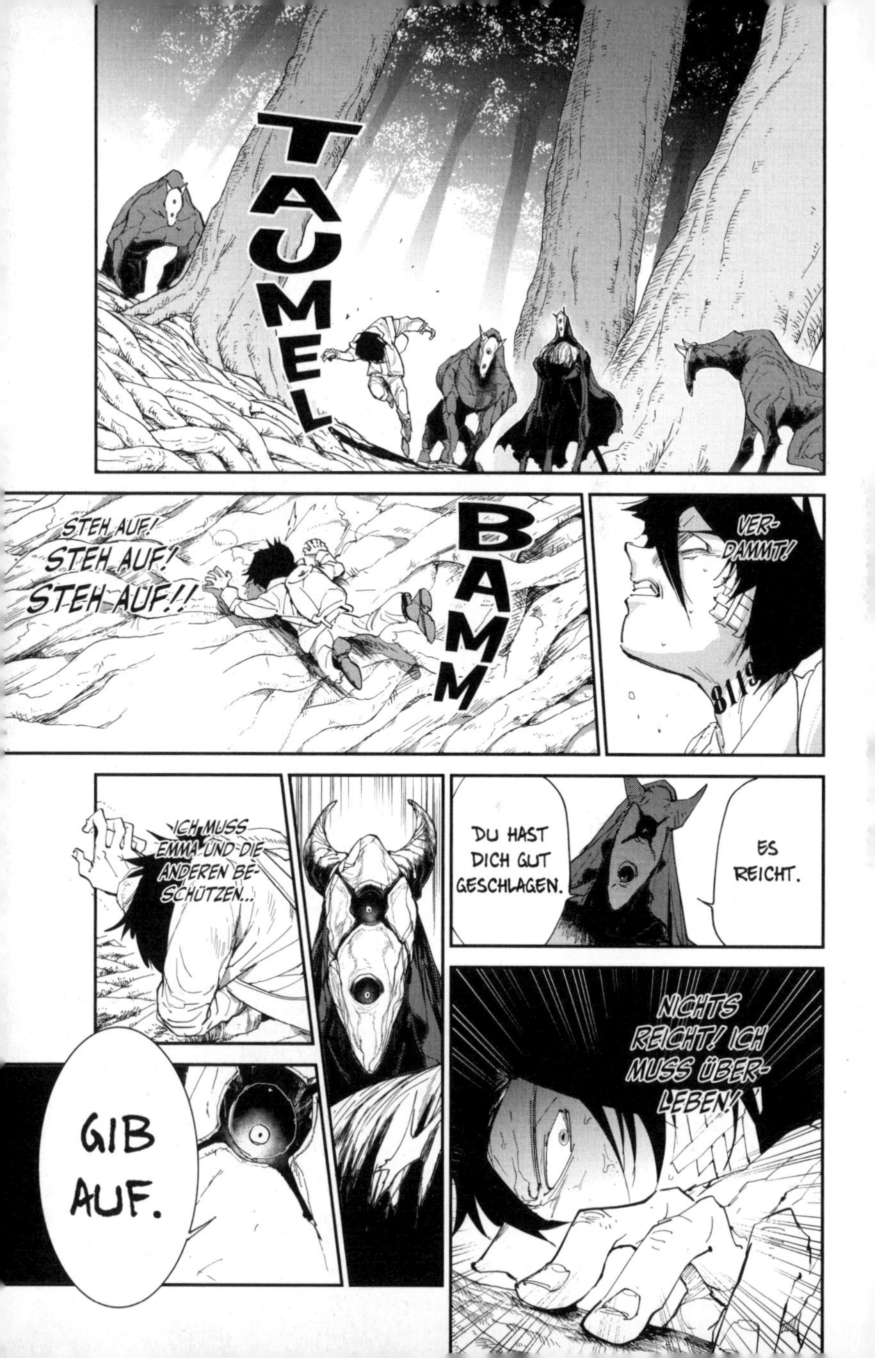
TAUMEL
VER-DAMMT!
STEH AUF! STEH AUF! STEH AUF!!
BAMM
ES REICHT.
DU HAST DICH GUT GESCHLAGEN.
ICH MUSS EMMA UND DIE ANDEREN BE-SCHÜTZEN...
GIB AUF.
NICHTS REICHT! ICH MUSS ÜBER-LEBEN!

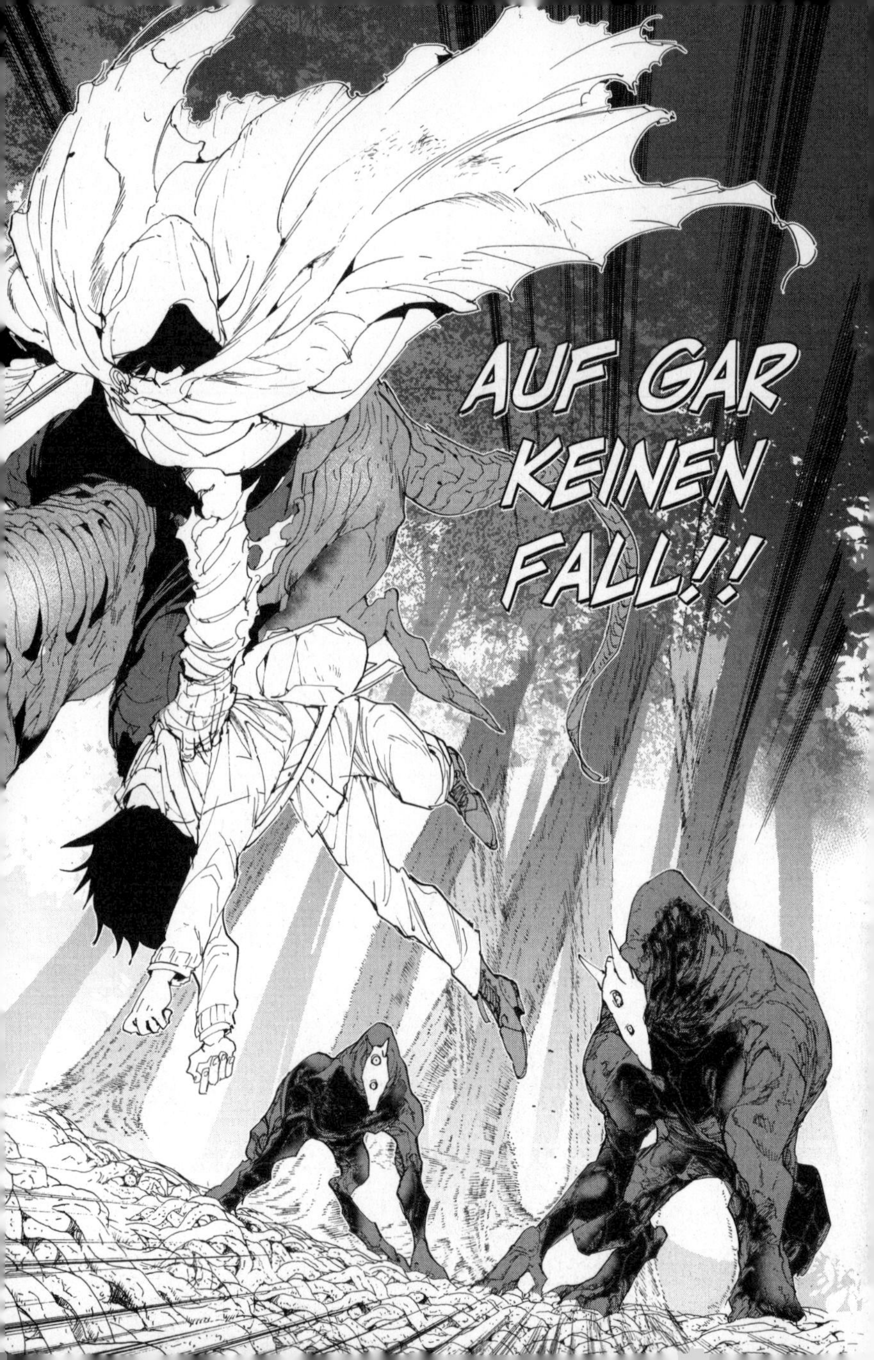
AUF GAR KEINEN FALL!!

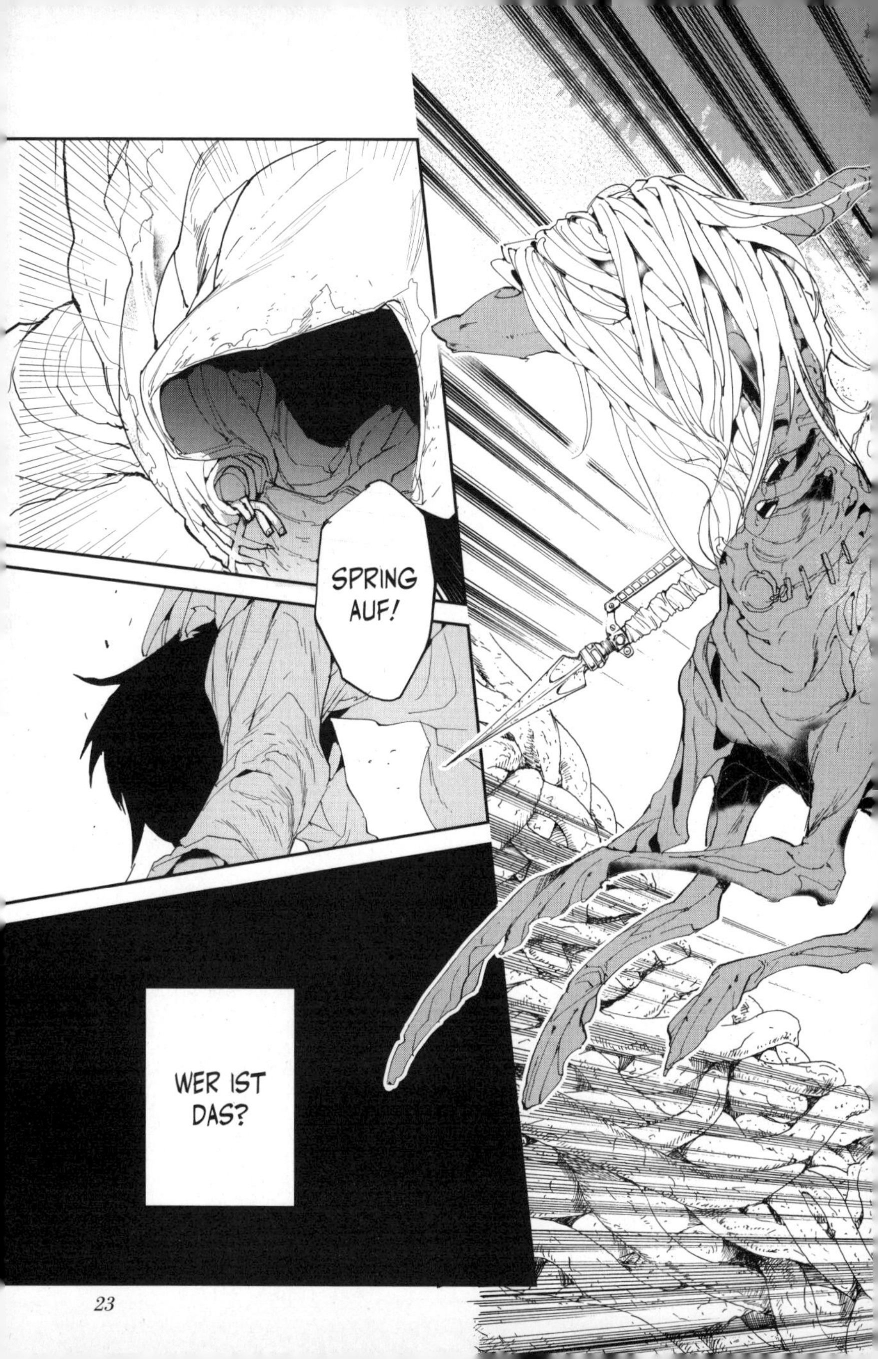
SPRING AUF!
WER IST DAS?

Bonusstory 4 ~①

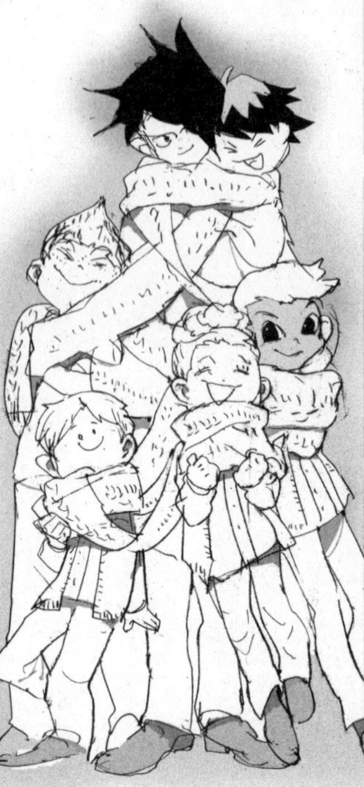

Chris und der Schal

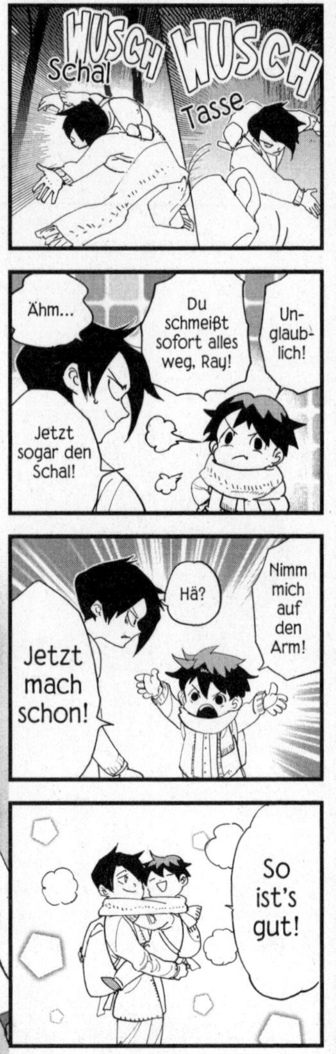

WEITER GEHT'S IN BONUSSTORY 4 - ②

Kapitel 45: Rettung

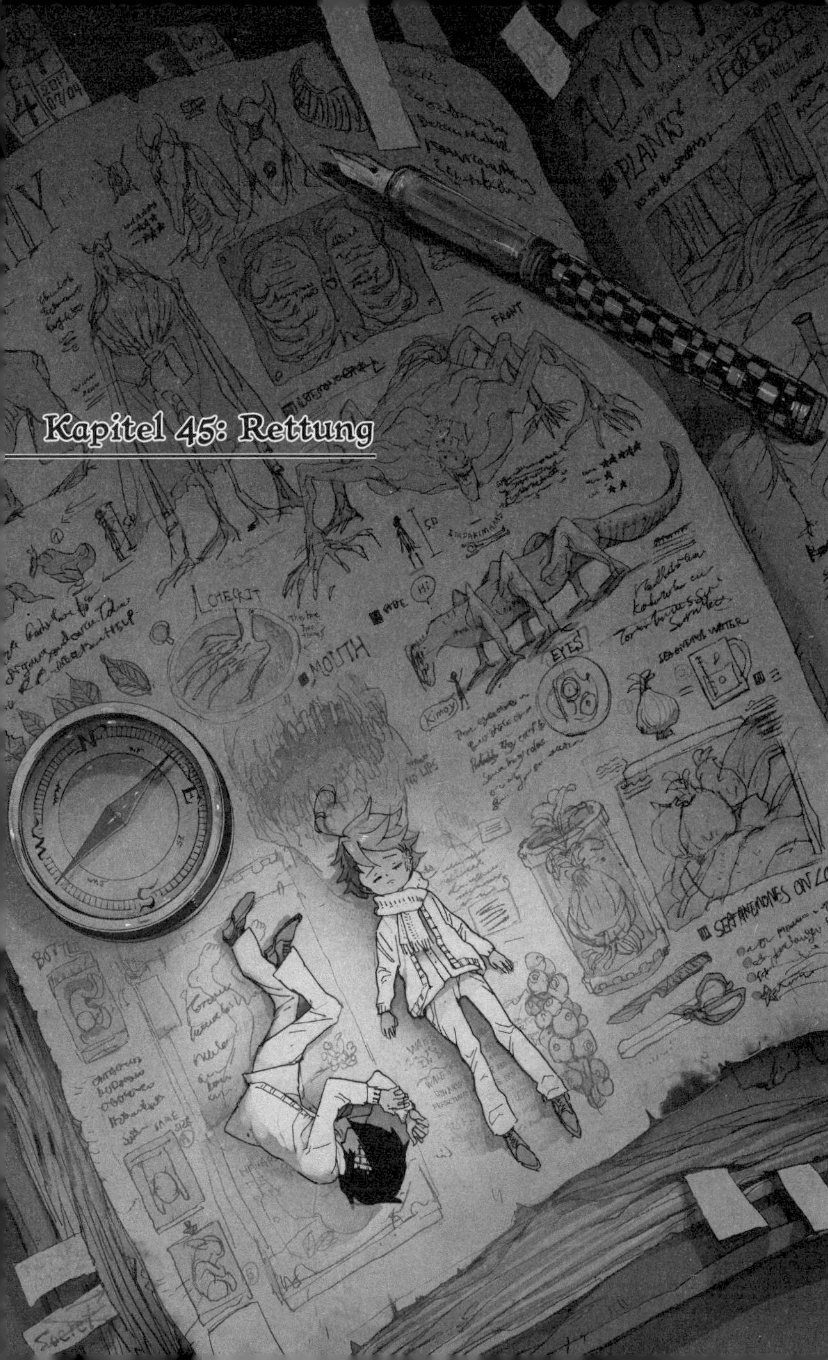

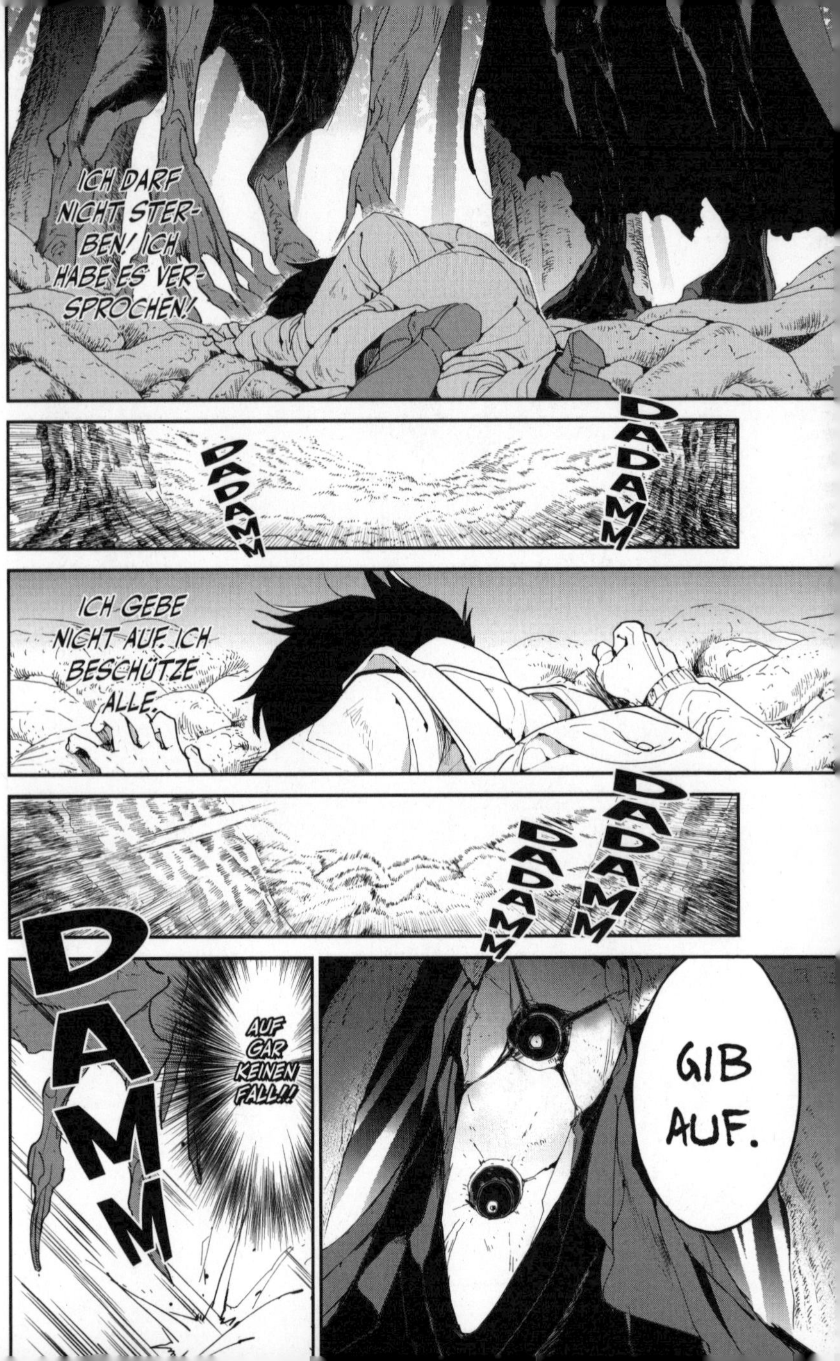
ICH DARF NICHT STER-BEN! ICH HABE ES VER-SPROCHEN!
DADAMM
DADAMM
ICH GEBE NICHT AUF. ICH BESCHÜTZE ALLE.
DADAMM
DADAMM
DAMM
GIB AUF.
AUF GAR KEINEN FALL!!

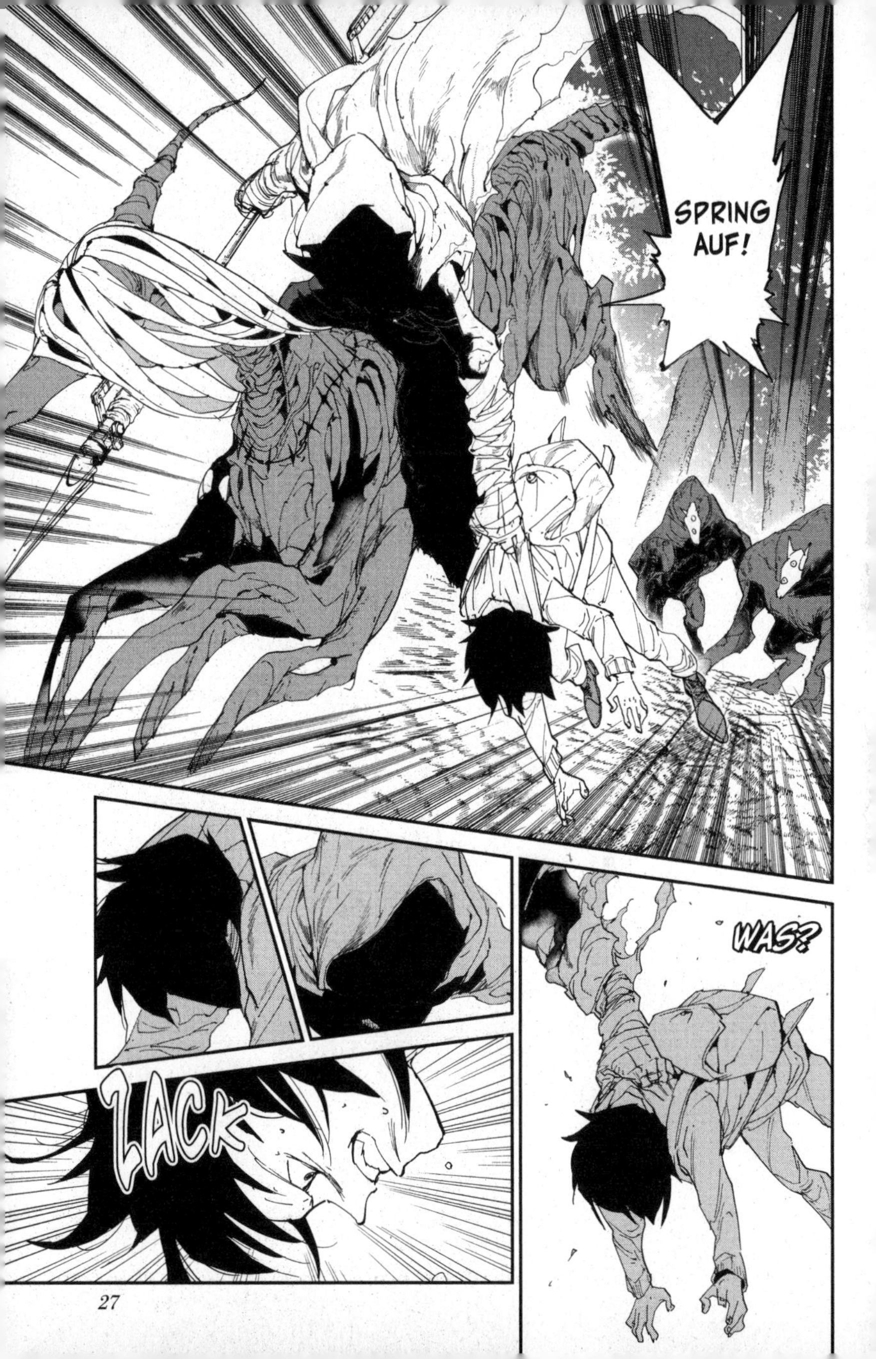
SPRING AUF!
WAS?
ZACK

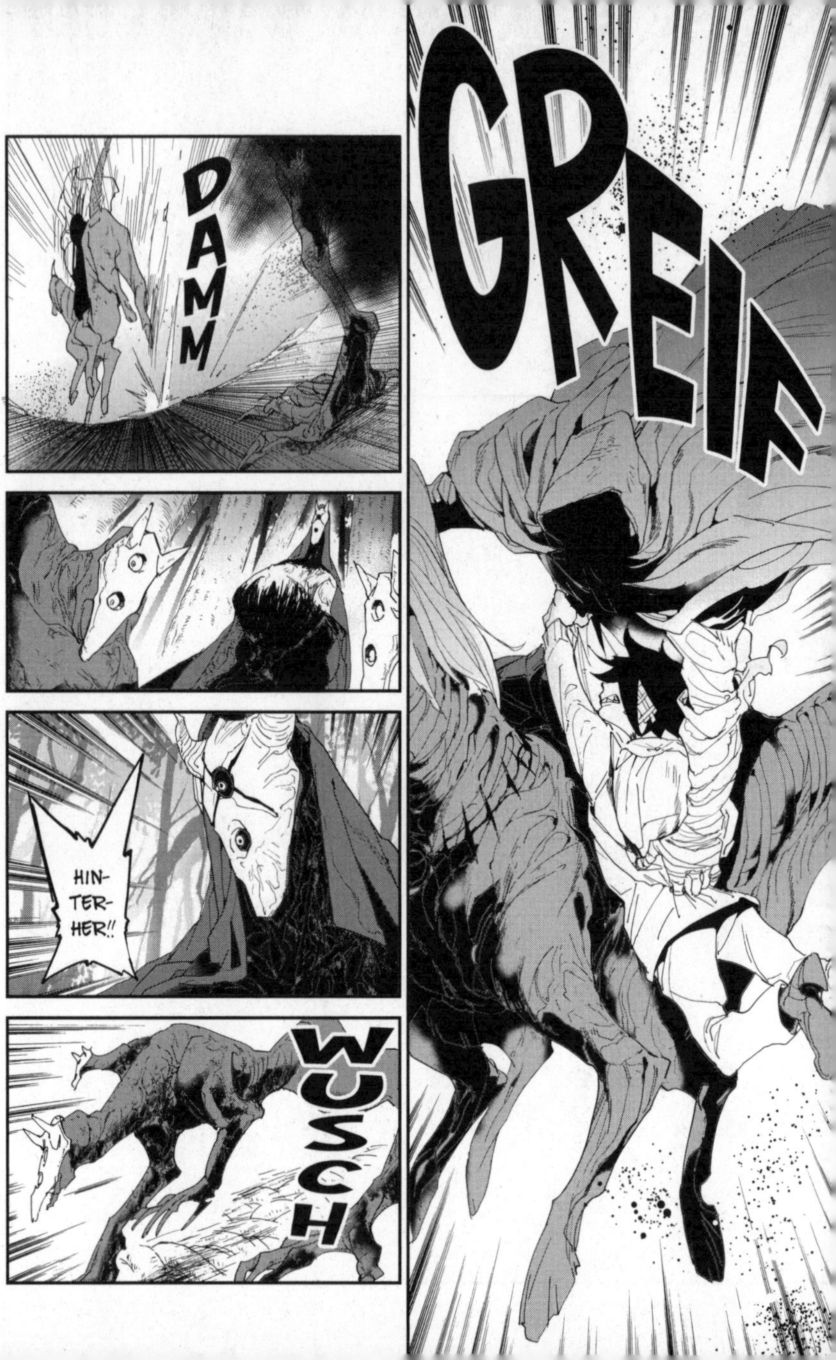
GREIF
DAMM
HINTER-
HER!!
WUSCH

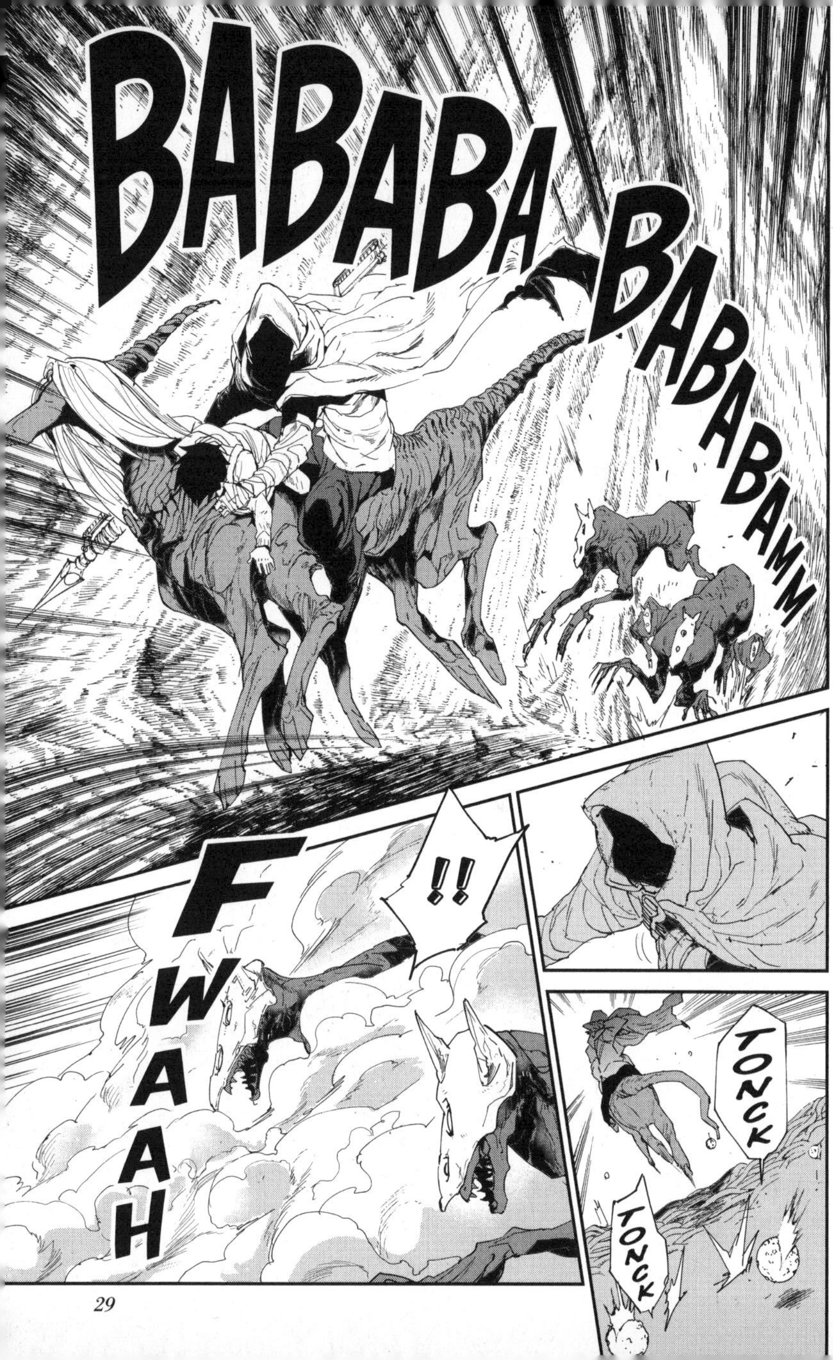
BABABA-BABABABAMM
!!
FWAAH
TONCK
TONCK

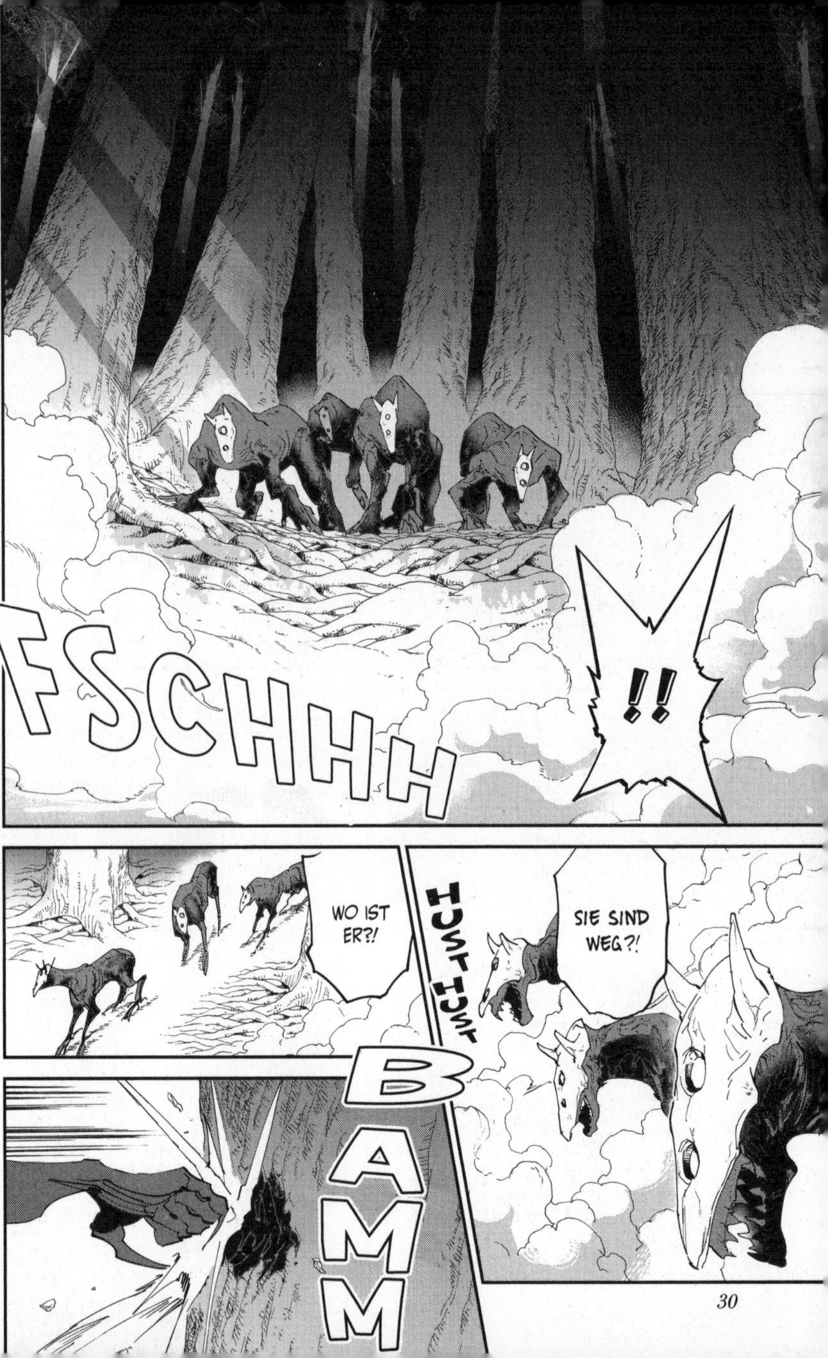
FSCHHH
!!
SIE SIND WEG?!
HUST HUST
WO IST ER?!
BAMM

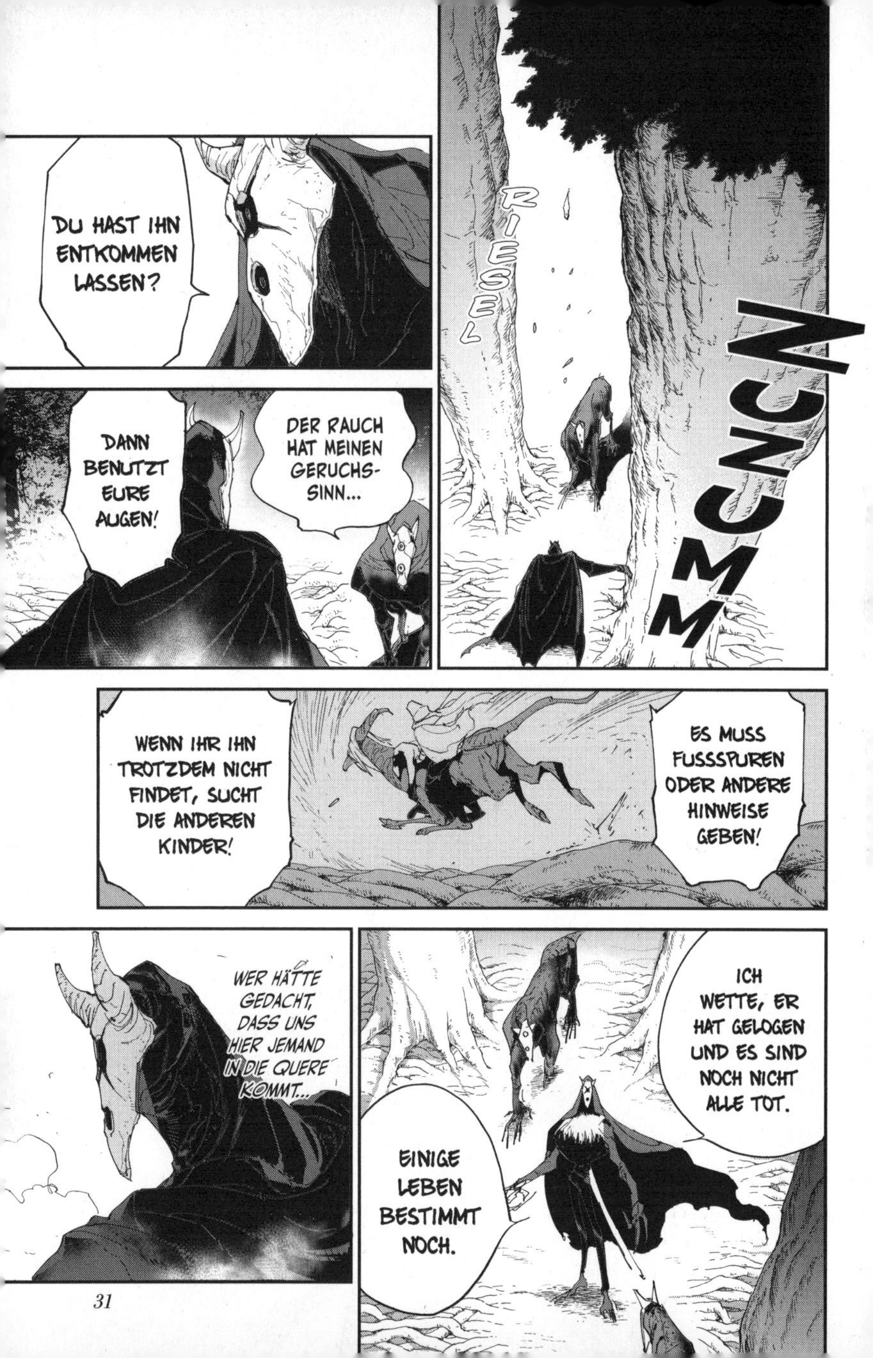
RIESEL
DU HAST IHN ENTKOMMEN LASSEN?
DER RAUCH HAT MEINEN GERUCHS-SINN...
DANN BENUTZT EURE AUGEN!
ES MUSS FUSSSPUREN ODER ANDERE HINWEISE GEBEN!
WENN IHR IHN TROTZDEM NICHT FINDET, SUCHT DIE ANDEREN KINDER!
ICH WETTE, ER HAT GELOGEN UND ES SIND NOCH NICHT ALLE TOT.
EINIGE LEBEN BESTIMMT NOCH.
WER HÄTTE GEDACHT, DASS UNS HIER JEMAND IN DIE QUERE KOMMT...

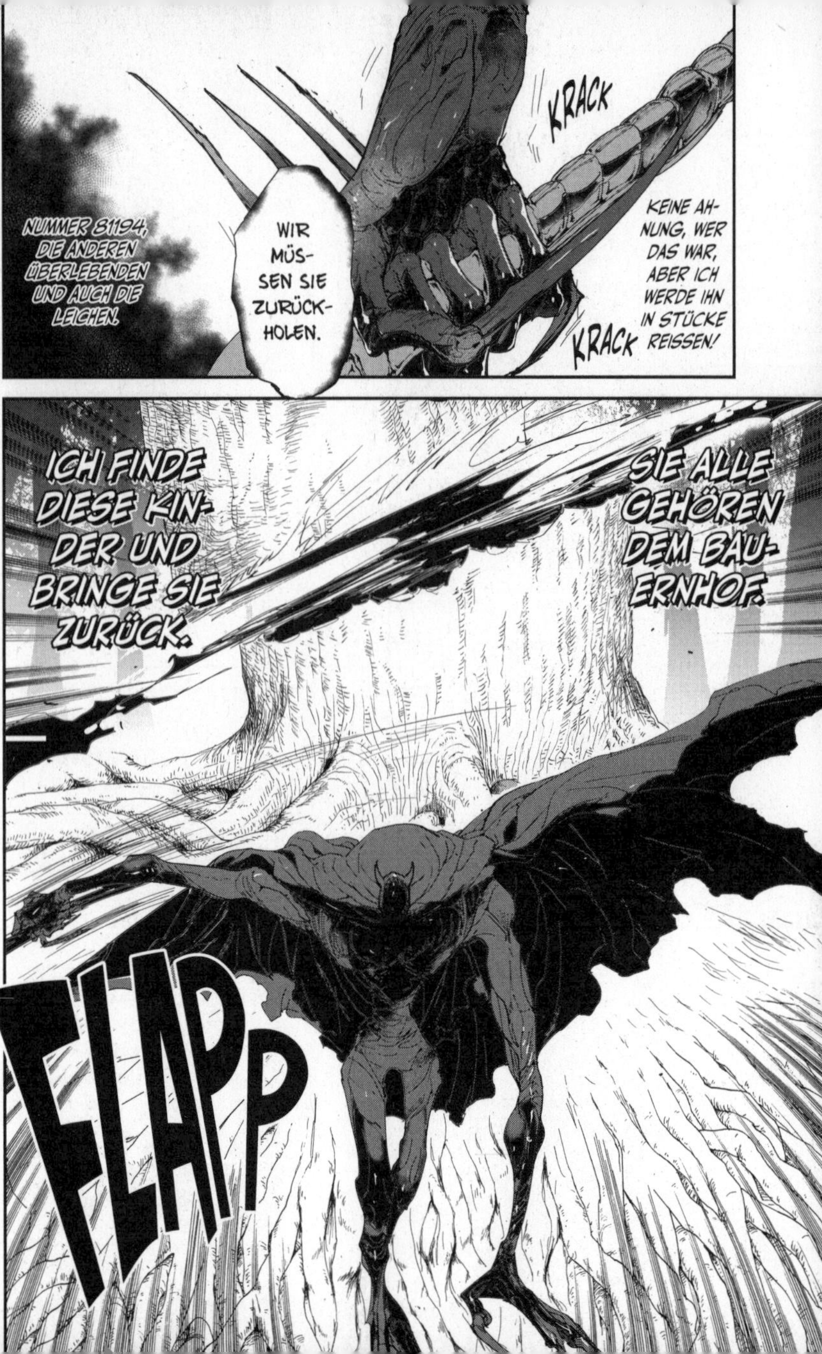
KRACK
KEINE AHNUNG, WER DAS WAR, ABER ICH WERDE IHN IN STÜCKE REISSEN!
KRACK
WIR MÜSSEN SIE ZURÜCKHOLEN.
NUMMER 81194, DIE ANDEREN ÜBERLEBENDEN UND AUCH DIE LEICHEN.
SIE ALLE GEHÖREN DEM BAUERNHOF.
ICH FINDE DIESE KINDER UND BRINGE SIE ZURÜCK.
FLAPP

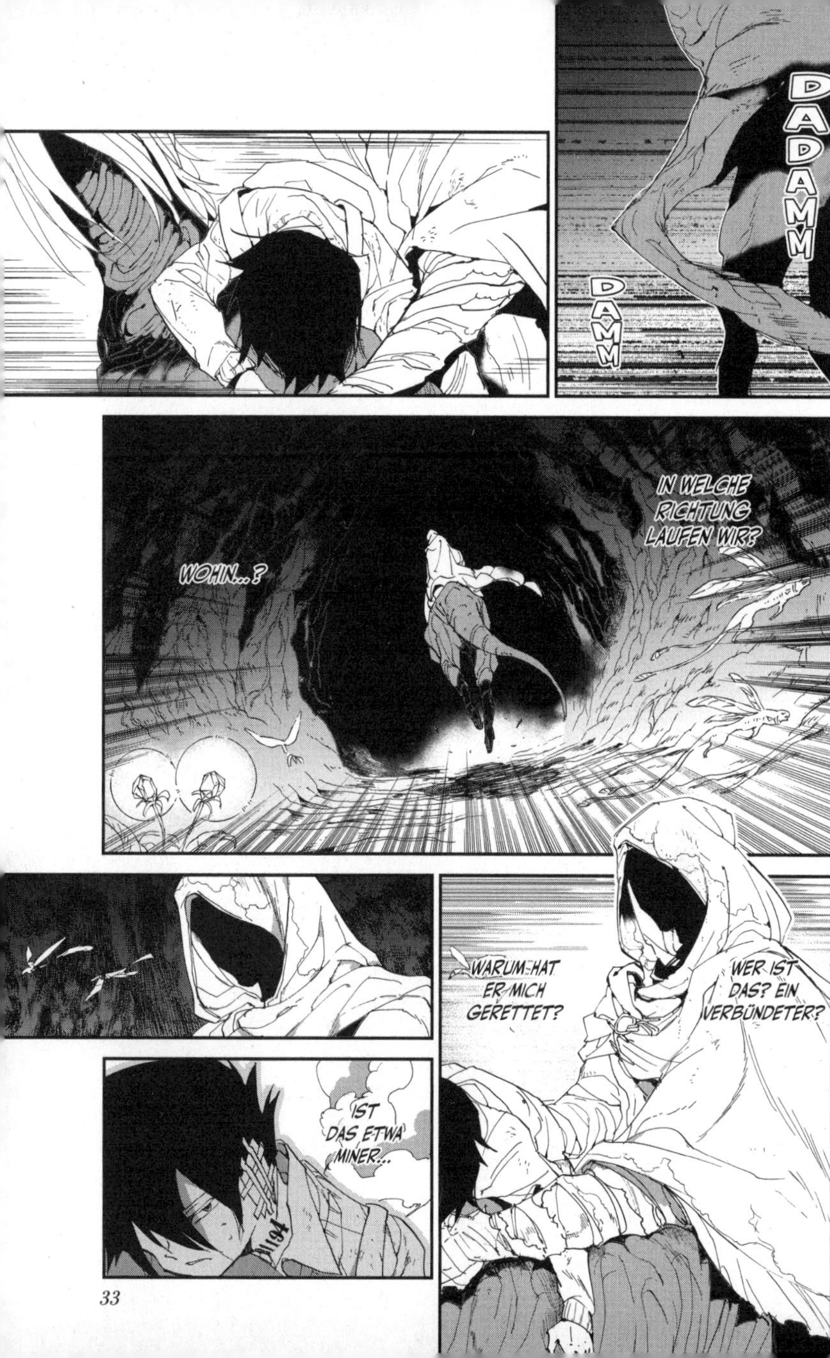
DADAMM
DAMM
IN WELCHE RICHTUNG LAUFEN WIR?
WOHIN...?
WER IST DAS? EIN VERBÜNDETER?
WARUM HAT ER MICH GERETTET?
IST DAS ETWA MINER...

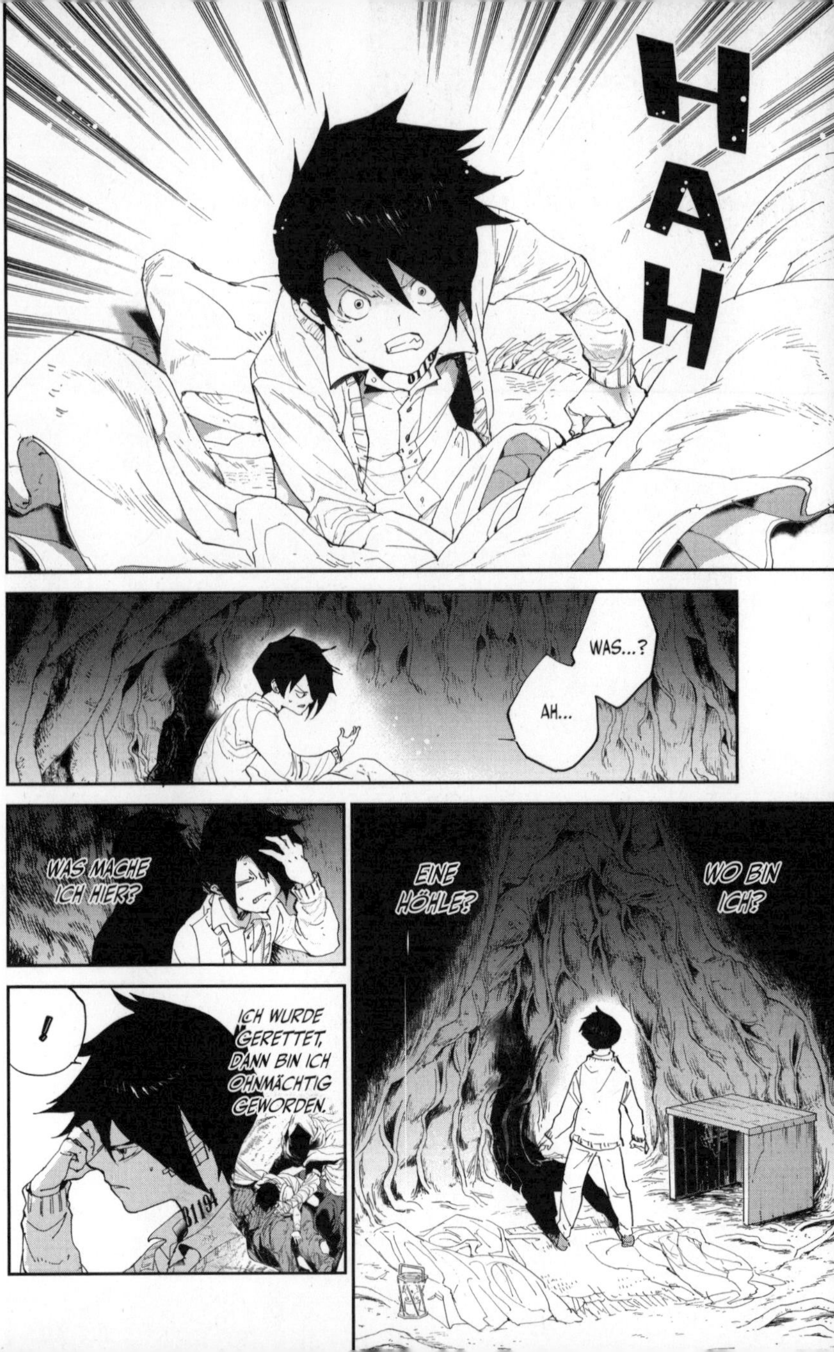
HAH
WAS...?
AH...
WO BIN ICH?
EINE HÖHLE?
WAS MACHE ICH HIER?
!
ICH WURDE GERETTET, DANN BIN ICH OHNMÄCHTIG GEWORDEN.

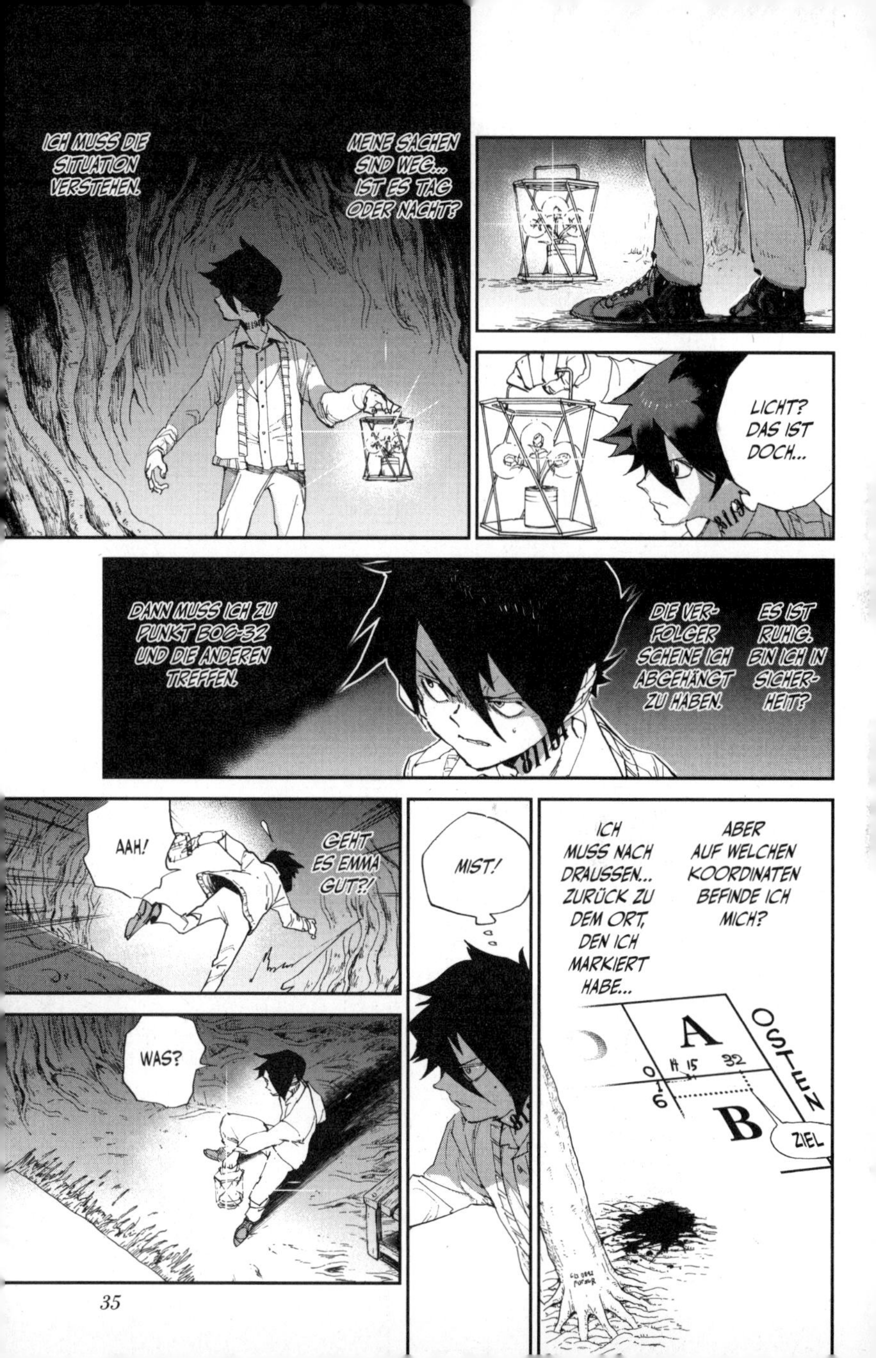

LICHT? DAS IST DOCH...
MEINE SACHEN SIND WEG... IST ES TAG ODER NACHT?
ICH MUSS DIE SITUATION VERSTEHEN.
ES IST RUHIG. BIN ICH IN SICHER-HEIT?
DIE VER-FOLGER SCHEINE ICH ABGEHÄNGT ZU HABEN.
DANN MUSS ICH ZU PUNKT B06-32 UND DIE ANDEREN TREFFEN.
ABER AUF WELCHEN KOORDINATEN BEFINDE ICH MICH?
ICH MUSS NACH DRAUSSEN... ZURÜCK ZU DEM ORT, DEN ICH MARKIERT HABE...
A
OSTEN
0
14 15
32
6
B
ZIEL
MIST!
GEHT ES EMMA GUT?!
AAH!
WAS?

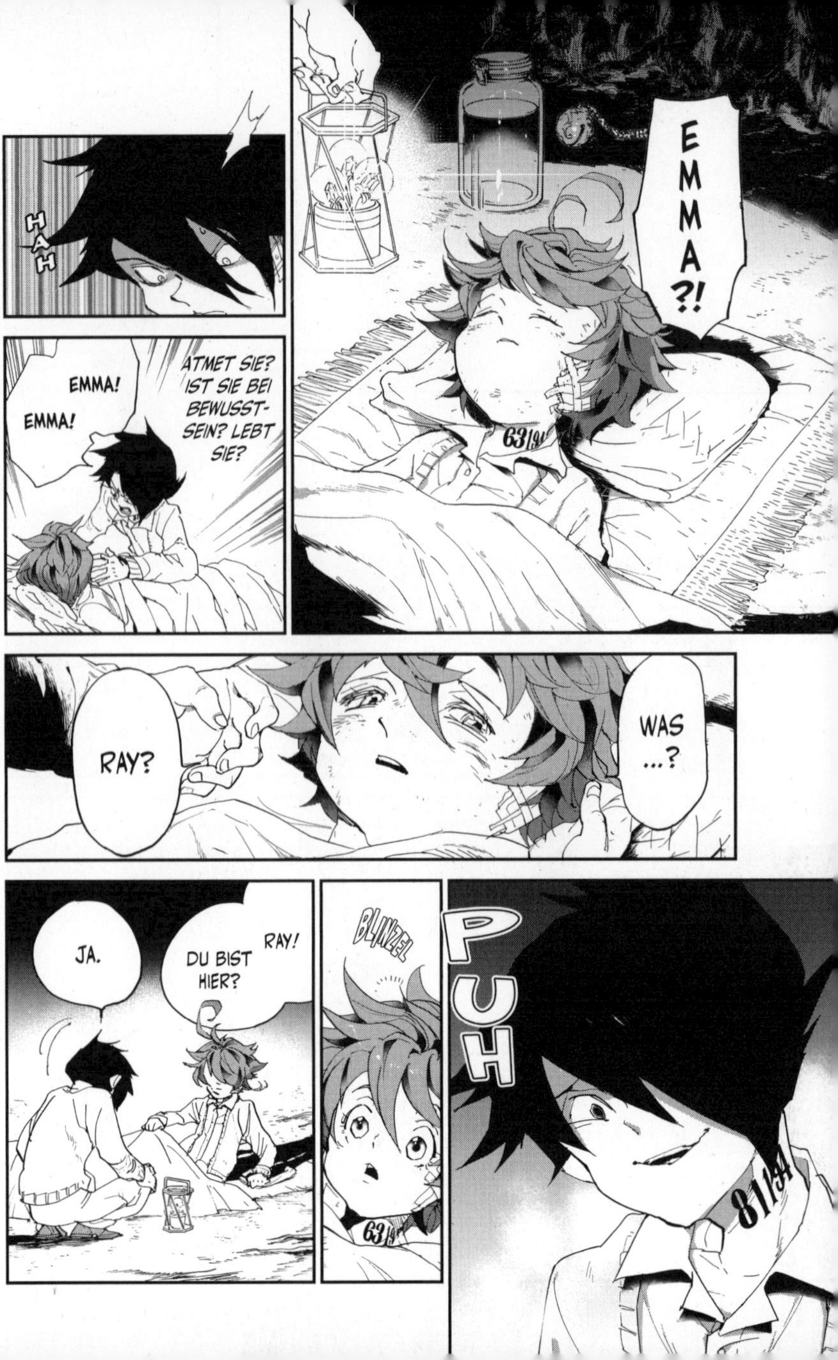
EMMA?!
HAH
ATMET SIE? IST SIE BEI BEWUSST-SEIN? LEBT SIE?
EMMA!
EMMA!
WAS …?
RAY?
PUH
BLINZEL
RAY!
DU BIST HIER?
JA.

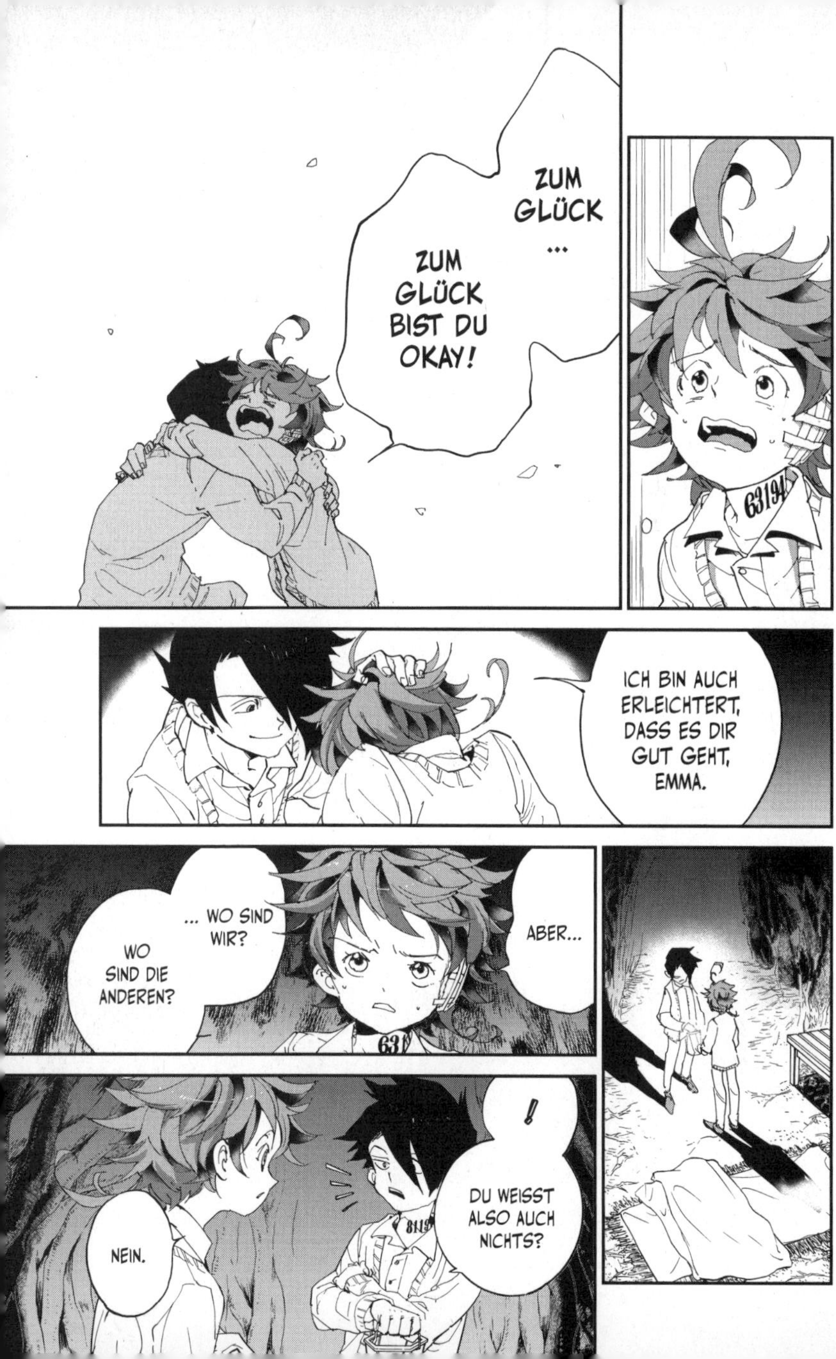
ZUM GLÜCK ...
ZUM GLÜCK BIST DU OKAY!
ICH BIN AUCH ERLEICHTERT, DASS ES DIR GUT GEHT, EMMA.
ABER...
... WO SIND WIR?
WO SIND DIE ANDEREN?
!
DU WEISST ALSO AUCH NICHTS?
NEIN.

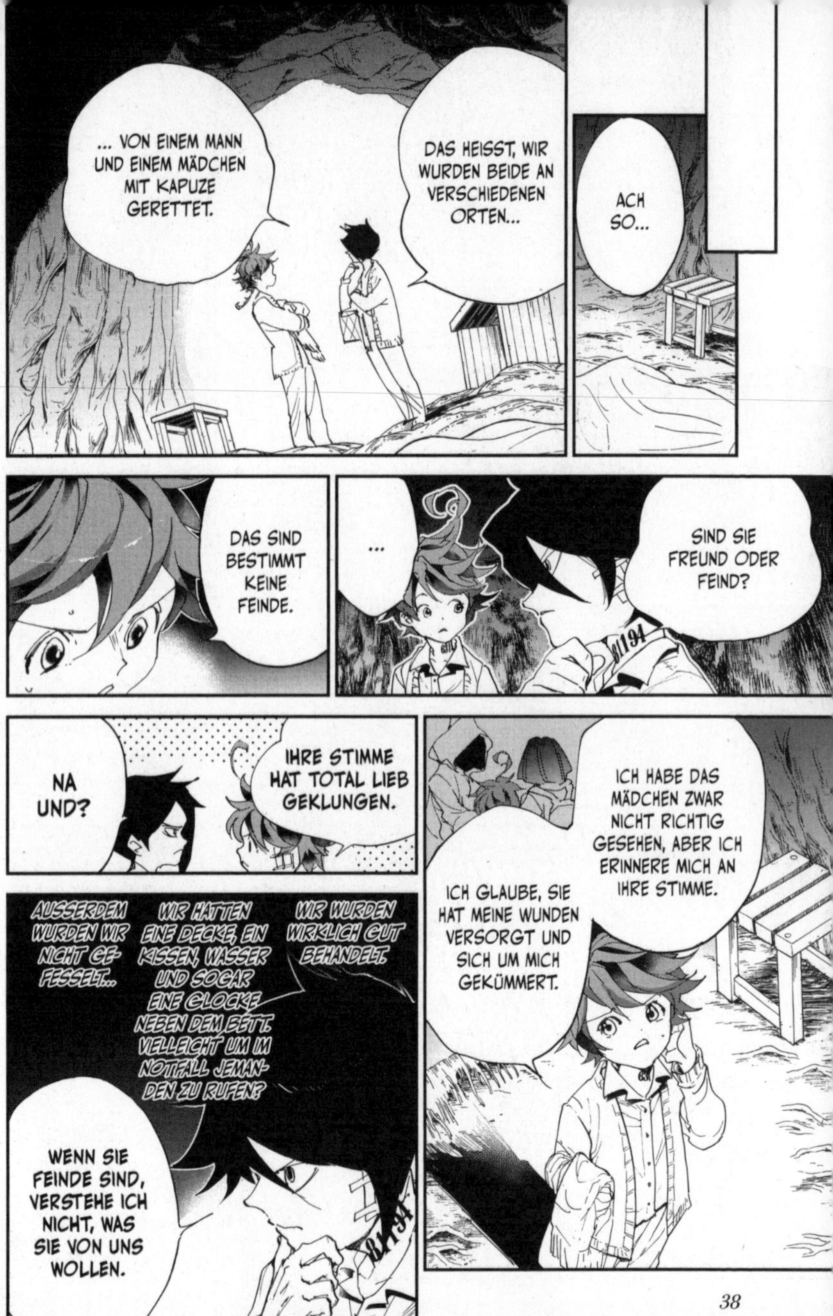
ACH SO...
DAS HEISST, WIR WURDEN BEIDE AN VERSCHIEDENEN ORTEN...
... VON EINEM MANN UND EINEM MÄDCHEN MIT KAPUZE GERETTET.
SIND SIE FREUND ODER FEIND?
...
DAS SIND BESTIMMT KEINE FEINDE.
ICH HABE DAS MÄDCHEN ZWAR NICHT RICHTIG GESEHEN, ABER ICH ERINNERE MICH AN IHRE STIMME.
ICH GLAUBE, SIE HAT MEINE WUNDEN VERSORGT UND SICH UM MICH GEKÜMMERT.
IHRE STIMME HAT TOTAL LIEB GEKLUNGEN.
NA UND?
WIR WURDEN WIRKLICH GUT BEHANDELT.
WIR HATTEN EINE DECKE, EIN KISSEN, WASSER UND SOGAR EINE GLOCKE NEBEN DEM BETT. VIELLEICHT UM IM NOTFALL JEMANDEN ZU RUFEN?
AUSSERDEM WURDEN WIR NICHT GEFESSELT...
WENN SIE FEINDE SIND, VERSTEHE ICH NICHT, WAS SIE VON UNS WOLLEN.

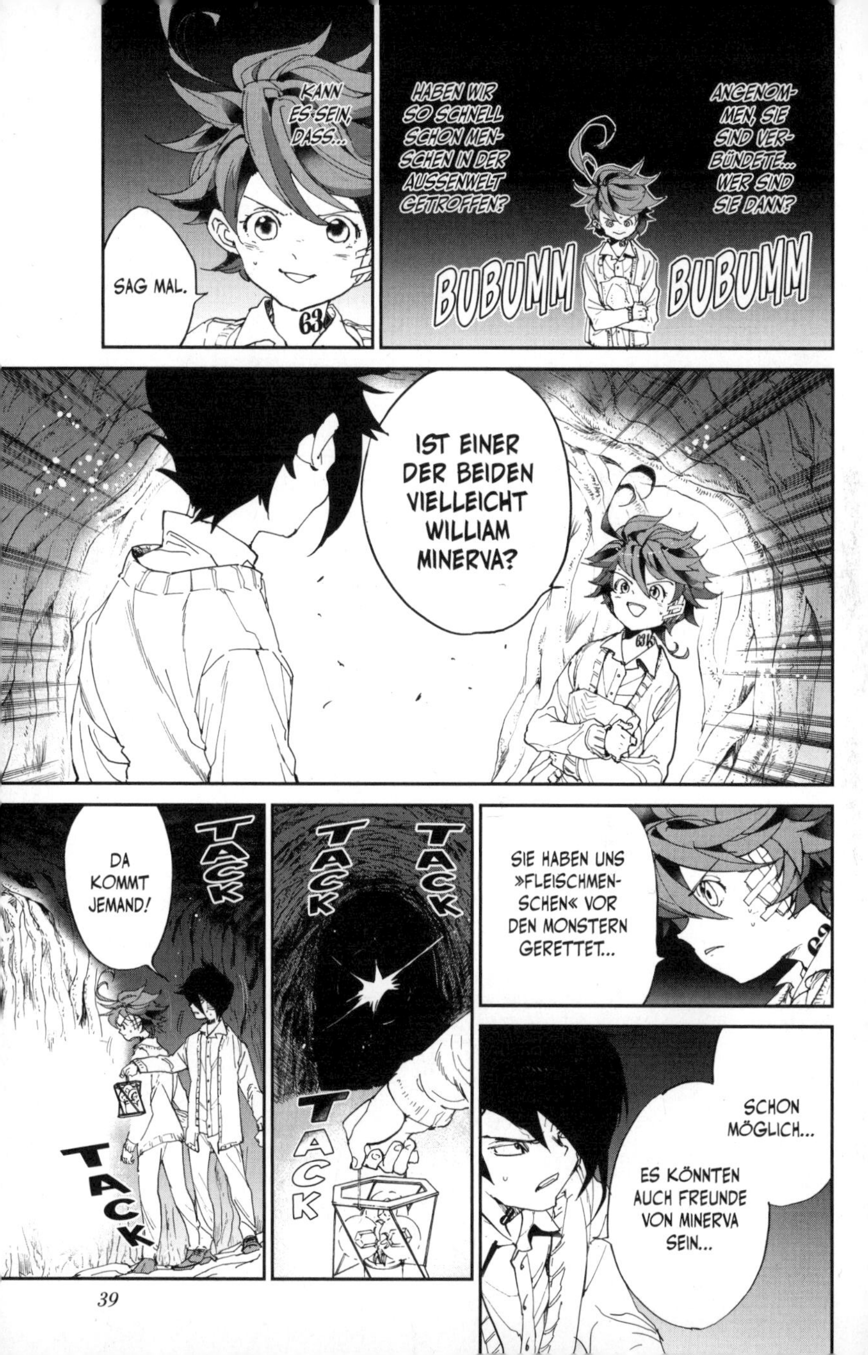
ANGENOMMEN, SIE SIND VERBÜNDETE... WER SIND SIE DANN?
BUBUMM
BUBUMM
HABEN WIR SO SCHNELL SCHON MENSCHEN IN DER AUSSENWELT GETROFFEN?
KANN ES SEIN, DASS...
SAG MAL.
IST EINER DER BEIDEN VIELLEICHT WILLIAM MINERVA?
SIE HABEN UNS »FLEISCHMENSCHEN« VOR DEN MONSTERN GERETTET...
TACK
TACK
TACK
TACK
DA KOMMT JEMAND!
TACK
SCHON MÖGLICH...
ES KÖNNTEN AUCH FREUNDE VON MINERVA SEIN...

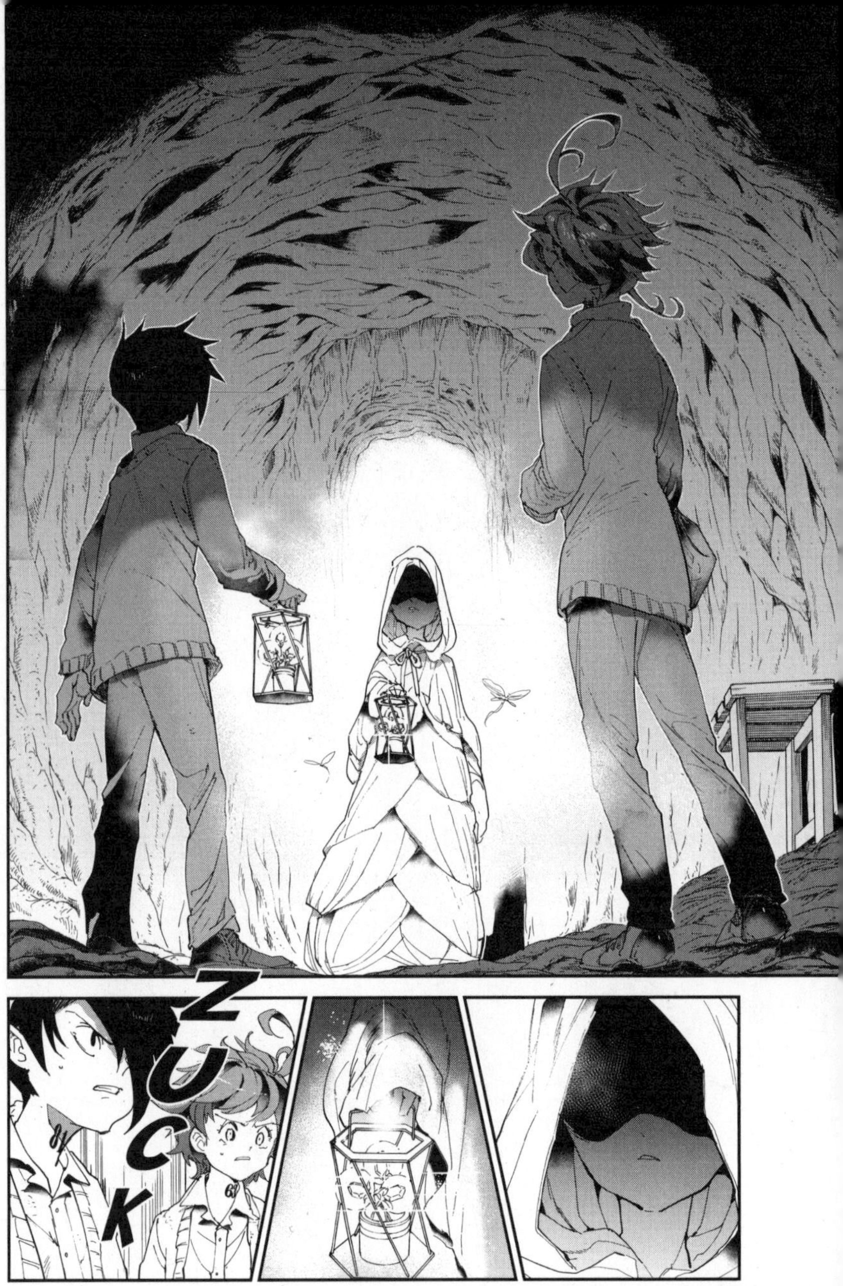
ZUCK

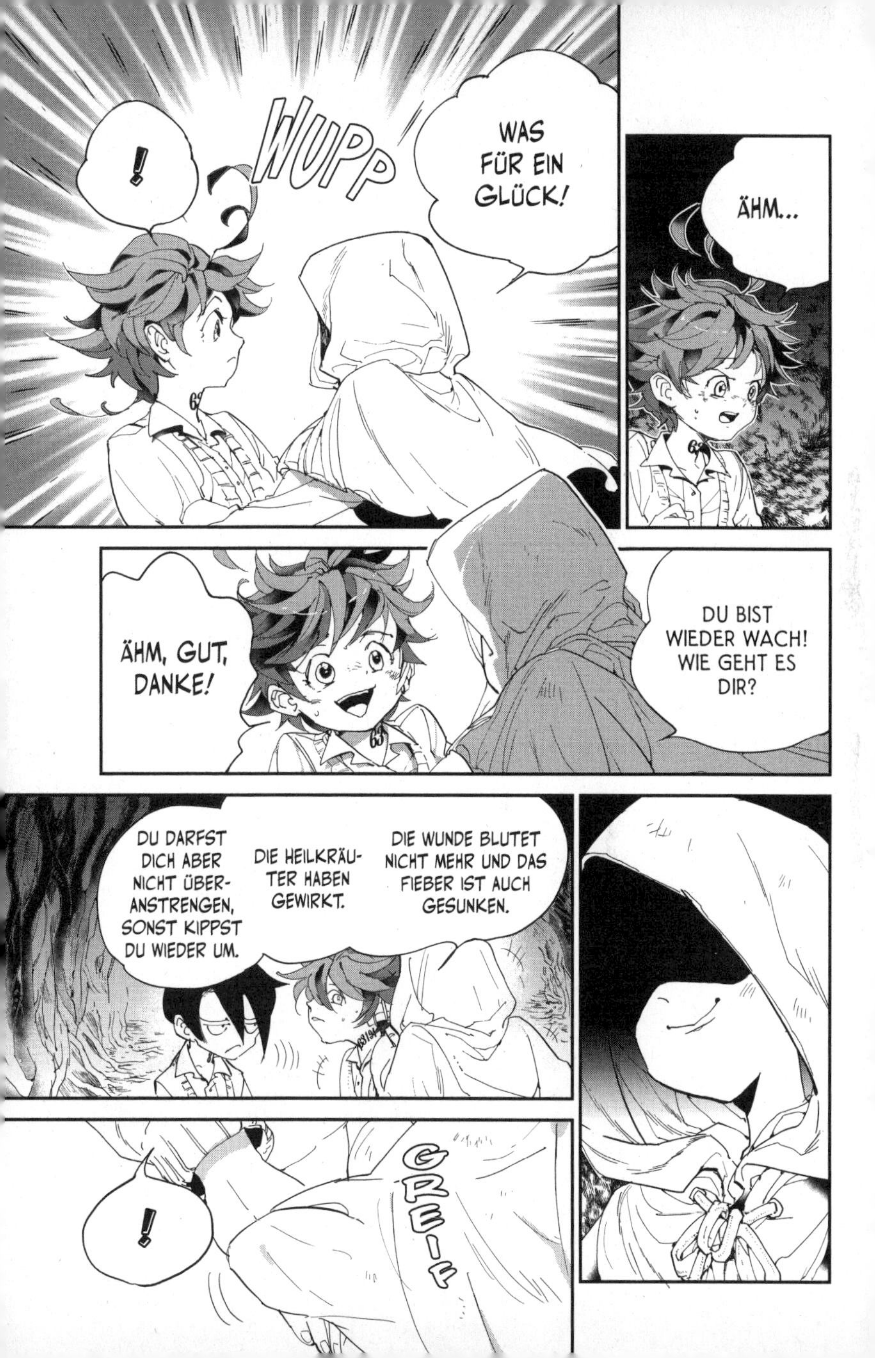
WAS FÜR EIN GLÜCK!
WUPP
!
ÄHM...
DU BIST WIEDER WACH! WIE GEHT ES DIR?
ÄHM, GUT, DANKE!
DIE WUNDE BLUTET NICHT MEHR UND DAS FIEBER IST AUCH GESUNKEN.
DIE HEILKRÄU-TER HABEN GEWIRKT.
DU DARFST DICH ABER NICHT ÜBER-ANSTRENGEN, SONST KIPPST DU WIEDER UM.
GREIF
!

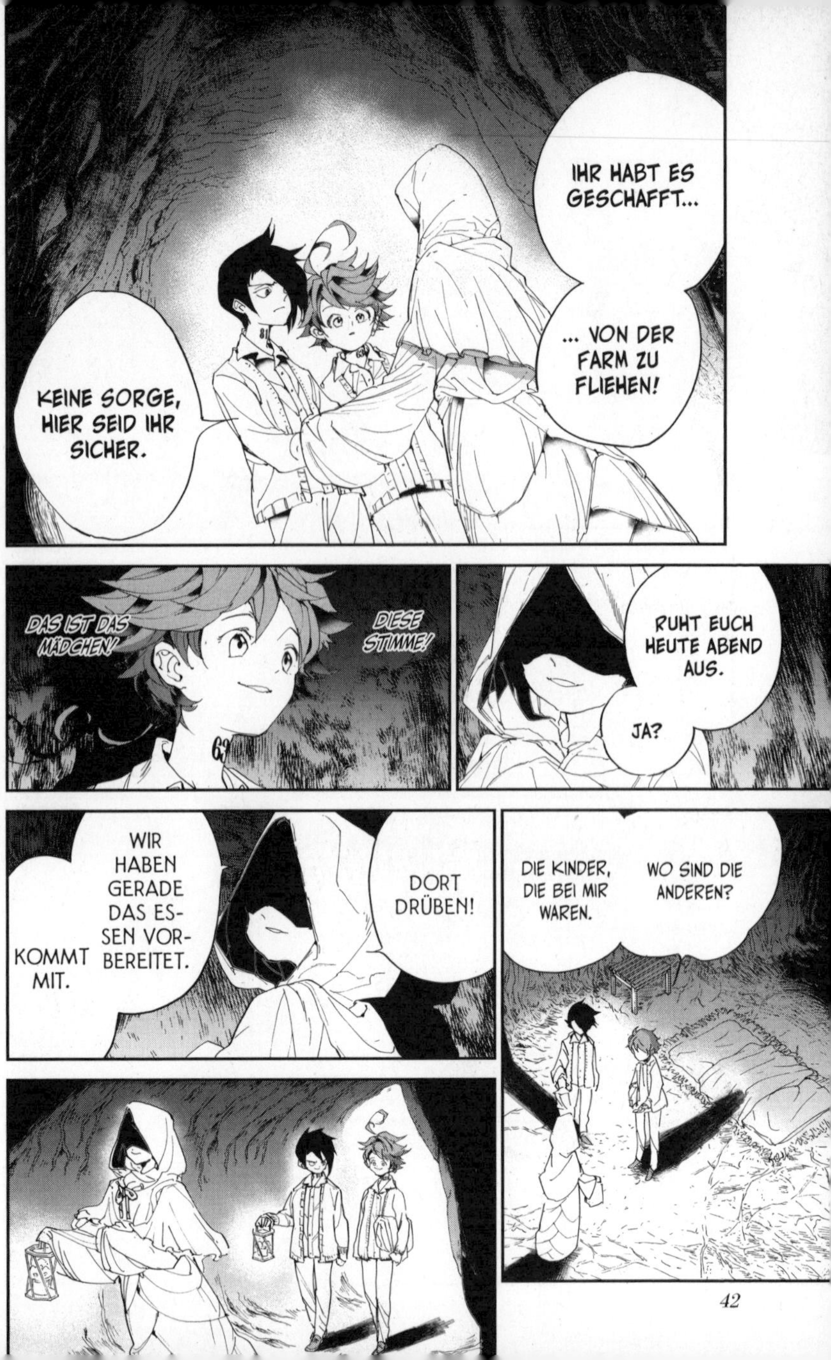
IHR HABT ES GESCHAFFT...
... VON DER FARM ZU FLIEHEN!
KEINE SORGE, HIER SEID IHR SICHER.
RUHT EUCH HEUTE ABEND AUS.
JA?
DIESE STIMME!
DAS IST DAS MÄDCHEN!
WO SIND DIE ANDEREN?
DIE KINDER, DIE BEI MIR WAREN.
DORT DRÜBEN!
WIR HABEN GERADE DAS ESSEN VORBEREITET.
KOMMT MIT.

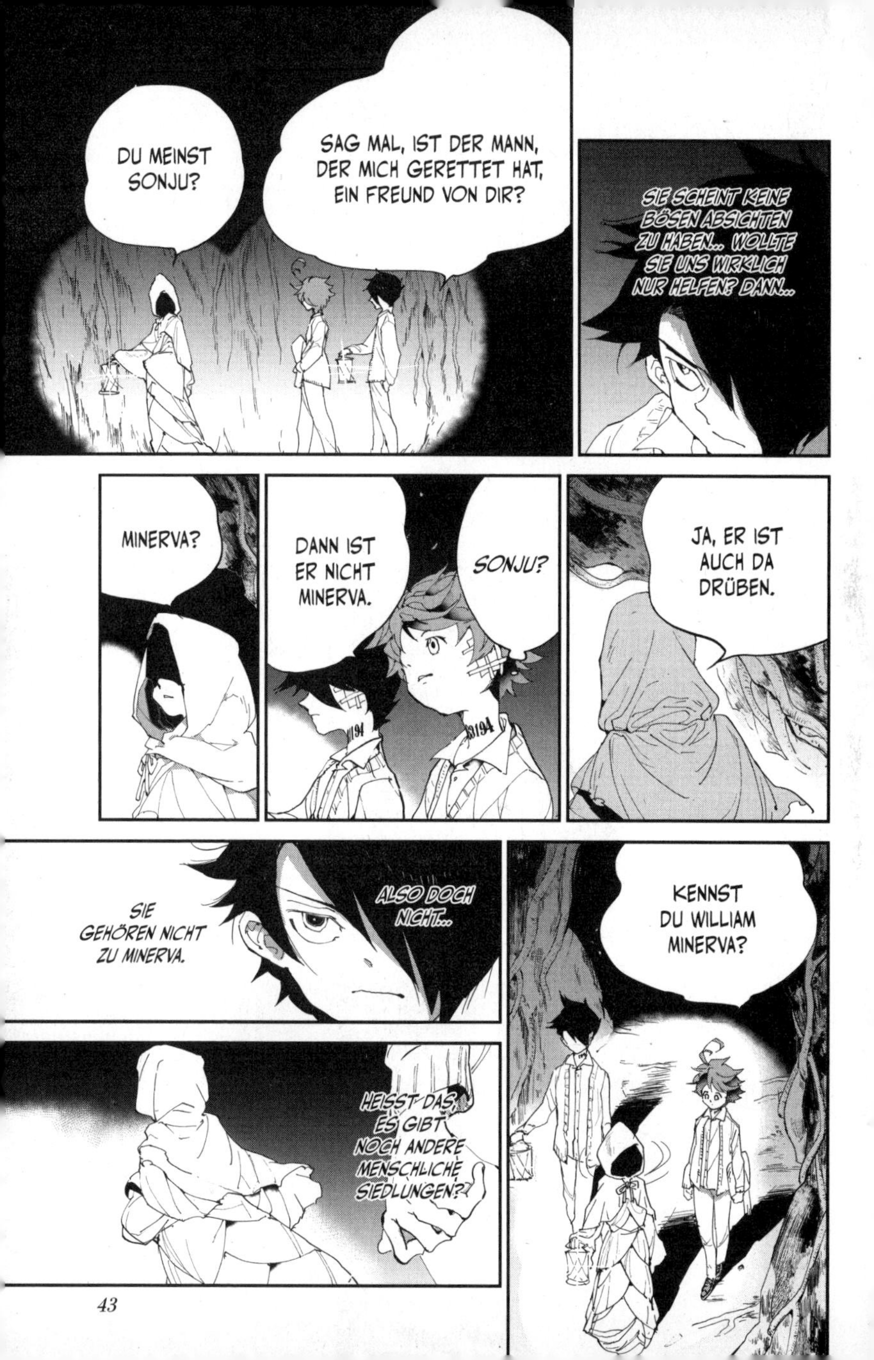
SAG MAL, IST DER MANN, DER MICH GERETTET HAT, EIN FREUND VON DIR?
DU MEINST SONJU?
SIE SCHEINT KEINE BÖSEN ABSICHTEN ZU HABEN... WOLLTE SIE UNS WIRKLICH NUR HELFEN? DANN...
JA, ER IST AUCH DA DRÜBEN.
SONJU?
DANN IST ER NICHT MINERVA.
MINERVA?
KENNST DU WILLIAM MINERVA?
ALSO DOCH NICHT...
SIE GEHÖREN NICHT ZU MINERVA.
HEISST DAS, ES GIBT NOCH ANDERE MENSCHLICHE SIEDLUNGEN?

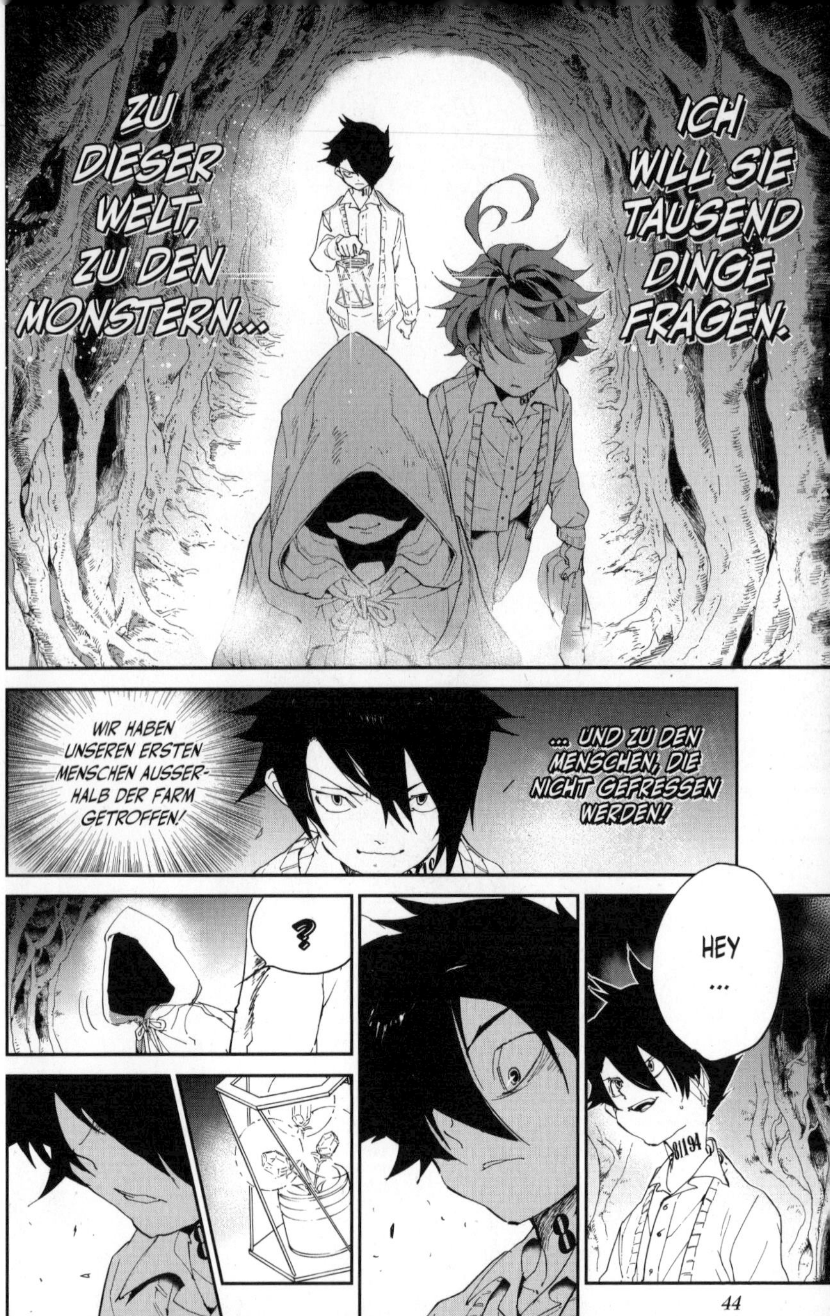
ICH WILL SIE TAUSEND DINGE FRAGEN.
ZU DIESER WELT, ZU DEN MONSTERN...
... UND ZU DEN MENSCHEN, DIE NICHT GEFRESSEN WERDEN!
WIR HABEN UNSEREN ERSTEN MENSCHEN AUSSER-HALB DER FARM GETROFFEN!
HEY ...
?

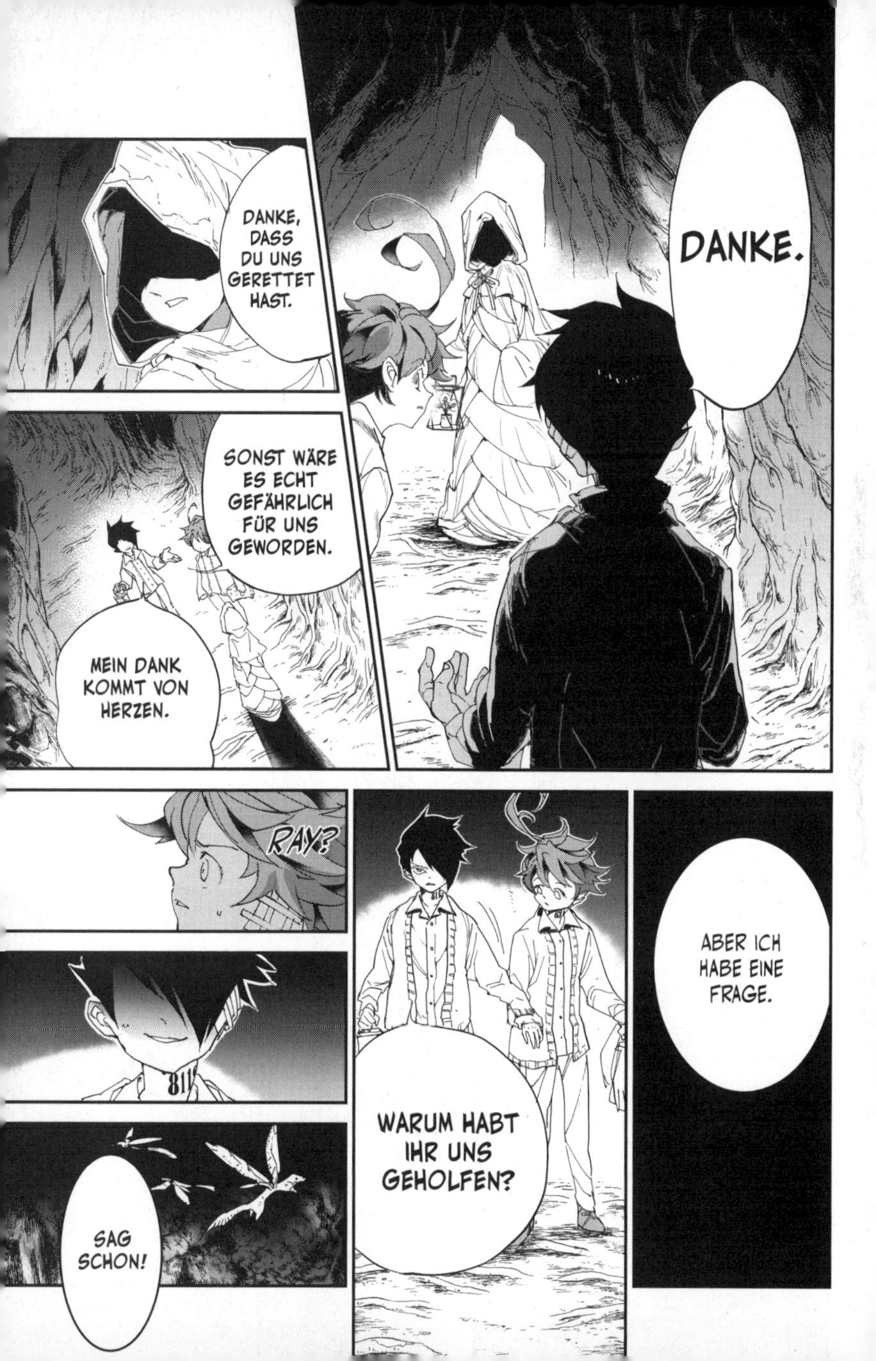
DANKE.
DANKE, DASS DU UNS GERETTET HAST.
SONST WÄRE ES ECHT GEFÄHRLICH FÜR UNS GEWORDEN.
MEIN DANK KOMMT VON HERZEN.
ABER ICH HABE EINE FRAGE.
RAY?
WARUM HABT IHR UNS GEHOLFEN?
SAG SCHON!

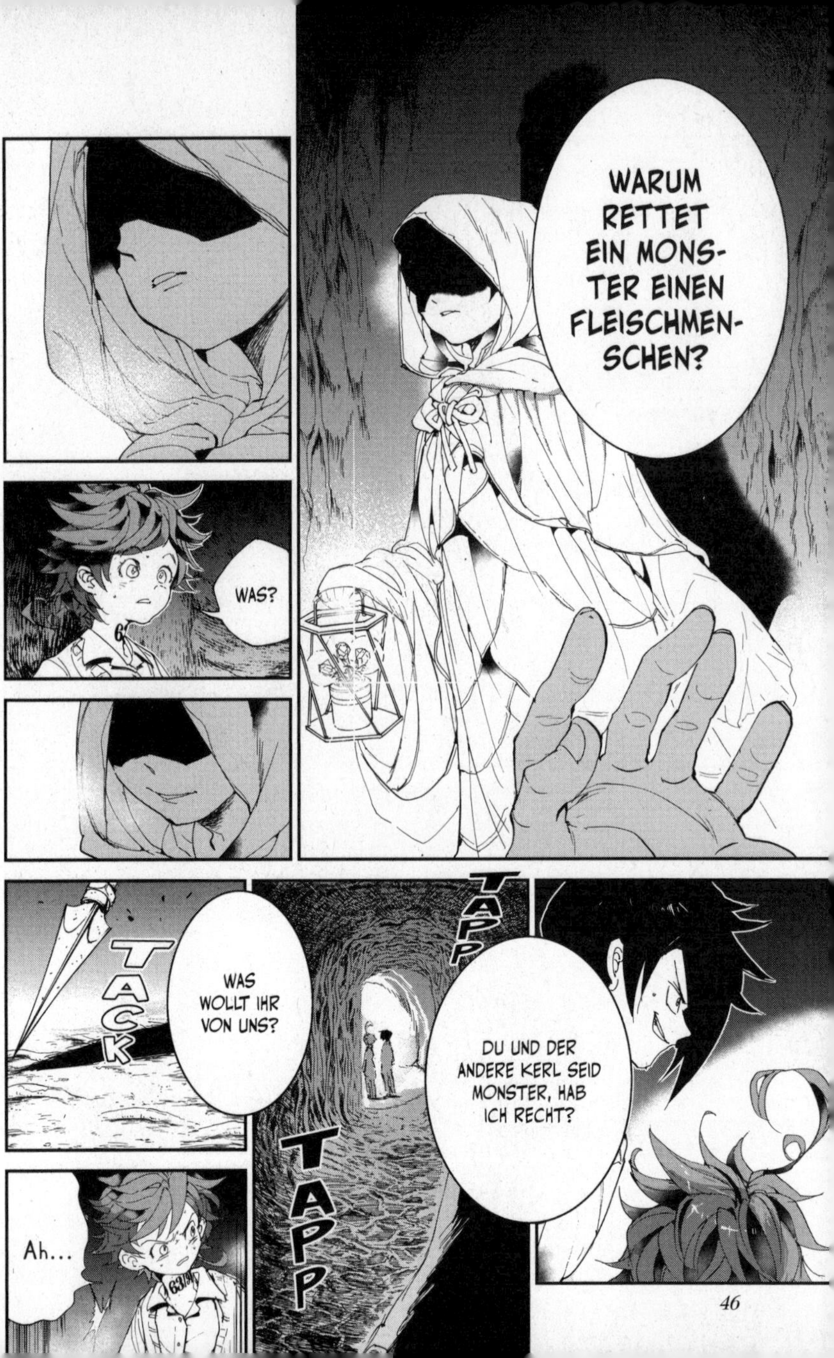
WARUM RETTET EIN MONSTER EINEN FLEISCHMENSCHEN?
WAS?
TAPP
DU UND DER ANDERE KERL SEID MONSTER, HAB ICH RECHT?
TAPP
WAS WOLLT IHR VON UNS?
TACK
Ah...

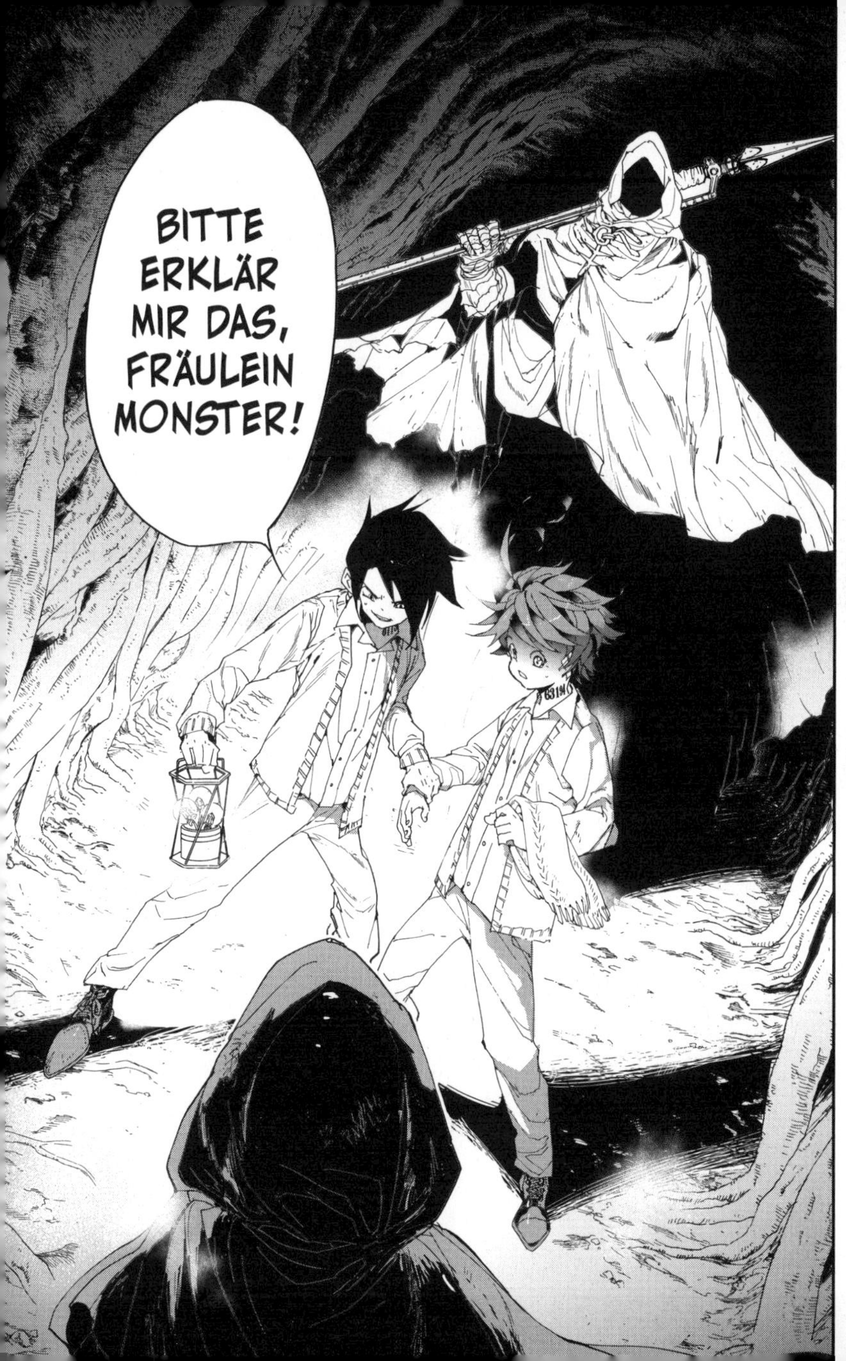
BITTE ERKLÄR MIR DAS, FRÄULEIN MONSTER!

Hinter den Kulissen von The Promised Neverland

010

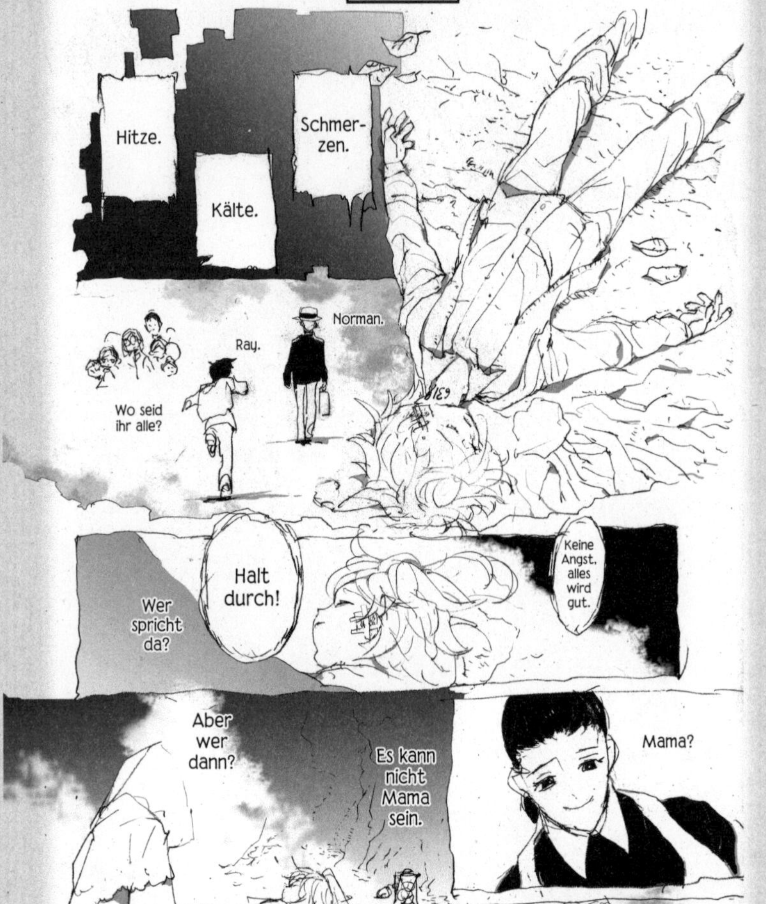

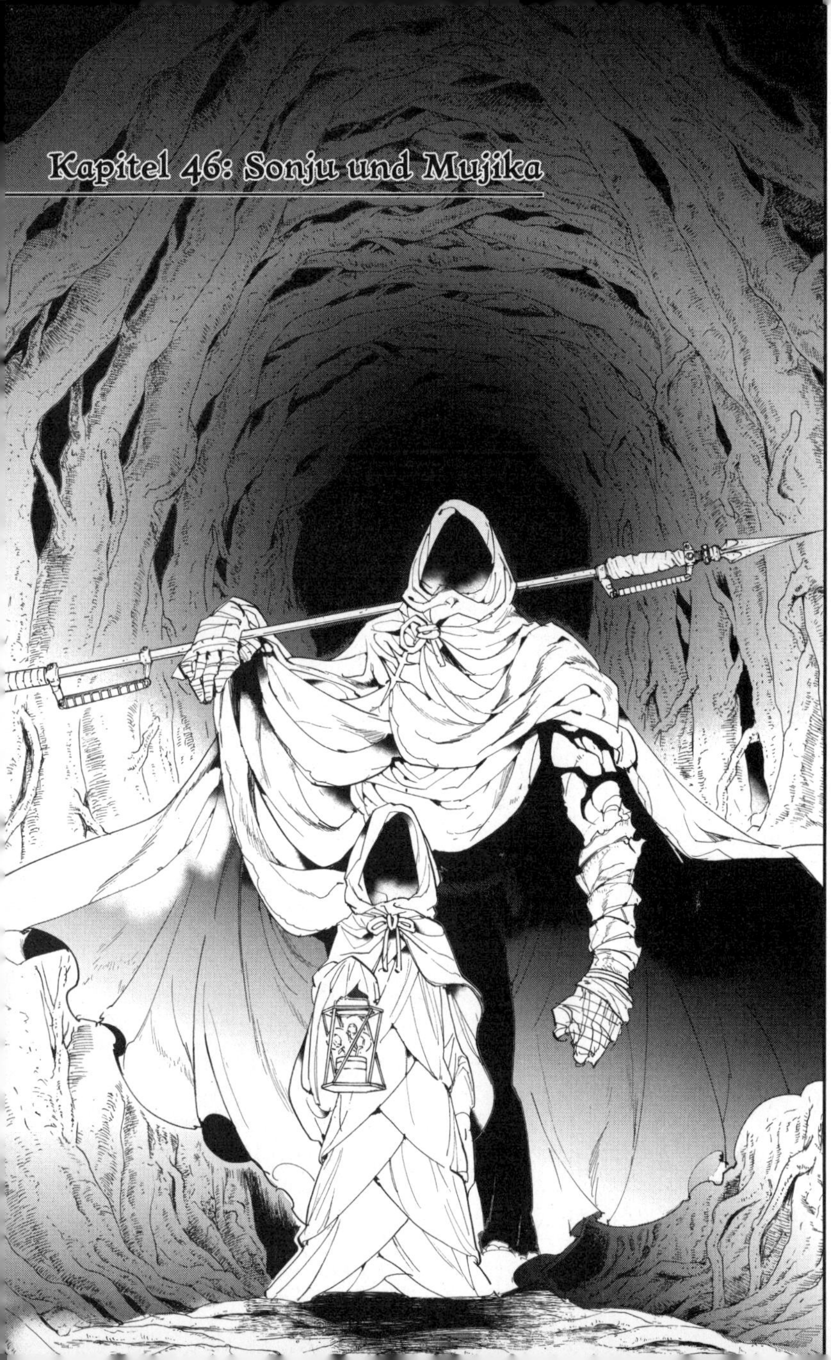
Kapitel 46: Sonju und Mujika

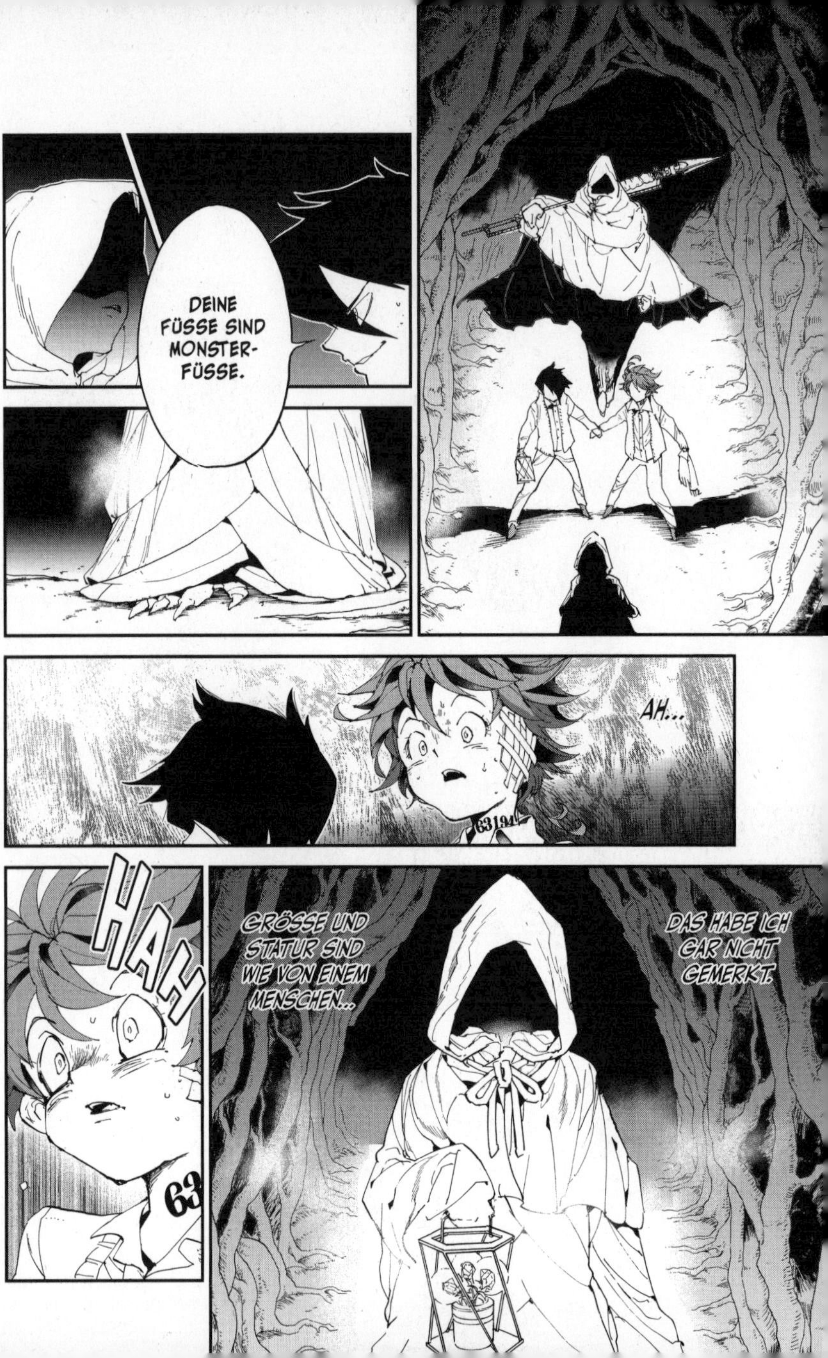
DEINE FÜSSE SIND MONSTER-FÜSSE.
AH...
HAH
GRÖSSE UND STATUR SIND WIE VON EINEM MENSCHEN...
DAS HABE ICH GAR NICHT GEMERKT.

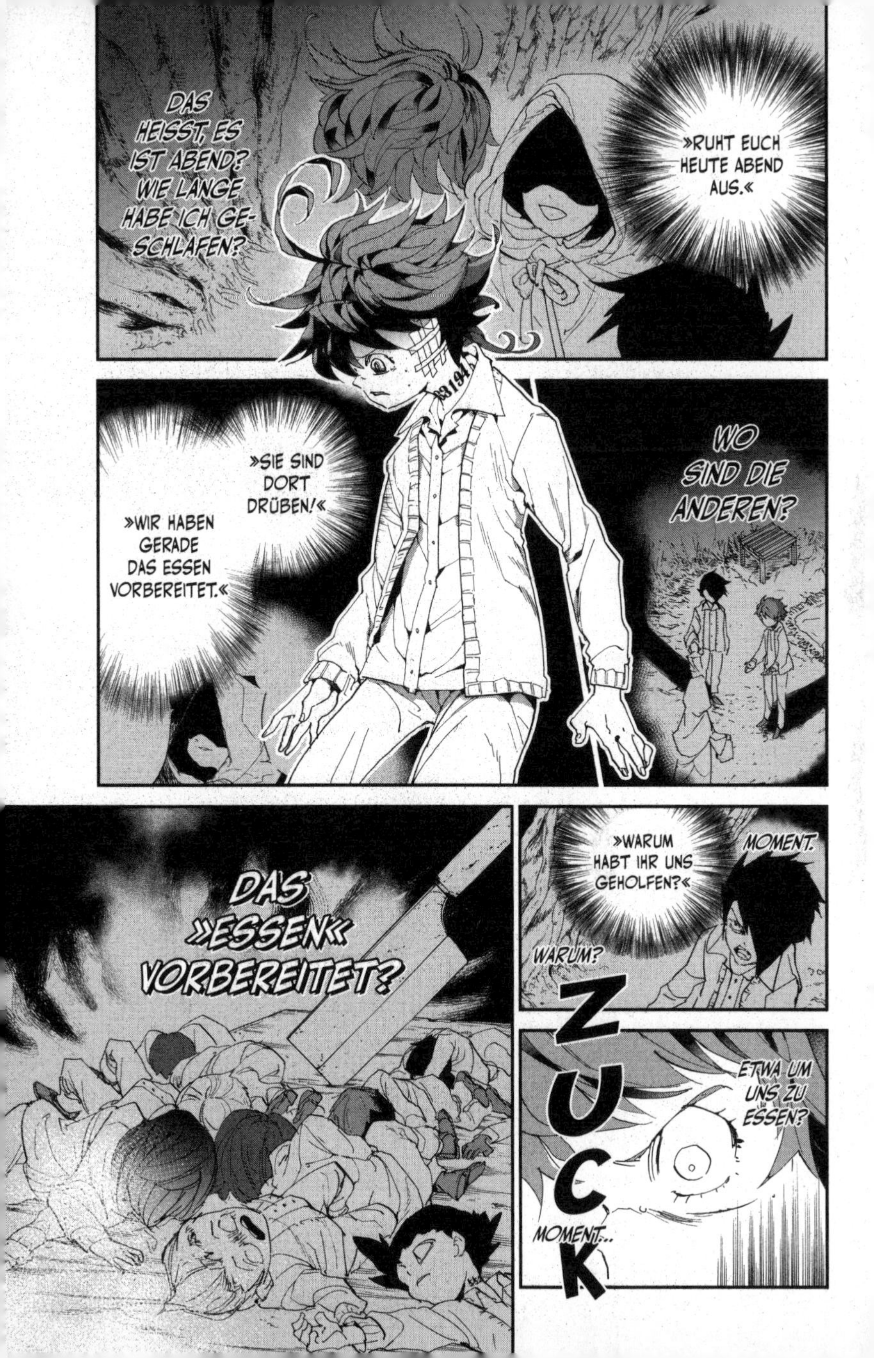
»RUHT EUCH HEUTE ABEND AUS.«
DAS HEISST, ES IST ABEND? WIE LANGE HABE ICH GE-SCHLAFEN?
WO SIND DIE ANDEREN?
»SIE SIND DORT DRÜBEN!«
»WIR HABEN GERADE DAS ESSEN VORBEREITET.«
MOMENT.
»WARUM HABT IHR UNS GEHOLFEN?«
WARUM?
DAS »ESSEN« VORBEREITET?
ETWA UM UNS ZU ESSEN?
ZUCK
MOMENT...

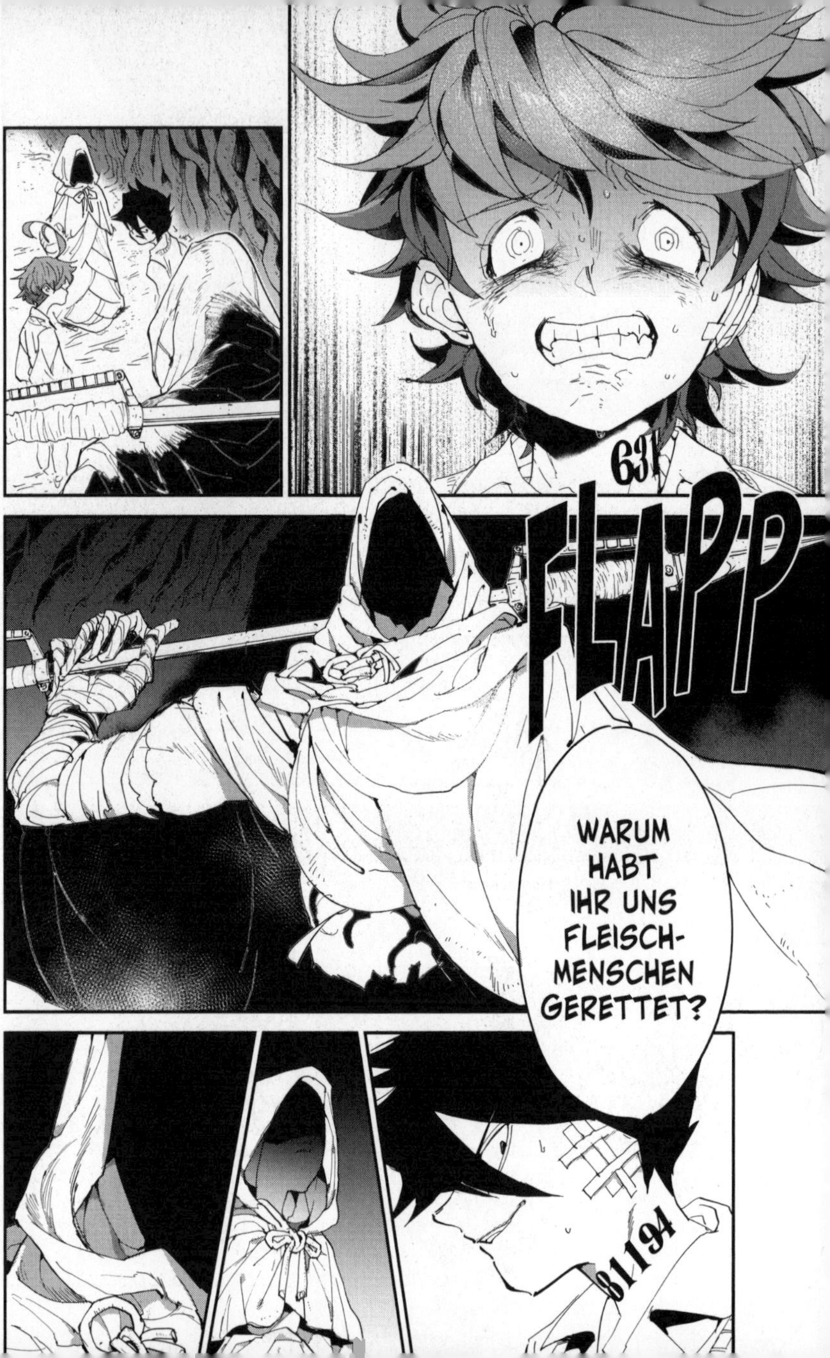

631
FLAPP
WARUM HABT IHR UNS FLEISCH-MENSCHEN GERETTET?
81194

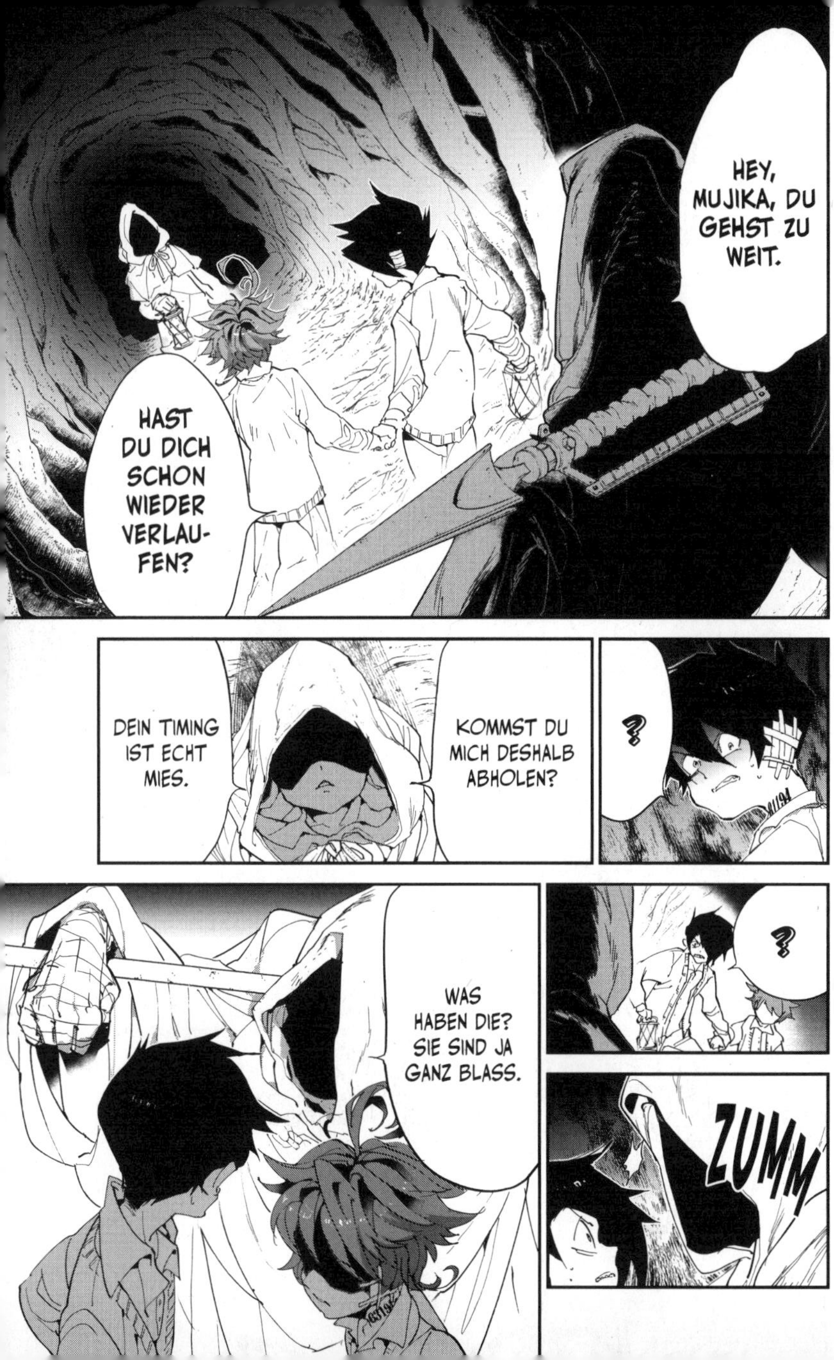
HEY, MUJIKA, DU GEHST ZU WEIT.
HAST DU DICH SCHON WIEDER VERLAU-FEN?
?
KOMMST DU MICH DESHALB ABHOLEN?
DEIN TIMING IST ECHT MIES.
?
ZUMM
WAS HABEN DIE? SIE SIND JA GANZ BLASS.

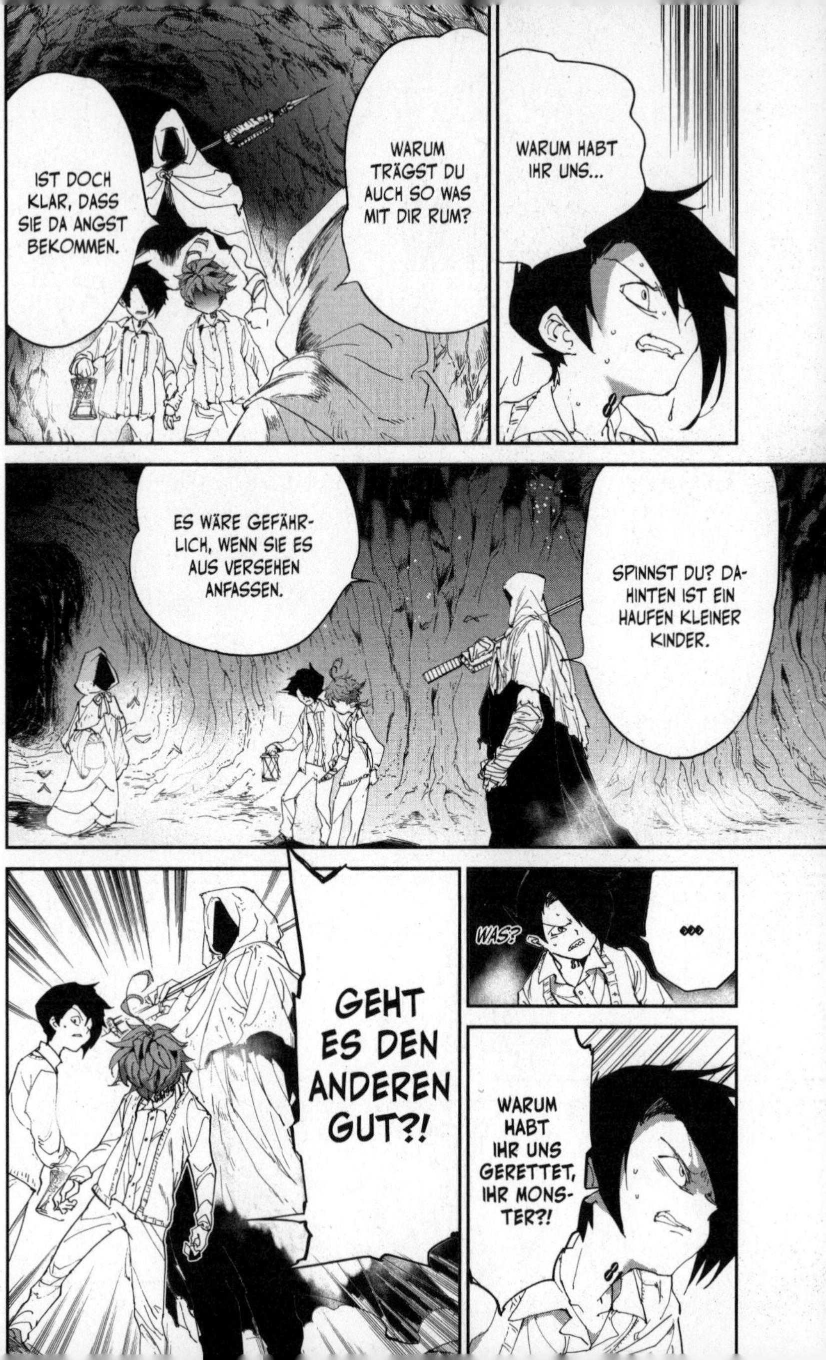
WARUM HABT IHR UNS...
WARUM TRÄGST DU AUCH SO WAS MIT DIR RUM?
IST DOCH KLAR, DASS SIE DA ANGST BEKOMMEN.
SPINNST DU? DAHINTEN IST EIN HAUFEN KLEINER KINDER.
ES WÄRE GEFÄHRLICH, WENN SIE ES AUS VERSEHEN ANFASSEN.
GEHT ES DEN ANDEREN GUT?!
...
WAS?
WARUM HABT IHR UNS GERETTET, IHR MONSTER?!

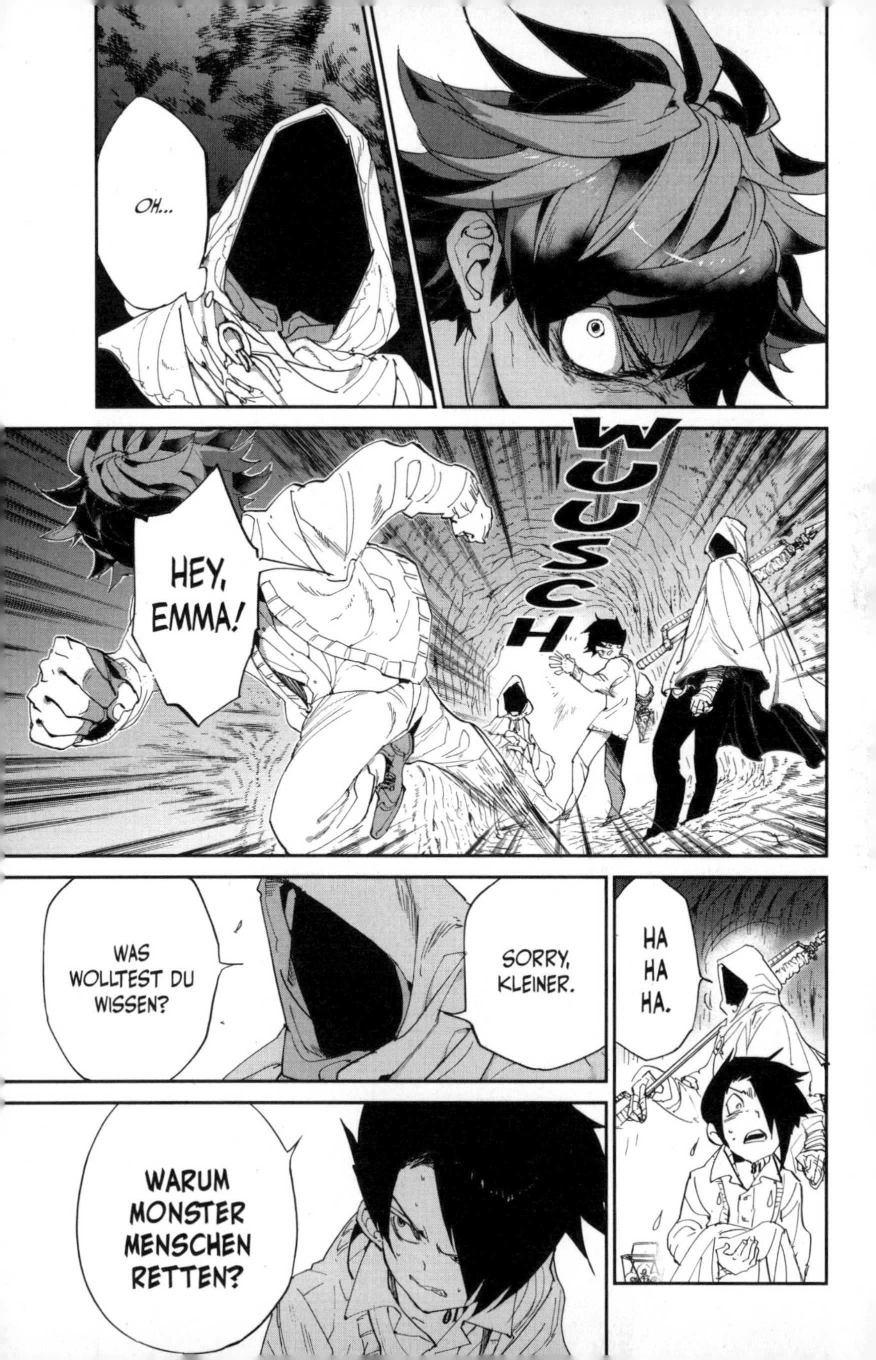
OH...
WUUSCH
HEY, EMMA!
HA HA HA.
SORRY, KLEINER.
WAS WOLLTEST DU WISSEN?
WARUM MONSTER MENSCHEN RETTEN?

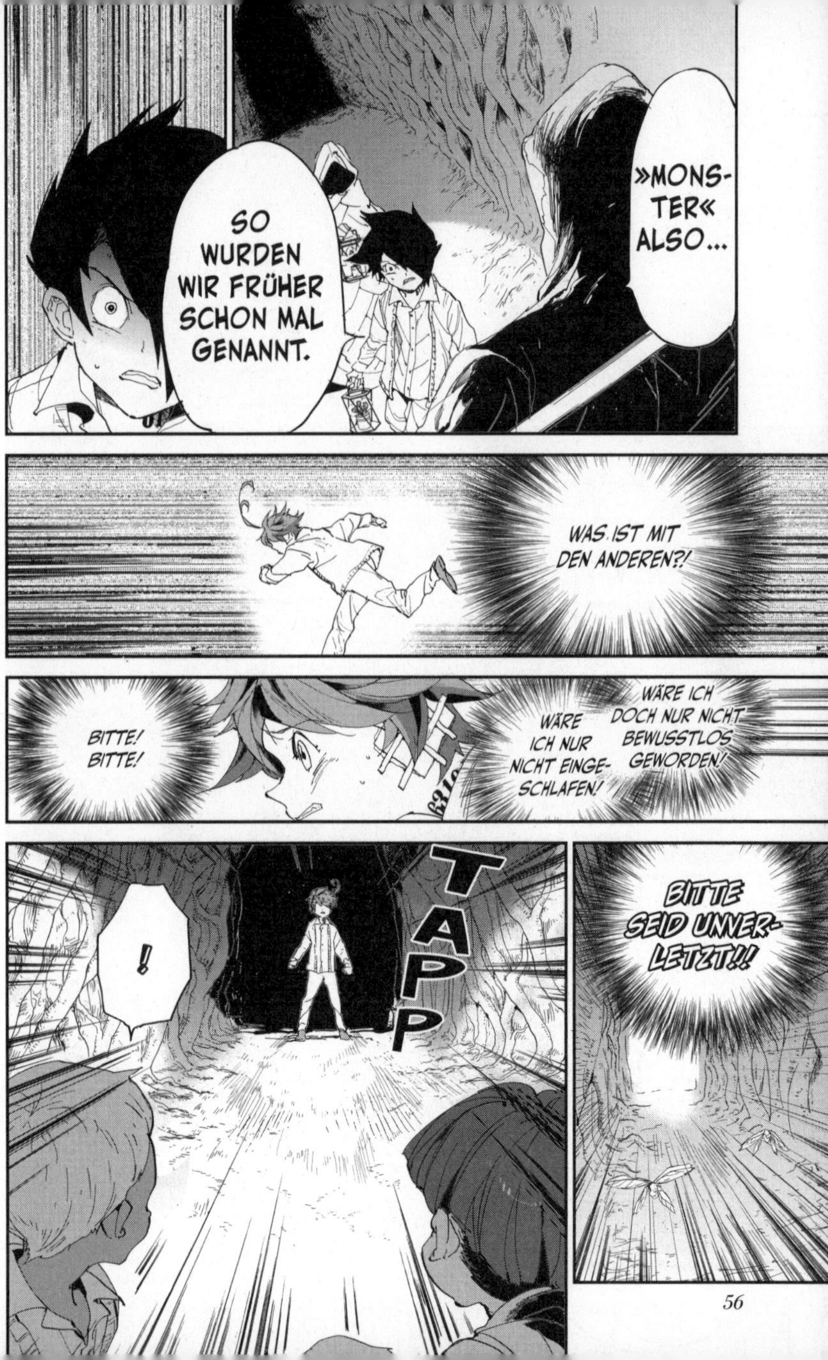
»MONSTER« ALSO…
SO WURDEN WIR FRÜHER SCHON MAL GENANNT.
WAS IST MIT DEN ANDEREN?!
WÄRE ICH DOCH NUR NICHT BEWUSSTLOS GEWORDEN!
WÄRE ICH NUR NICHT EINGESCHLAFEN!
BITTE! BITTE!
BITTE SEID UNVERLETZT!!
TAPP
!

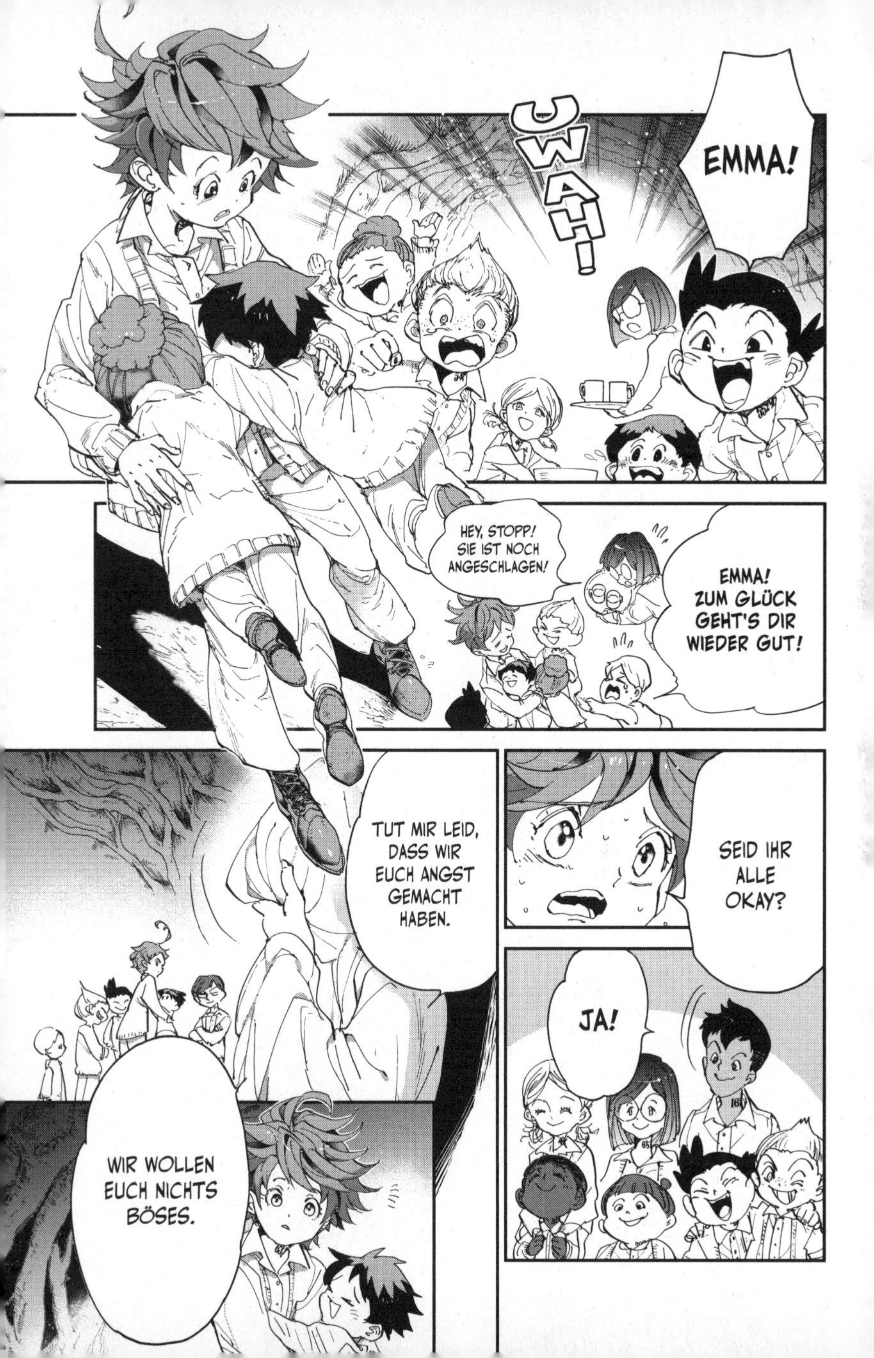
EMMA!
UWAH!
EMMA! ZUM GLÜCK GEHT'S DIR WIEDER GUT!
HEY, STOPP! SIE IST NOCH ANGESCHLAGEN!
SEID IHR ALLE OKAY?
JA!
TUT MIR LEID, DASS WIR EUCH ANGST GEMACHT HABEN.
WIR WOLLEN EUCH NICHTS BÖSES.

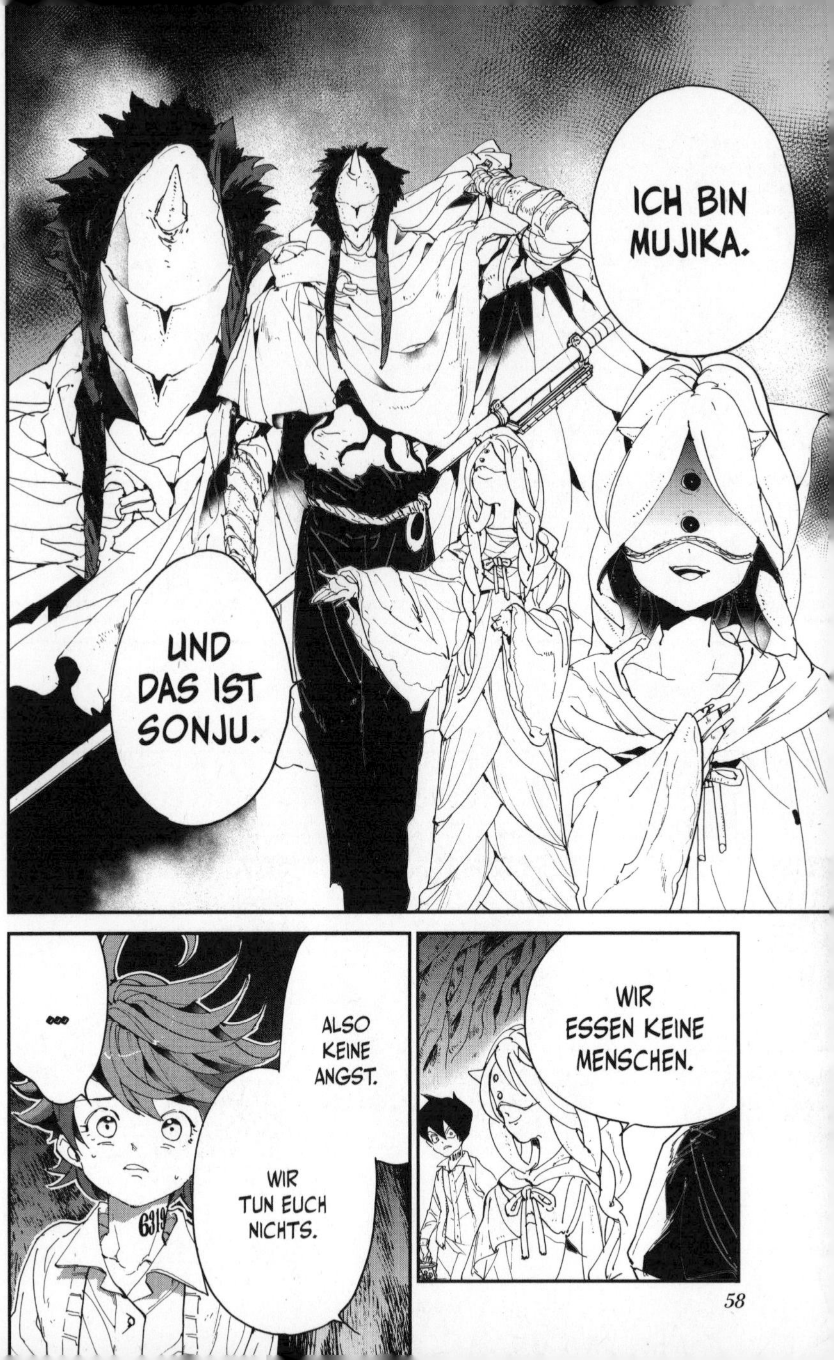
ICH BIN MUJIKA.
UND DAS IST SONJU.
WIR ESSEN KEINE MENSCHEN.
ALSO KEINE ANGST.
WIR TUN EUCH NICHTS.
...
6319

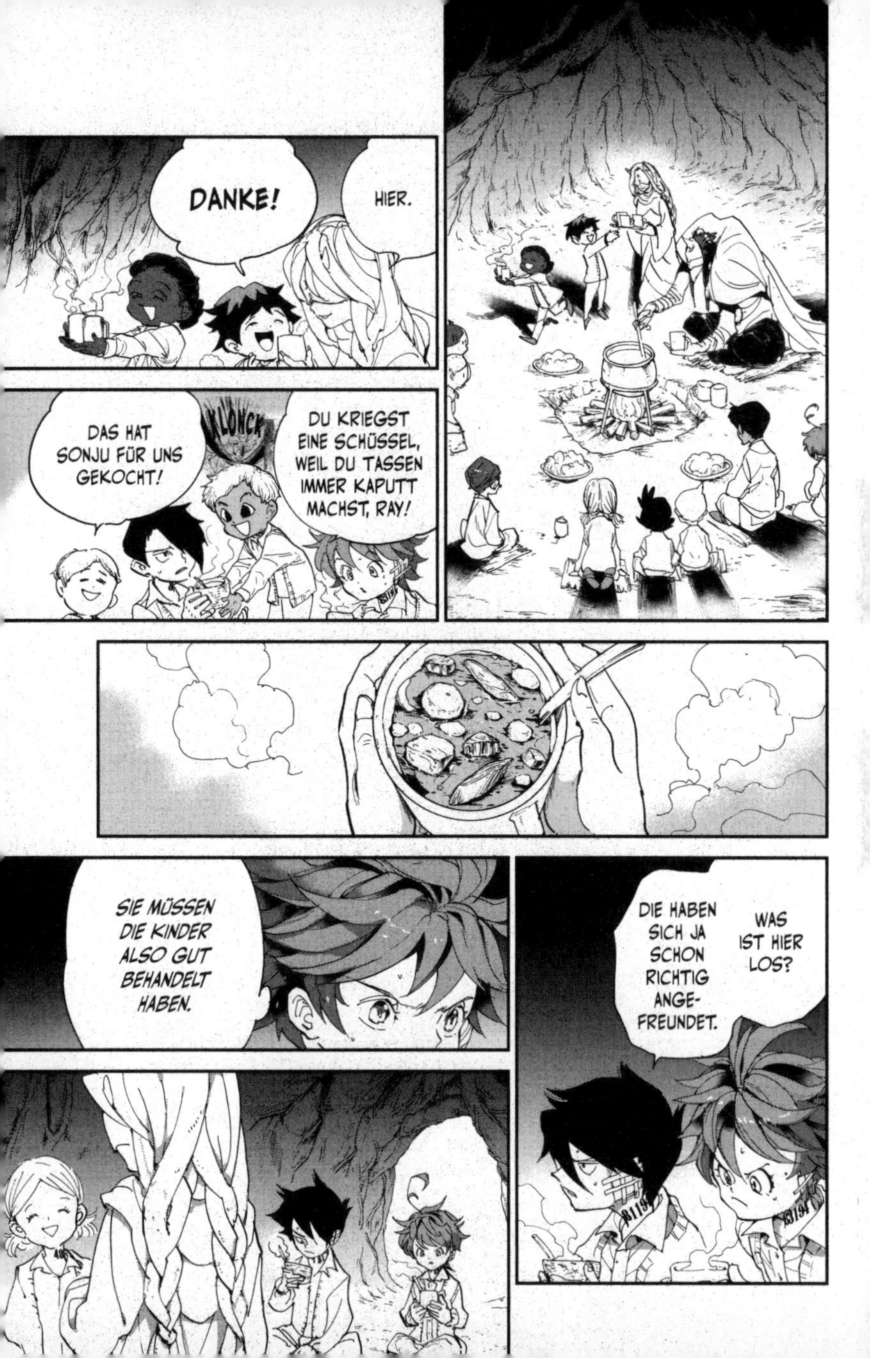
HIER.
DANKE!
DU KRIEGST EINE SCHÜSSEL, WEIL DU TASSEN IMMER KAPUTT MACHST, RAY!
KLONCK
DAS HAT SONJU FÜR UNS GEKOCHT!
WAS IST HIER LOS?
DIE HABEN SICH JA SCHON RICHTIG ANGE-FREUNDET.
SIE MÜSSEN DIE KINDER ALSO GUT BEHANDELT HABEN.

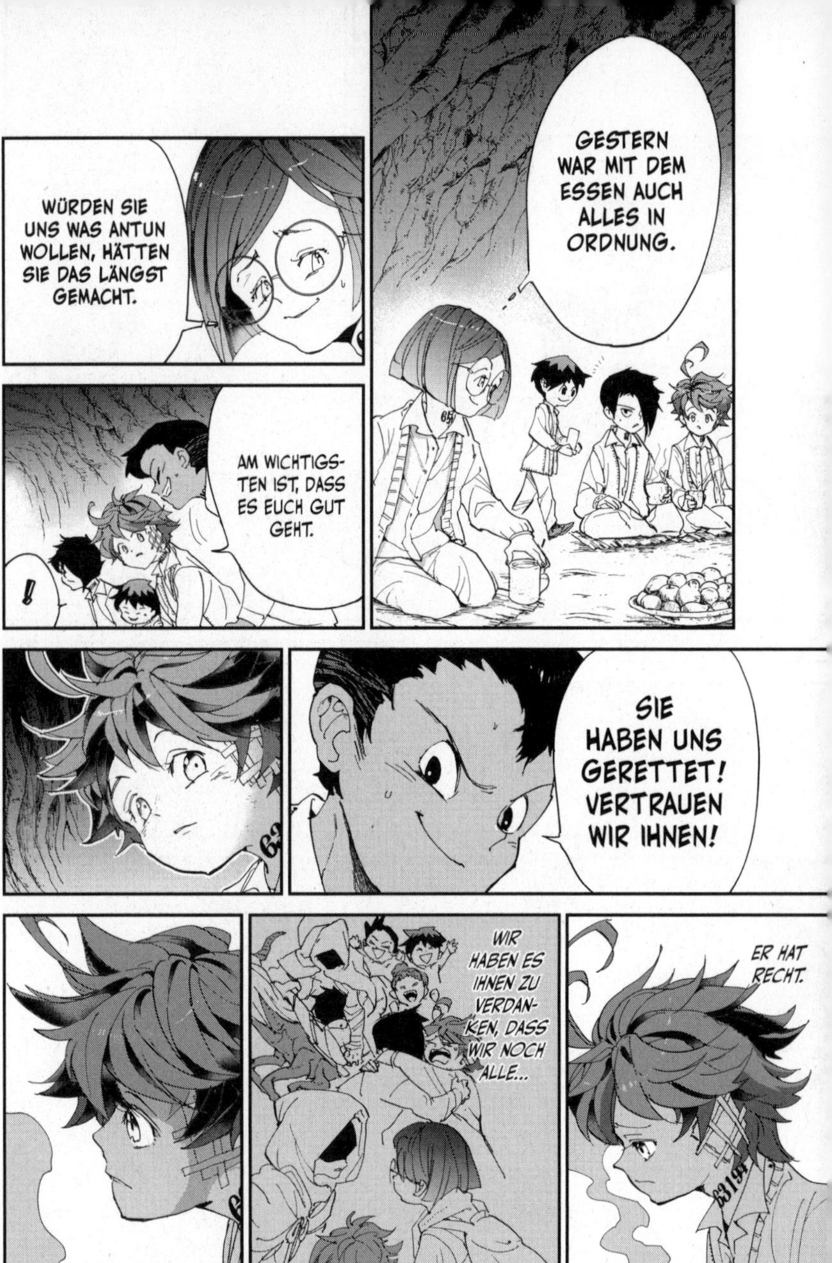
GESTERN WAR MIT DEM ESSEN AUCH ALLES IN ORDNUNG.
WÜRDEN SIE UNS WAS ANTUN WOLLEN, HÄTTEN SIE DAS LÄNGST GEMACHT.
AM WICHTIGS-TEN IST, DASS ES EUCH GUT GEHT.
!
SIE HABEN UNS GERETTET! VERTRAUEN WIR IHNEN!
ER HAT RECHT.
WIR HABEN ES IHNEN ZU VERDAN-KEN, DASS WIR NOCH ALLE...

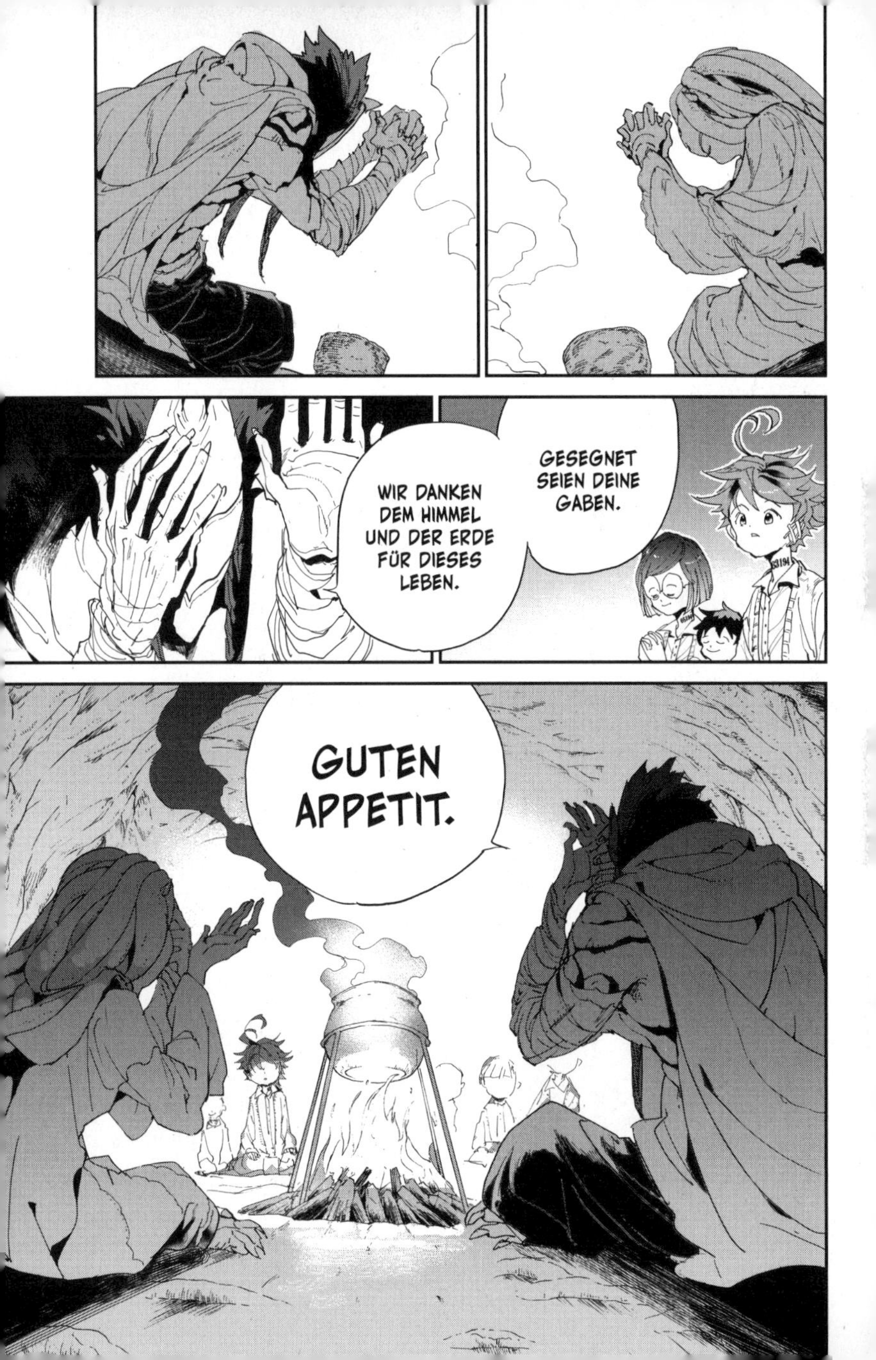
GESEGNET SEIEN DEINE GABEN.
WIR DANKEN DEM HIMMEL UND DER ERDE FÜR DIESES LEBEN.
GUTEN APPETIT.

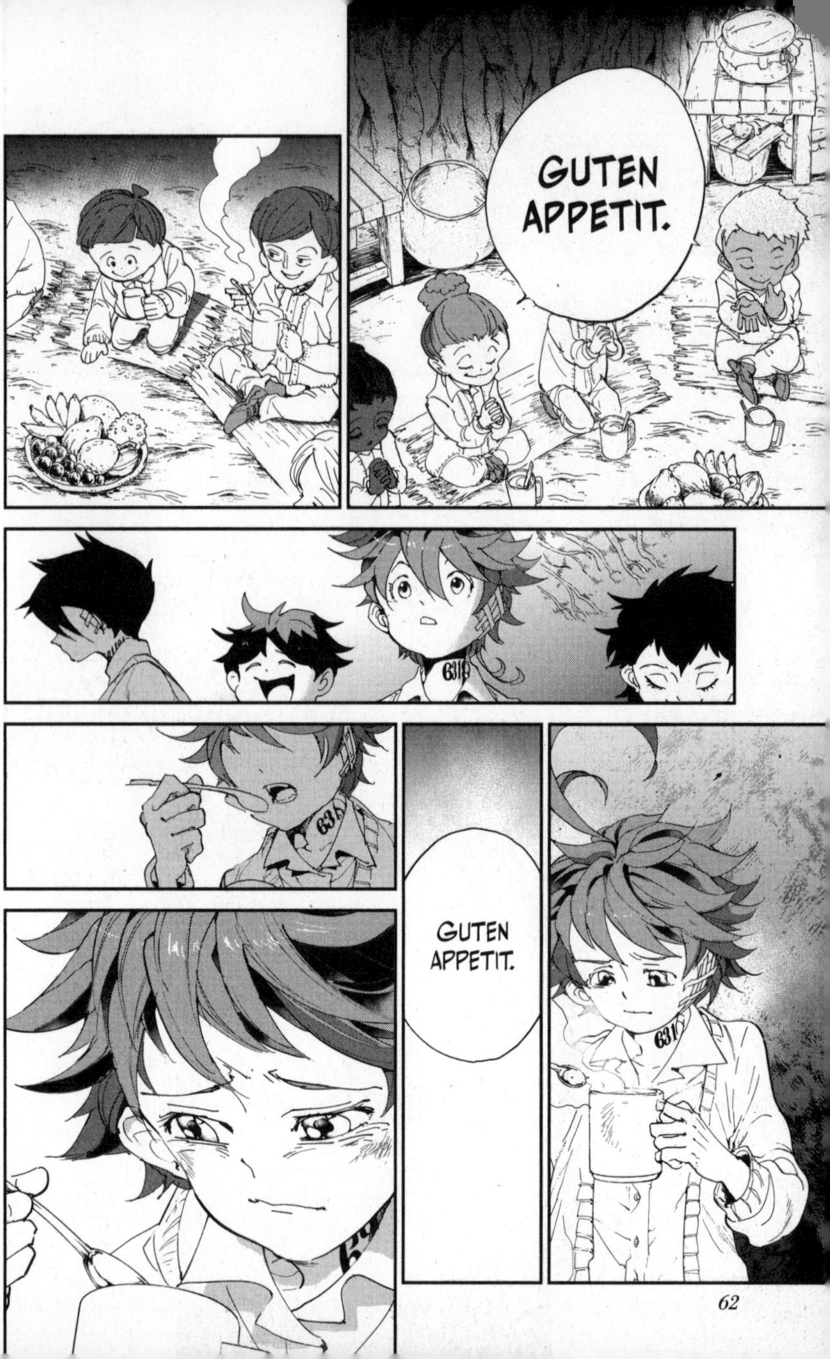
GUTEN APPETIT.
631
63
GUTEN APPETIT.
631

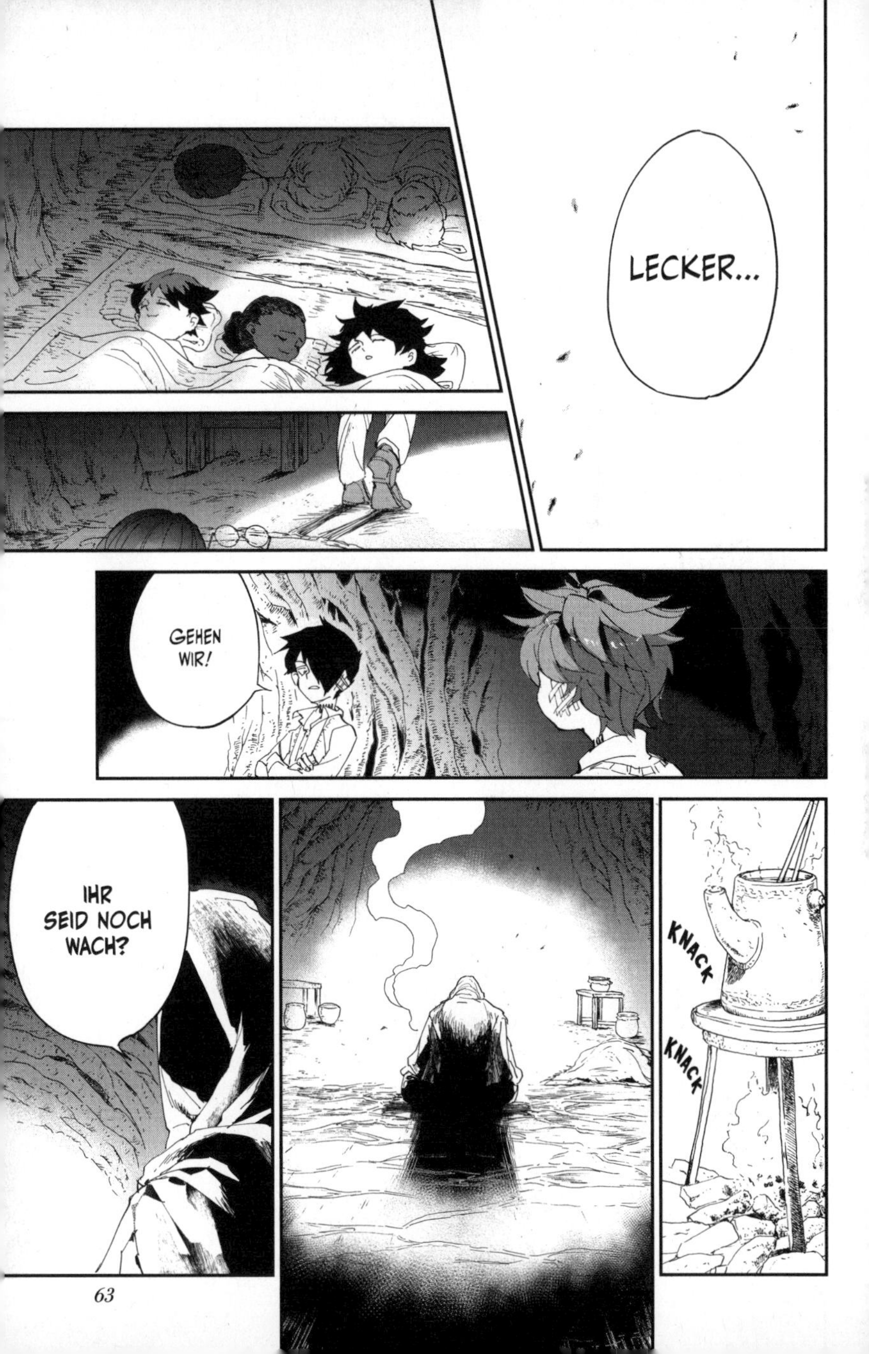

LECKER...
GEHEN WIR!
KNACK
KNACK
IHR SEID NOCH WACH?

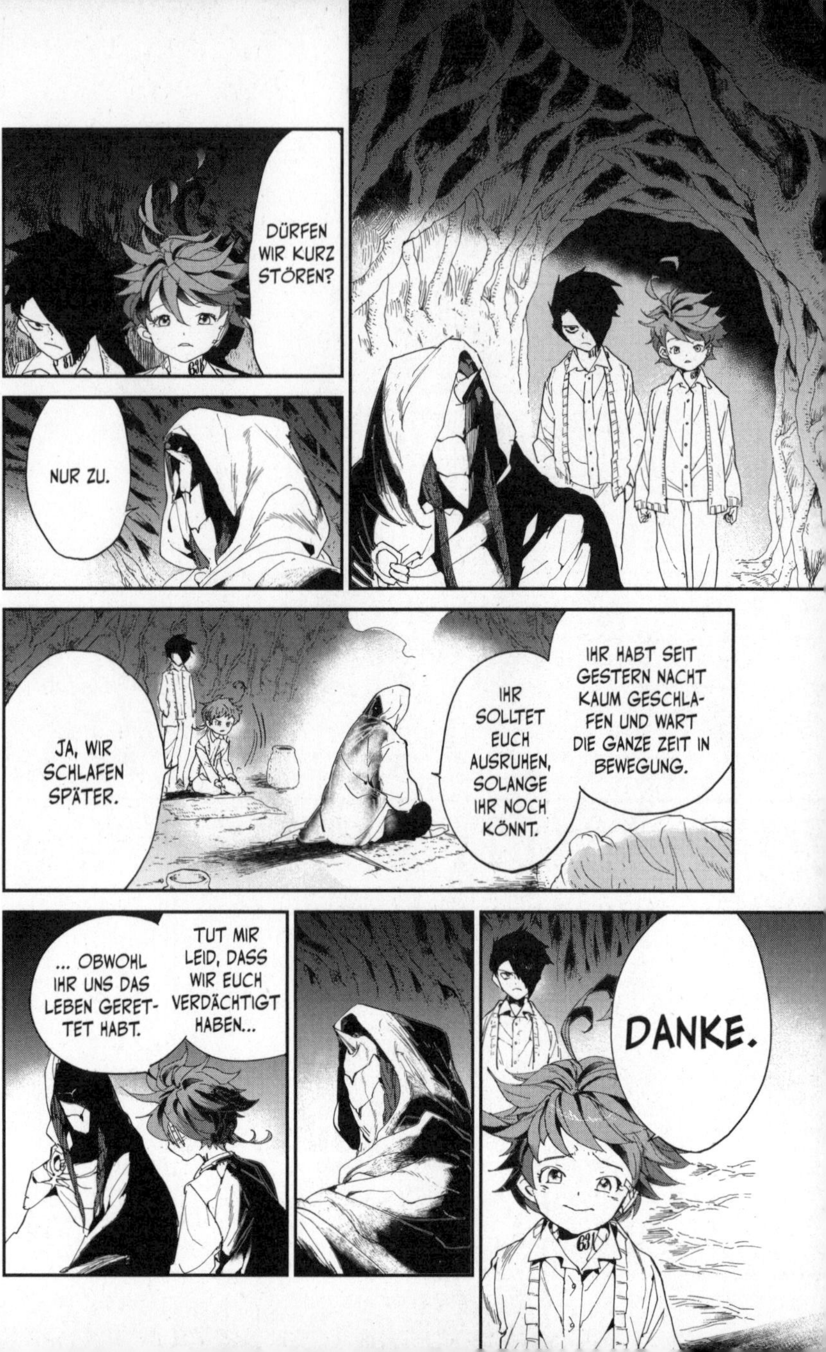
DÜRFEN WIR KURZ STÖREN?
NUR ZU.
IHR HABT SEIT GESTERN NACHT KAUM GESCHLAFEN UND WART DIE GANZE ZEIT IN BEWEGUNG.
IHR SOLLTET EUCH AUSRUHEN, SOLANGE IHR NOCH KÖNNT.
JA, WIR SCHLAFEN SPÄTER.
TUT MIR LEID, DASS WIR EUCH VERDÄCHTIGT HABEN...
... OBWOHL IHR UNS DAS LEBEN GERETTET HABT.
DANKE.

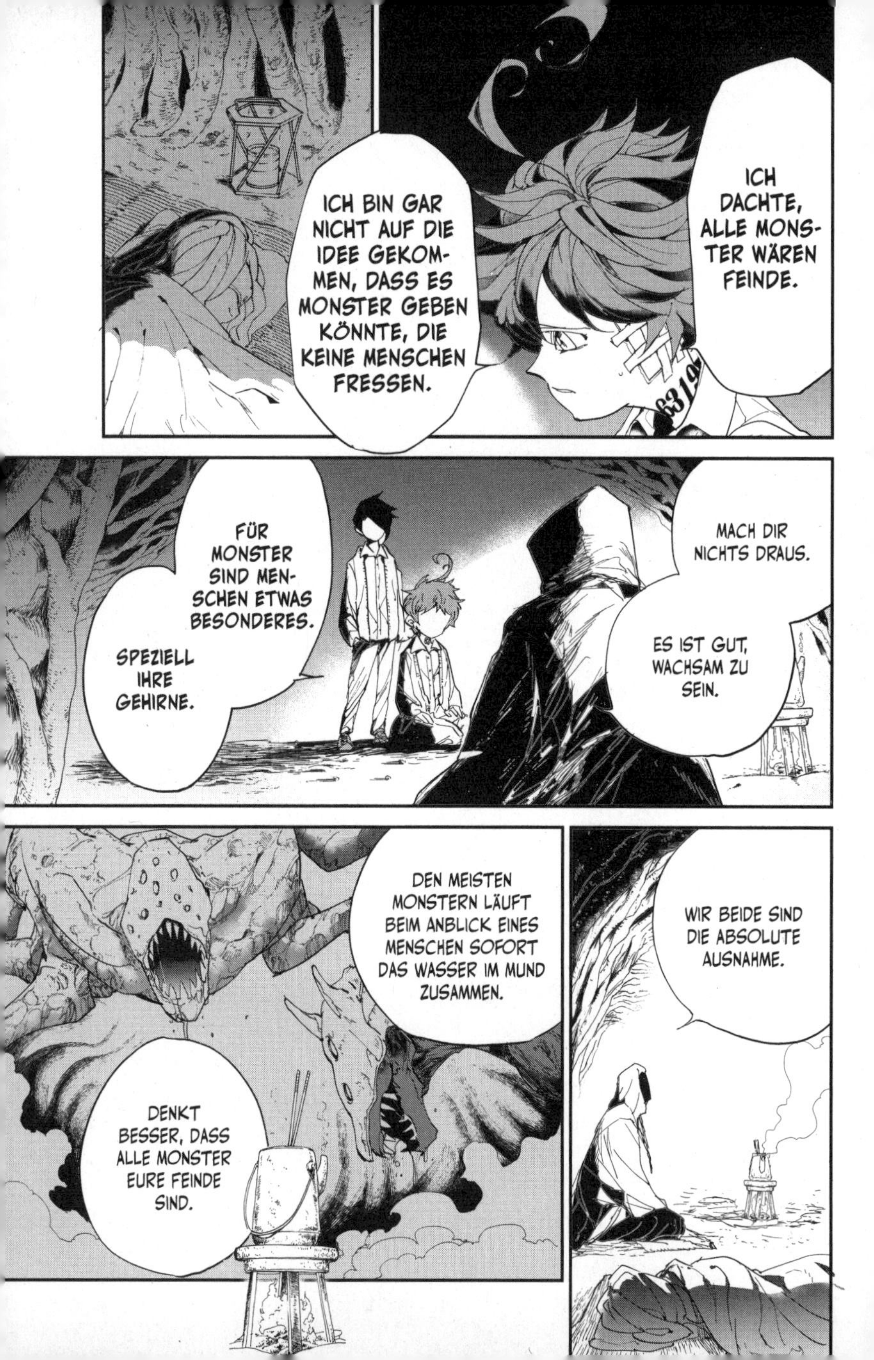

ICH DACHTE, ALLE MONSTER WÄREN FEINDE.
ICH BIN GAR NICHT AUF DIE IDEE GEKOMMEN, DASS ES MONSTER GEBEN KÖNNTE, DIE KEINE MENSCHEN FRESSEN.
MACH DIR NICHTS DRAUS.
ES IST GUT, WACHSAM ZU SEIN.
FÜR MONSTER SIND MENSCHEN ETWAS BESONDERES.
SPEZIELL IHRE GEHIRNE.
WIR BEIDE SIND DIE ABSOLUTE AUSNAHME.
DEN MEISTEN MONSTERN LÄUFT BEIM ANBLICK EINES MENSCHEN SOFORT DAS WASSER IM MUND ZUSAMMEN.
DENKT BESSER, DASS ALLE MONSTER EURE FEINDE SIND.

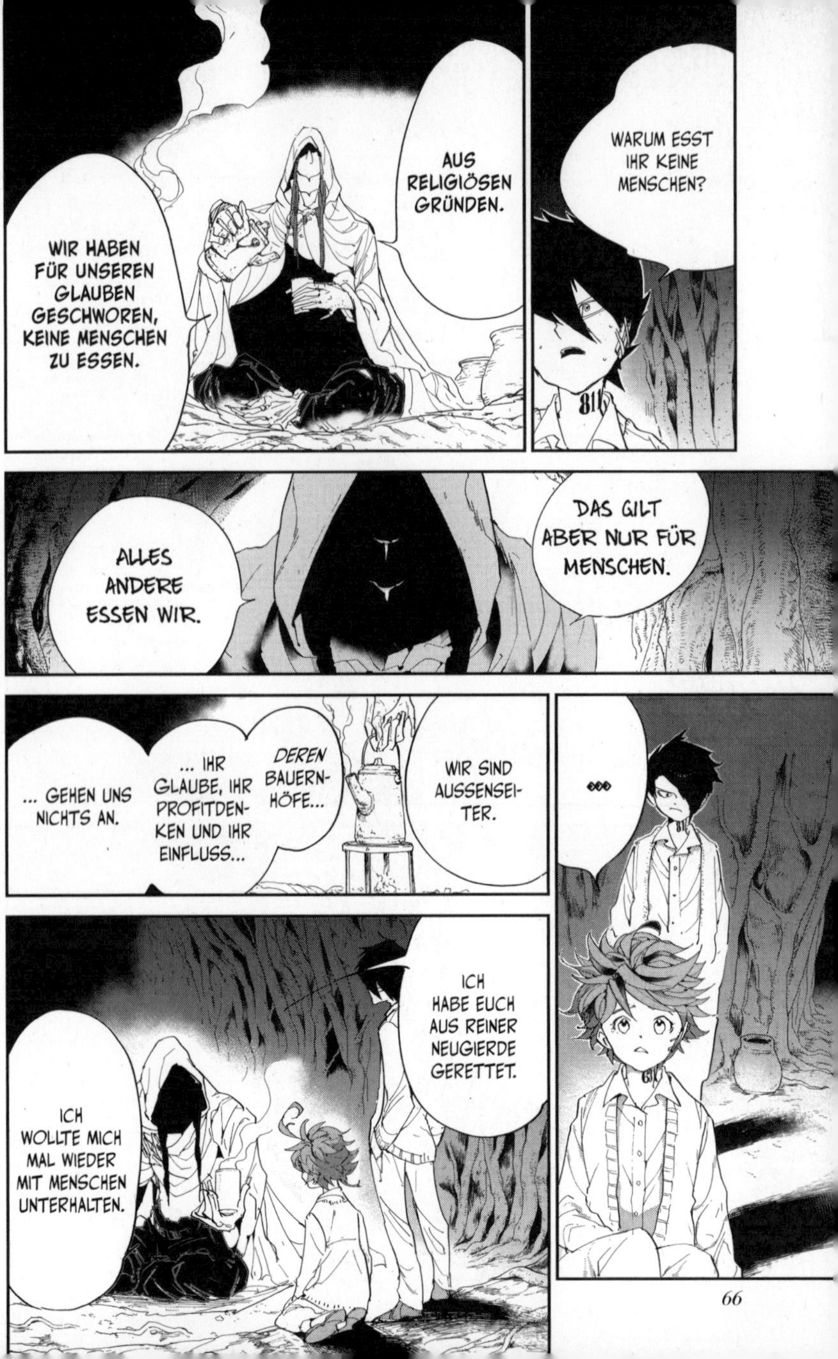
WARUM ESST IHR KEINE MENSCHEN?
AUS RELIGIÖSEN GRÜNDEN.
WIR HABEN FÜR UNSEREN GLAUBEN GESCHWOREN, KEINE MENSCHEN ZU ESSEN.
DAS GILT ABER NUR FÜR MENSCHEN.
ALLES ANDERE ESSEN WIR.
...
WIR SIND AUSSENSEITER.
DEREN BAUERNHÖFE...
... IHR GLAUBE, IHR PROFITDENKEN UND IHR EINFLUSS...
... GEHEN UNS NICHTS AN.
ICH HABE EUCH AUS REINER NEUGIERDE GERETTET.
ICH WOLLTE MICH MAL WIEDER MIT MENSCHEN UNTERHALTEN.

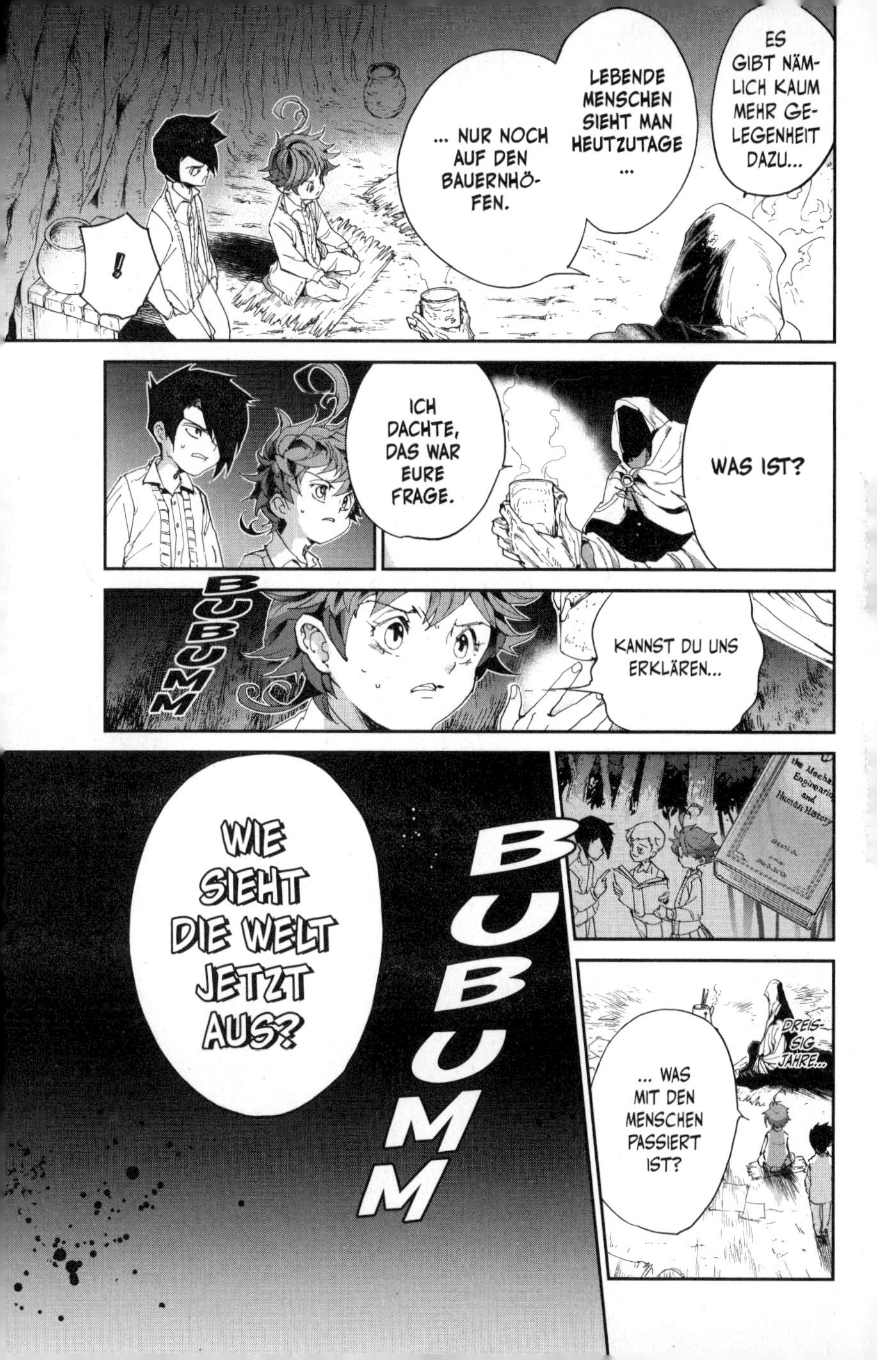
ES GIBT NÄMLICH KAUM MEHR GELEGENHEIT DAZU...
LEBENDE MENSCHEN SIEHT MAN HEUTZUTAGE ...
... NUR NOCH AUF DEN BAUERNHÖFEN.
!
WAS IST?
ICH DACHTE, DAS WAR EURE FRAGE.
KANNST DU UNS ERKLÄREN...
BUBUMM
DREISSIG JAHRE...
... WAS MIT DEN MENSCHEN PASSIERT IST?
BUBUMM
WIE SIEHT DIE WELT JETZT AUS?

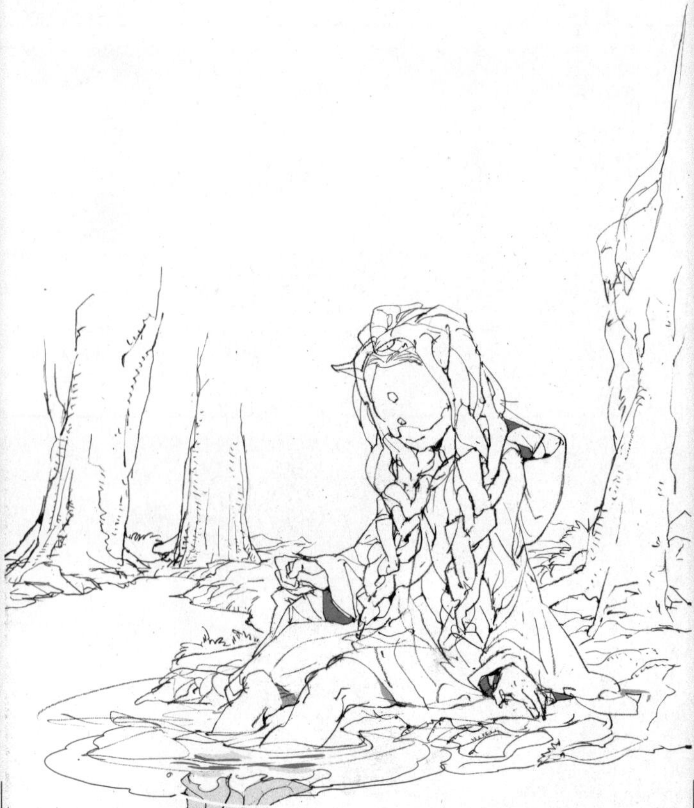

Kapitel 47: Eine Geschichte

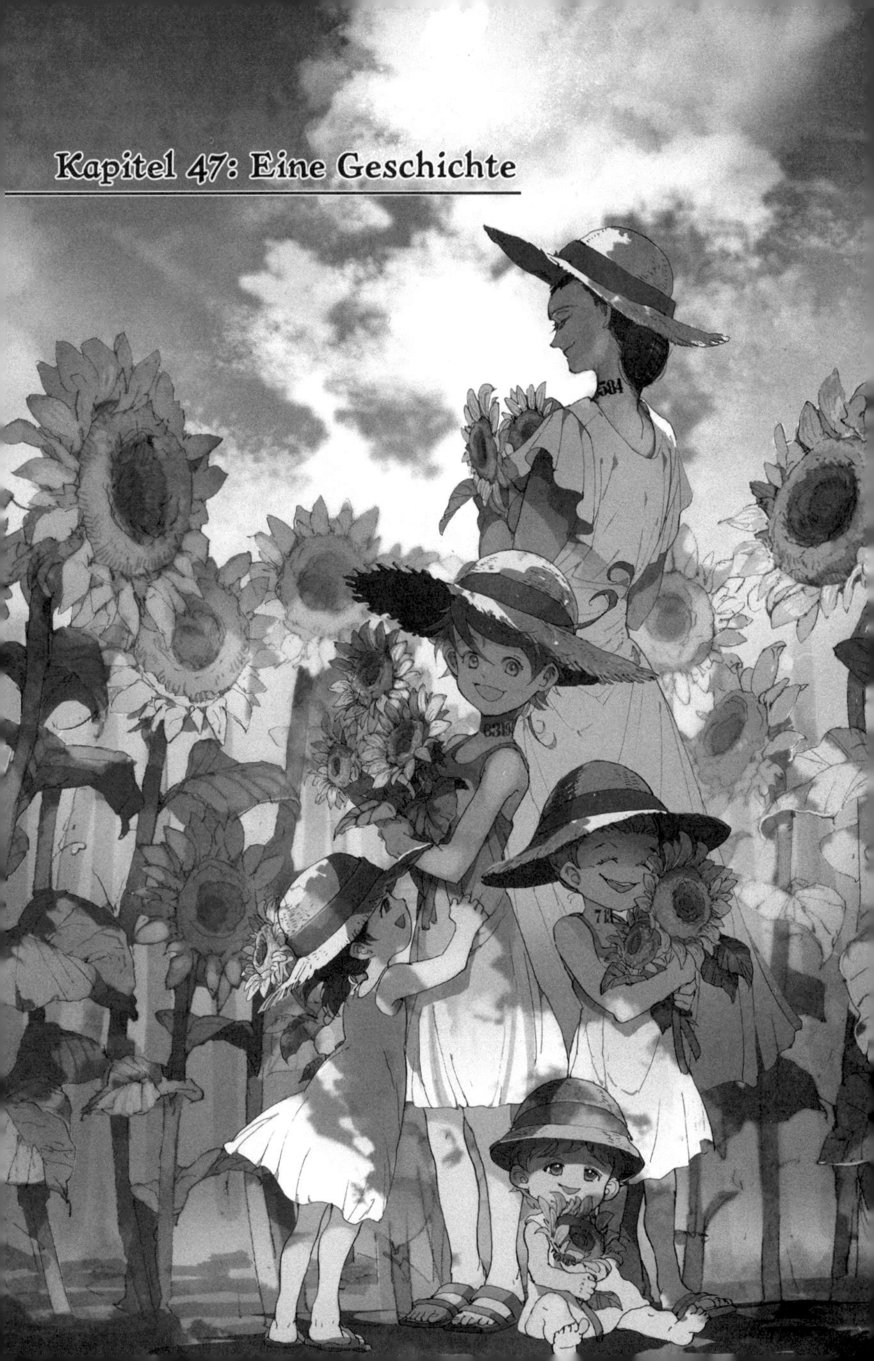

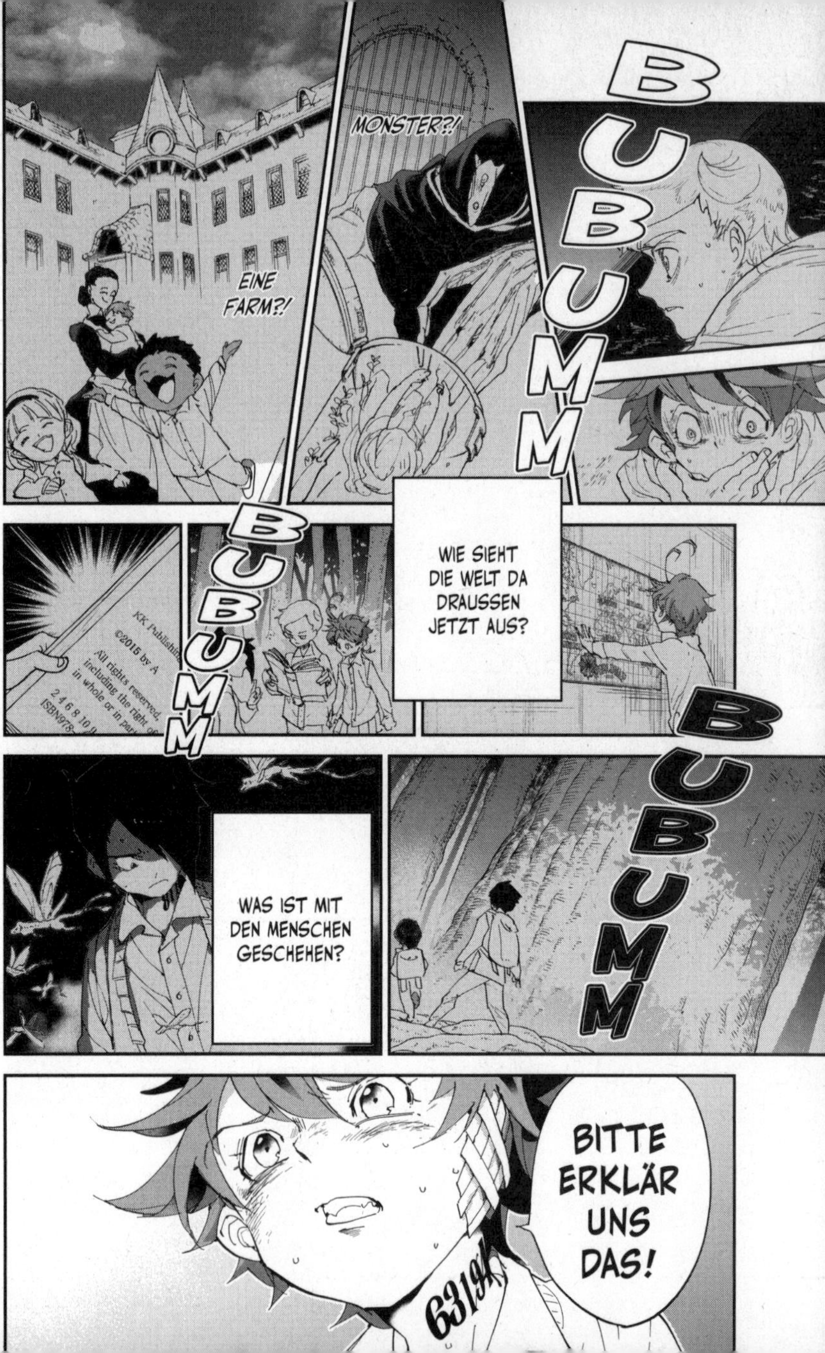
BUBUMM
MONSTER?!
EINE FARM?!
BUBUMM
WIE SIEHT DIE WELT DA DRAUSSEN JETZT AUS?
©2015 by A
All rights reserved,
BUBUMM
WAS IST MIT DEN MENSCHEN GESCHEHEN?
BITTE ERKLÄR UNS DAS!
63194

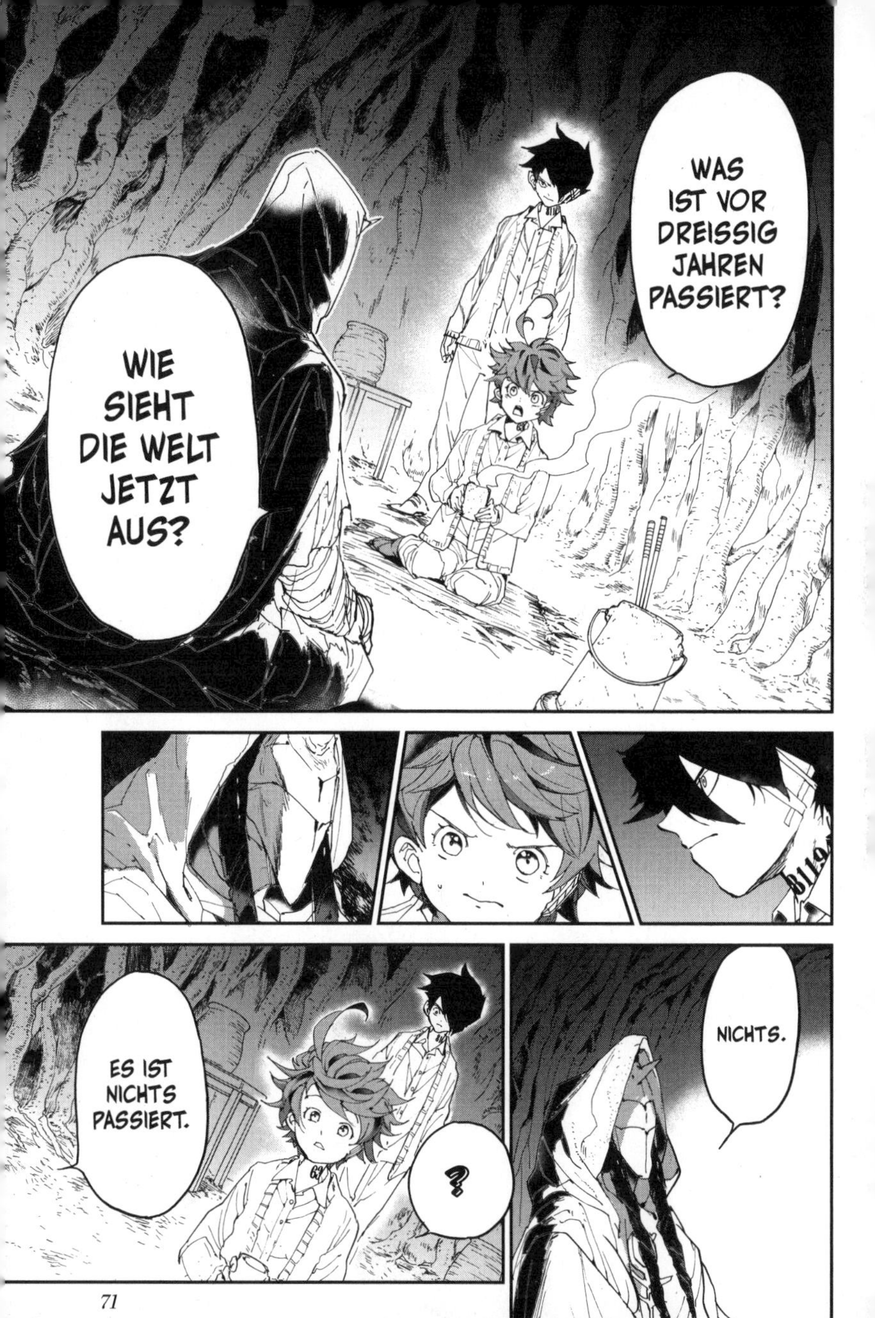
WAS IST VOR DREISSIG JAHREN PASSIERT?
WIE SIEHT DIE WELT JETZT AUS?
NICHTS.
?
ES IST NICHTS PASSIERT.

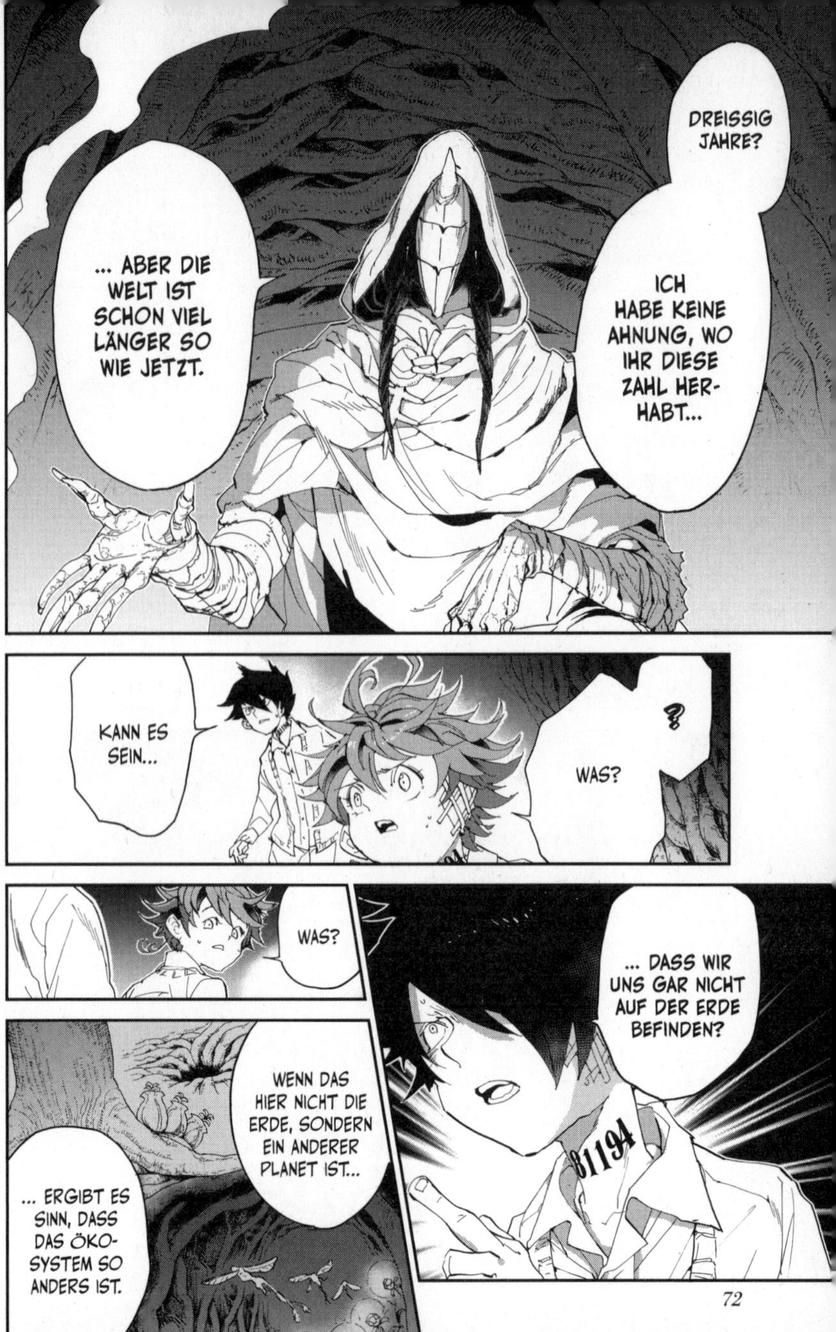
DREISSIG JAHRE?
ICH HABE KEINE AHNUNG, WO IHR DIESE ZAHL HER-HABT...
... ABER DIE WELT IST SCHON VIEL LÄNGER SO WIE JETZT.
?
WAS?
KANN ES SEIN...
... DASS WIR UNS GAR NICHT AUF DER ERDE BEFINDEN?
WAS?
81194
WENN DAS HIER NICHT DIE ERDE, SONDERN EIN ANDERER PLANET IST...
... ERGIBT ES SINN, DASS DAS ÖKO-SYSTEM SO ANDERS IST.

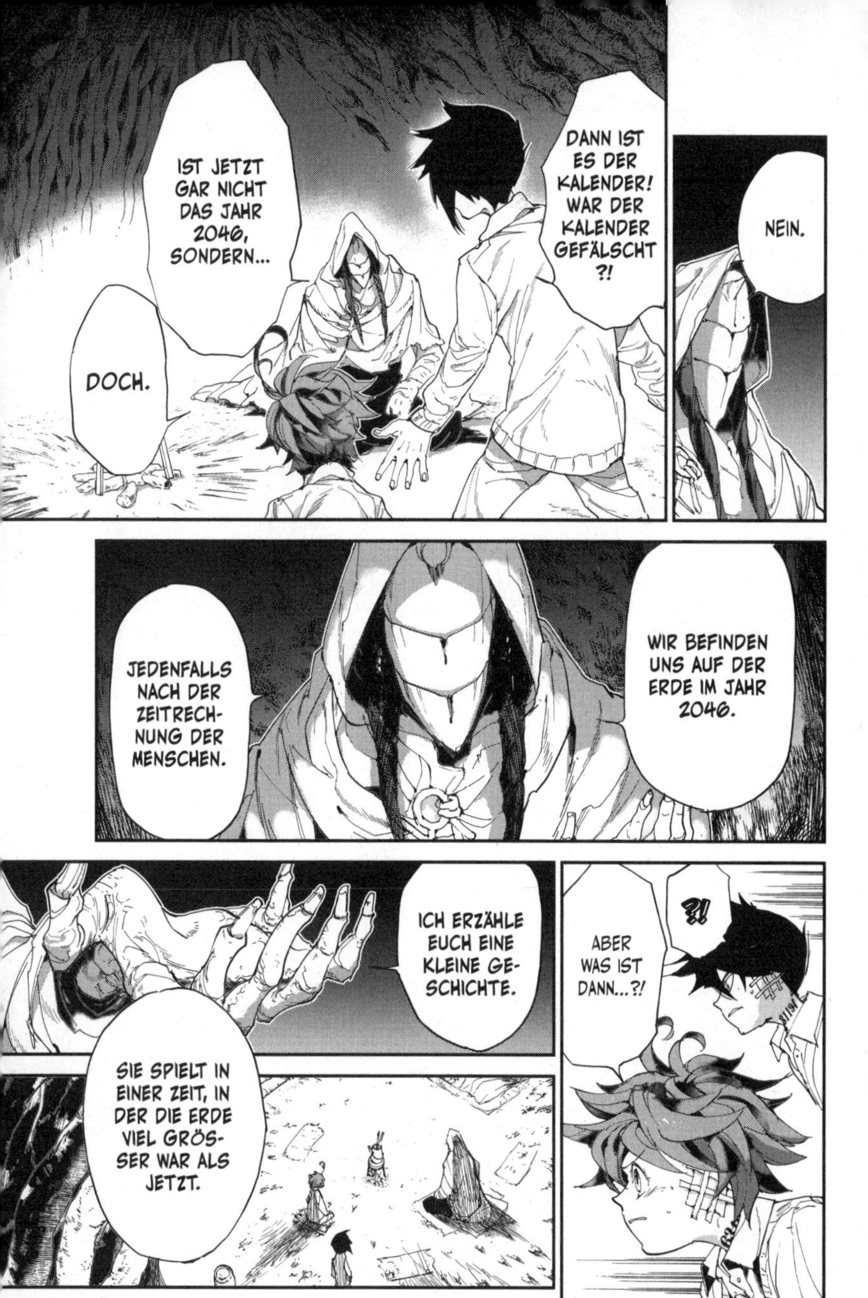
IST JETZT GAR NICHT DAS JAHR 2046, SONDERN...
DOCH.
DANN IST ES DER KALENDER! WAR DER KALENDER GEFÄLSCHT ?!
NEIN.
WIR BEFINDEN UNS AUF DER ERDE IM JAHR 2046.
JEDENFALLS NACH DER ZEITRECH-NUNG DER MENSCHEN.
?!
ABER WAS IST DANN...?!
ICH ERZÄHLE EUCH EINE KLEINE GE-SCHICHTE.
SIE SPIELT IN EINER ZEIT, IN DER DIE ERDE VIEL GRÖS-SER WAR ALS JETZT.

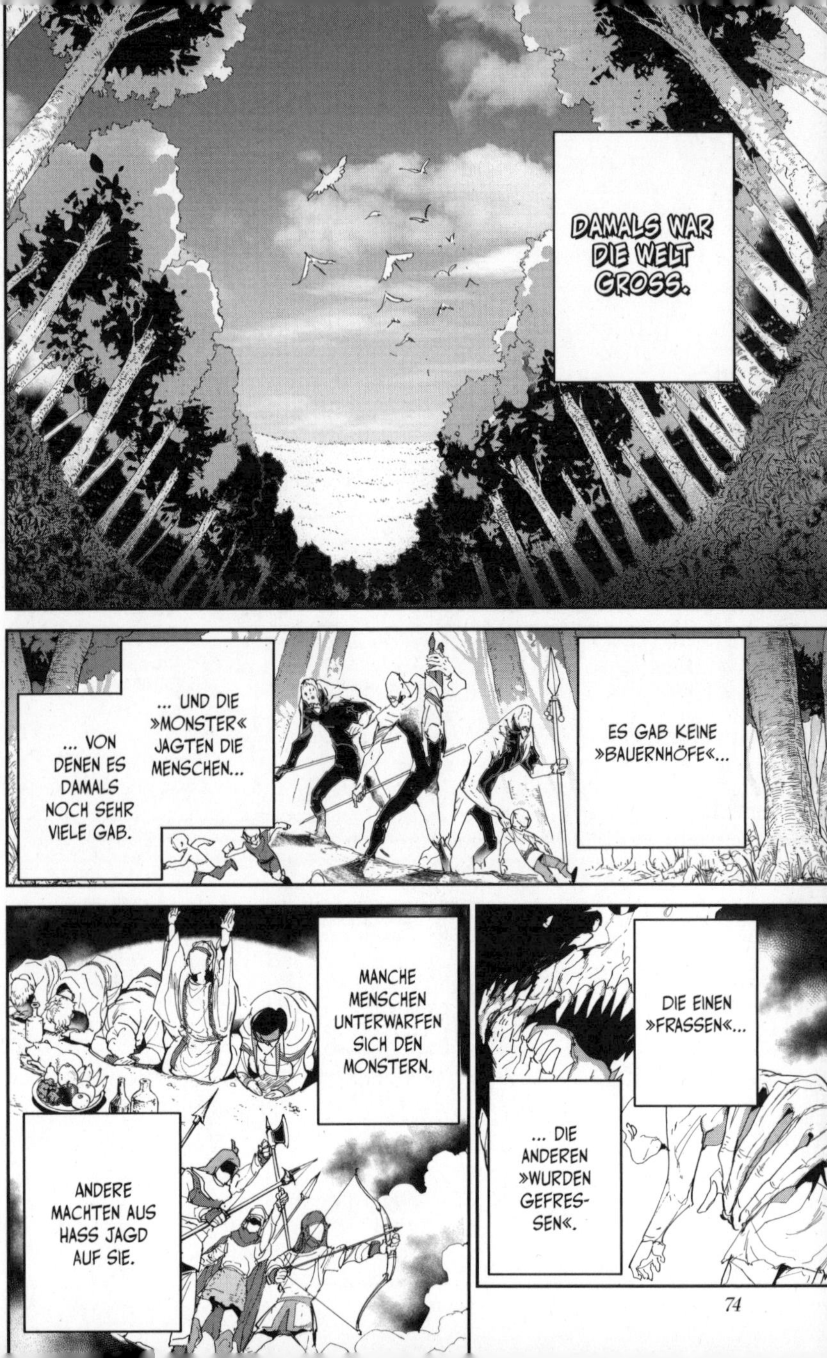
DAMALS WAR DIE WELT GROSS.
ES GAB KEINE »BAUERNHÖFE«...
... UND DIE »MONSTER« JAGTEN DIE MENSCHEN...
... VON DENEN ES DAMALS NOCH SEHR VIELE GAB.
DIE EINEN »FRASSEN«...
... DIE ANDEREN »WURDEN GEFRES-SEN«.
MANCHE MENSCHEN UNTERWARFEN SICH DEN MONSTERN.
ANDERE MACHTEN AUS HASS JAGD AUF SIE.

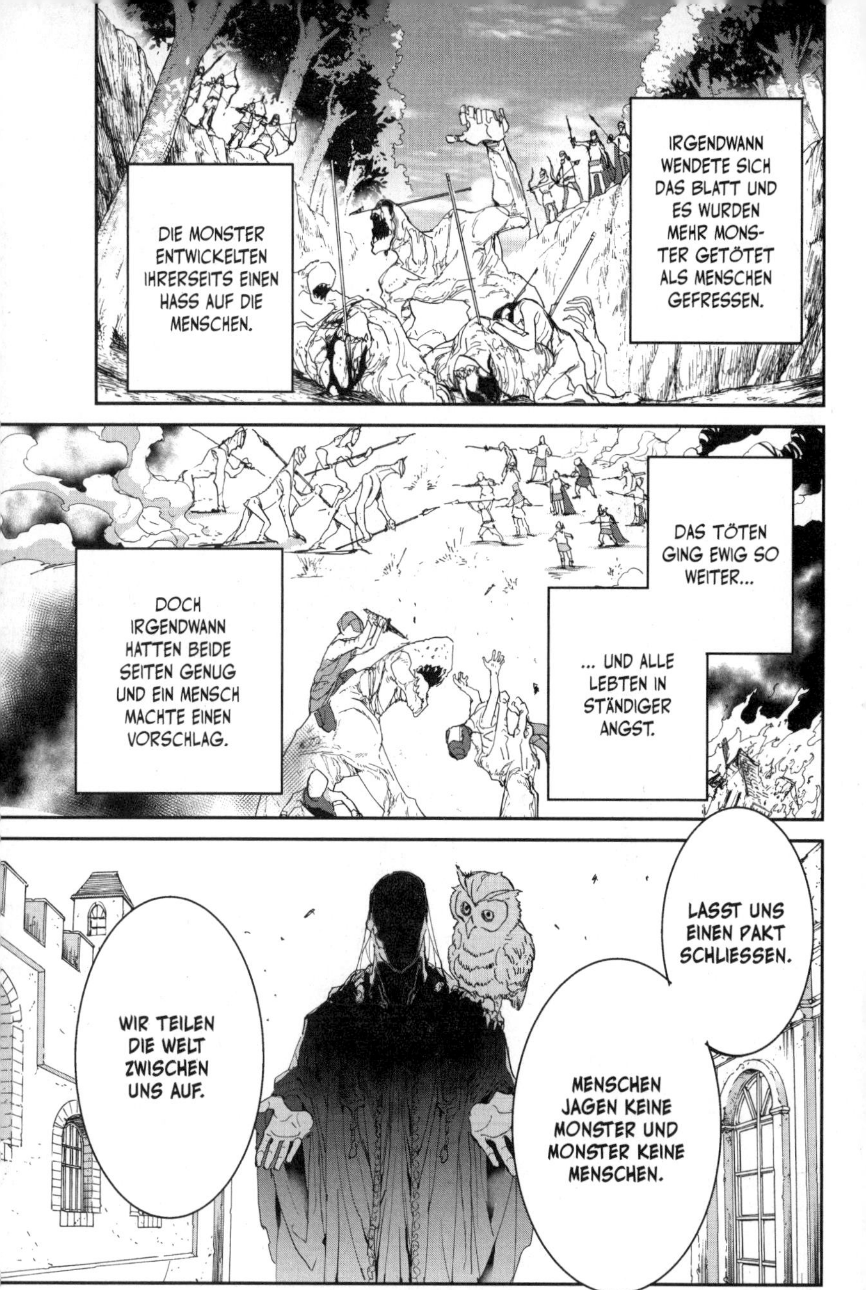
IRGENDWANN WENDETE SICH DAS BLATT UND ES WURDEN MEHR MONSTER GETÖTET ALS MENSCHEN GEFRESSEN.
DIE MONSTER ENTWICKELTEN IHRERSEITS EINEN HASS AUF DIE MENSCHEN.
DAS TÖTEN GING EWIG SO WEITER...
... UND ALLE LEBTEN IN STÄNDIGER ANGST.
DOCH IRGENDWANN HATTEN BEIDE SEITEN GENUG UND EIN MENSCH MACHTE EINEN VORSCHLAG.
LASST UNS EINEN PAKT SCHLIESSEN.
MENSCHEN JAGEN KEINE MONSTER UND MONSTER KEINE MENSCHEN.
WIR TEILEN DIE WELT ZWISCHEN UNS AUF.

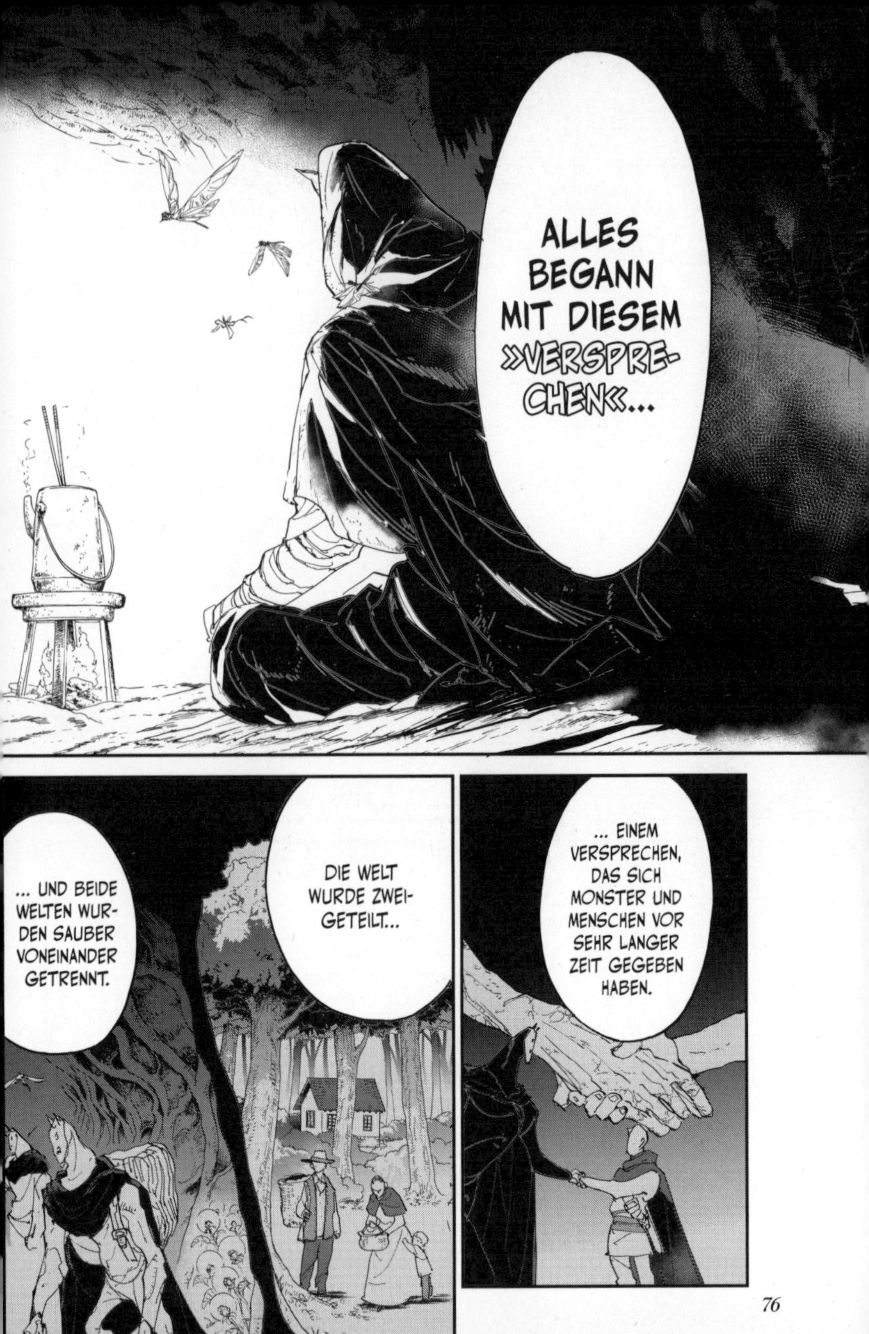
ALLES BEGANN MIT DIESEM »VERSPRECHEN«...
... EINEM VERSPRECHEN, DAS SICH MONSTER UND MENSCHEN VOR SEHR LANGER ZEIT GEGEBEN HABEN.
DIE WELT WURDE ZWEIGETEILT...
... UND BEIDE WELTEN WURDEN SAUBER VONEINANDER GETRENNT.

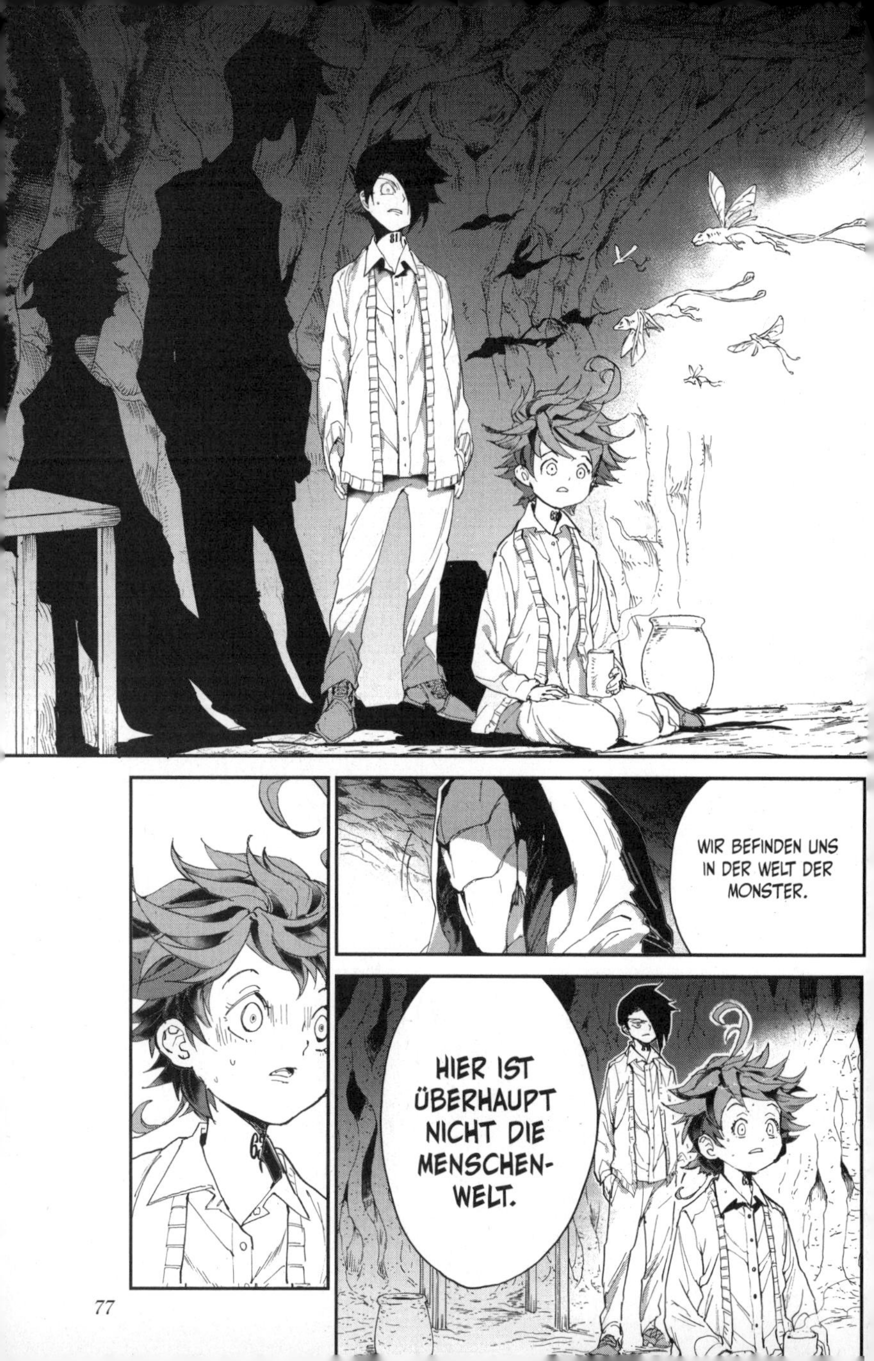
WIR BEFINDEN UNS IN DER WELT DER MONSTER.
HIER IST ÜBERHAUPT NICHT DIE MENSCHEN-WELT.

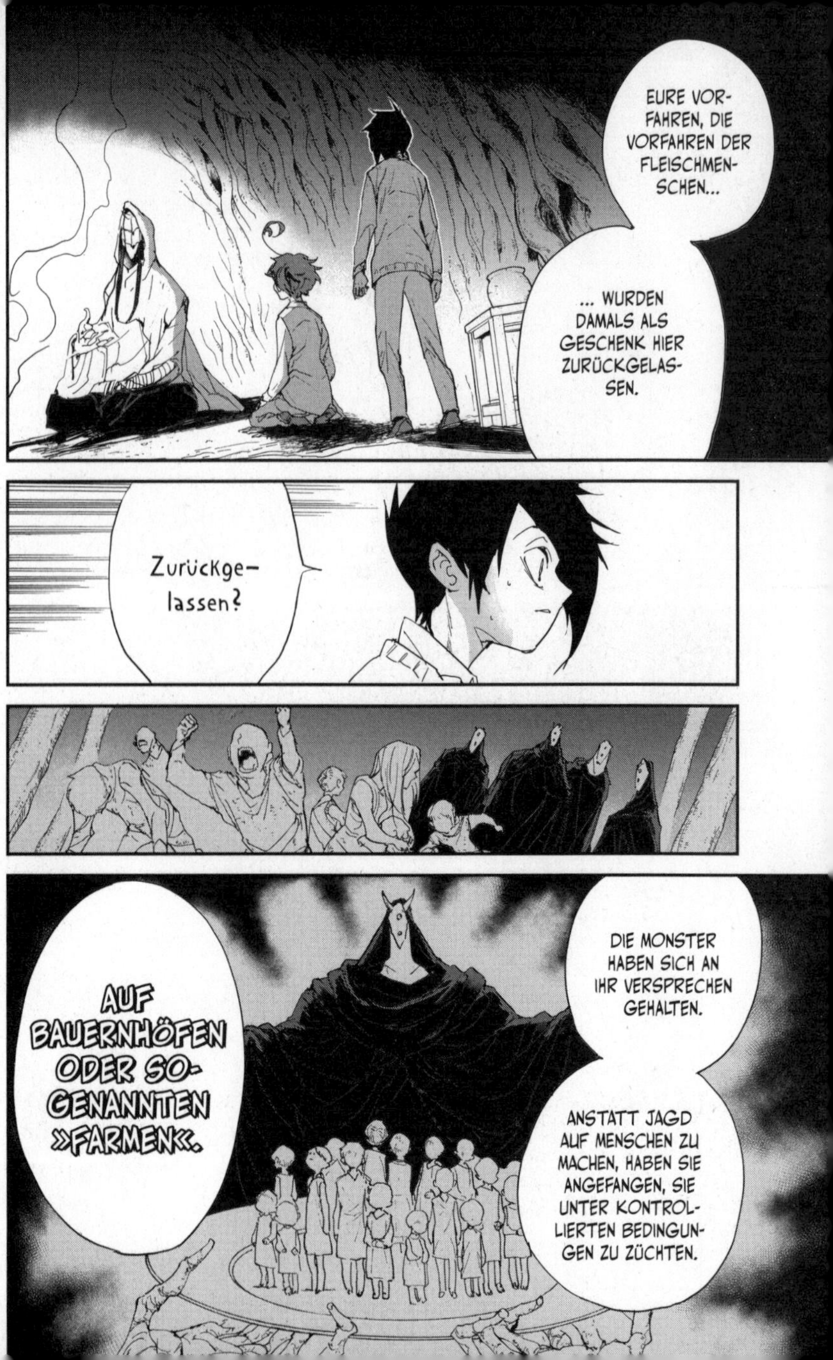
EURE VOR-
FAHREN, DIE
VORFAHREN DER
FLEISCHMEN-
SCHEN...
... WURDEN
DAMALS ALS
GESCHENK HIER
ZURÜCKGELAS-
SEN.
Zurückge-
lassen?
DIE MONSTER
HABEN SICH AN
IHR VERSPRECHEN
GEHALTEN.
ANSTATT JAGD
AUF MENSCHEN ZU
MACHEN, HABEN SIE
ANGEFANGEN, SIE
UNTER KONTROL-
LIERTEN BEDINGUN-
GEN ZU ZÜCHTEN.
AUF
BAUERNHÖFEN
ODER SO-
GENANNTEN
»FARMEN«.

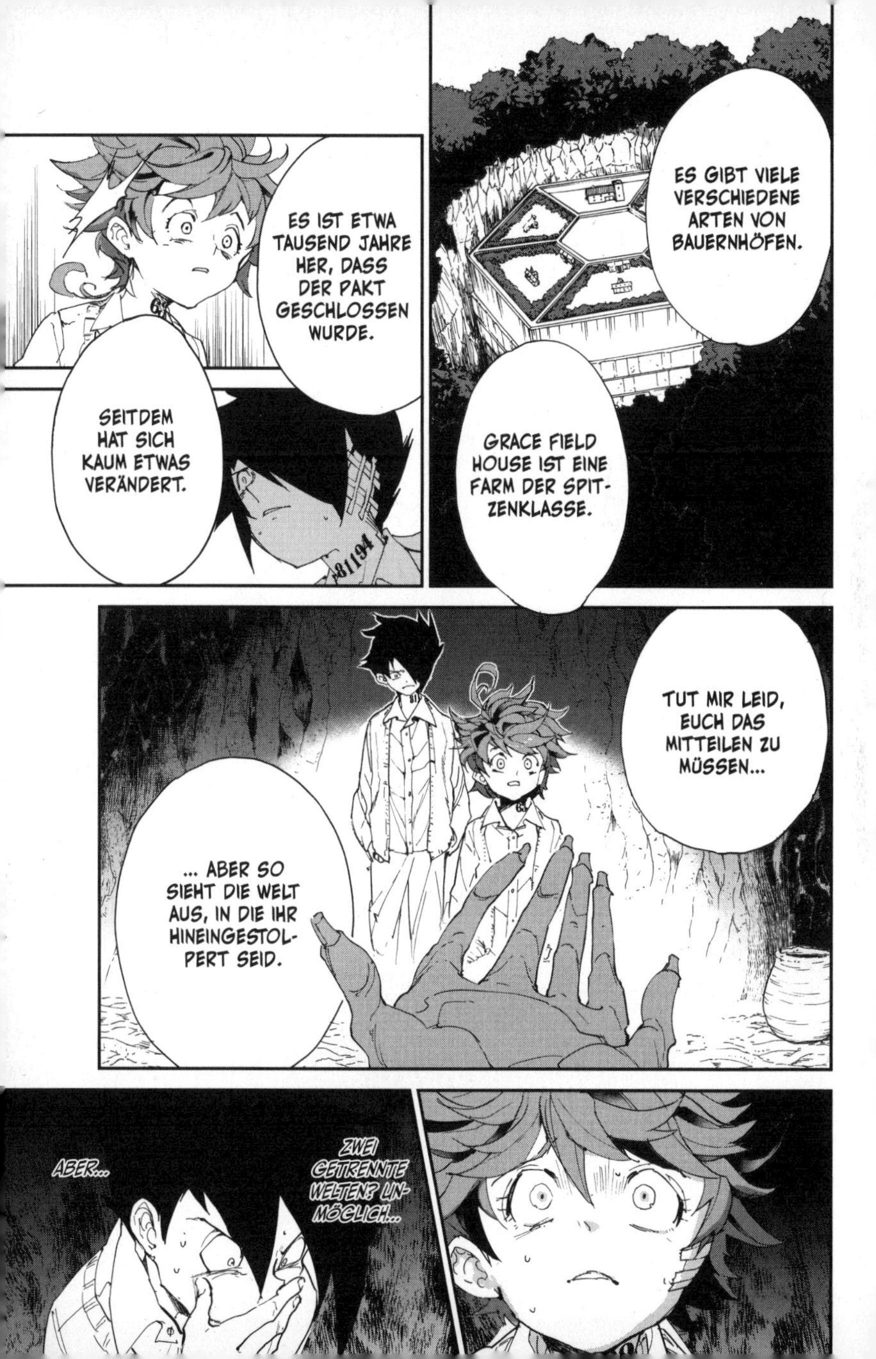
ES GIBT VIELE VERSCHIEDENE ARTEN VON BAUERNHÖFEN.
GRACE FIELD HOUSE IST EINE FARM DER SPITZENKLASSE.
ES IST ETWA TAUSEND JAHRE HER, DASS DER PAKT GESCHLOSSEN WURDE.
SEITDEM HAT SICH KAUM ETWAS VERÄNDERT.
TUT MIR LEID, EUCH DAS MITTEILEN ZU MÜSSEN...
... ABER SO SIEHT DIE WELT AUS, IN DIE IHR HINEINGESTOLPERT SEID.
ZWEI GETRENNTE WELTEN? UNMÖGLICH...
ABER...

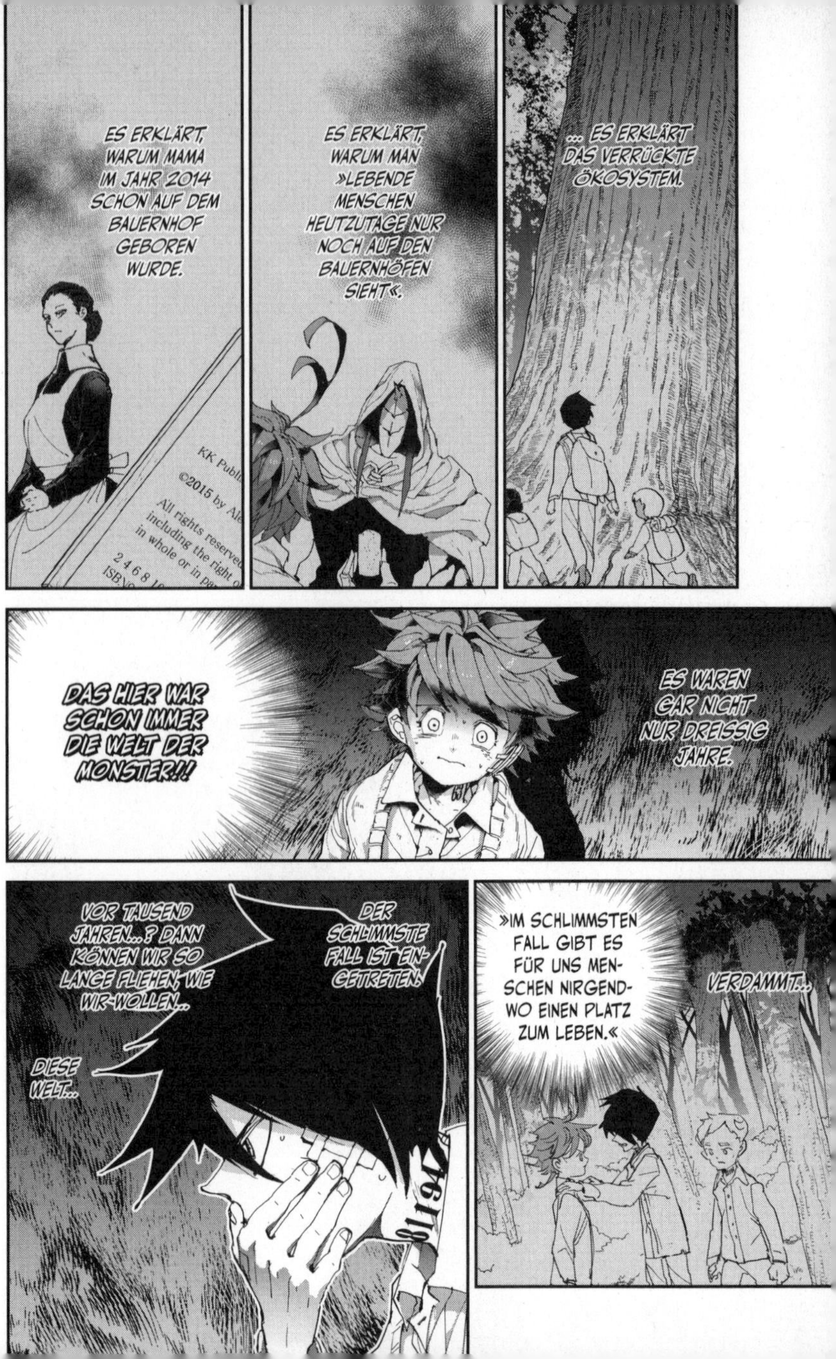
... ES ERKLÄRT DAS VERRÜCKTE ÖKOSYSTEM.
ES ERKLÄRT, WARUM MAN »LEBENDE MENSCHEN HEUTZUTAGE NUR NOCH AUF DEN BAUERNHÖFEN SIEHT«.
ES ERKLÄRT, WARUM MAMA IM JAHR 2014 SCHON AUF DEM BAUERNHOF GEBOREN WURDE.
ES WAREN GAR NICHT NUR DREISSIG JAHRE.
DAS HIER WAR SCHON IMMER DIE WELT DER MONSTER!!
VERDAMMT...
»IM SCHLIMMSTEN FALL GIBT ES FÜR UNS MENSCHEN NIRGENDWO EINEN PLATZ ZUM LEBEN.«
DER SCHLIMMSTE FALL IST EINGETRETEN.
VOR TAUSEND JAHREN...? DANN KÖNNEN WIR SO LANGE FLIEHEN, WIE WIR WOLLEN...
DIESE WELT...

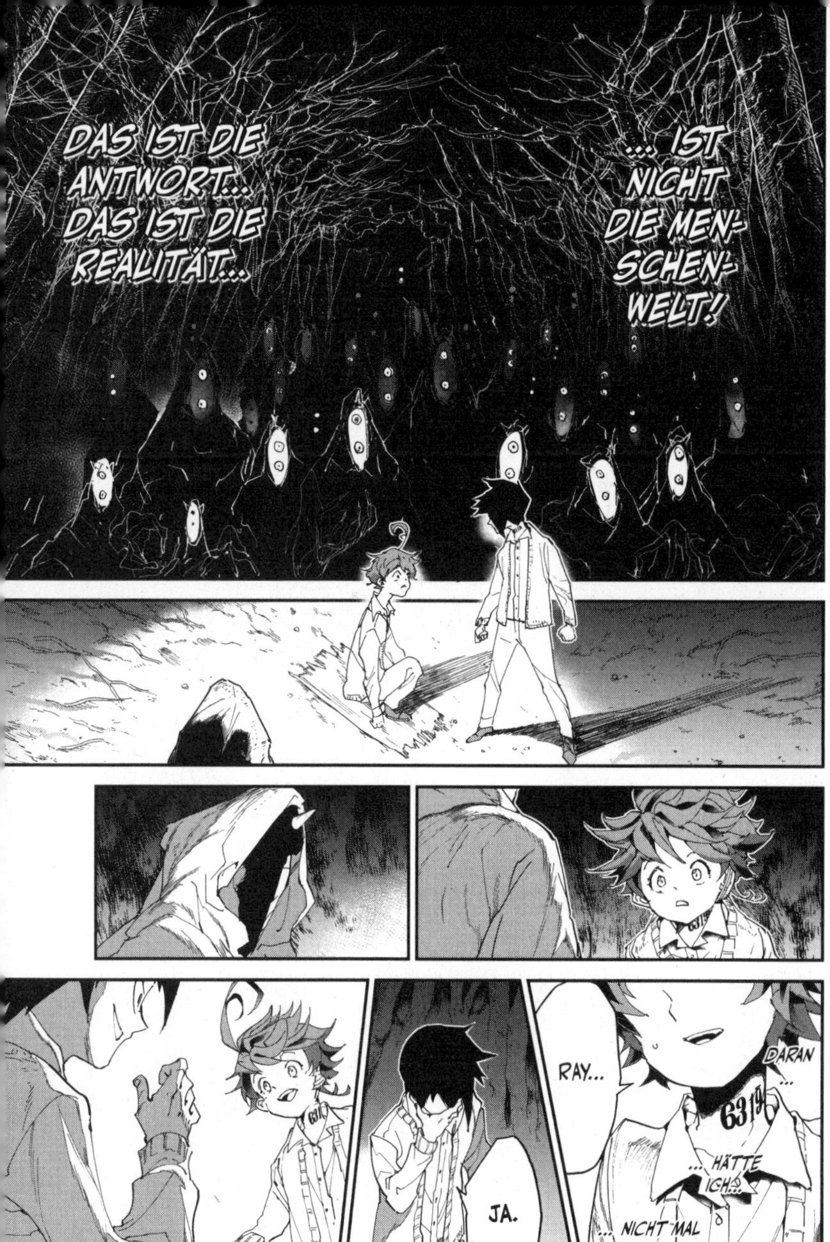
... IST NICHT DIE MEN- SCHEN- WELT!
DAS IST DIE ANTWORT... DAS IST DIE REALITÄT...
DARAN ...
... HÄTTE ICH...
... NICHT MAL IM TRAUM GEDACHT...
RAY...
JA.

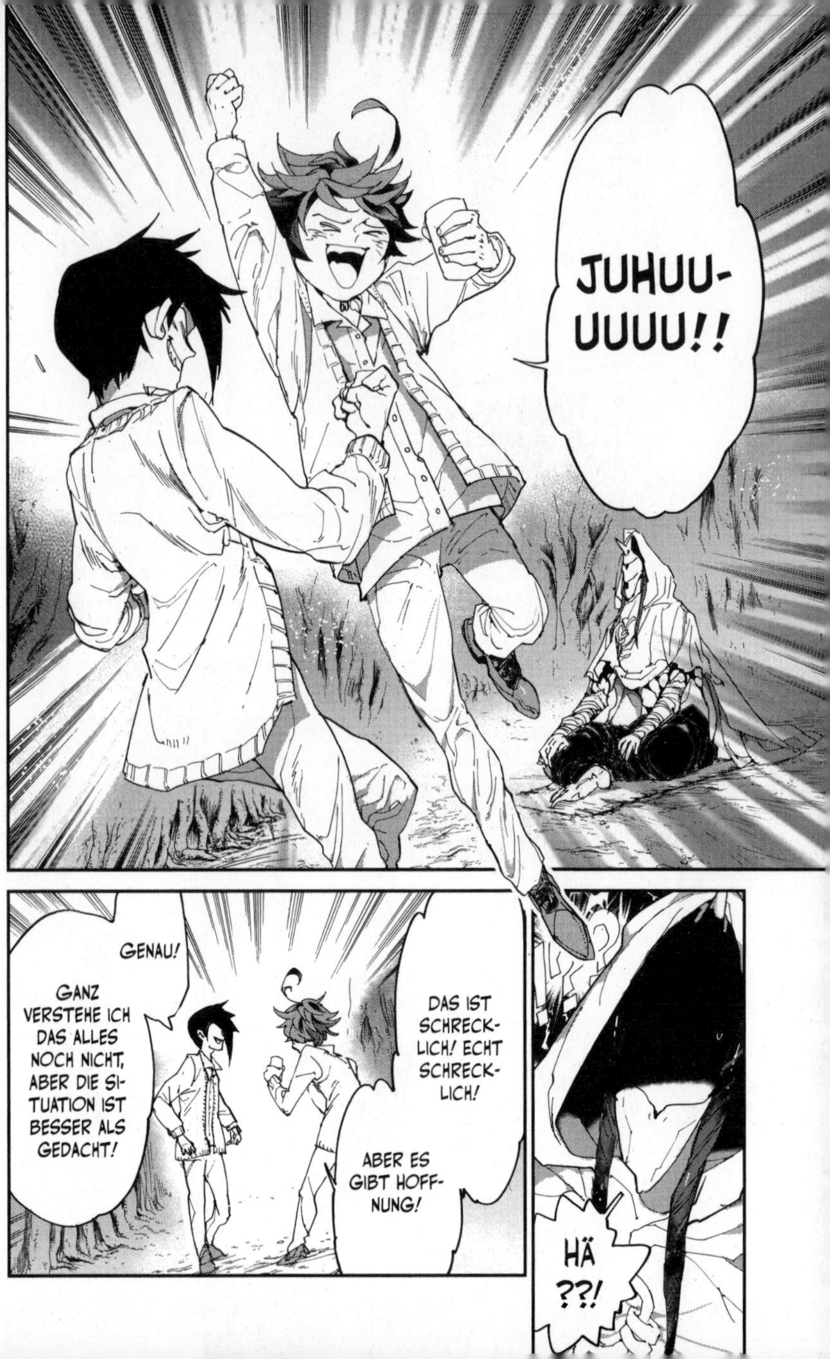
JUHUU-
UUUU!!
HÄ
??!
DAS IST SCHRECK-LICH! ECHT SCHRECK-LICH!
ABER ES GIBT HOFF-NUNG!
GENAU!
GANZ VERSTEHE ICH DAS ALLES NOCH NICHT, ABER DIE SI-TUATION IST BESSER ALS GEDACHT!

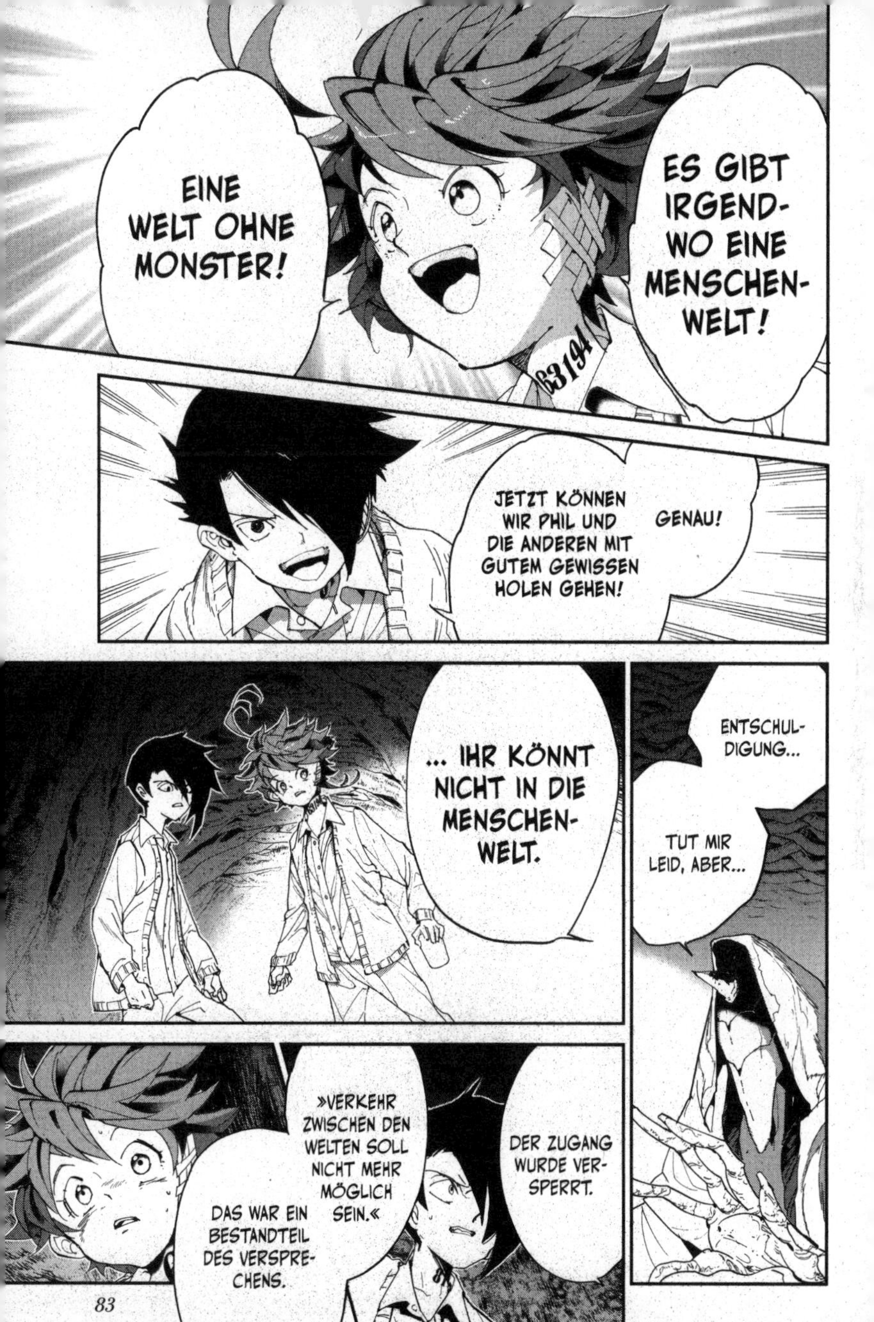
ES GIBT IRGENDWO EINE MENSCHENWELT!
EINE WELT OHNE MONSTER!
63194
GENAU!
JETZT KÖNNEN WIR PHIL UND DIE ANDEREN MIT GUTEM GEWISSEN HOLEN GEHEN!
ENTSCHULDIGUNG...
TUT MIR LEID, ABER...
... IHR KÖNNT NICHT IN DIE MENSCHENWELT.
DER ZUGANG WURDE VERSPERRT.
»VERKEHR ZWISCHEN DEN WELTEN SOLL NICHT MEHR MÖGLICH SEIN.«
DAS WAR EIN BESTANDTEIL DES VERSPRECHENS.

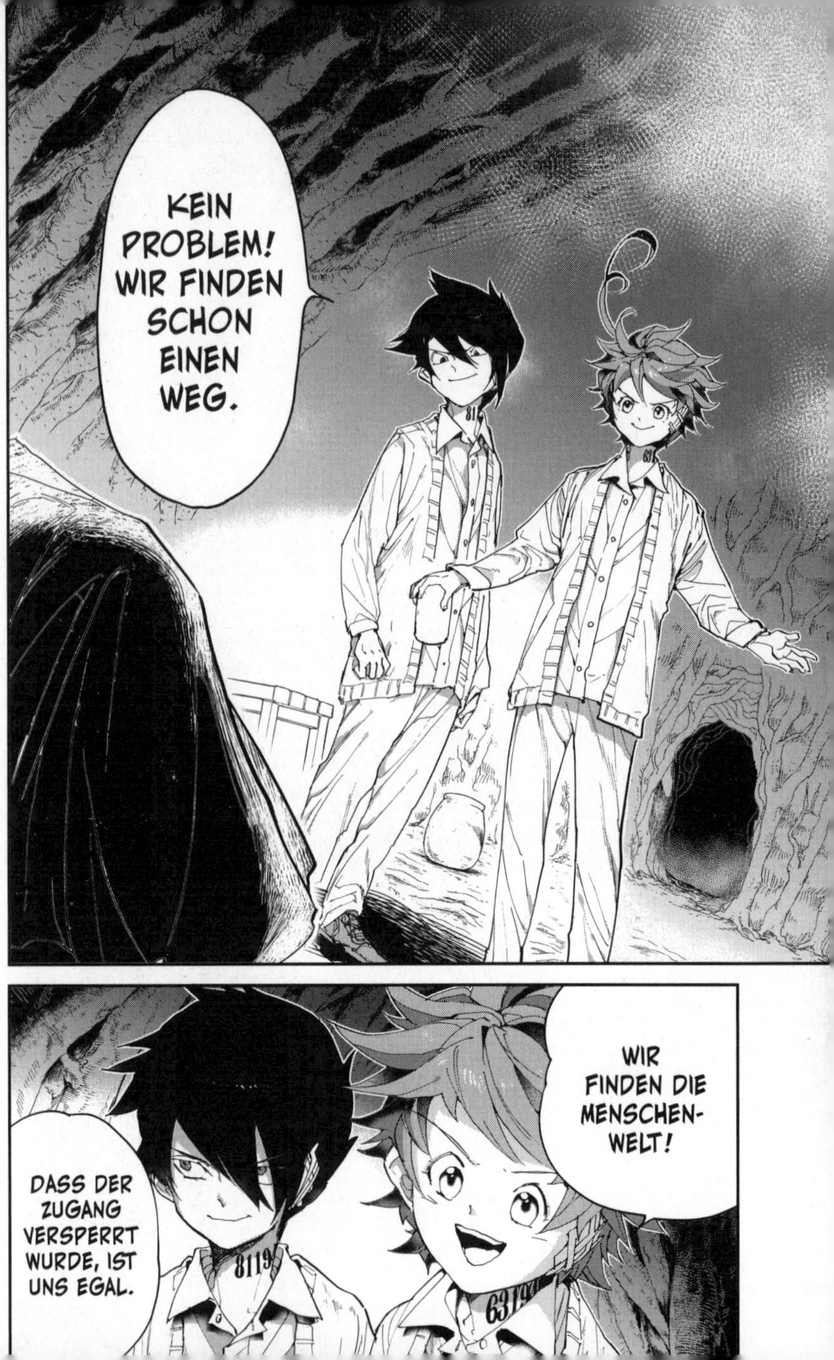
KEIN PROBLEM! WIR FINDEN SCHON EINEN WEG.
WIR FINDEN DIE MENSCHEN-WELT!
DASS DER ZUGANG VERSPERRT WURDE, IST UNS EGAL.

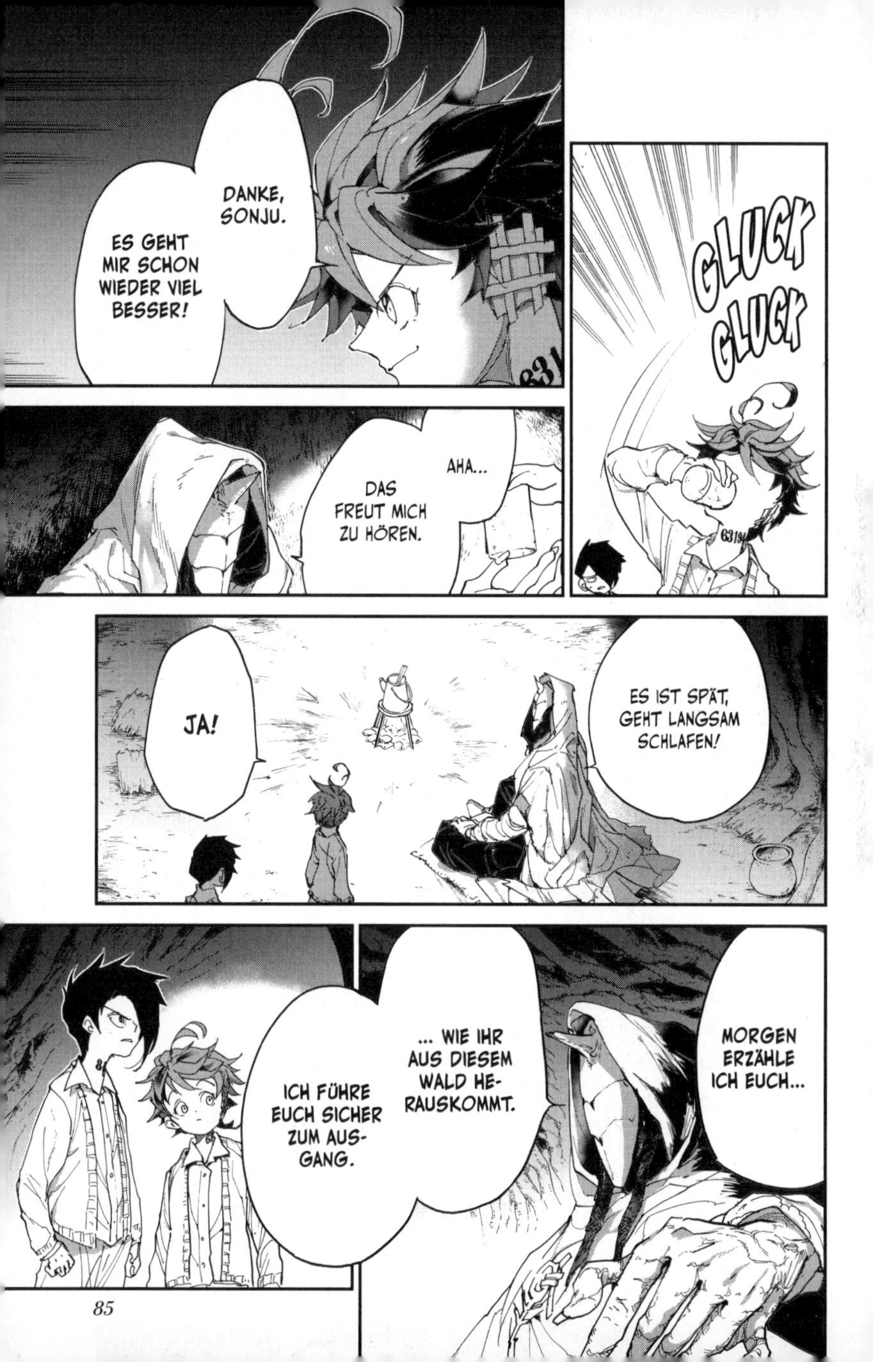
DANKE, SONJU.
ES GEHT MIR SCHON WIEDER VIEL BESSER!
GLUCK GLUCK
AHA...
DAS FREUT MICH ZU HÖREN.
ES IST SPÄT, GEHT LANGSAM SCHLAFEN!
JA!
MORGEN ERZÄHLE ICH EUCH...
... WIE IHR AUS DIESEM WALD HE-RAUSKOMMT.
ICH FÜHRE EUCH SICHER ZUM AUS-GANG.

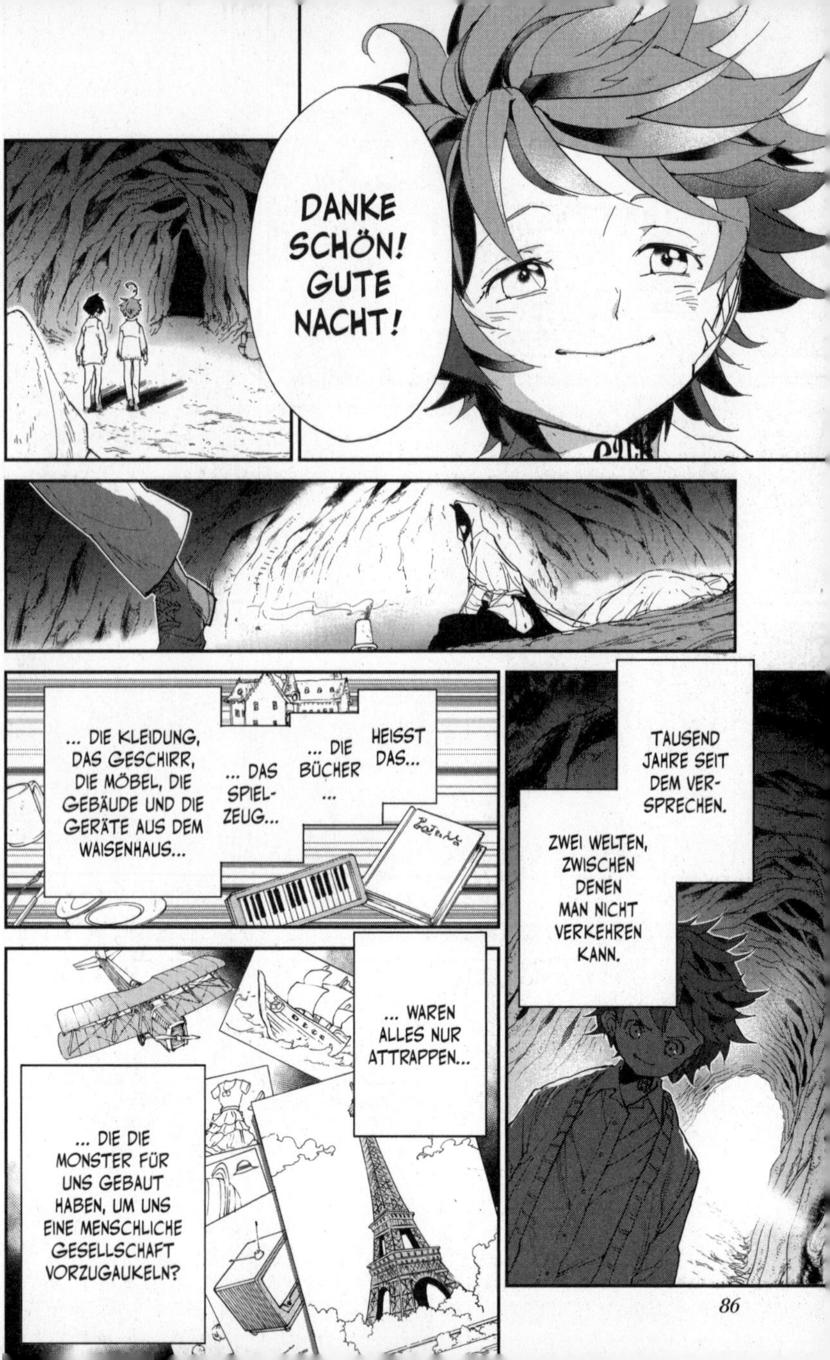

DANKE SCHÖN! GUTE NACHT!
TAUSEND JAHRE SEIT DEM VER-SPRECHEN.
ZWEI WELTEN, ZWISCHEN DENEN MAN NICHT VERKEHREN KANN.
HEISST DAS...
... DIE BÜCHER ...
... DAS SPIEL-ZEUG...
... DIE KLEIDUNG, DAS GESCHIRR, DIE MÖBEL, DIE GEBÄUDE UND DIE GERÄTE AUS DEM WAISENHAUS...
... WAREN ALLES NUR ATTRAPPEN...
... DIE DIE MONSTER FÜR UNS GEBAUT HABEN, UM UNS EINE MENSCHLICHE GESELLSCHAFT VORZUGAUKELN?

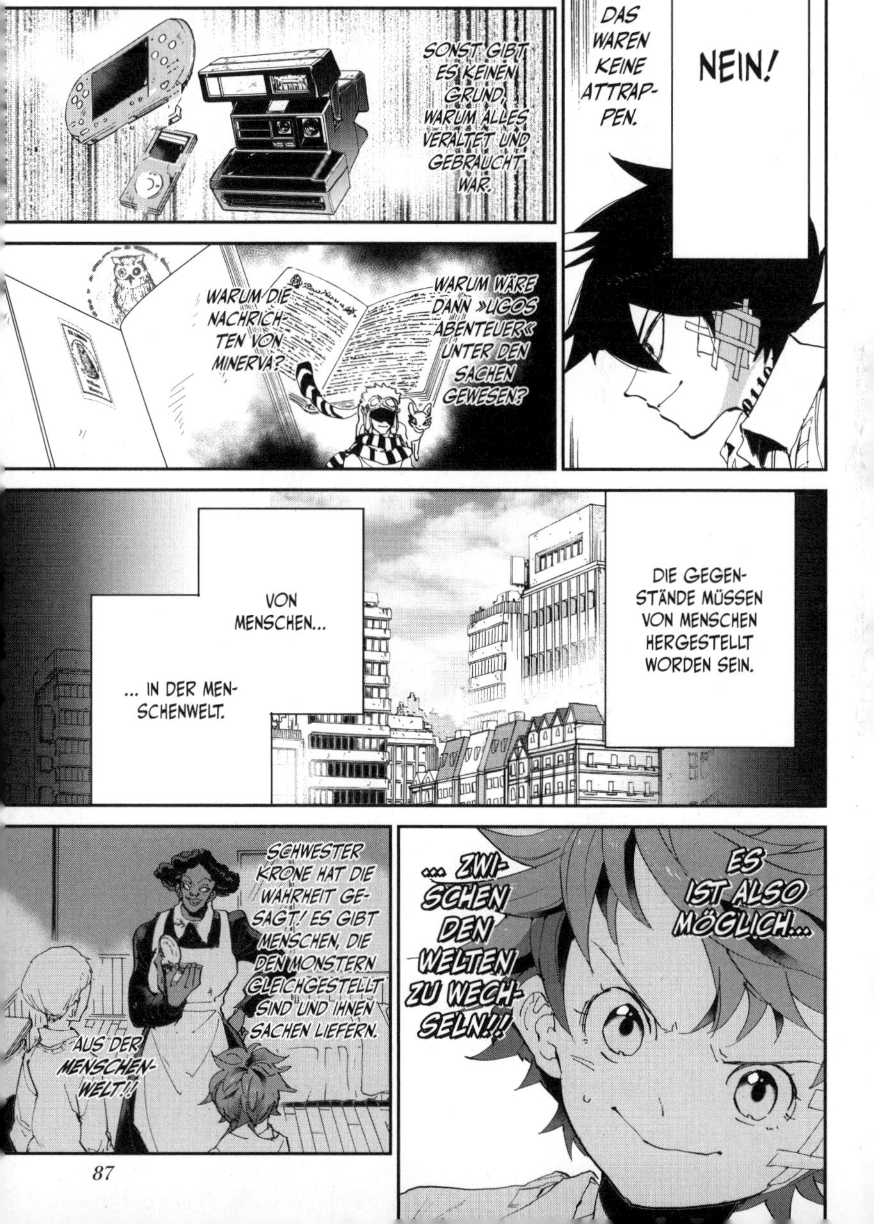
NEIN!
DAS WAREN KEINE ATTRAP-PEN.
SONST GIBT ES KEINEN GRUND, WARUM ALLES VERALTET UND GEBRAUCHT WAR.
WARUM WÄRE DANN »UGOS ABENTEUER« UNTER DEN SACHEN GEWESEN?
WARUM DIE NACHRICH-TEN VON MINERVA?
DIE GEGEN-STÄNDE MÜSSEN VON MENSCHEN HERGESTELLT WORDEN SEIN.
VON MENSCHEN...
... IN DER MEN-SCHENWELT.
ES IST ALSO MÖGLICH...
... ZWI-SCHEN DEN WELTEN ZU WECH-SELN!!
SCHWESTER KRONE HAT DIE WAHRHEIT GE-SAGT! ES GIBT MENSCHEN, DIE DEN MONSTERN GLEICHGESTELLT SIND UND IHNEN SACHEN LIEFERN.
AUS DER MENSCHEN-WELT!!

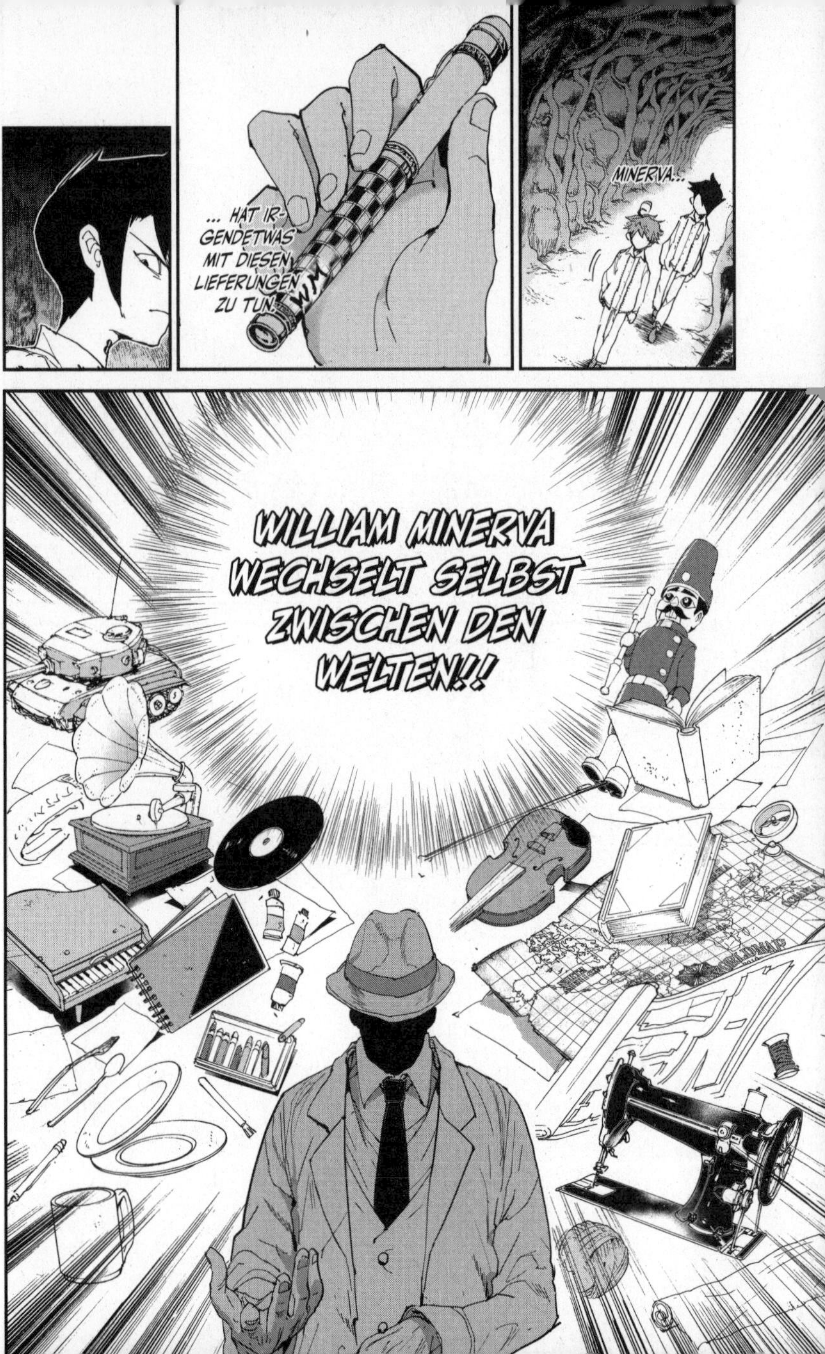
Minerva...
... hat irgendetwas mit diesen Lieferungen zu tun.
William Minerva wechselt selbst zwischen den Welten!!

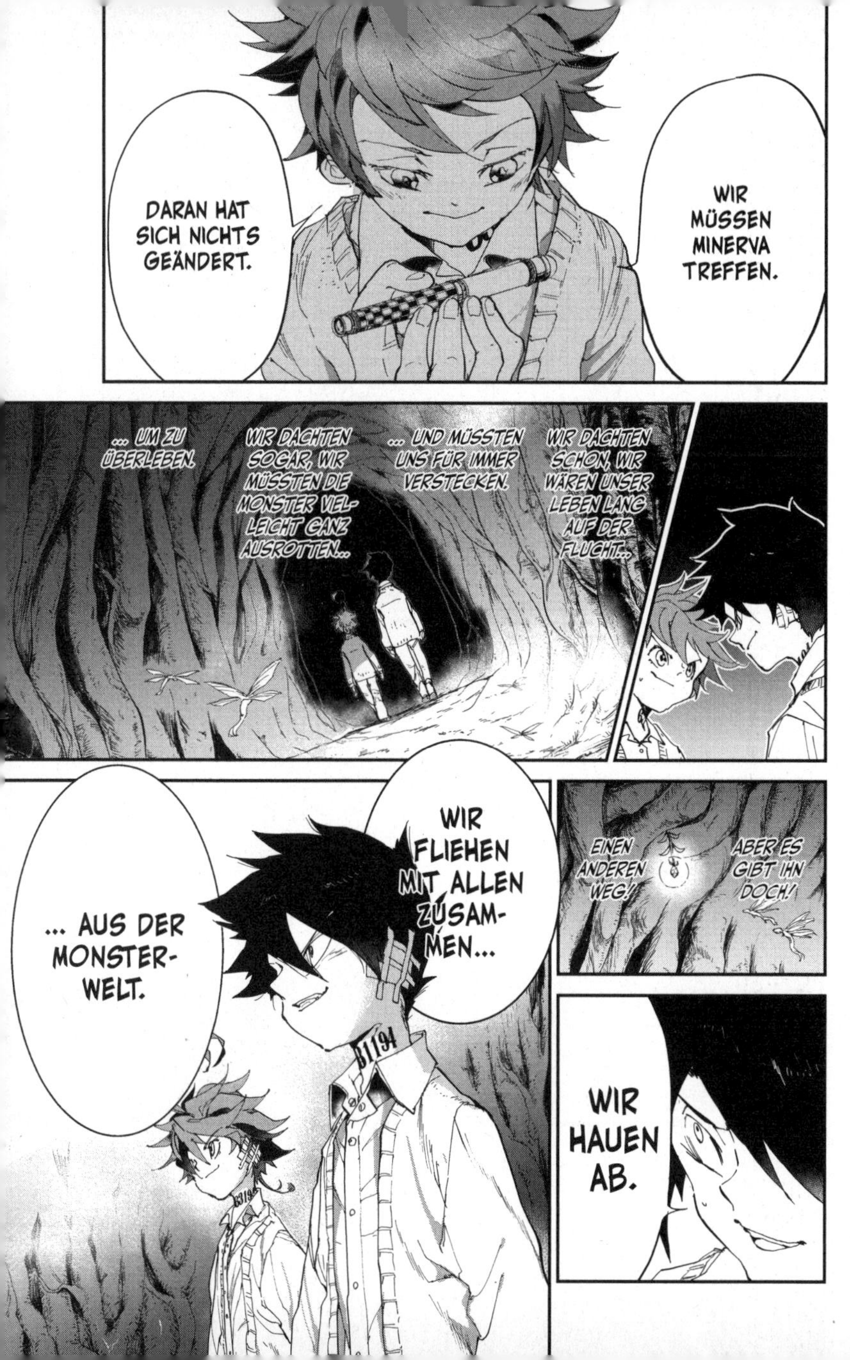
WIR MÜSSEN MINERVA TREFFEN.
DARAN HAT SICH NICHTS GEÄNDERT.
WIR DACHTEN SCHON, WIR WÄREN UNSER LEBEN LANG AUF DER FLUCHT...
... UND MÜSSTEN UNS FÜR IMMER VERSTECKEN.
WIR DACHTEN SOGAR, WIR MÜSSTEN DIE MONSTER VIEL-LEICHT GANZ AUSROTTEN...
... UM ZU ÜBERLEBEN.
ABER ES GIBT IHN DOCH!
EINEN ANDEREN WEG!
WIR HAUEN AB.
WIR FLIEHEN MIT ALLEN ZUSAM-MEN...
... AUS DER MONSTER-WELT.
B1194

DER TAG DER KINDER

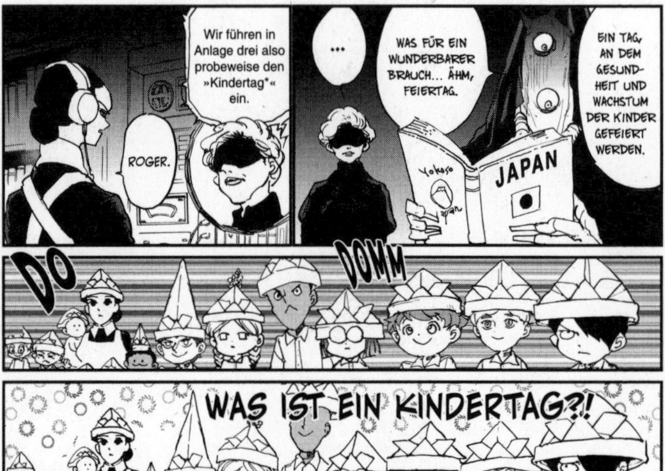

*Japanischer Feiertag, bei dem z. B. »Karpfenfahnen« gehisst und traditionelle Helme aufgestellt werden

WEITER GEHT'S IN BONUSSTORY 5-②

Kapitel 48: Zwei Welten

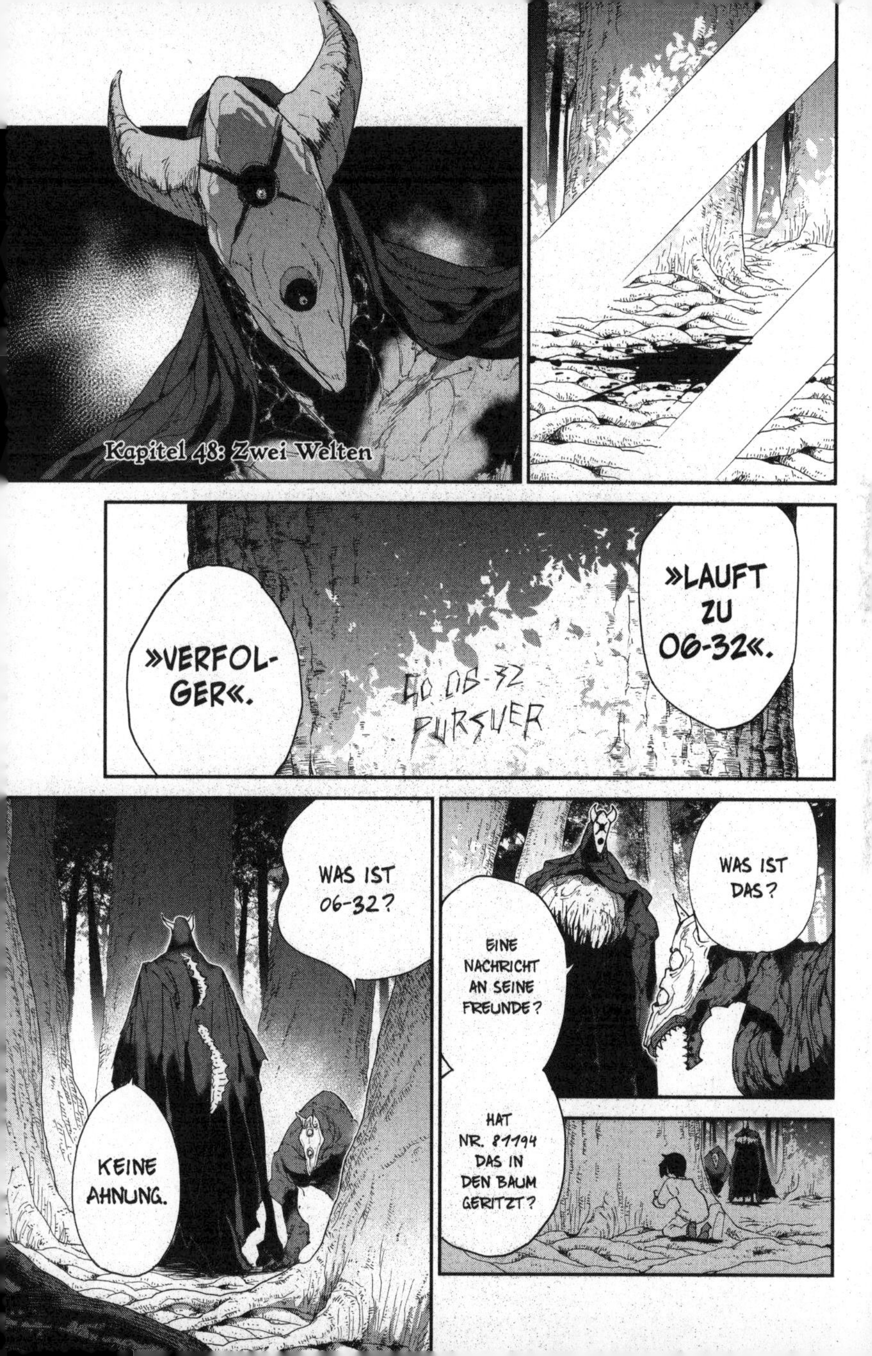

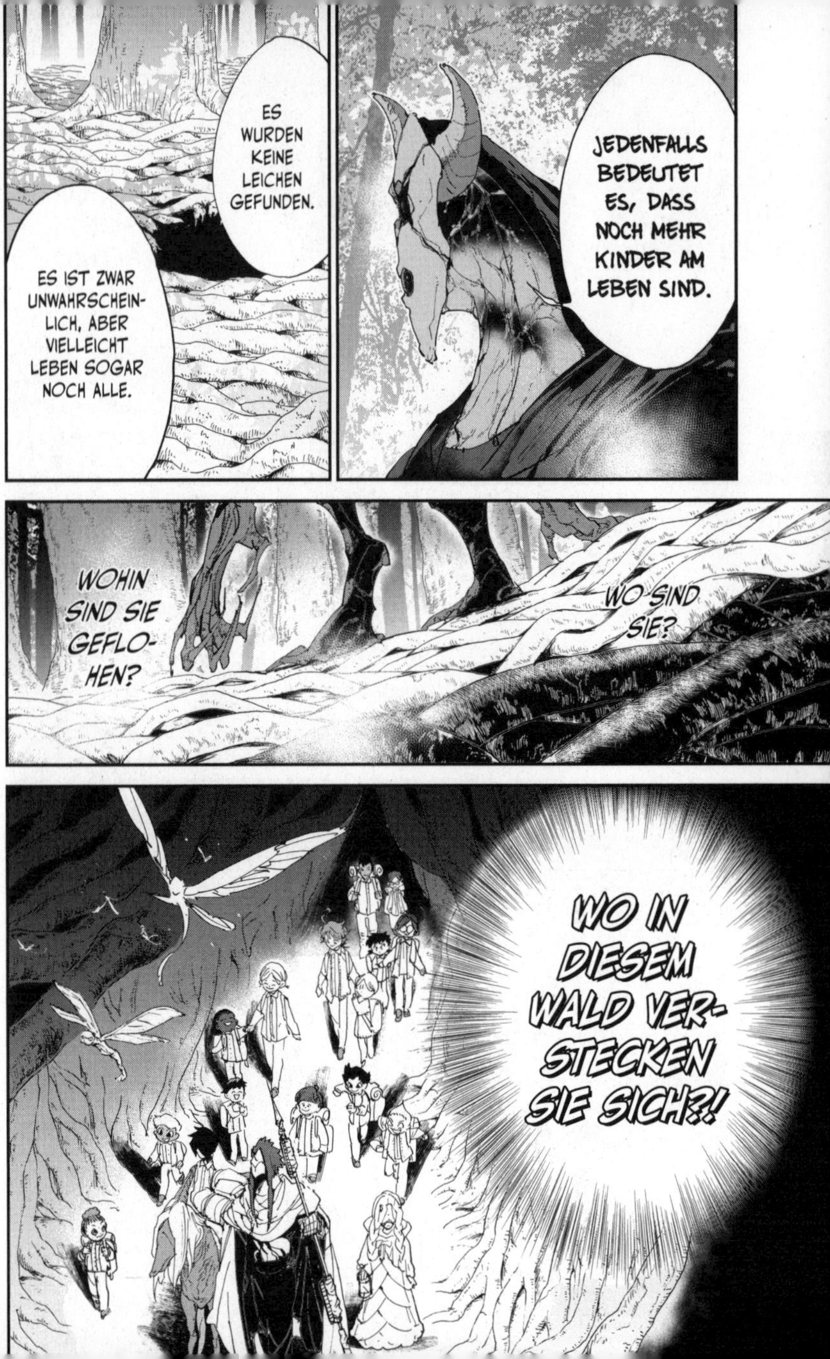
JEDENFALLS BEDEUTET ES, DASS NOCH MEHR KINDER AM LEBEN SIND.
ES WURDEN KEINE LEICHEN GEFUNDEN.
ES IST ZWAR UNWAHRSCHEIN-LICH, ABER VIELLEICHT LEBEN SOGAR NOCH ALLE.
WO SIND SIE?
WOHIN SIND SIE GEFLO-HEN?
WO IN DIESEM WALD VER-STECKEN SIE SICH?!

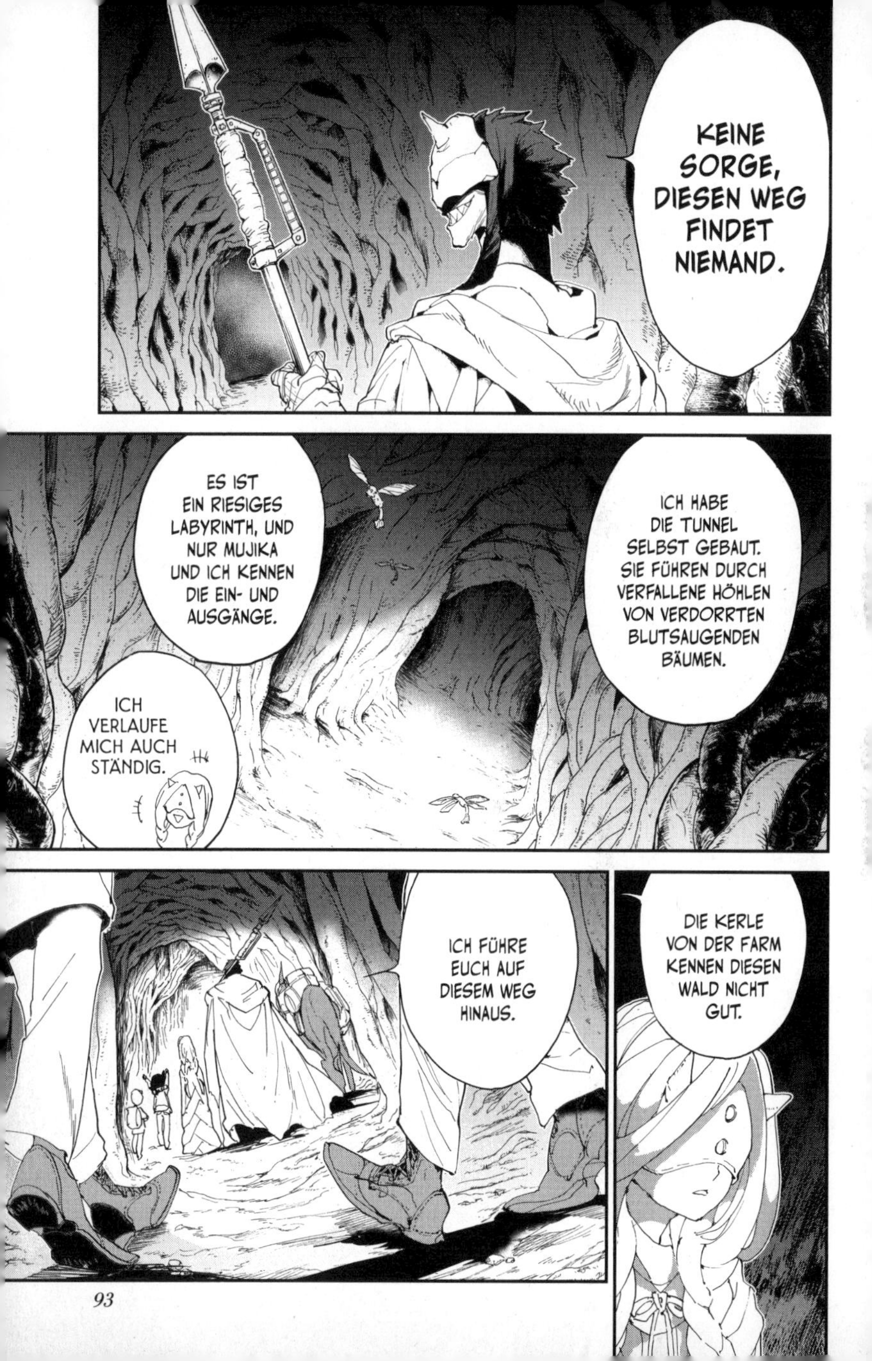
KEINE SORGE, DIESEN WEG FINDET NIEMAND.
ICH HABE DIE TUNNEL SELBST GEBAUT. SIE FÜHREN DURCH VERFALLENE HÖHLEN VON VERDORRTEN BLUTSAUGENDEN BÄUMEN.
ES IST EIN RIESIGES LABYRINTH, UND NUR MUJIKA UND ICH KENNEN DIE EIN- UND AUSGÄNGE.
ICH VERLAUFE MICH AUCH STÄNDIG.
DIE KERLE VON DER FARM KENNEN DIESEN WALD NICHT GUT.
ICH FÜHRE EUCH AUF DIESEM WEG HINAUS.

Kapitel 48: Zwei Welten

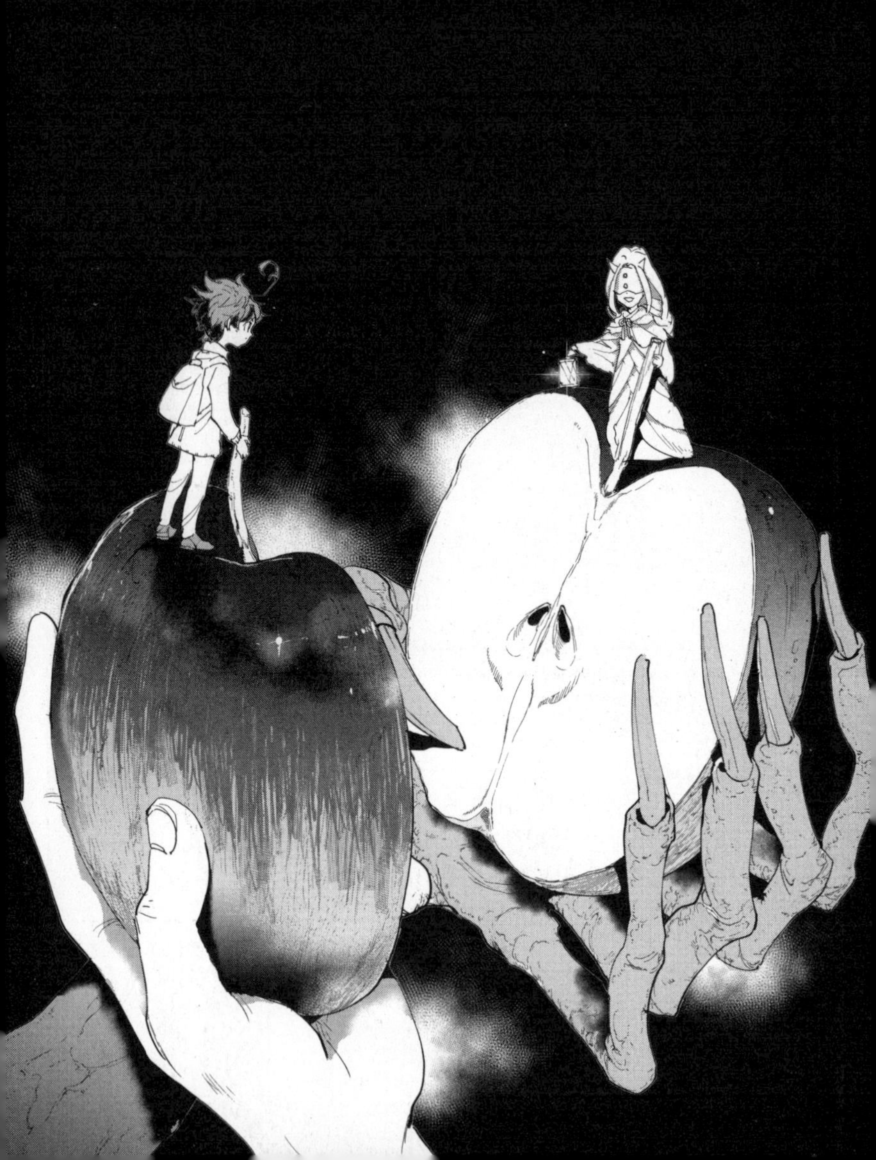

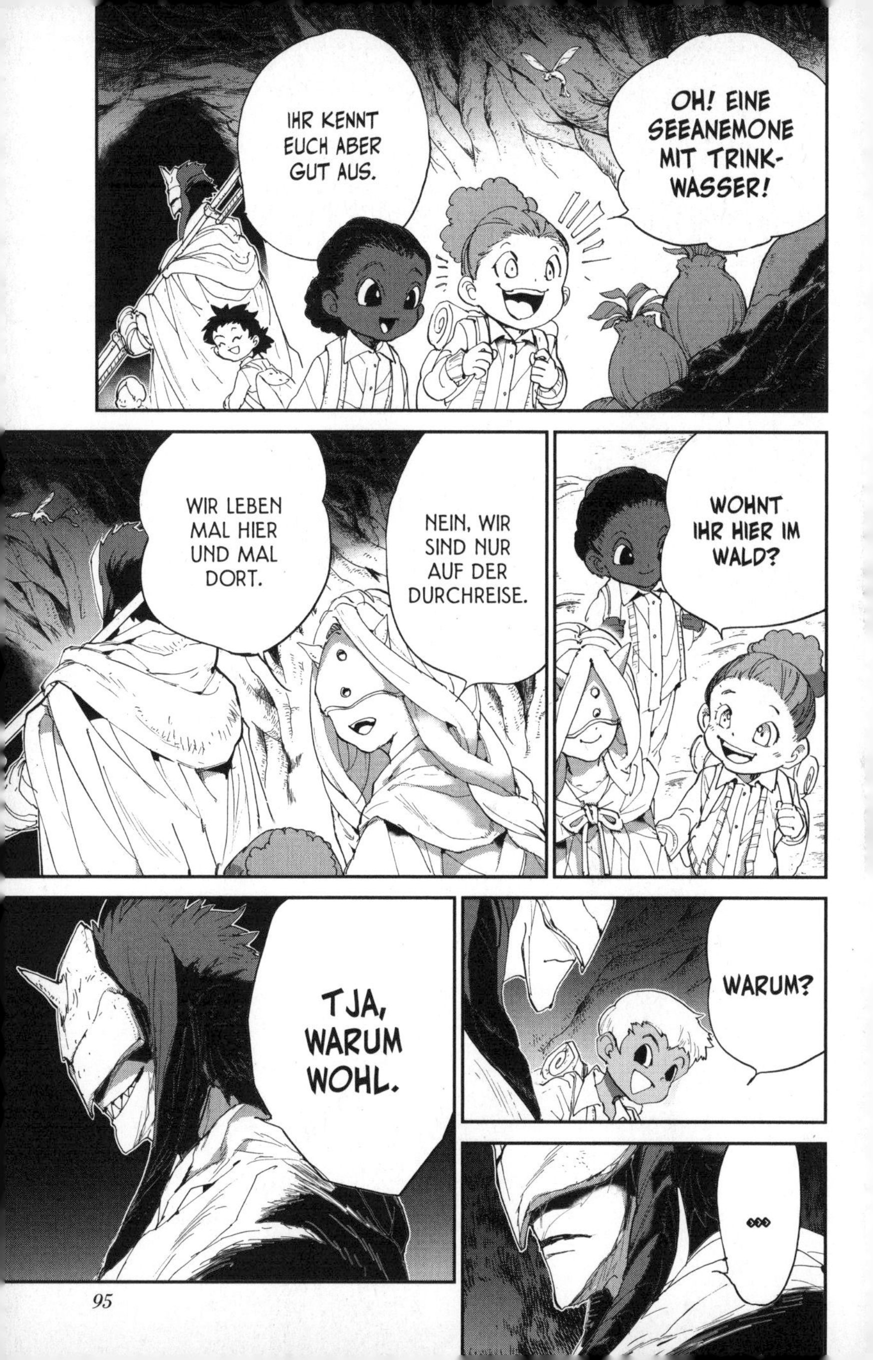
OH! EINE SEEANEMONE MIT TRINK-WASSER!
IHR KENNT EUCH ABER GUT AUS.
WOHNT IHR HIER IM WALD?
NEIN, WIR SIND NUR AUF DER DURCHREISE.
WIR LEBEN MAL HIER UND MAL DORT.
WARUM?
TJA, WARUM WOHL.
...

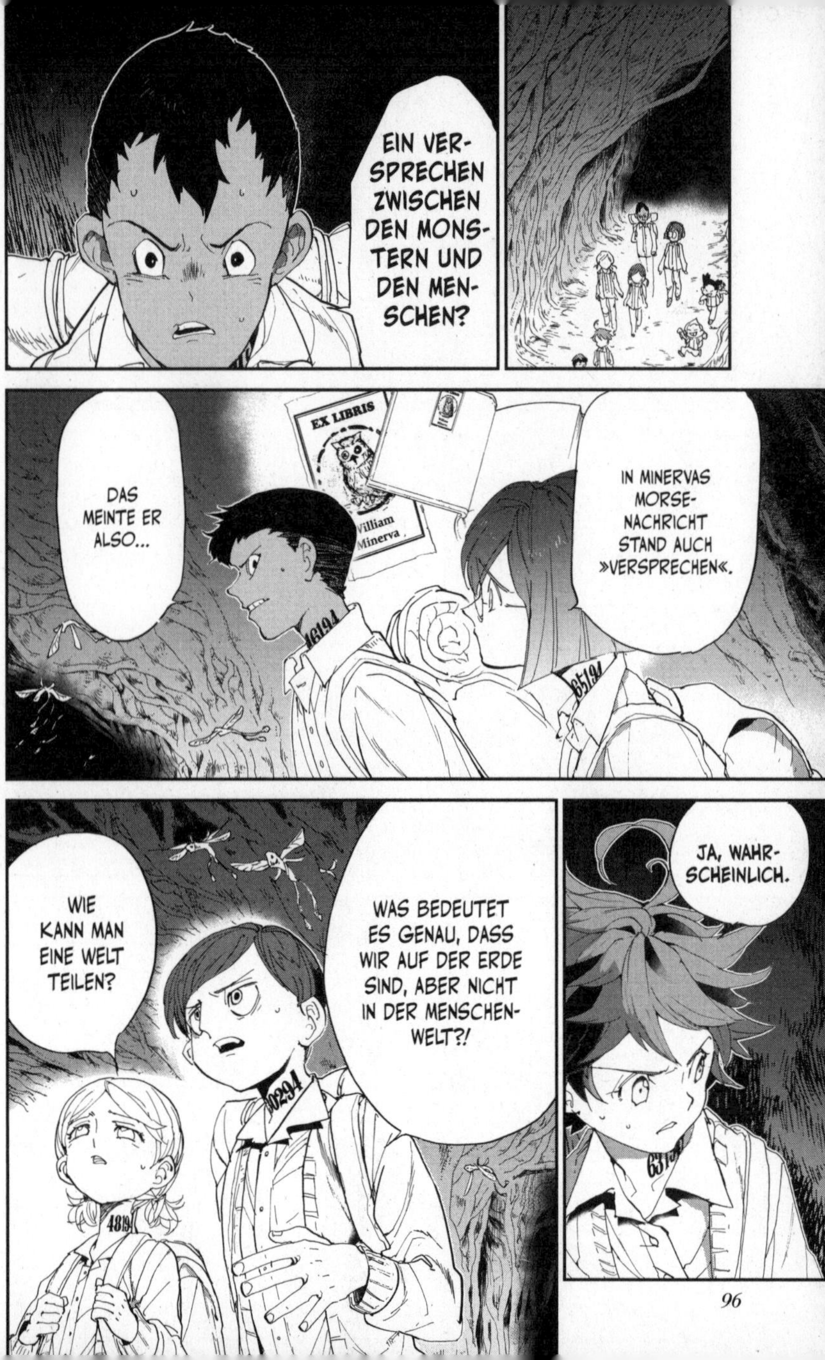
EIN VER-SPRECHEN ZWISCHEN DEN MONS-TERN UND DEN MEN-SCHEN?
IN MINERVAS MORSE-NACHRICHT STAND AUCH »VERSPRECHEN«.
DAS MEINTE ER ALSO...
EX LIBRIS
William Minerva
JA, WAHR-SCHEINLICH.
WAS BEDEUTET ES GENAU, DASS WIR AUF DER ERDE SIND, ABER NICHT IN DER MENSCHEN-WELT?!
WIE KANN MAN EINE WELT TEILEN?

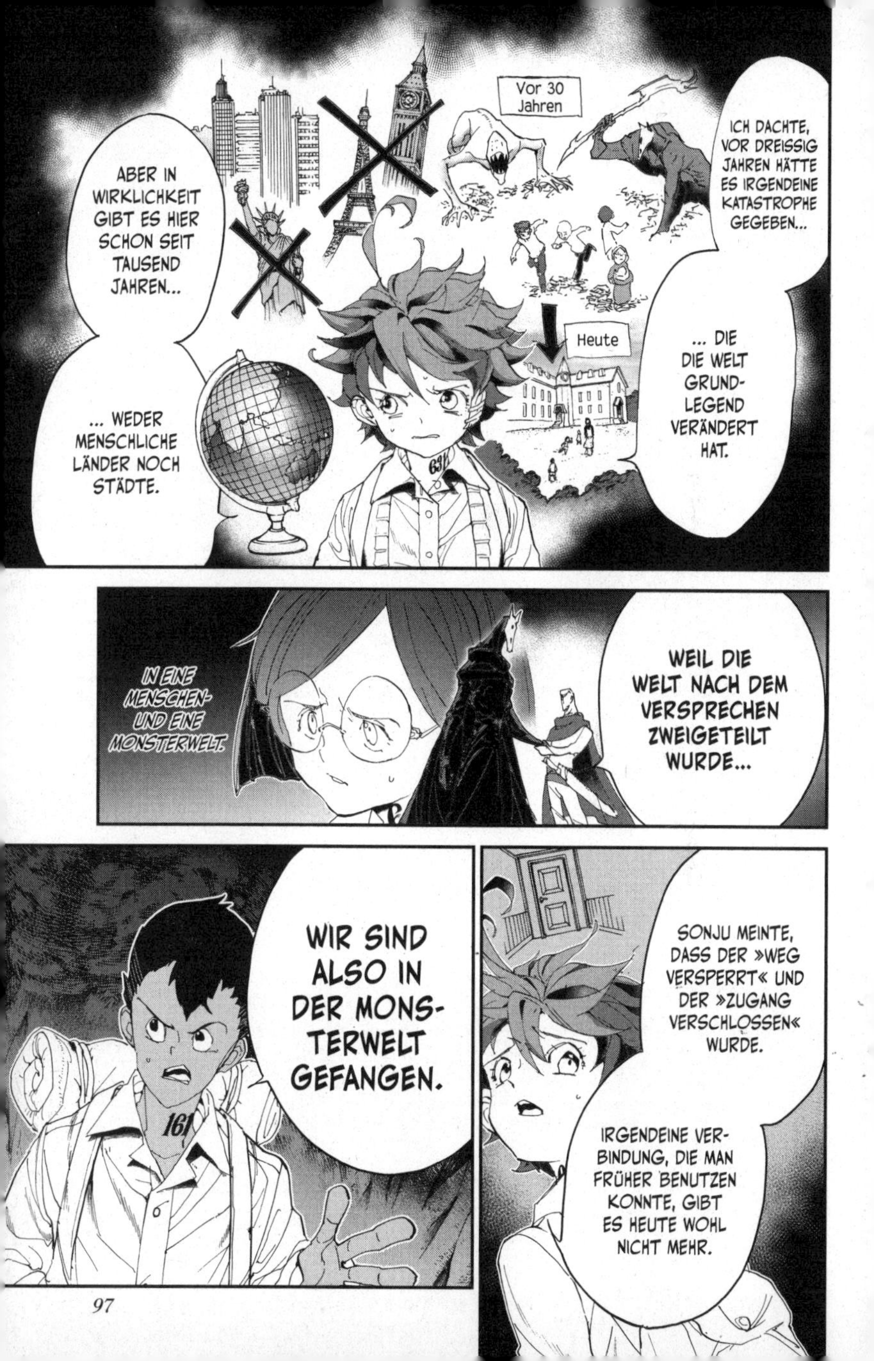
Vor 30 Jahren
ICH DACHTE, VOR DREISSIG JAHREN HÄTTE ES IRGENDEINE KATASTROPHE GEGEBEN...
Heute
... DIE DIE WELT GRUNDLEGEND VERÄNDERT HAT.
ABER IN WIRKLICHKEIT GIBT ES HIER SCHON SEIT TAUSEND JAHREN...
... WEDER MENSCHLICHE LÄNDER NOCH STÄDTE.
WEIL DIE WELT NACH DEM VERSPRECHEN ZWEIGETEILT WURDE...
IN EINE MENSCHEN- UND EINE MONSTERWELT.
SONJU MEINTE, DASS DER »WEG VERSPERRT« UND DER »ZUGANG VERSCHLOSSEN« WURDE.
IRGENDEINE VERBINDUNG, DIE MAN FRÜHER BENUTZEN KONNTE, GIBT ES HEUTE WOHL NICHT MEHR.
WIR SIND ALSO IN DER MONSTERWELT GEFANGEN.

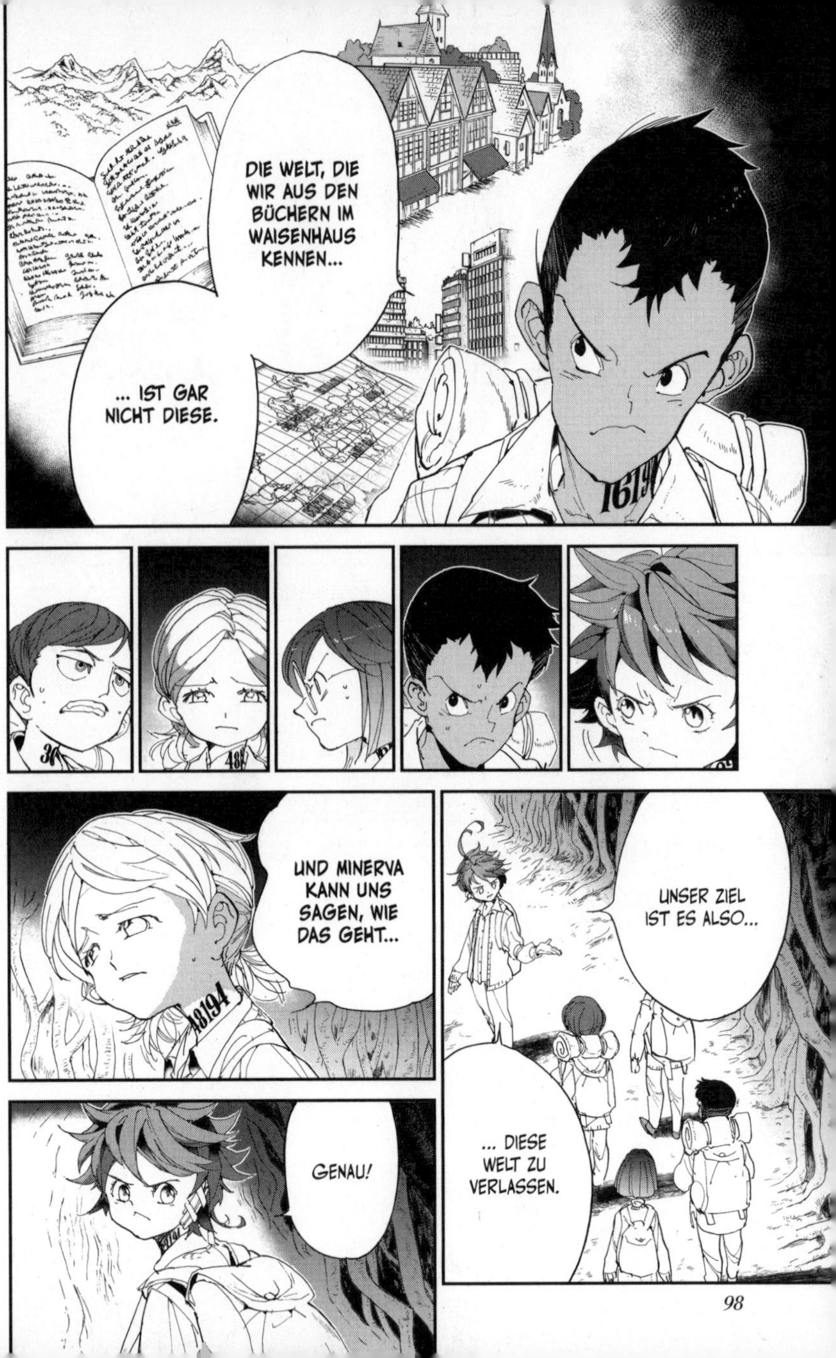
DIE WELT, DIE WIR AUS DEN BÜCHERN IM WAISENHAUS KENNEN...
... IST GAR NICHT DIESE.
UNSER ZIEL IST ES ALSO...
... DIESE WELT ZU VERLASSEN.
UND MINERVA KANN UNS SAGEN, WIE DAS GEHT...
GENAU!

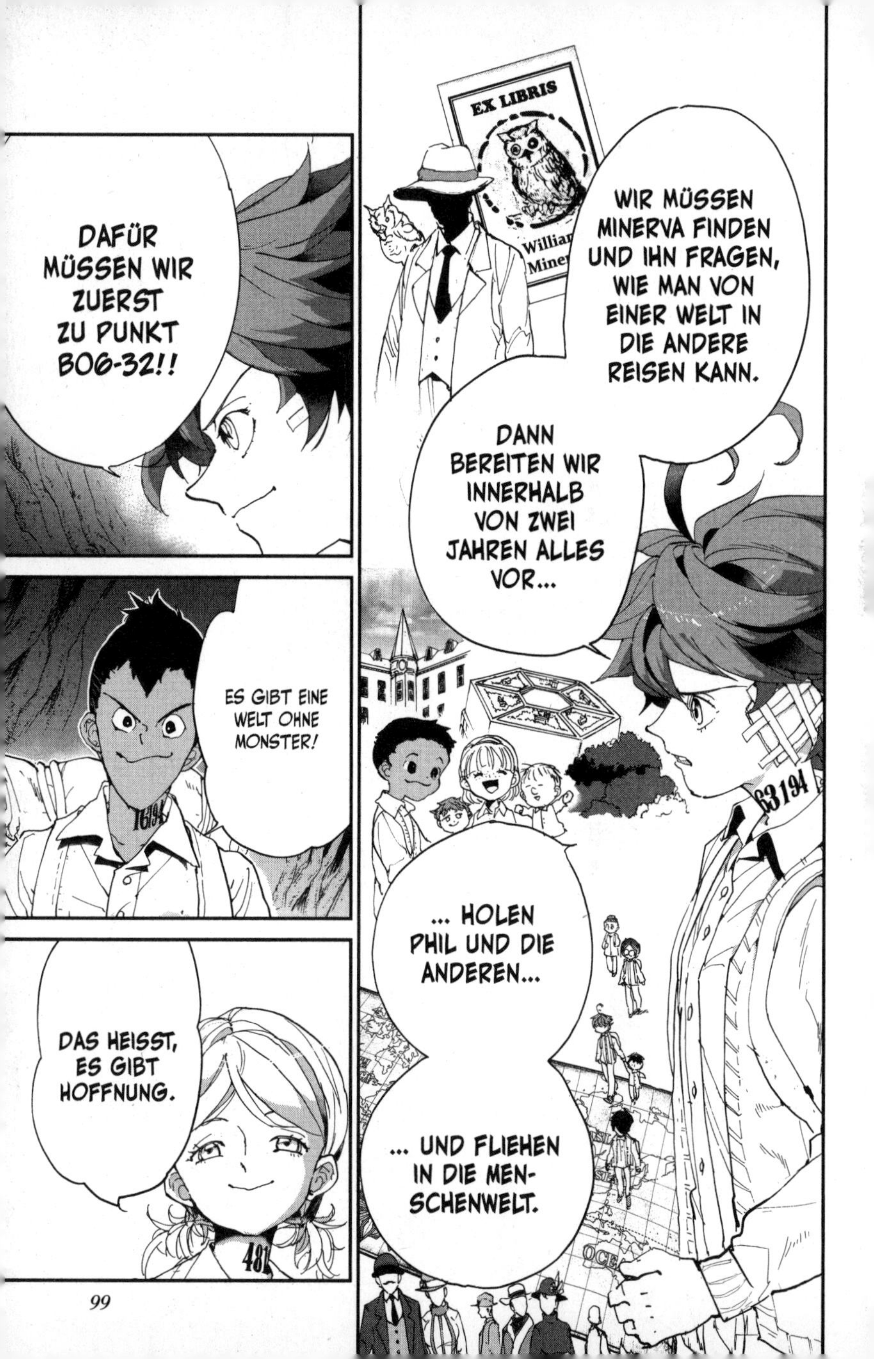
EX LIBRIS
WIR MÜSSEN MINERVA FINDEN UND IHN FRAGEN, WIE MAN VON EINER WELT IN DIE ANDERE REISEN KANN.
DANN BEREITEN WIR INNERHALB VON ZWEI JAHREN ALLES VOR...
... HOLEN PHIL UND DIE ANDEREN...
... UND FLIEHEN IN DIE MENSCHENWELT.
DAFÜR MÜSSEN WIR ZUERST ZU PUNKT B06-32!!
ES GIBT EINE WELT OHNE MONSTER!
DAS HEISST, ES GIBT HOFFNUNG.

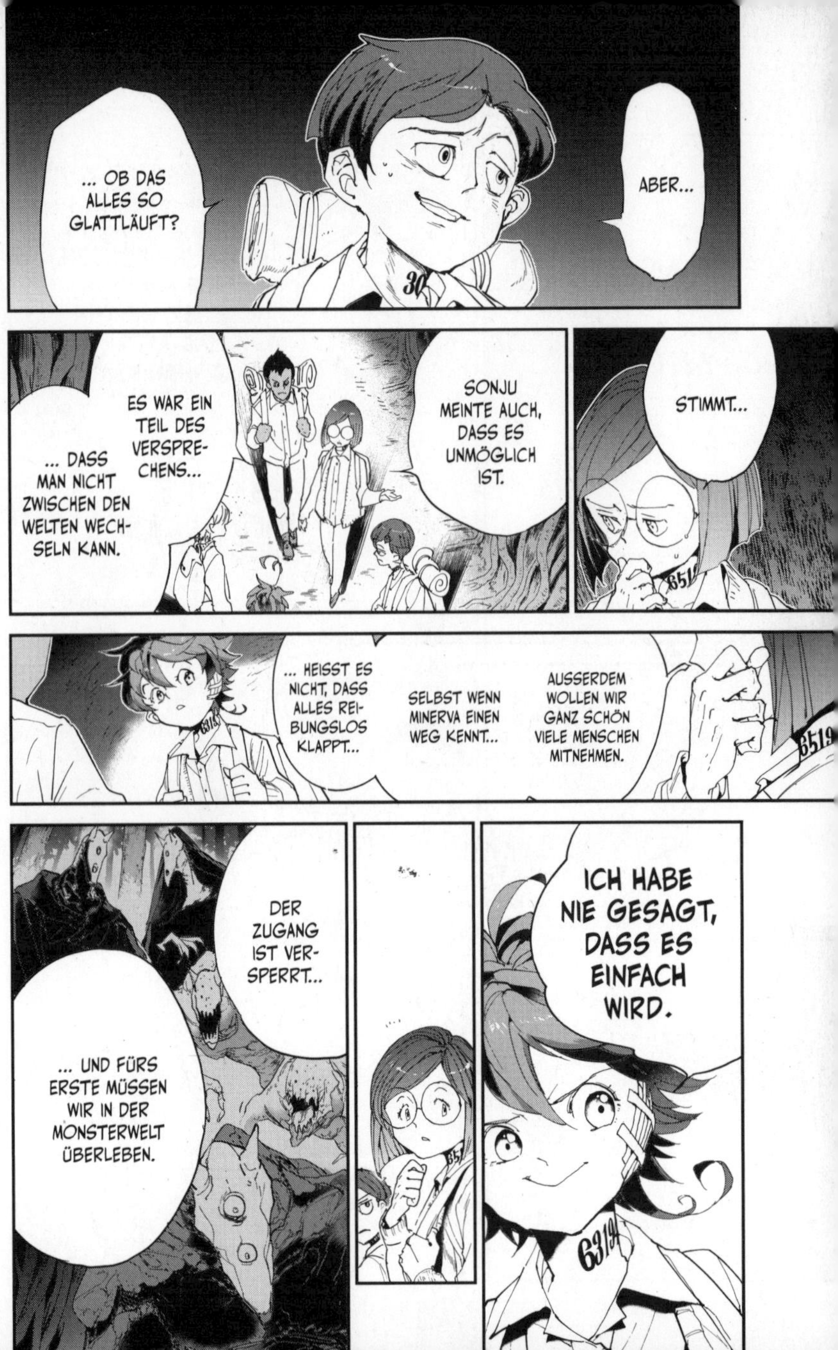
ABER...
... OB DAS ALLES SO GLATTLÄUFT?
STIMMT...
SONJU MEINTE AUCH, DASS ES UNMÖGLICH IST.
ES WAR EIN TEIL DES VERSPRECHENS...
... DASS MAN NICHT ZWISCHEN DEN WELTEN WECHSELN KANN.
AUSSERDEM WOLLEN WIR GANZ SCHÖN VIELE MENSCHEN MITNEHMEN.
SELBST WENN MINERVA EINEN WEG KENNT...
... HEISST ES NICHT, DASS ALLES REIBUNGSLOS KLAPPT...
ICH HABE NIE GESAGT, DASS ES EINFACH WIRD.
...
DER ZUGANG IST VERSPERRT...
... UND FÜRS ERSTE MÜSSEN WIR IN DER MONSTERWELT ÜBERLEBEN.

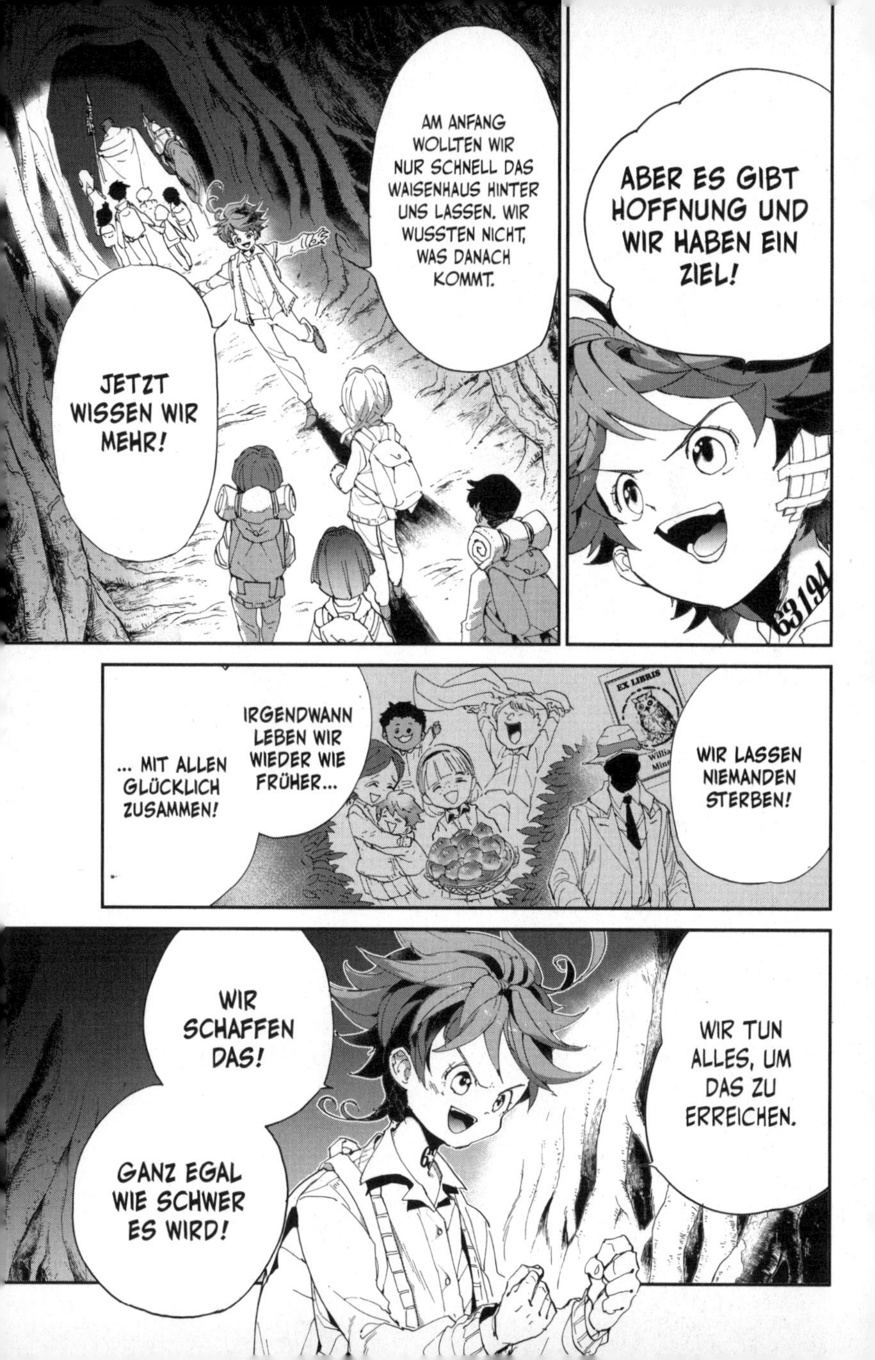
ABER ES GIBT HOFFNUNG UND WIR HABEN EIN ZIEL!
63194
AM ANFANG WOLLTEN WIR NUR SCHNELL DAS WAISENHAUS HINTER UNS LASSEN. WIR WUSSTEN NICHT, WAS DANACH KOMMT.
JETZT WISSEN WIR MEHR!
WIR LASSEN NIEMANDEN STERBEN!
EX LIBRIS
IRGENDWANN LEBEN WIR WIEDER WIE FRÜHER ...
... MIT ALLEN GLÜCKLICH ZUSAMMEN!
WIR TUN ALLES, UM DAS ZU ERREICHEN.
WIR SCHAFFEN DAS!
GANZ EGAL WIE SCHWER ES WIRD!

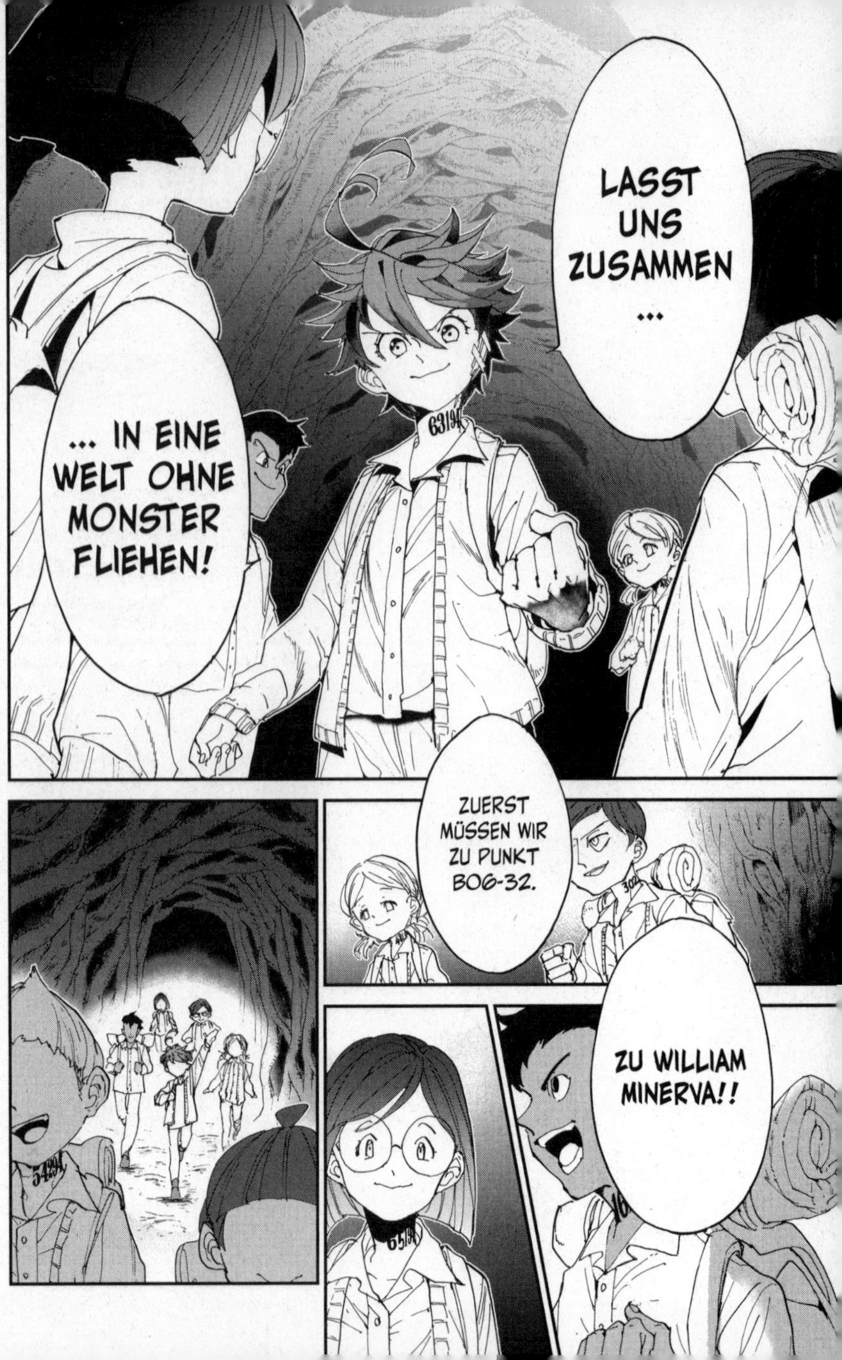
LASST UNS ZUSAMMEN …
… IN EINE WELT OHNE MONSTER FLIEHEN!
ZUERST MÜSSEN WIR ZU PUNKT B06-32.
ZU WILLIAM MINERVA!!

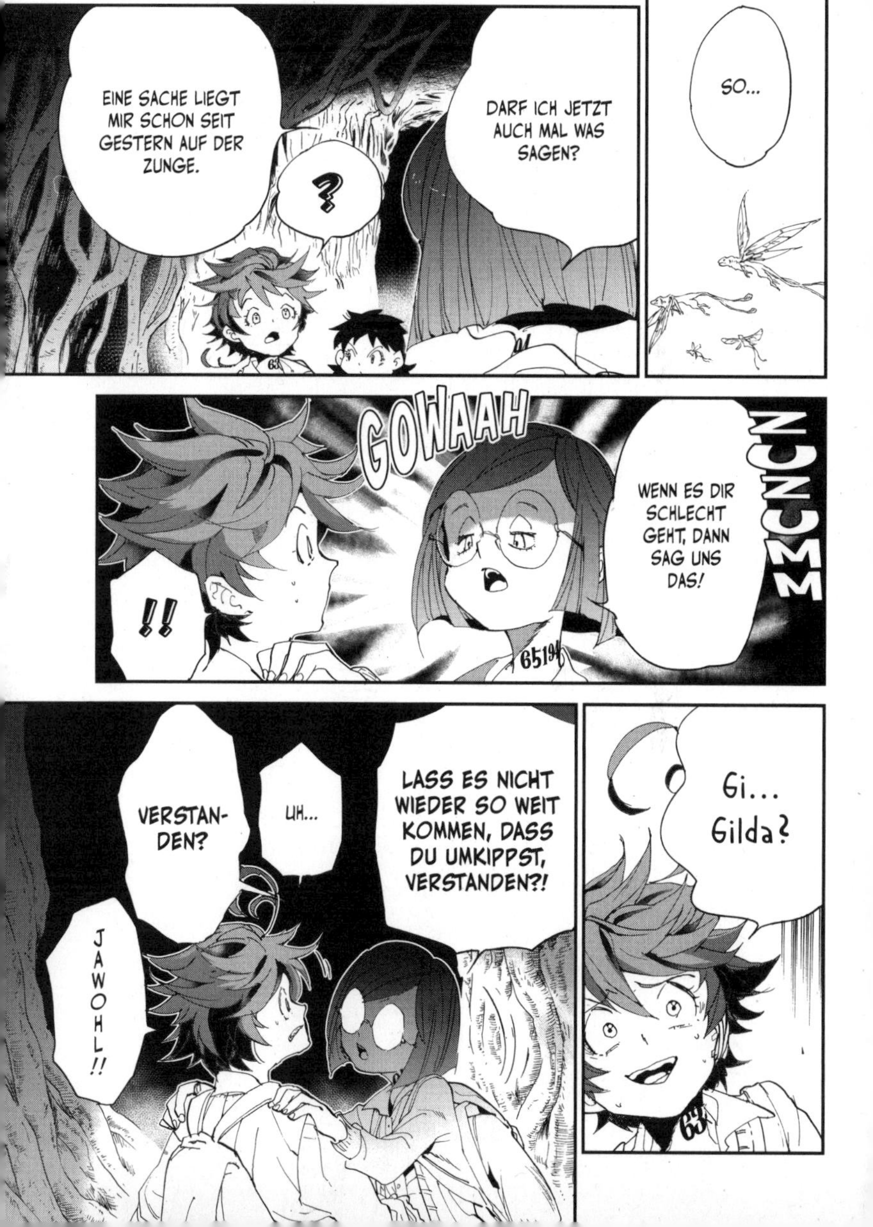
SO...
DARF ICH JETZT AUCH MAL WAS SAGEN?
EINE SACHE LIEGT MIR SCHON SEIT GESTERN AUF DER ZUNGE.
?
ZUZUMM
WENN ES DIR SCHLECHT GEHT, DANN SAG UNS DAS!
GOWAAH
!!
Gi... Gilda?
LASS ES NICHT WIEDER SO WEIT KOMMEN, DASS DU UMKIPPST, VERSTANDEN?!
UH...
VERSTAN-DEN?
JAWOHL!!

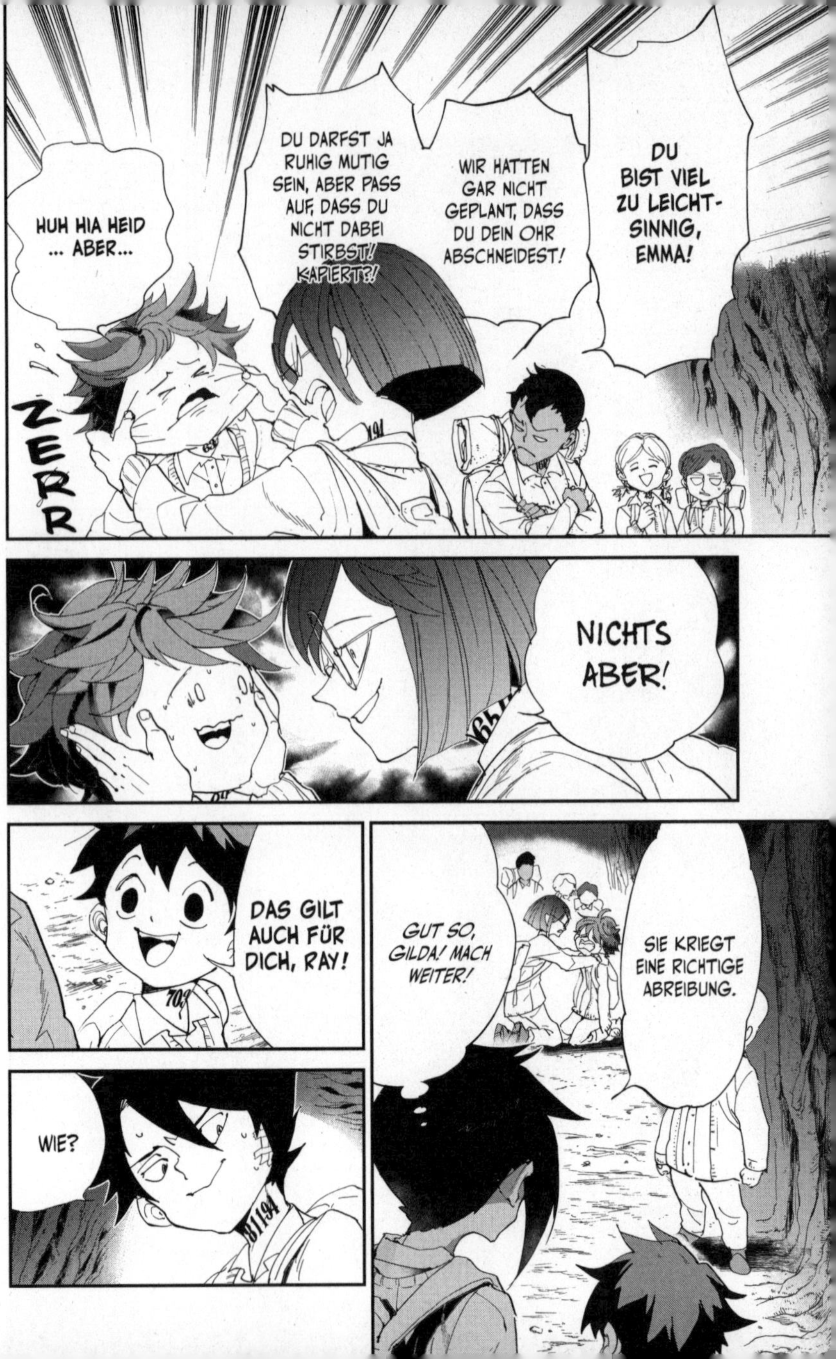
DU BIST VIEL ZU LEICHTSINNIG, EMMA!
WIR HATTEN GAR NICHT GEPLANT, DASS DU DEIN OHR ABSCHNEIDEST!
DU DARFST JA RUHIG MUTIG SEIN, ABER PASS AUF, DASS DU NICHT DABEI STIRBST! KAPIERT?!
HUH HIA HEID ... ABER...
ZERR
NICHTS ABER!
SIE KRIEGT EINE RICHTIGE ABREIBUNG.
GUT SO, GILDA! MACH WEITER!
DAS GILT AUCH FÜR DICH, RAY!
WIE?

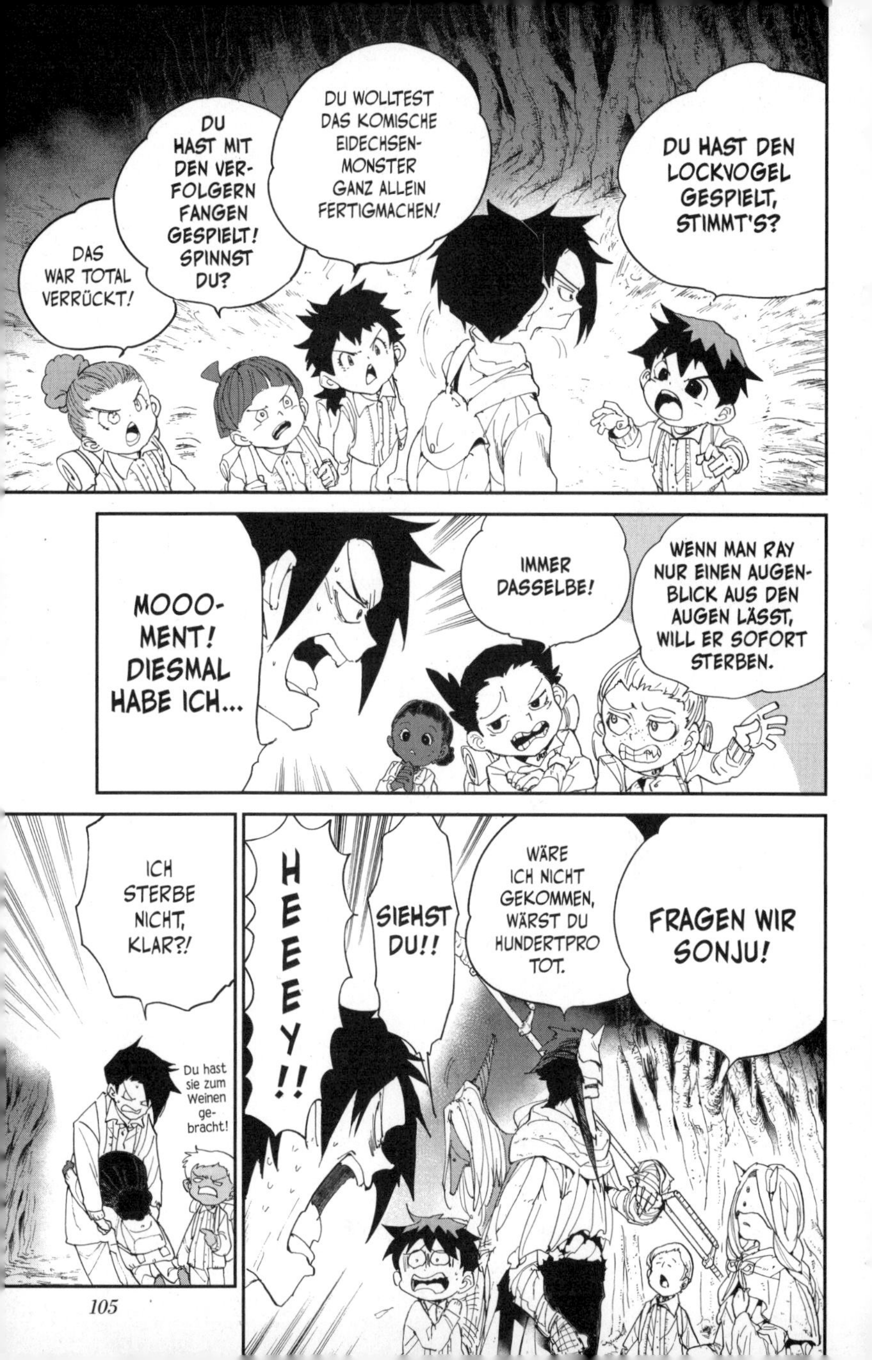
DU HAST DEN LOCKVOGEL GESPIELT, STIMMT'S?
DU WOLLTEST DAS KOMISCHE EIDECHSEN-MONSTER GANZ ALLEIN FERTIGMACHEN!
DU HAST MIT DEN VERFOLGERN FANGEN GESPIELT! SPINNST DU?
DAS WAR TOTAL VERRÜCKT!
WENN MAN RAY NUR EINEN AUGENBLICK AUS DEN AUGEN LÄSST, WILL ER SOFORT STERBEN.
IMMER DASSELBE!
MOOO-MENT! DIESMAL HABE ICH...
FRAGEN WIR SONJU!
WÄRE ICH NICHT GEKOMMEN, WÄRST DU HUNDERTPRO TOT.
SIEHST DU!!
HEEEY!!
ICH STERBE NICHT, KLAR?!
Du hast sie zum Weinen gebracht!

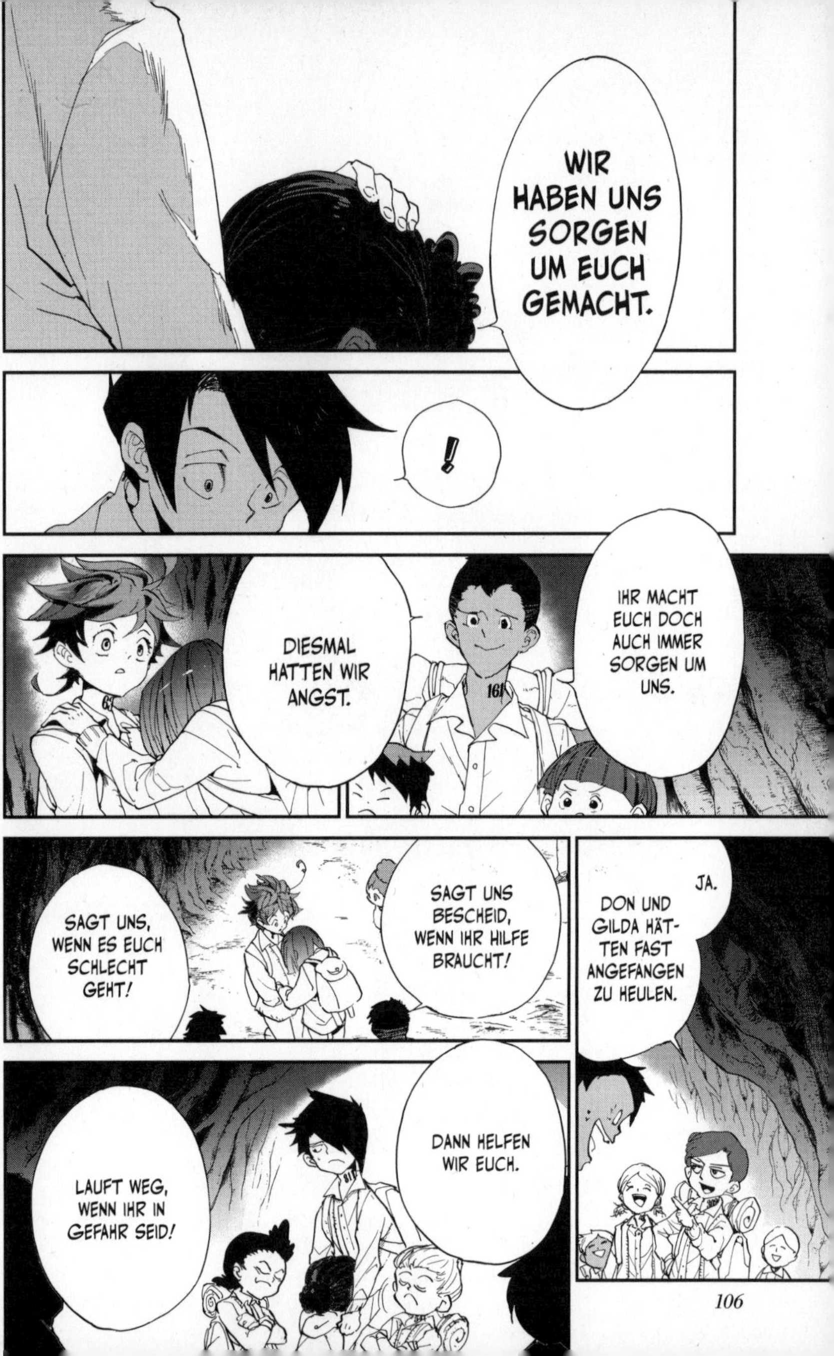
WIR HABEN UNS SORGEN UM EUCH GEMACHT.
!
IHR MACHT EUCH DOCH AUCH IMMER SORGEN UM UNS.
DIESMAL HATTEN WIR ANGST.
JA.
DON UND GILDA HÄT-TEN FAST ANGEFANGEN ZU HEULEN.
SAGT UNS BESCHEID, WENN IHR HILFE BRAUCHT!
SAGT UNS, WENN ES EUCH SCHLECHT GEHT!
DANN HELFEN WIR EUCH.
LAUFT WEG, WENN IHR IN GEFAHR SEID!

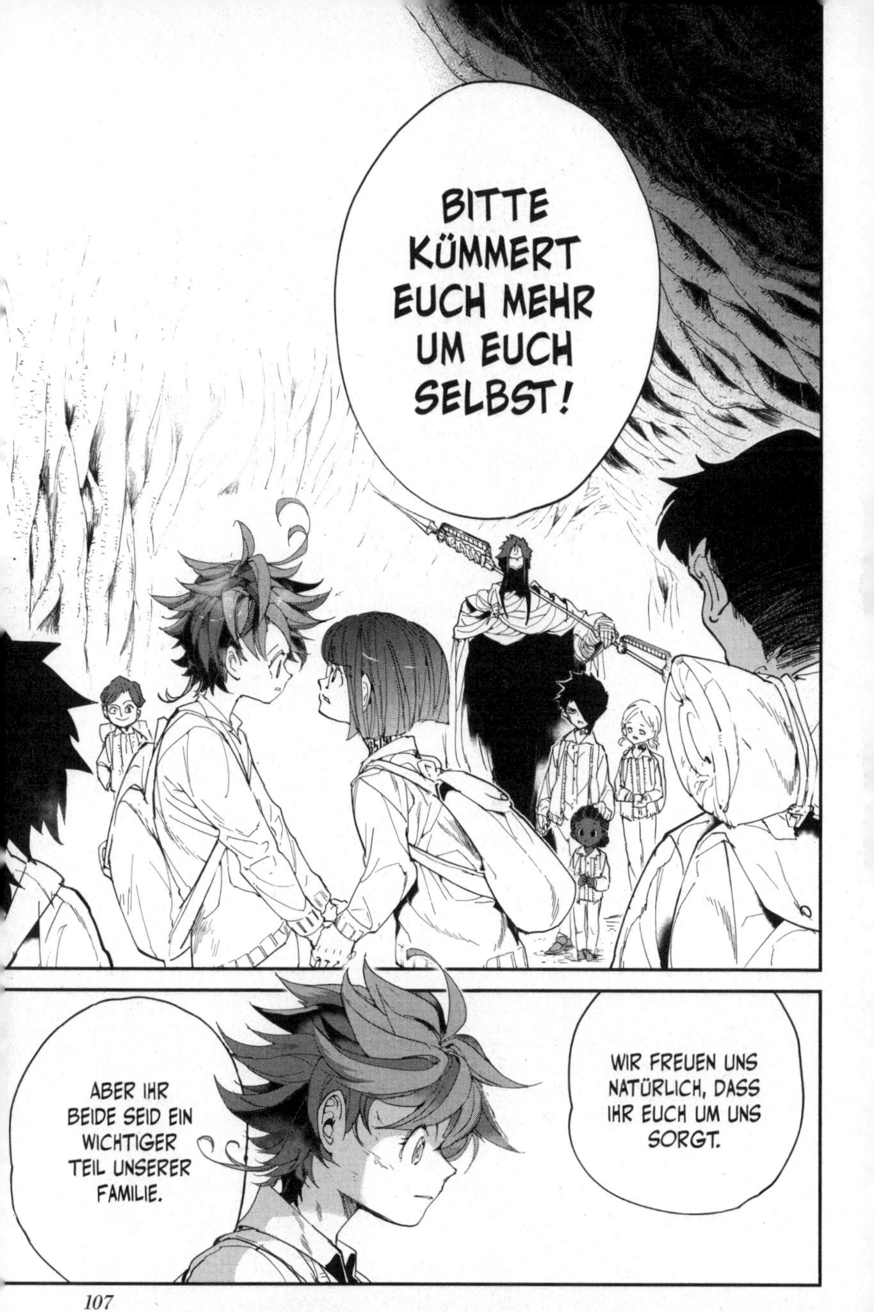
BITTE KÜMMERT EUCH MEHR UM EUCH SELBST!
WIR FREUEN UNS NATÜRLICH, DASS IHR EUCH UM UNS SORGT.
ABER IHR BEIDE SEID EIN WICHTIGER TEIL UNSERER FAMILIE.

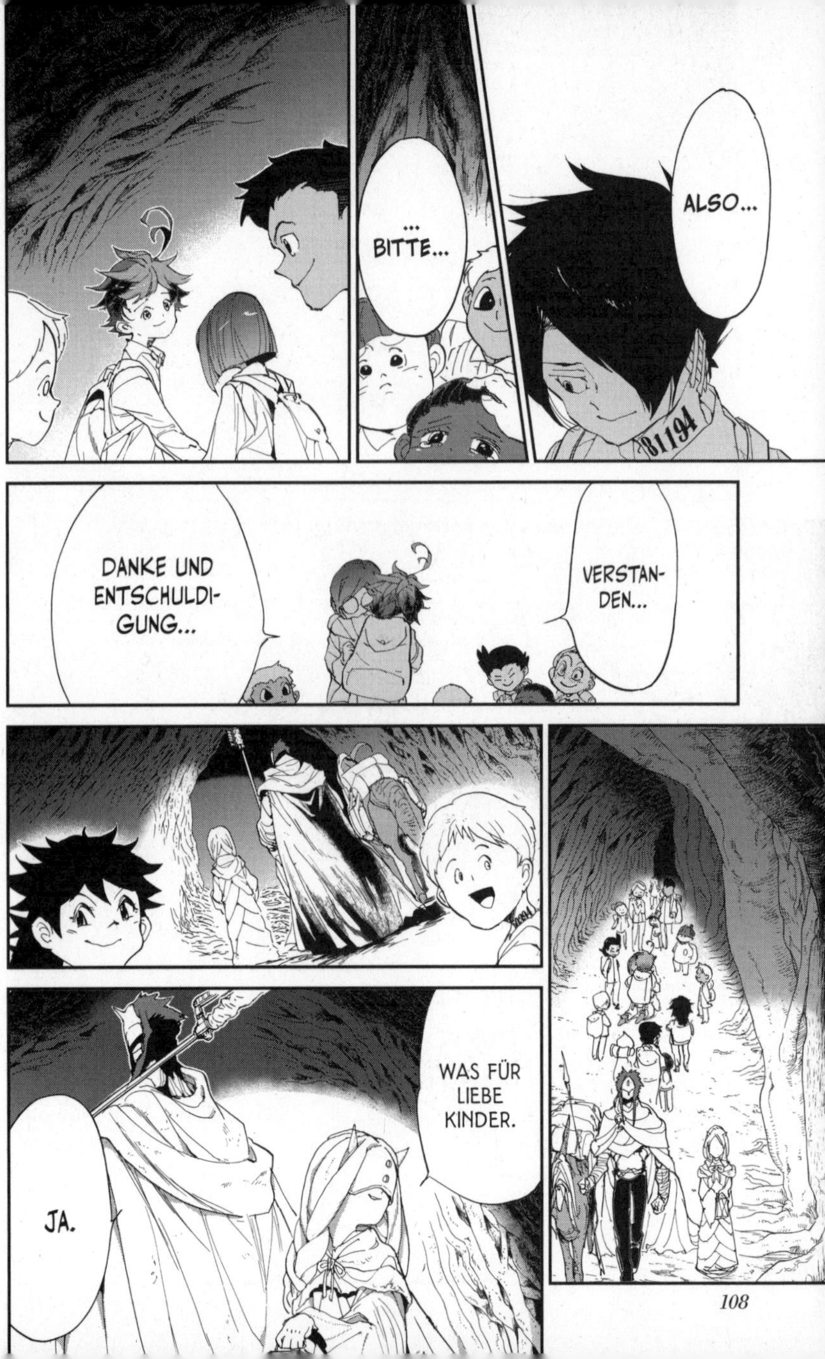
ALSO...
... BITTE...
VERSTANDEN...
DANKE UND ENTSCHULDIGUNG...
WAS FÜR LIEBE KINDER.
JA.

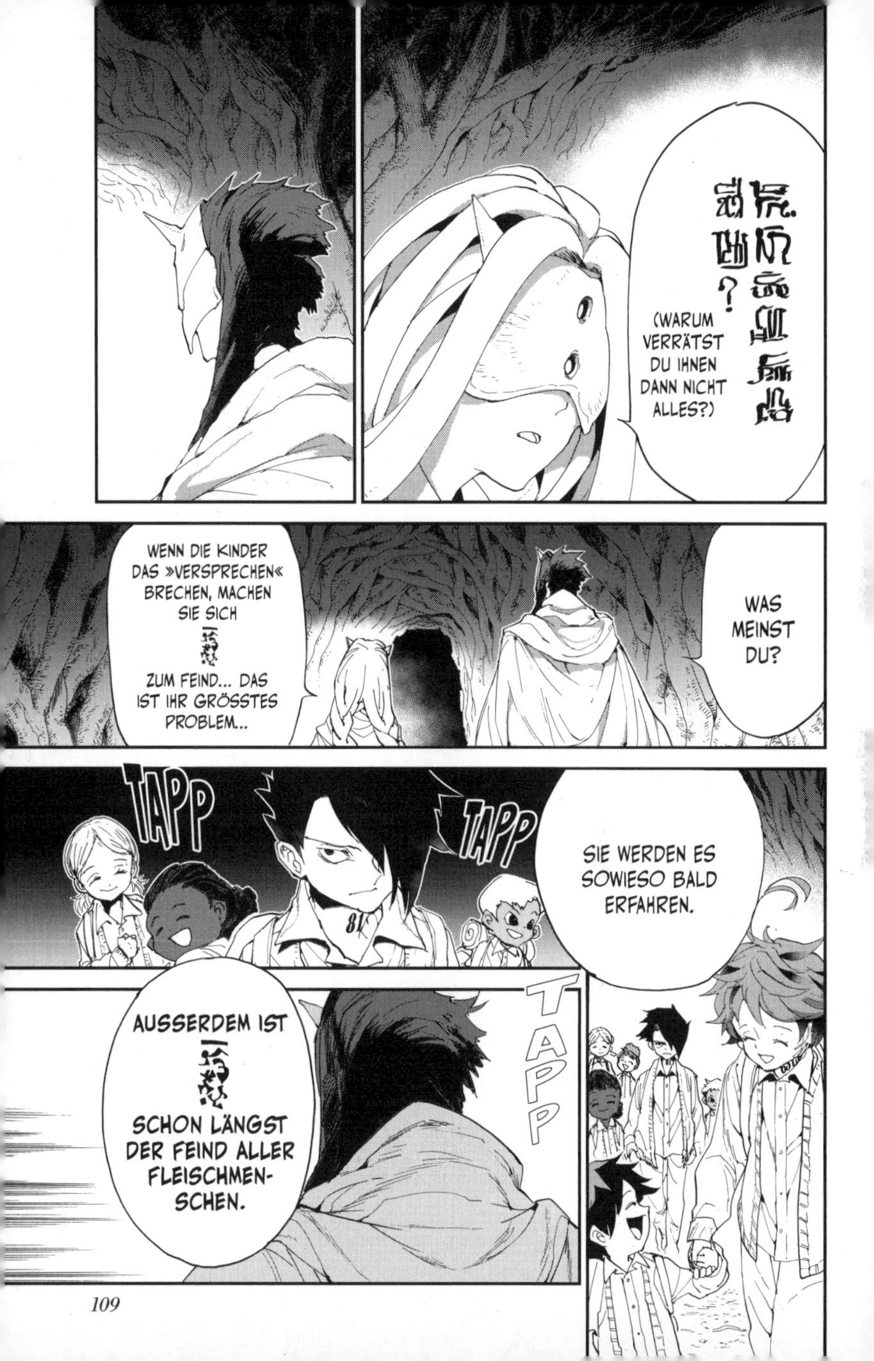
(WARUM VERRÄTST DU IHNEN DANN NICHT ALLES?)
WAS MEINST DU?
WENN DIE KINDER DAS »VERSPRECHEN« BRECHEN, MACHEN SIE SICH ZUM FEIND... DAS IST IHR GRÖSSTES PROBLEM...
SIE WERDEN ES SOWIESO BALD ERFAHREN.
TAPP
TAPP
TAPP
AUSSERDEM IST SCHON LÄNGST DER FEIND ALLER FLEISCHMENSCHEN.

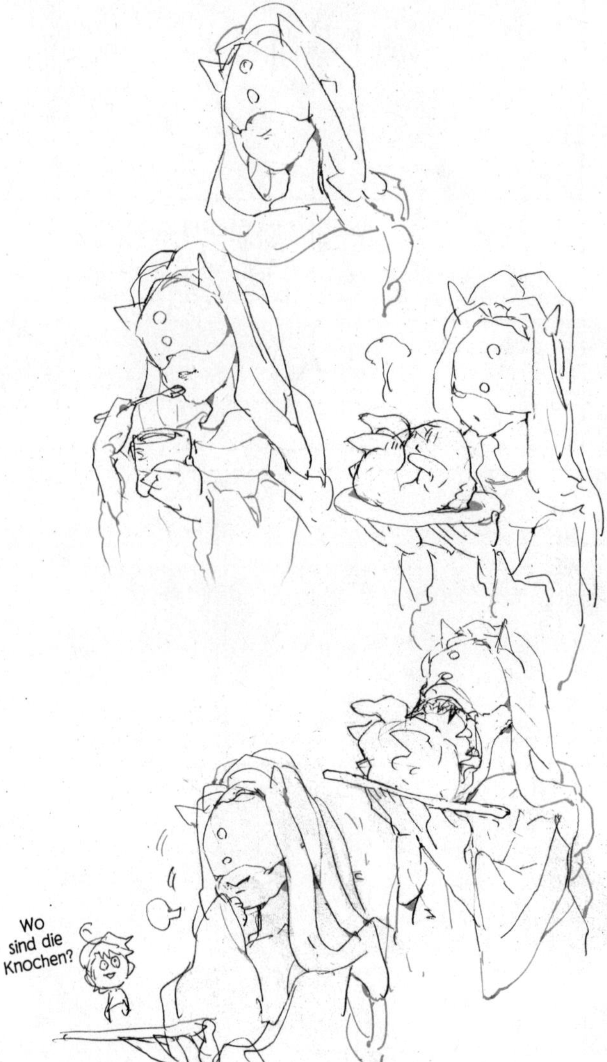
Wo sind die Knochen?

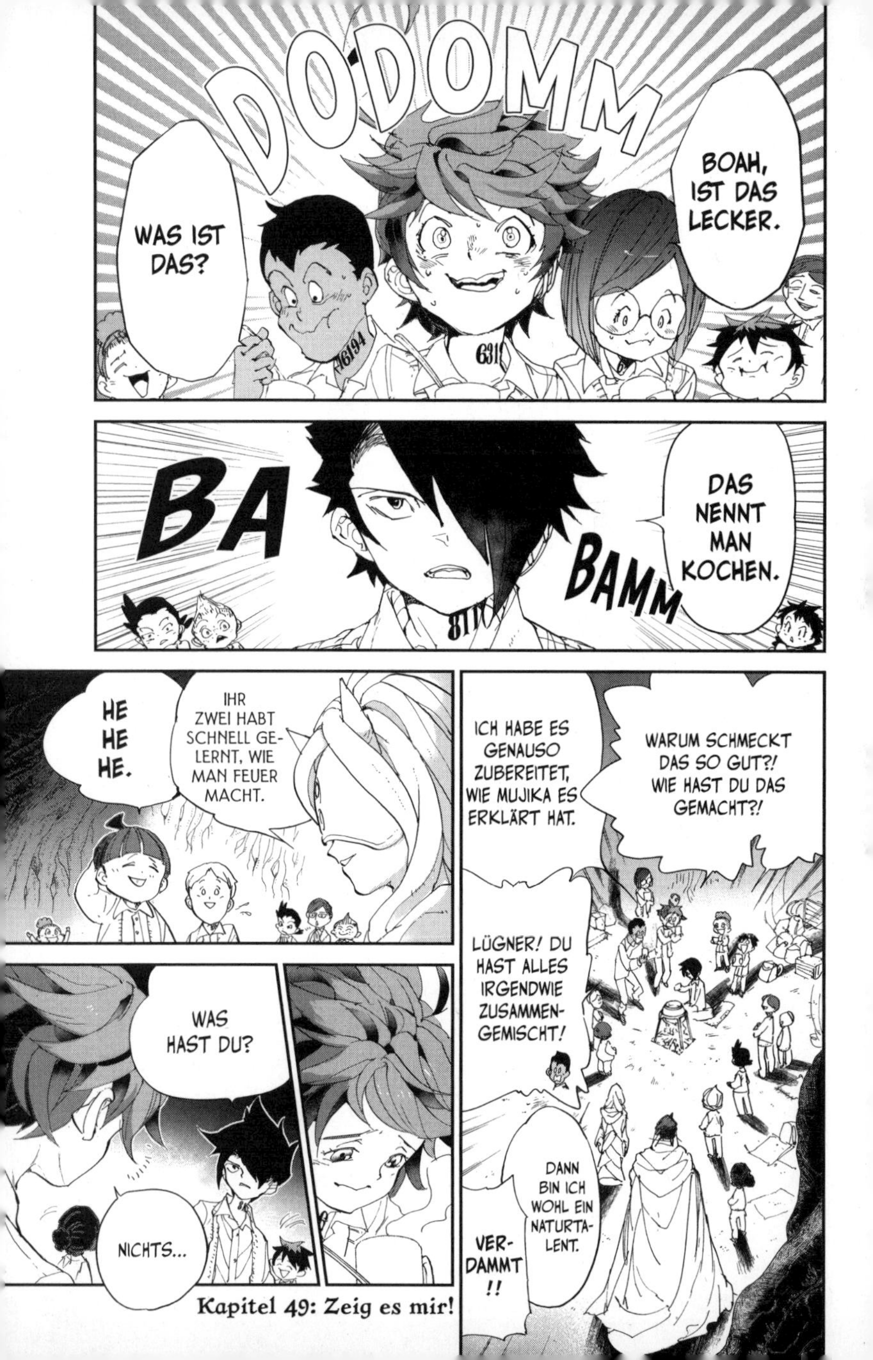

Kapitel 49: Zeig es mir!

Kapitel 49: Zeig es mir!

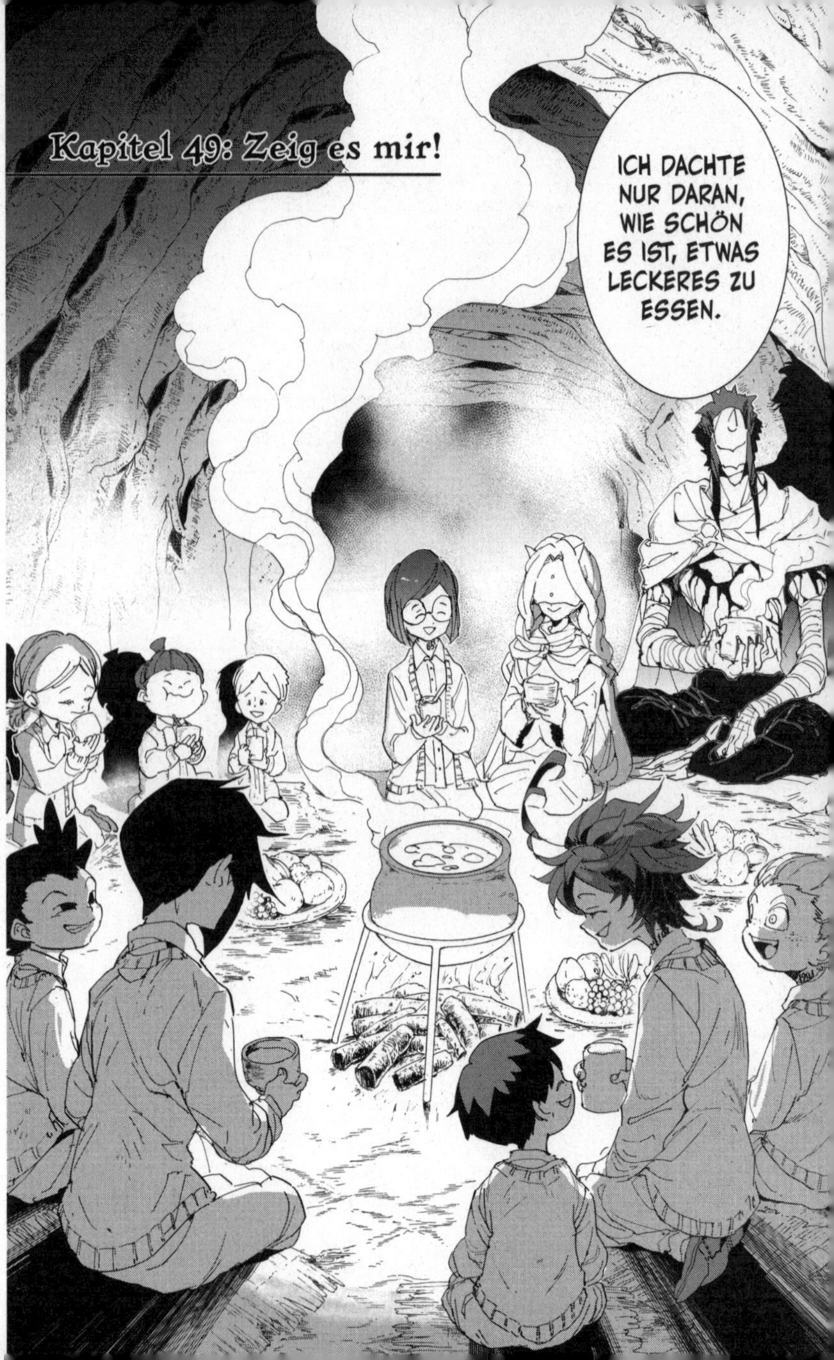

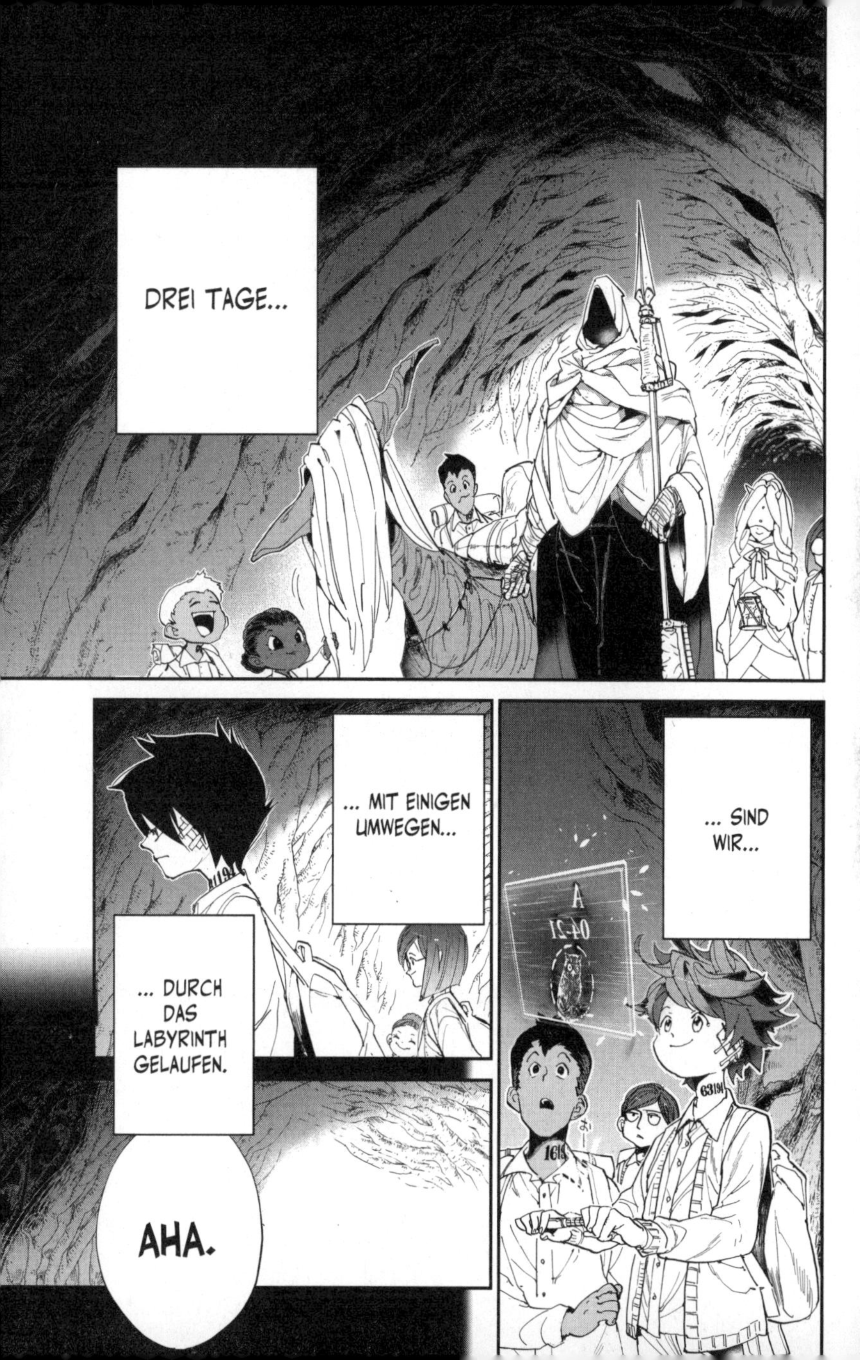
DREI TAGE...
... SIND WIR...
... MIT EINIGEN UMWEGEN...
... DURCH DAS LABYRINTH GELAUFEN.
AHA.

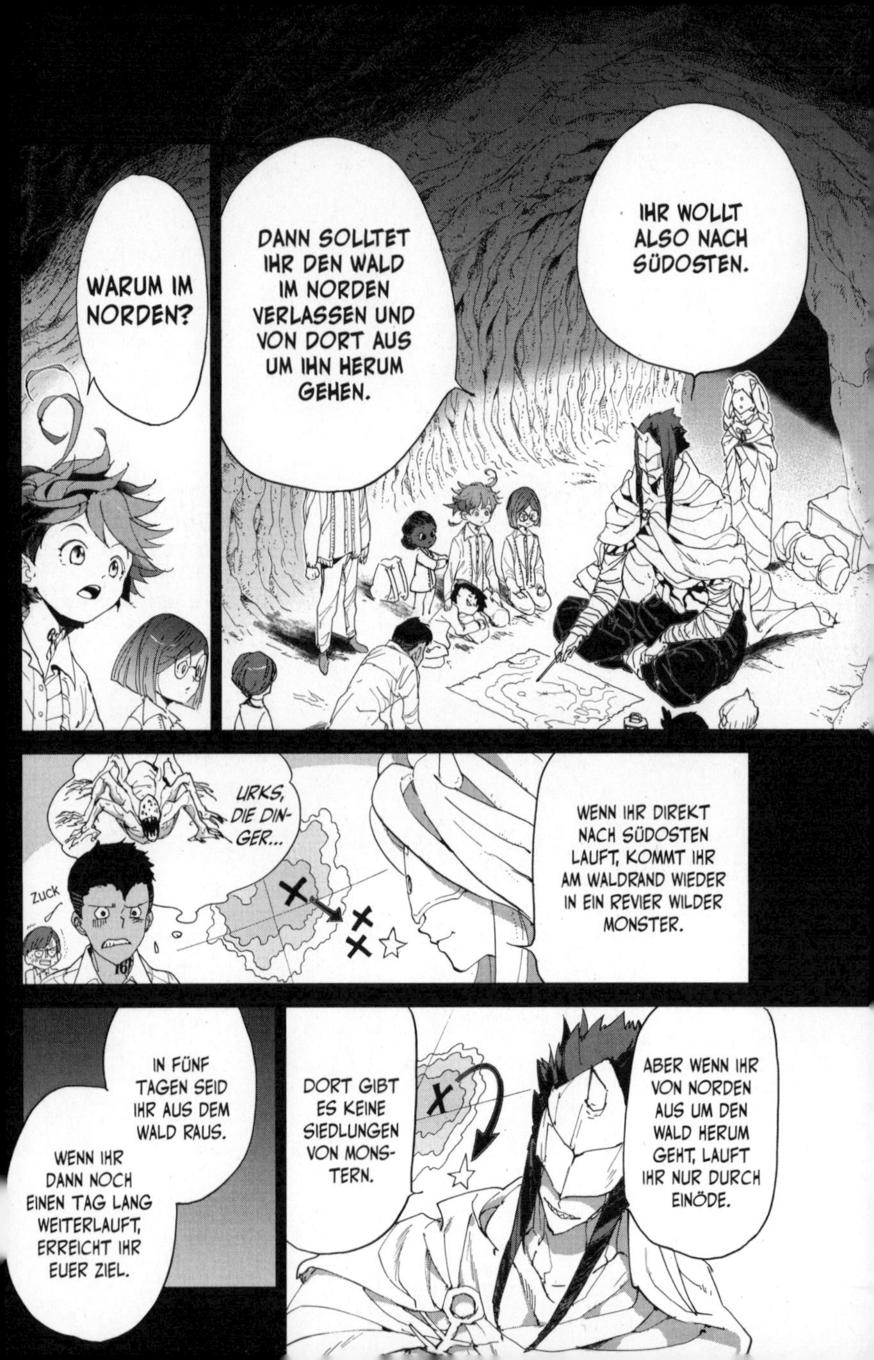
IHR WOLLT ALSO NACH SÜDOSTEN.
DANN SOLLTET IHR DEN WALD IM NORDEN VERLASSEN UND VON DORT AUS UM IHN HERUM GEHEN.
WARUM IM NORDEN?
WENN IHR DIREKT NACH SÜDOSTEN LAUFT, KOMMT IHR AM WALDRAND WIEDER IN EIN REVIER WILDER MONSTER.
URKS, DIE DINGER...
ZUCK
ABER WENN IHR VON NORDEN AUS UM DEN WALD HERUM GEHT, LAUFT IHR NUR DURCH EINÖDE.
DORT GIBT ES KEINE SIEDLUNGEN VON MONSTERN.
IN FÜNF TAGEN SEID IHR AUS DEM WALD RAUS.
WENN IHR DANN NOCH EINEN TAG LANG WEITERLAUFT, ERREICHT IHR EUER ZIEL.

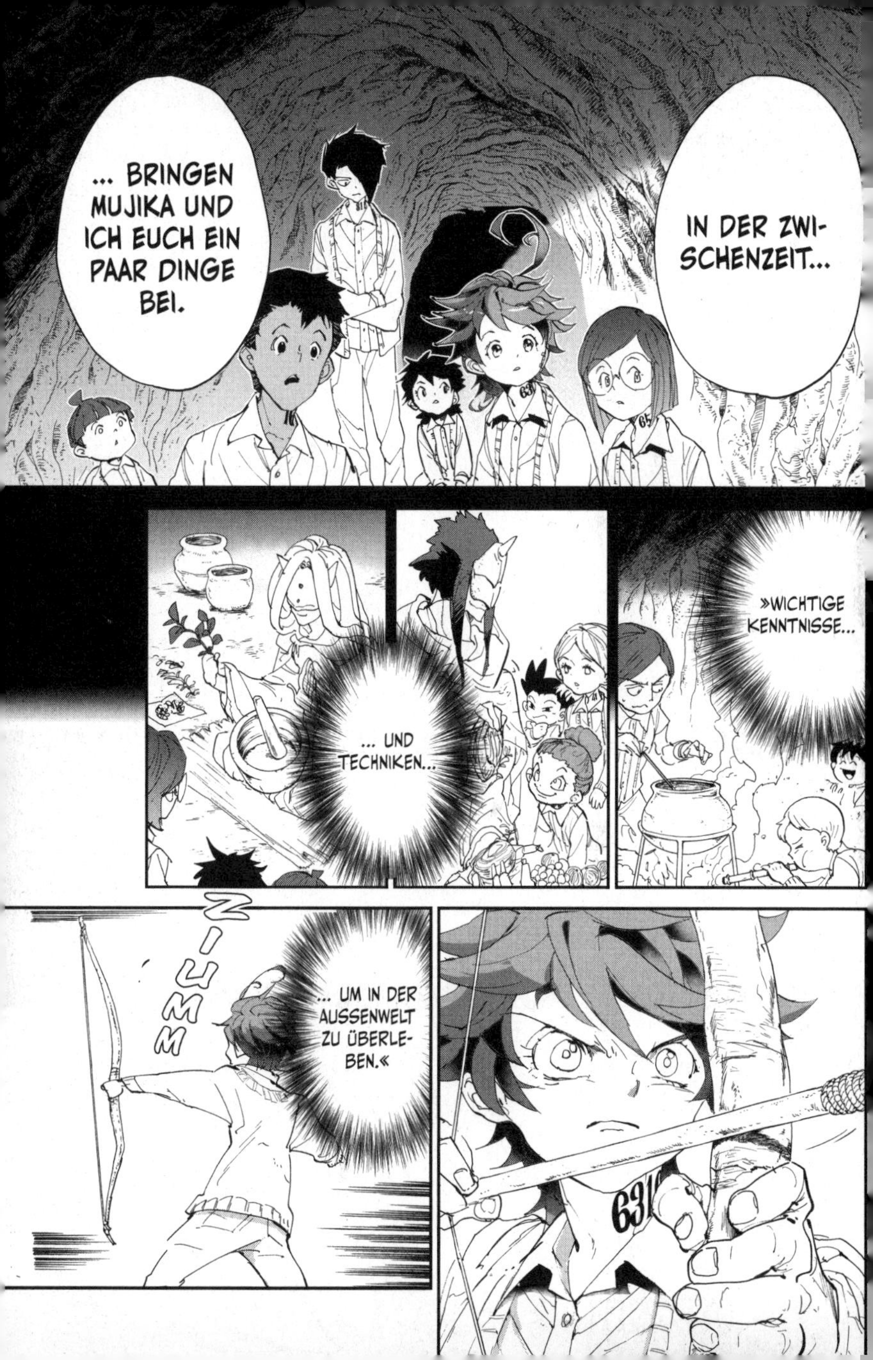
IN DER ZWI-
SCHENZEIT...
... BRINGEN MUJIKA UND ICH EUCH EIN PAAR DINGE BEI.
»WICHTIGE KENNTNISSE...
... UND TECHNIKEN...
ZIUMM
... UM IN DER AUSSENWELT ZU ÜBERLE-
BEN.«

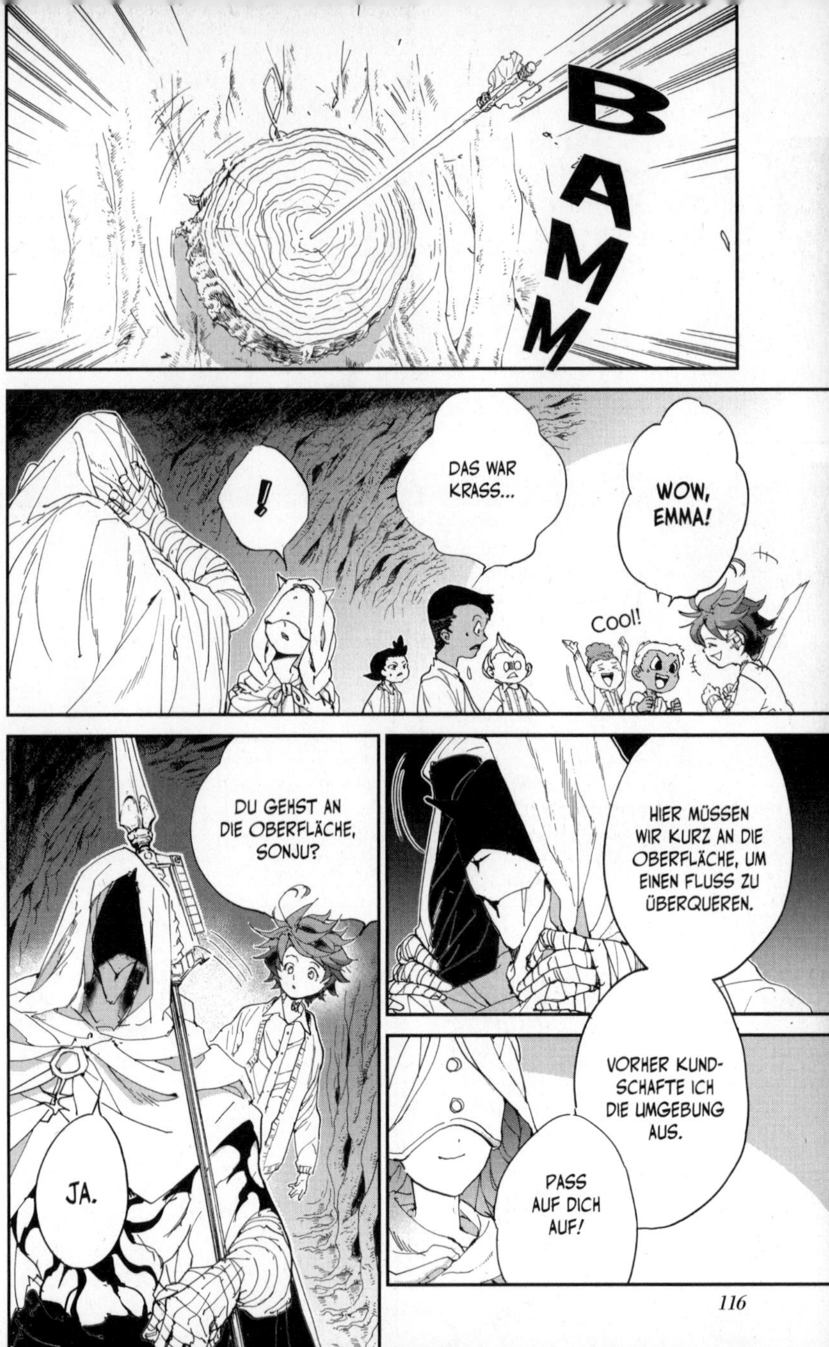
BAMM
WOW, EMMA!
COOL!
DAS WAR KRASS...
!
HIER MÜSSEN WIR KURZ AN DIE OBERFLÄCHE, UM EINEN FLUSS ZU ÜBERQUEREN.
VORHER KUNDSCHAFTE ICH DIE UMGEBUNG AUS.
DU GEHST AN DIE OBERFLÄCHE, SONJU?
JA.
PASS AUF DICH AUF!

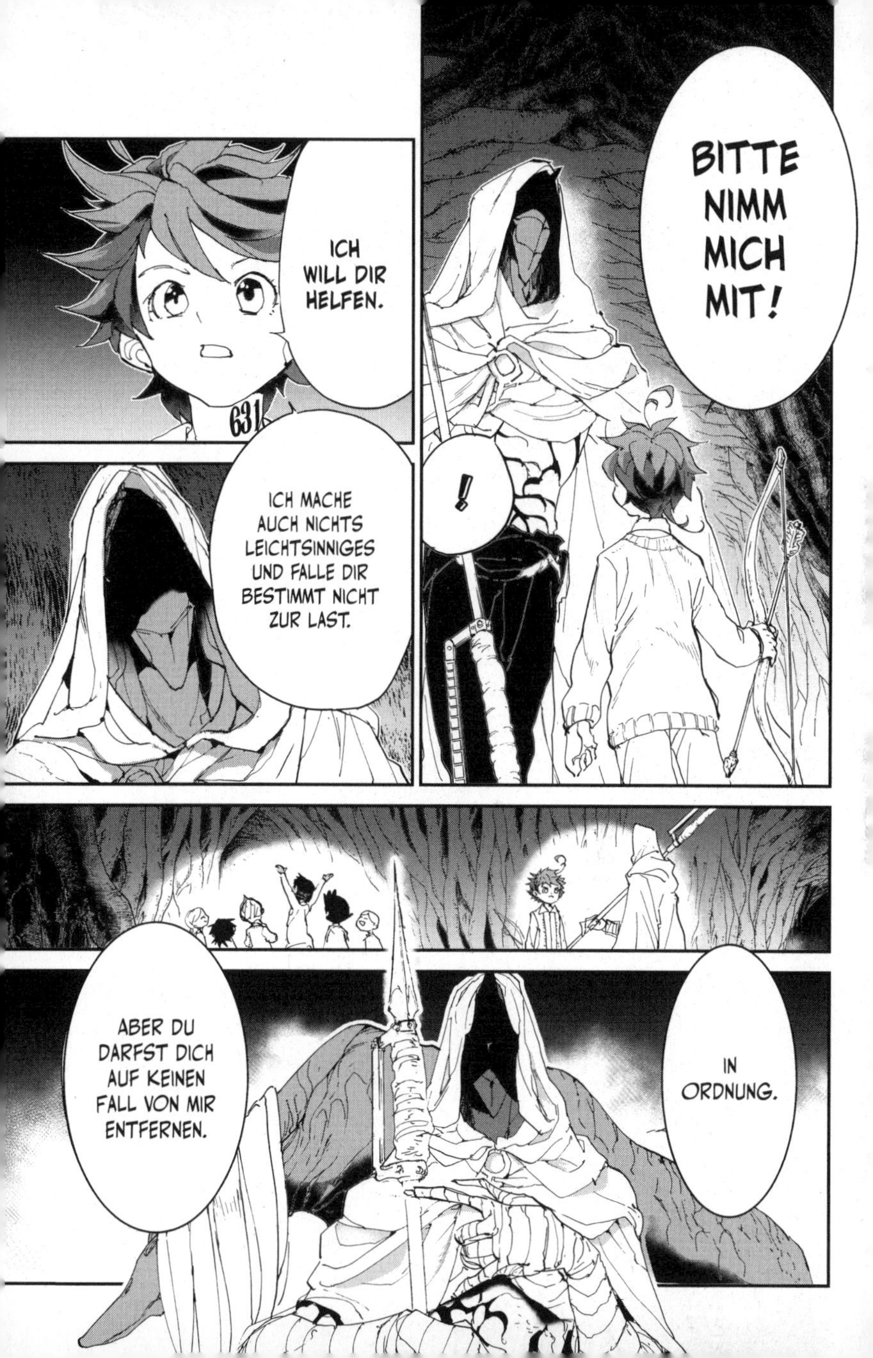
BITTE NIMM MICH MIT!
!
ICH WILL DIR HELFEN.
631
ICH MACHE AUCH NICHTS LEICHTSINNIGES UND FALLE DIR BESTIMMT NICHT ZUR LAST.
IN ORDNUNG.
ABER DU DARFST DICH AUF KEINEN FALL VON MIR ENTFERNEN.

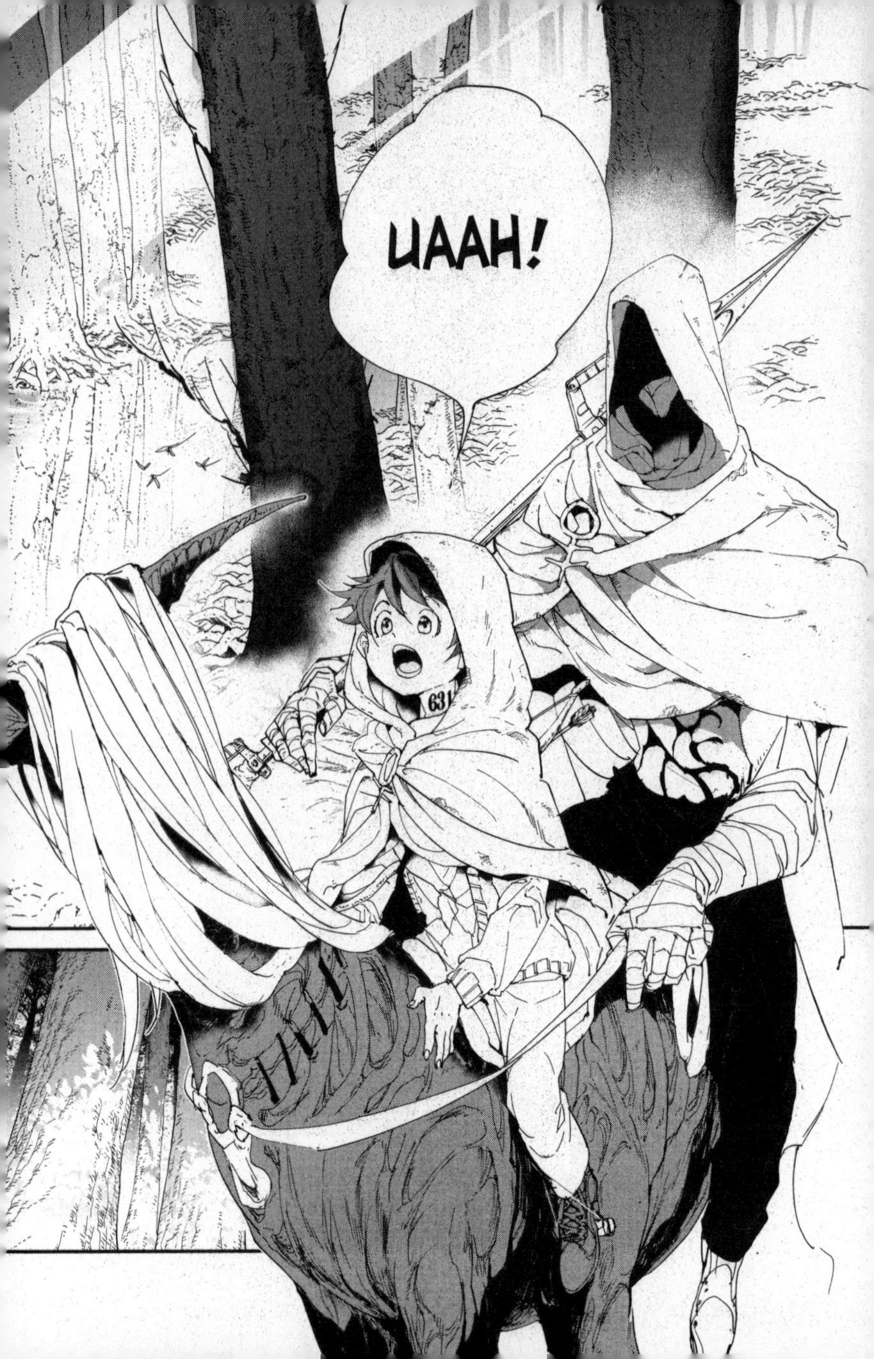
UAAH!

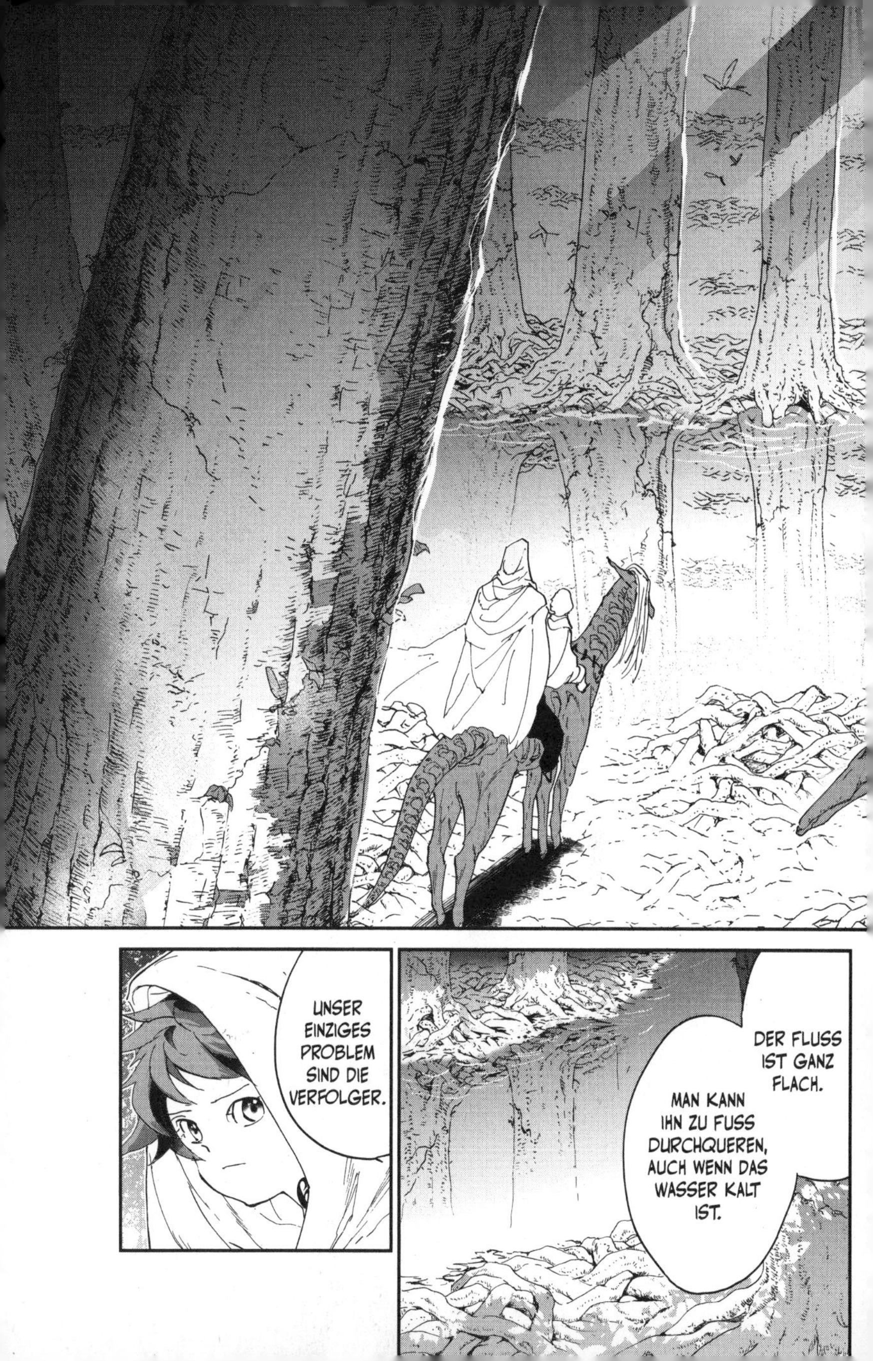
DER FLUSS IST GANZ FLACH.
MAN KANN IHN ZU FUSS DURCHQUEREN, AUCH WENN DAS WASSER KALT IST.
UNSER EINZIGES PROBLEM SIND DIE VERFOLGER.

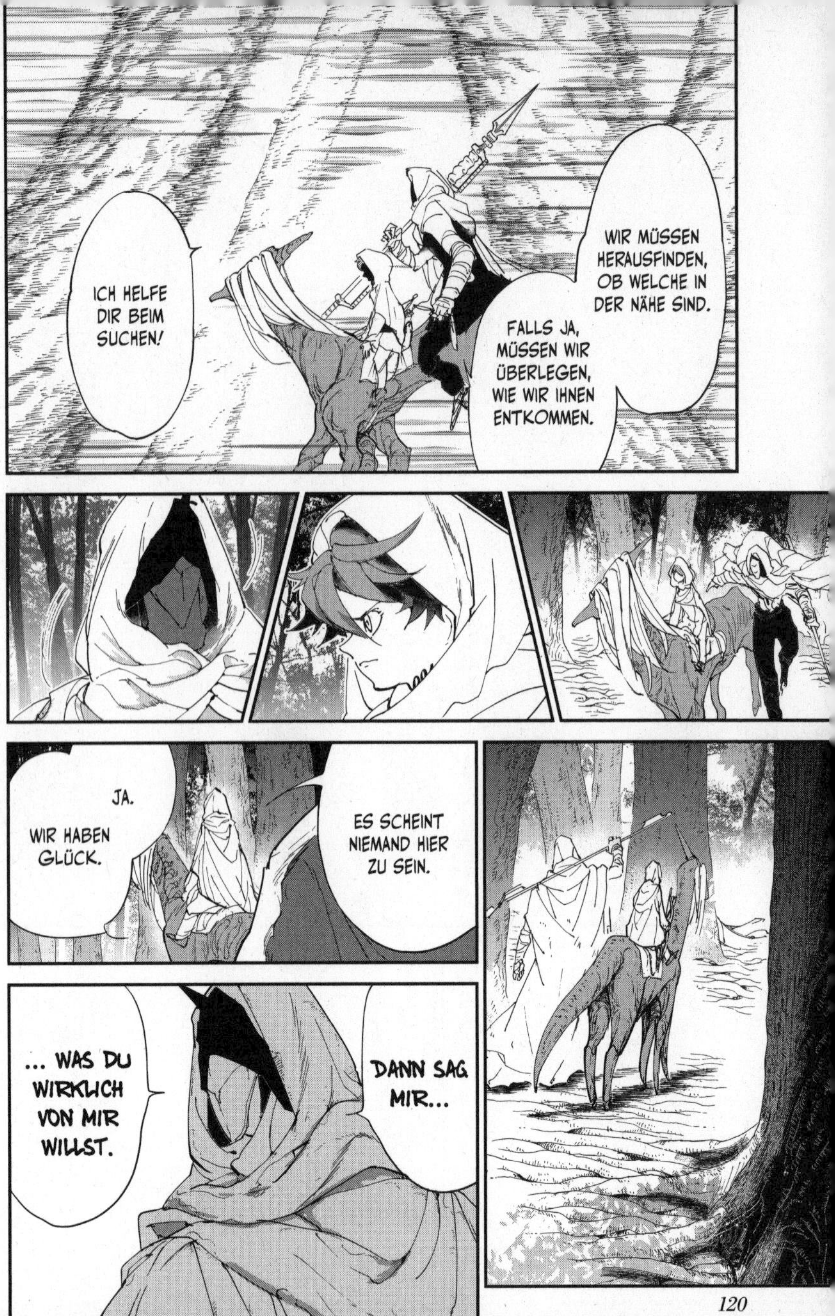
WIR MÜSSEN HERAUSFINDEN, OB WELCHE IN DER NÄHE SIND.
FALLS JA, MÜSSEN WIR ÜBERLEGEN, WIE WIR IHNEN ENTKOMMEN.
ICH HELFE DIR BEIM SUCHEN!
ES SCHEINT NIEMAND HIER ZU SEIN.
JA.
WIR HABEN GLÜCK.
DANN SAG MIR...
... WAS DU WIRKLICH VON MIR WILLST.

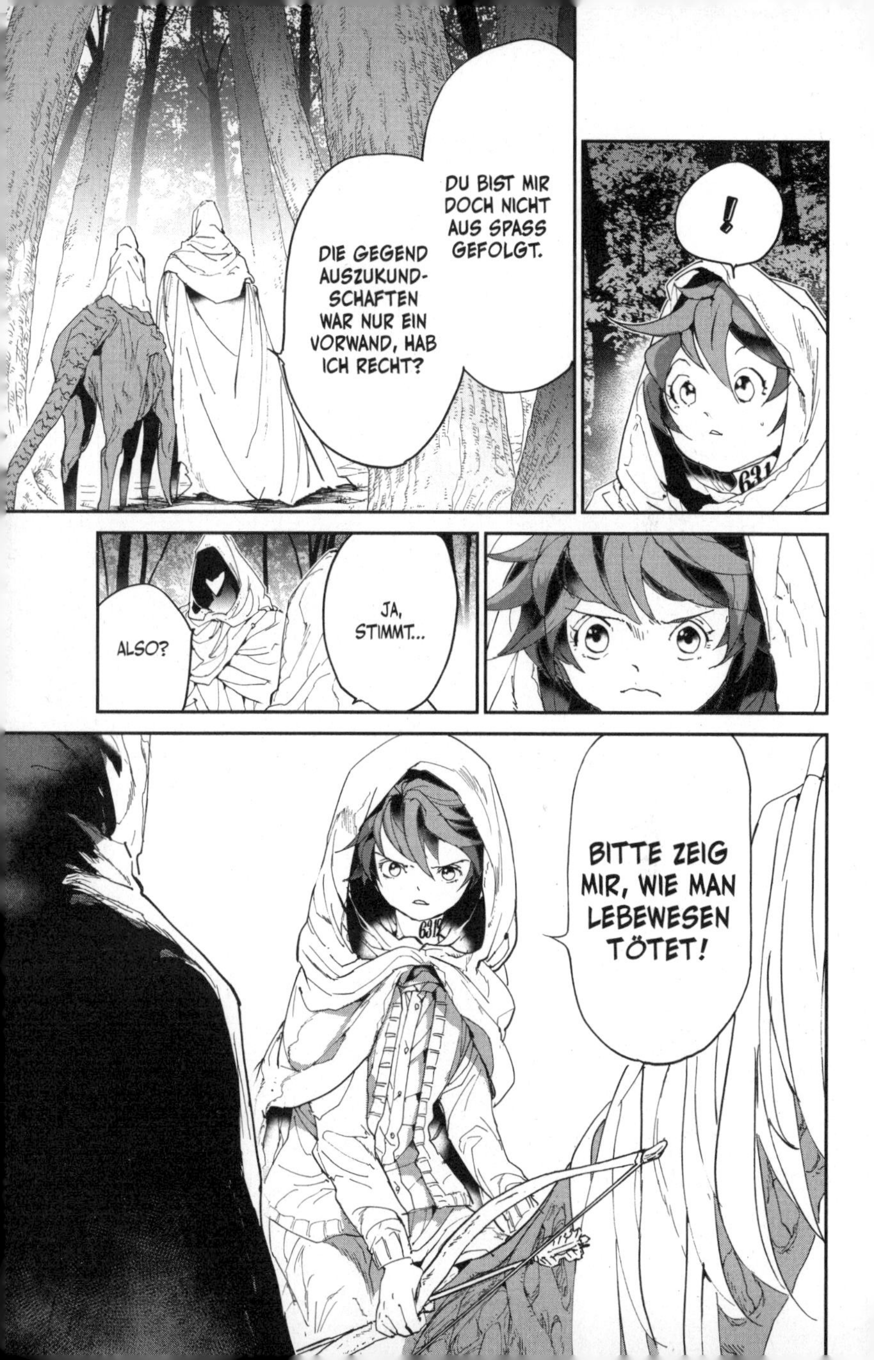
DU BIST MIR DOCH NICHT AUS SPASS GEFOLGT.
DIE GEGEND AUSZUKUND-SCHAFTEN WAR NUR EIN VORWAND, HAB ICH RECHT?
!
JA, STIMMT...
ALSO?
BITTE ZEIG MIR, WIE MAN LEBEWESEN TÖTET!

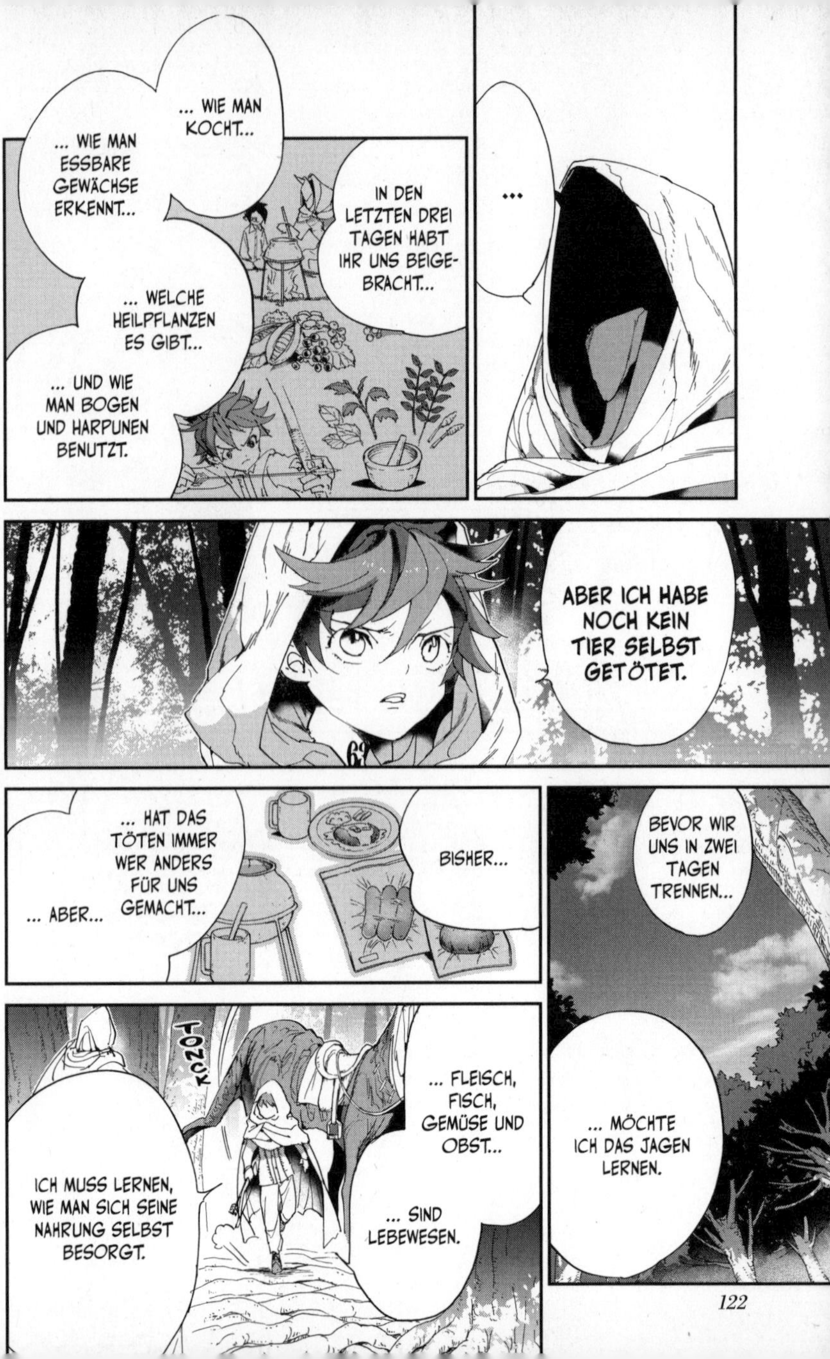
...
IN DEN LETZTEN DREI TAGEN HABT IHR UNS BEIGEBRACHT...
... WIE MAN KOCHT...
... WIE MAN ESSBARE GEWÄCHSE ERKENNT...
... WELCHE HEILPFLANZEN ES GIBT...
... UND WIE MAN BOGEN UND HARPUNEN BENUTZT.
ABER ICH HABE NOCH KEIN TIER SELBST GETÖTET.
BEVOR WIR UNS IN ZWEI TAGEN TRENNEN...
BISHER...
... HAT DAS TÖTEN IMMER WER ANDERS FÜR UNS GEMACHT...
... ABER...
... MÖCHTE ICH DAS JAGEN LERNEN.
... FLEISCH, FISCH, GEMÜSE UND OBST...
... SIND LEBEWESEN.
ICH MUSS LERNEN, WIE MAN SICH SEINE NAHRUNG SELBST BESORGT.
TONCK

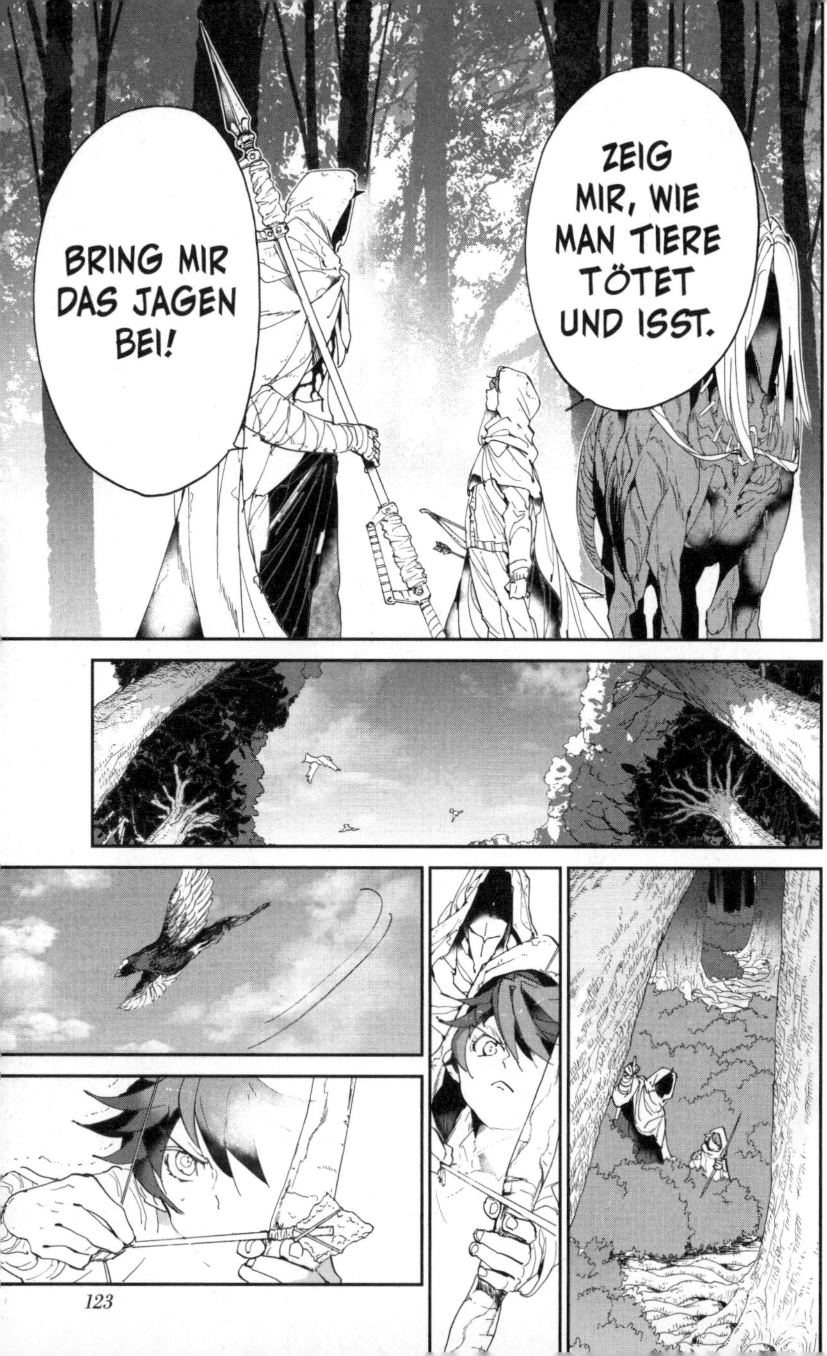
ZEIG MIR, WIE MAN TIERE TÖTET UND ISST.
BRING MIR DAS JAGEN BEI!

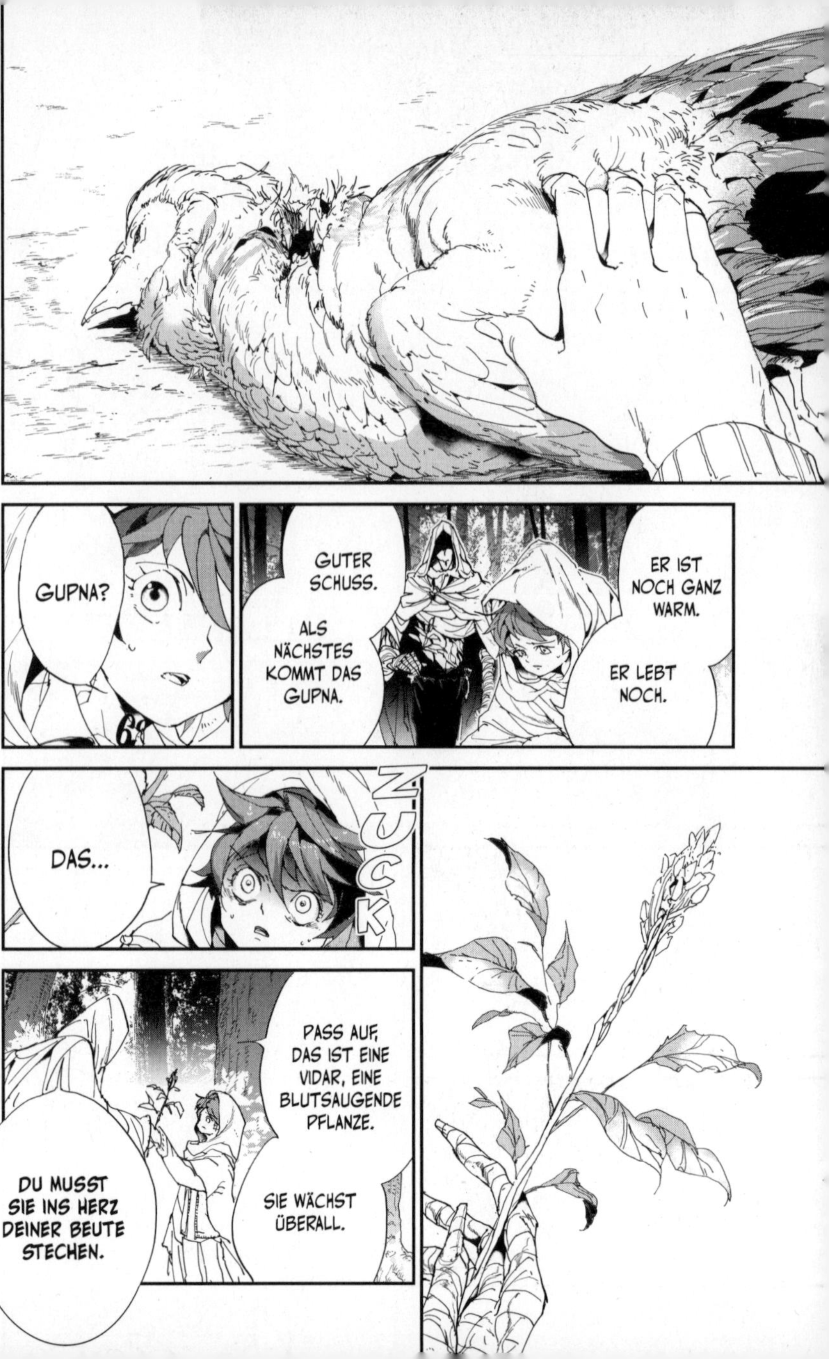
ER IST NOCH GANZ WARM.
ER LEBT NOCH.
GUTER SCHUSS.
ALS NÄCHSTES KOMMT DAS GUPNA.
GUPNA?
ZUCK
DAS...
PASS AUF, DAS IST EINE VIDAR, EINE BLUTSAUGENDE PFLANZE.
SIE WÄCHST ÜBERALL.
DU MUSST SIE INS HERZ DEINER BEUTE STECHEN.

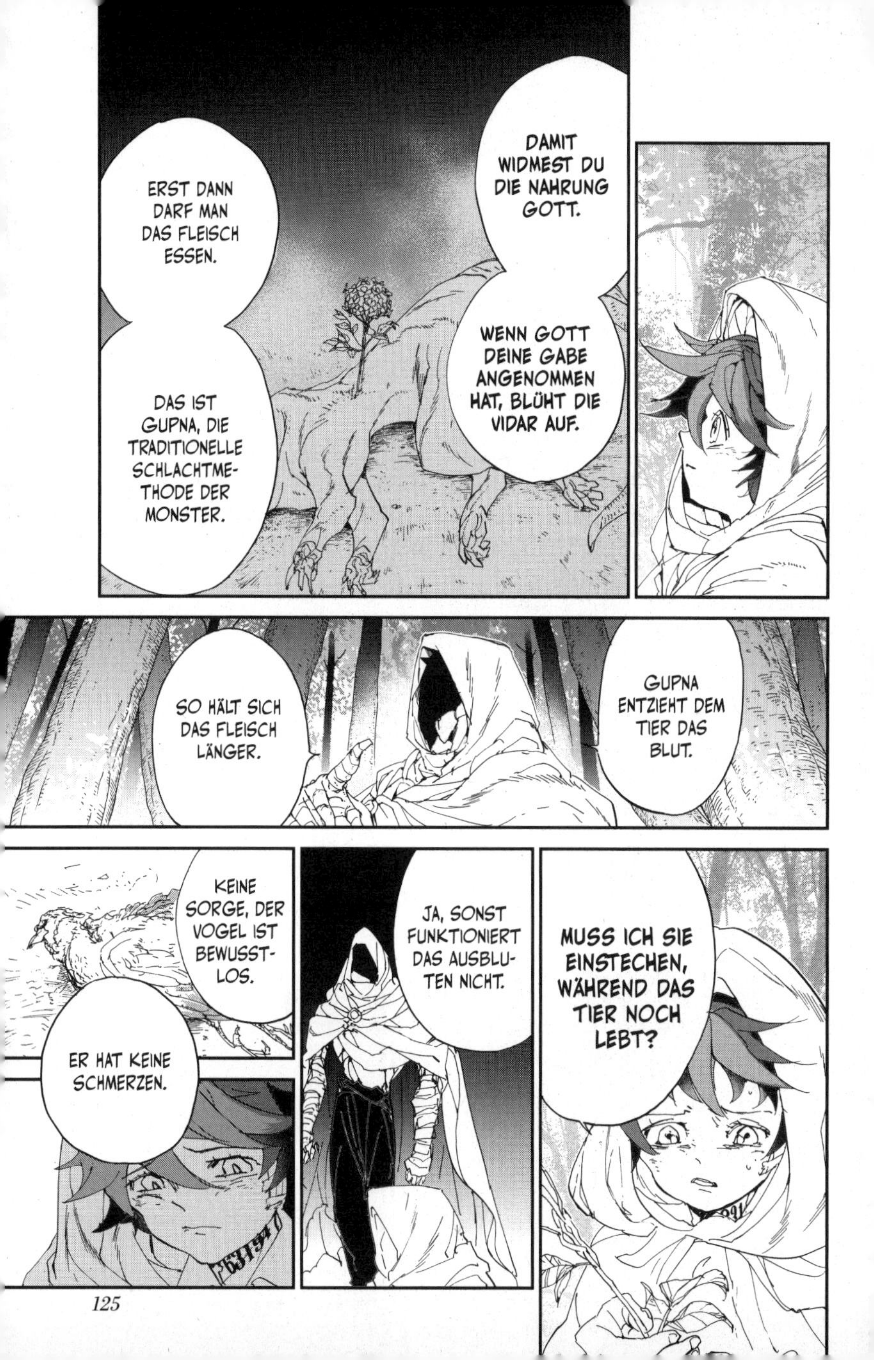
DAMIT WIDMEST DU DIE NAHRUNG GOTT.
WENN GOTT DEINE GABE ANGENOMMEN HAT, BLÜHT DIE VIDAR AUF.
ERST DANN DARF MAN DAS FLEISCH ESSEN.
DAS IST GUPNA, DIE TRADITIONELLE SCHLACHTMETHODE DER MONSTER.
GUPNA ENTZIEHT DEM TIER DAS BLUT.
SO HÄLT SICH DAS FLEISCH LÄNGER.
MUSS ICH SIE EINSTECHEN, WÄHREND DAS TIER NOCH LEBT?
JA, SONST FUNKTIONIERT DAS AUSBLUTEN NICHT.
KEINE SORGE, DER VOGEL IST BEWUSSTLOS.
ER HAT KEINE SCHMERZEN.

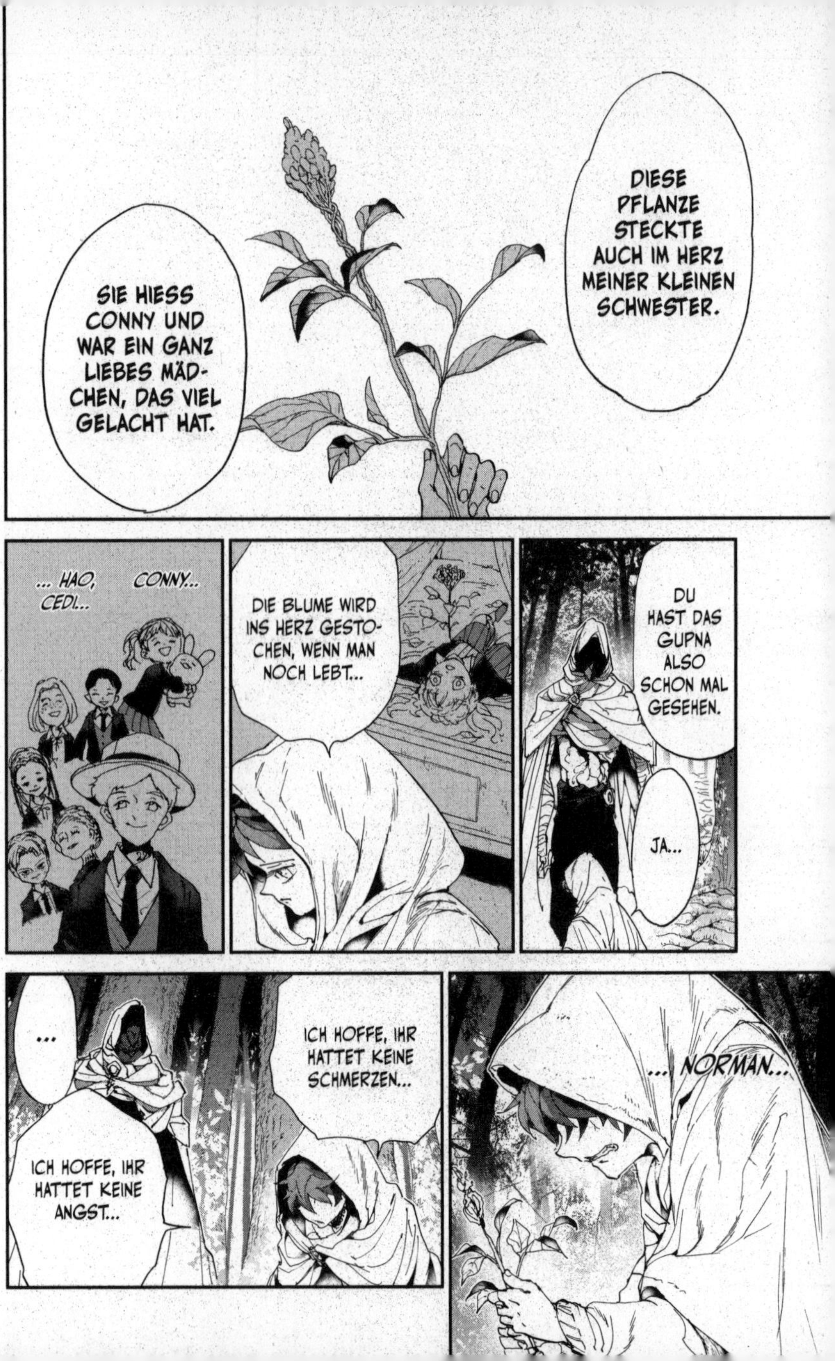
DIESE PFLANZE STECKTE AUCH IM HERZ MEINER KLEINEN SCHWESTER.
SIE HIESS CONNY UND WAR EIN GANZ LIEBES MÄD-CHEN, DAS VIEL GELACHT HAT.
DU HAST DAS GUPNA ALSO SCHON MAL GESEHEN.
JA...
DIE BLUME WIRD INS HERZ GESTO-CHEN, WENN MAN NOCH LEBT...
CONNY...
... HAO, CEDI...
... NORMAN...
ICH HOFFE, IHR HATTET KEINE SCHMERZEN...
...
ICH HOFFE, IHR HATTET KEINE ANGST...

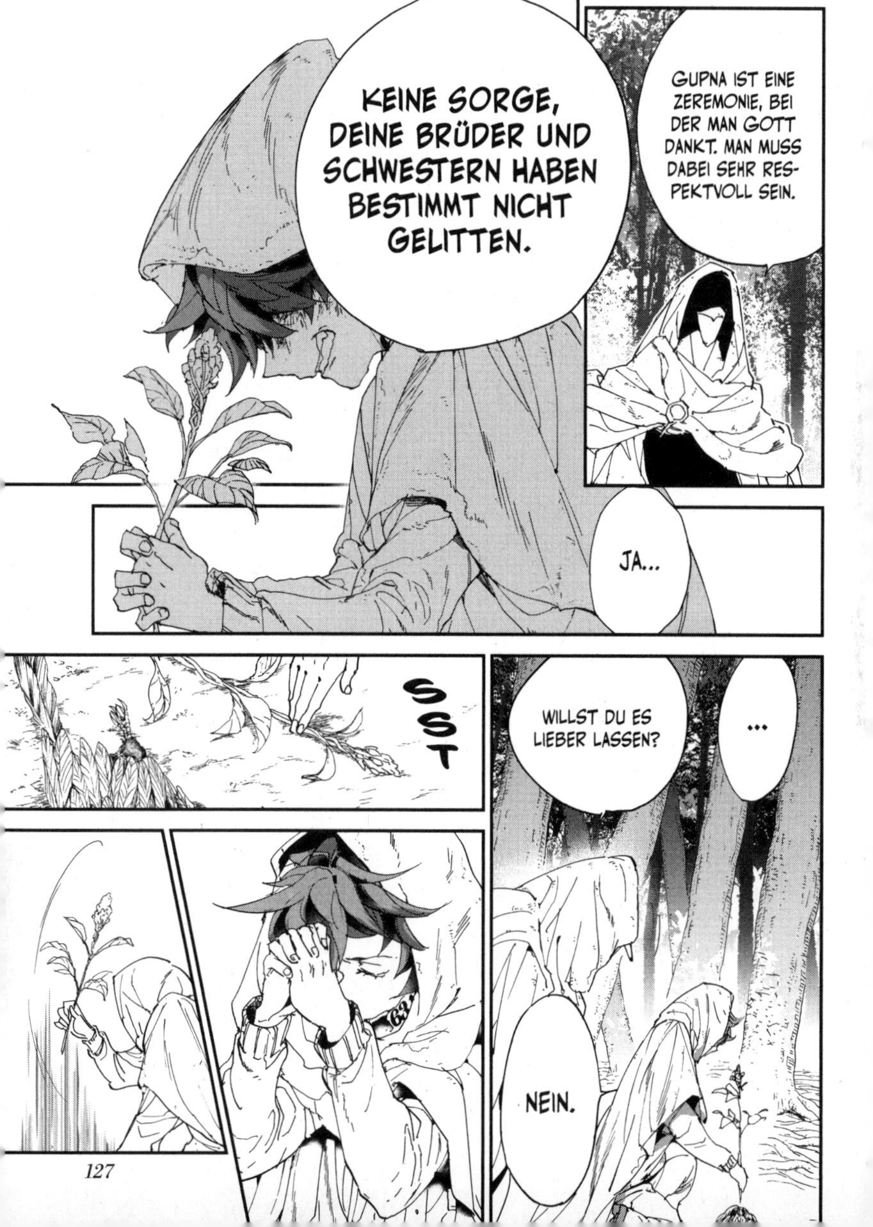
GUPNA IST EINE ZEREMONIE, BEI DER MAN GOTT DANKT. MAN MUSS DABEI SEHR RES-PEKTVOLL SEIN.
KEINE SORGE, DEINE BRÜDER UND SCHWESTERN HABEN BESTIMMT NICHT GELITTEN.
JA...
SST
...
WILLST DU ES LIEBER LASSEN?
NEIN.

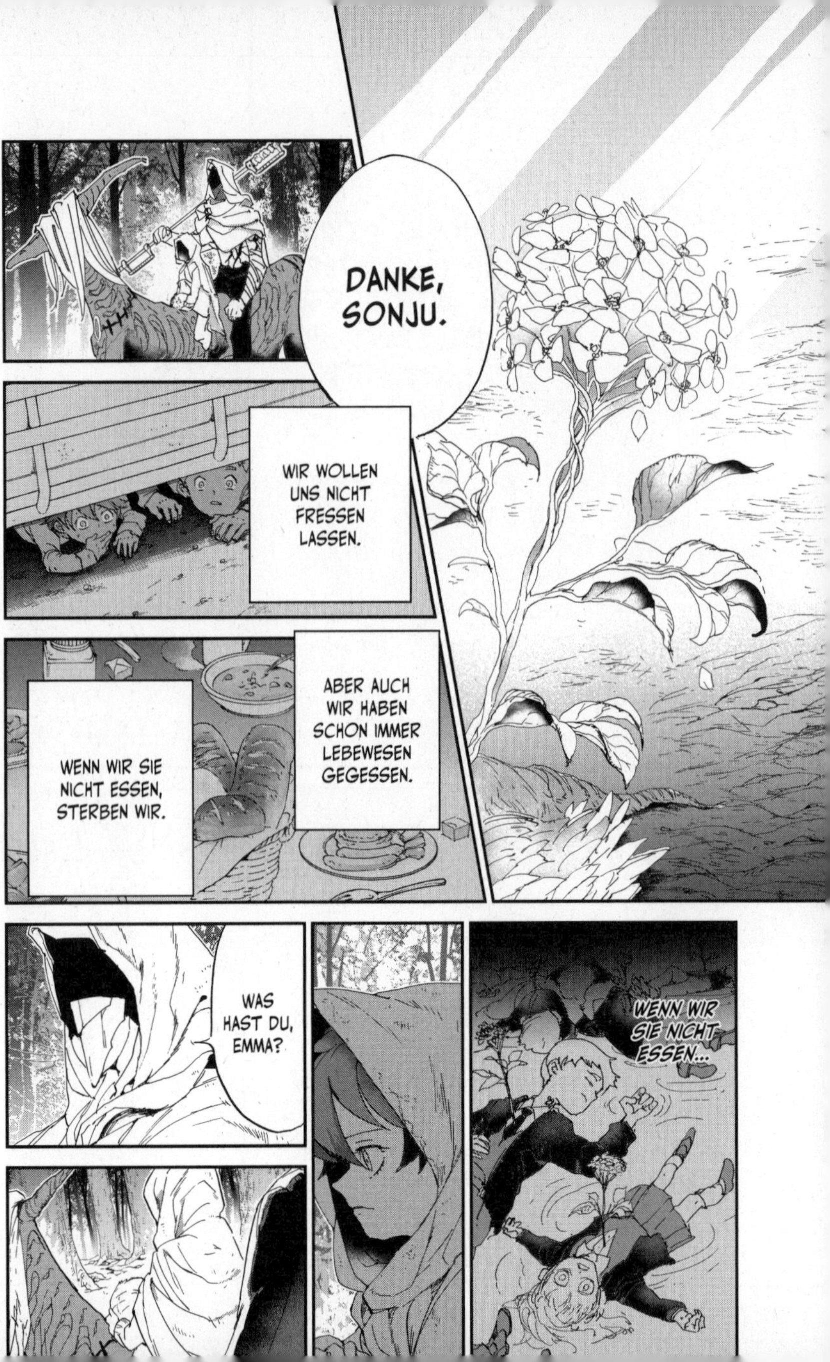
DANKE, SONJU.
WIR WOLLEN UNS NICHT FRESSEN LASSEN.
ABER AUCH WIR HABEN SCHON IMMER LEBEWESEN GEGESSEN.
WENN WIR SIE NICHT ESSEN, STERBEN WIR.
WENN WIR SIE NICHT ESSEN...
WAS HAST DU, EMMA?

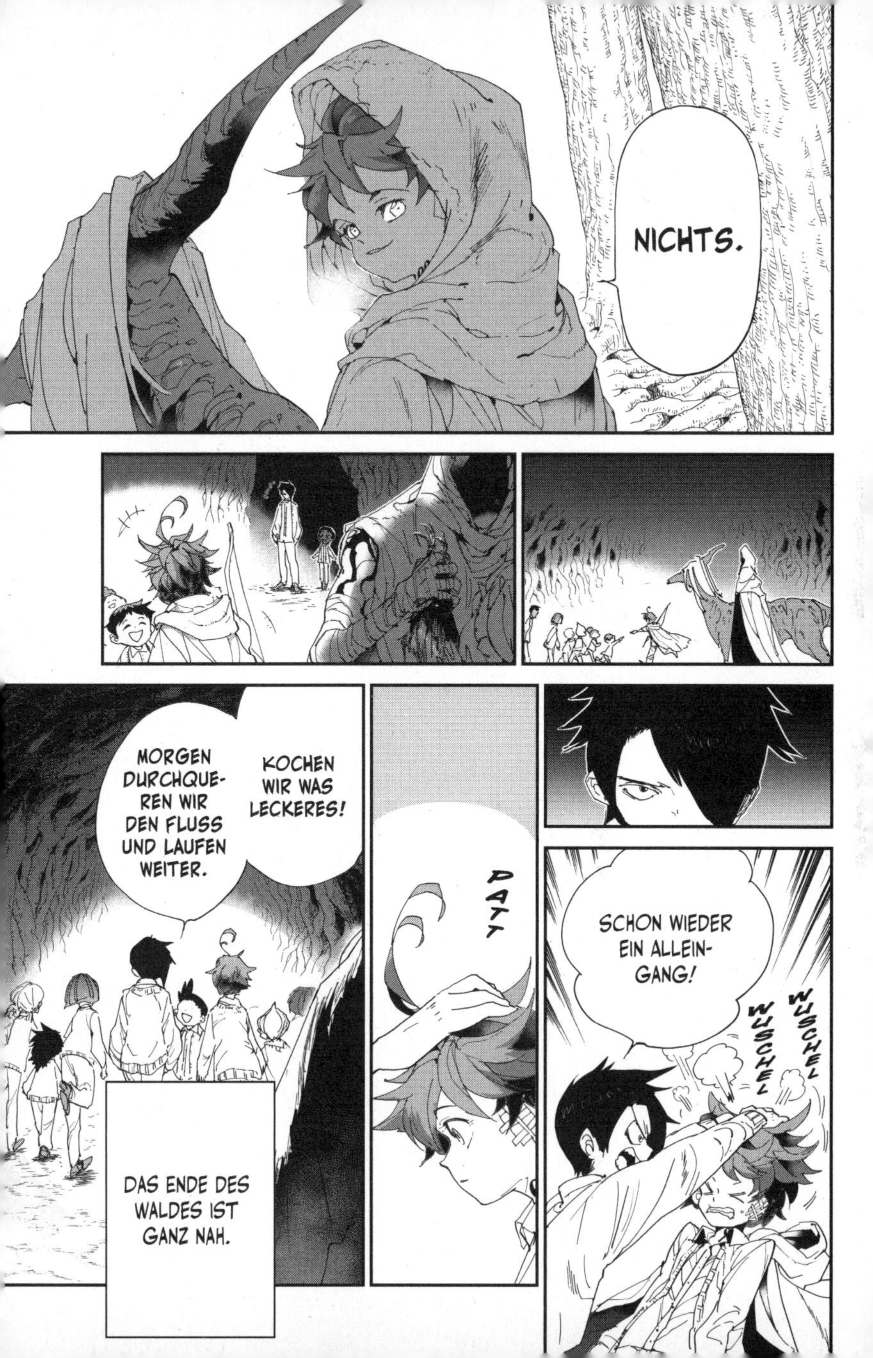
NICHTS.
KOCHEN WIR WAS LECKERES!
MORGEN DURCHQUEREN WIR DEN FLUSS UND LAUFEN WEITER.
DAS ENDE DES WALDES IST GANZ NAH.
SCHON WIEDER EIN ALLEINGANG!
WUSCHEL WUSCHEL
PATT

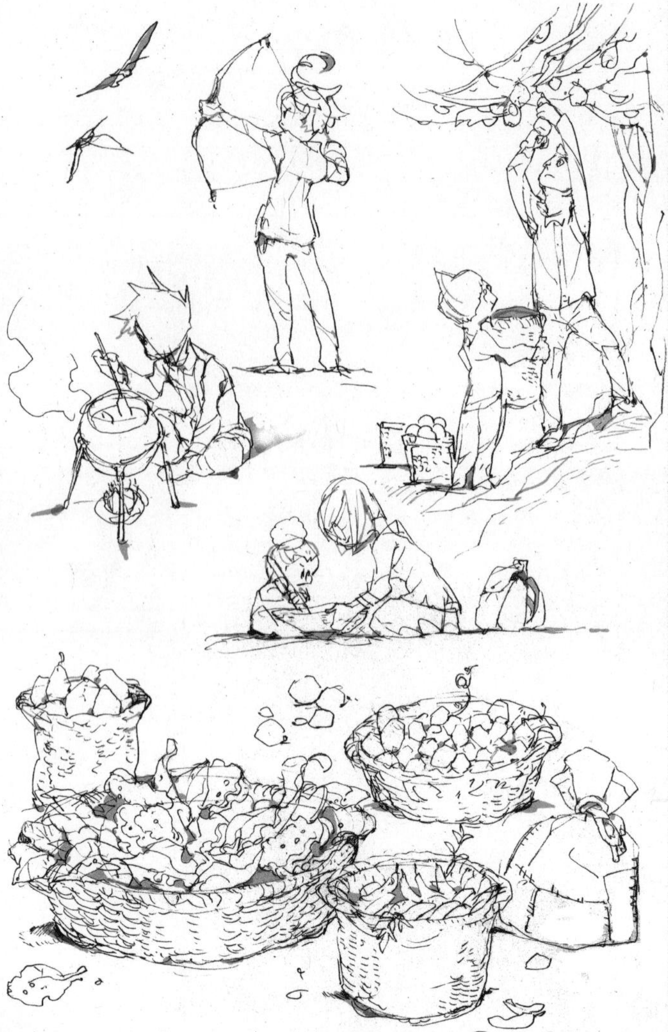

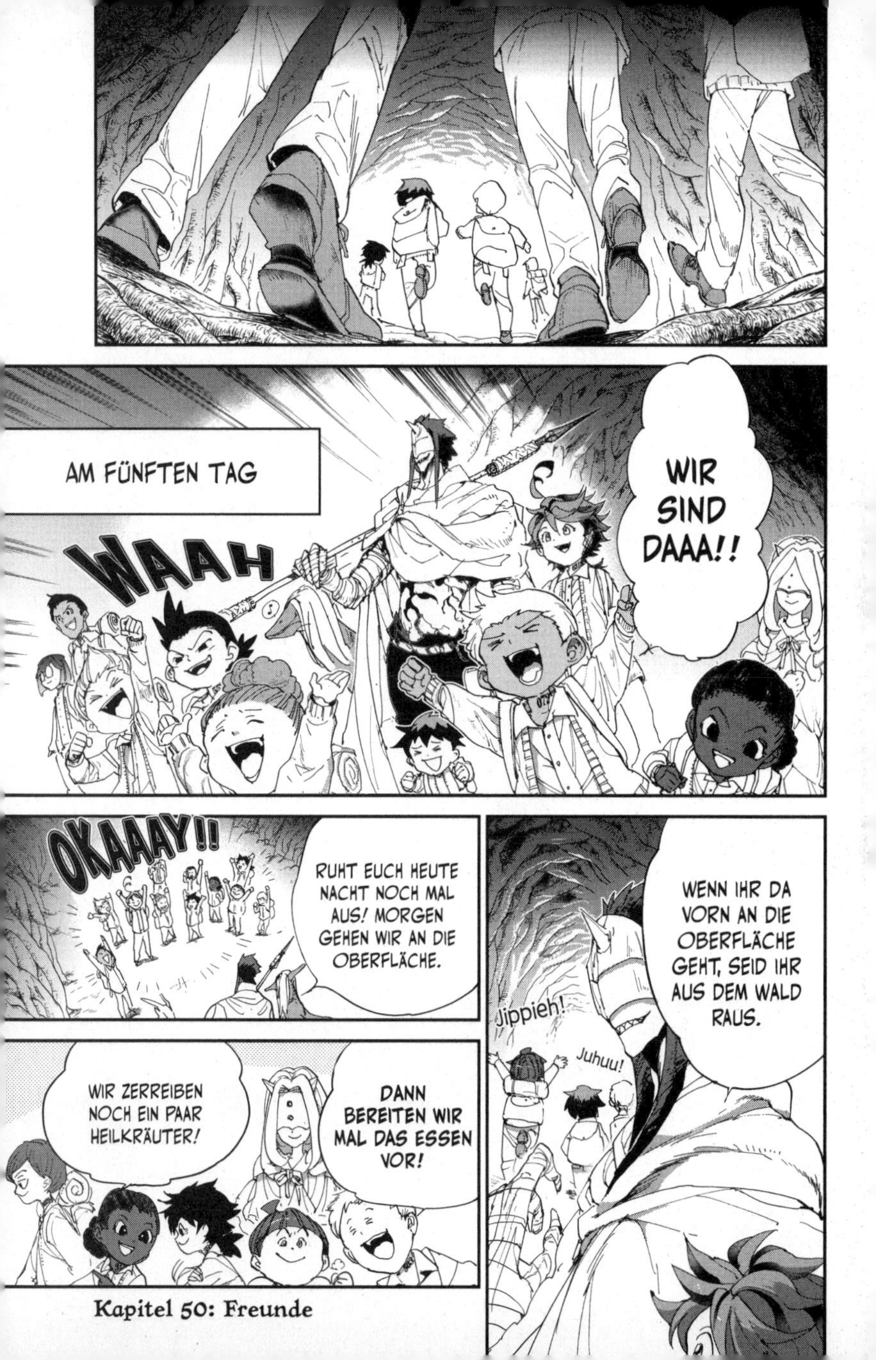

Kapitel 50: Freunde

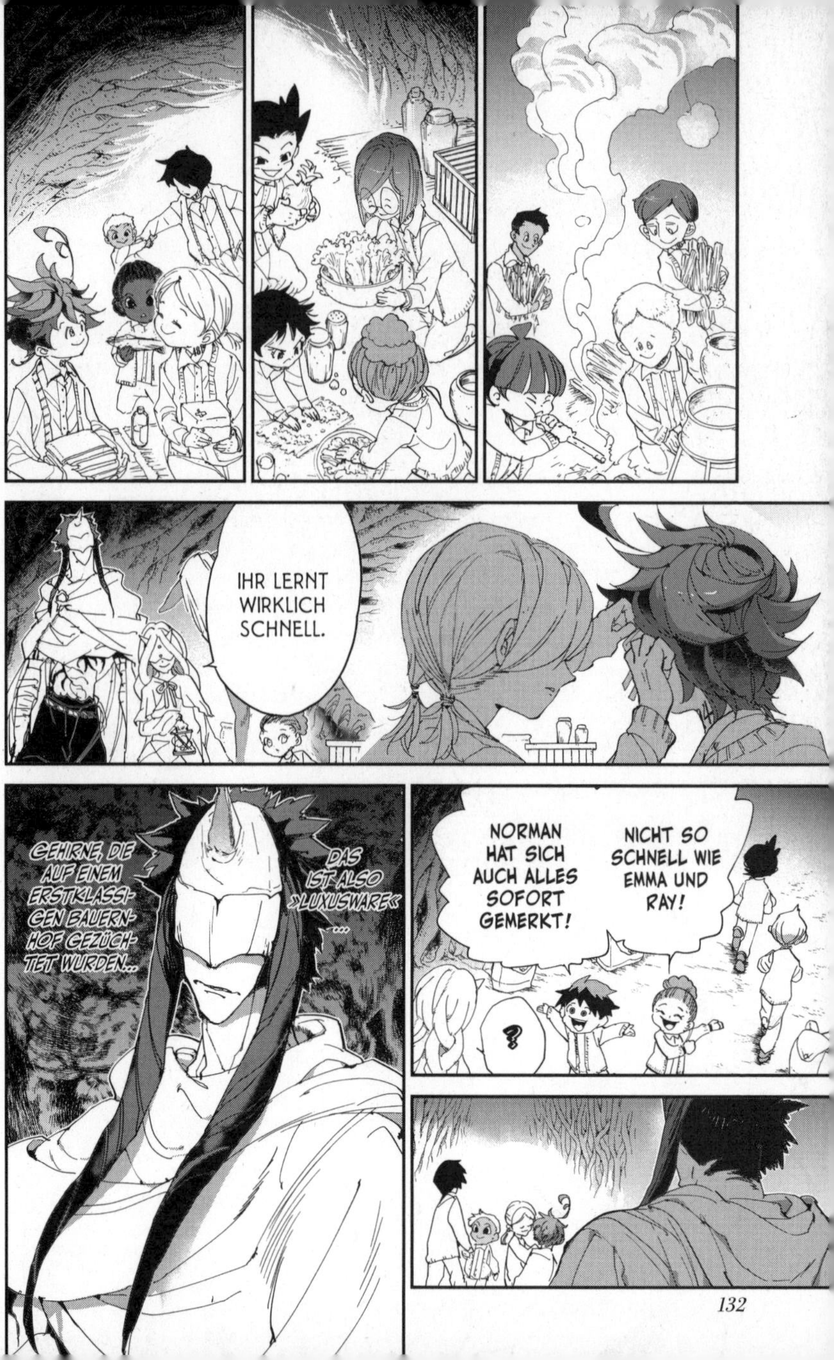

IHR LERNT WIRKLICH SCHNELL.
NICHT SO SCHNELL WIE EMMA UND RAY!
NORMAN HAT SICH AUCH ALLES SOFORT GEMERKT!
?
DAS IST ALSO »LUXUSWARE« ...
GEHIRNE, DIE AUF EINEM ERSTKLASSIGEN BAUERNHOF GEZÜCHTET WURDEN...

Kapitel 50: Freunde

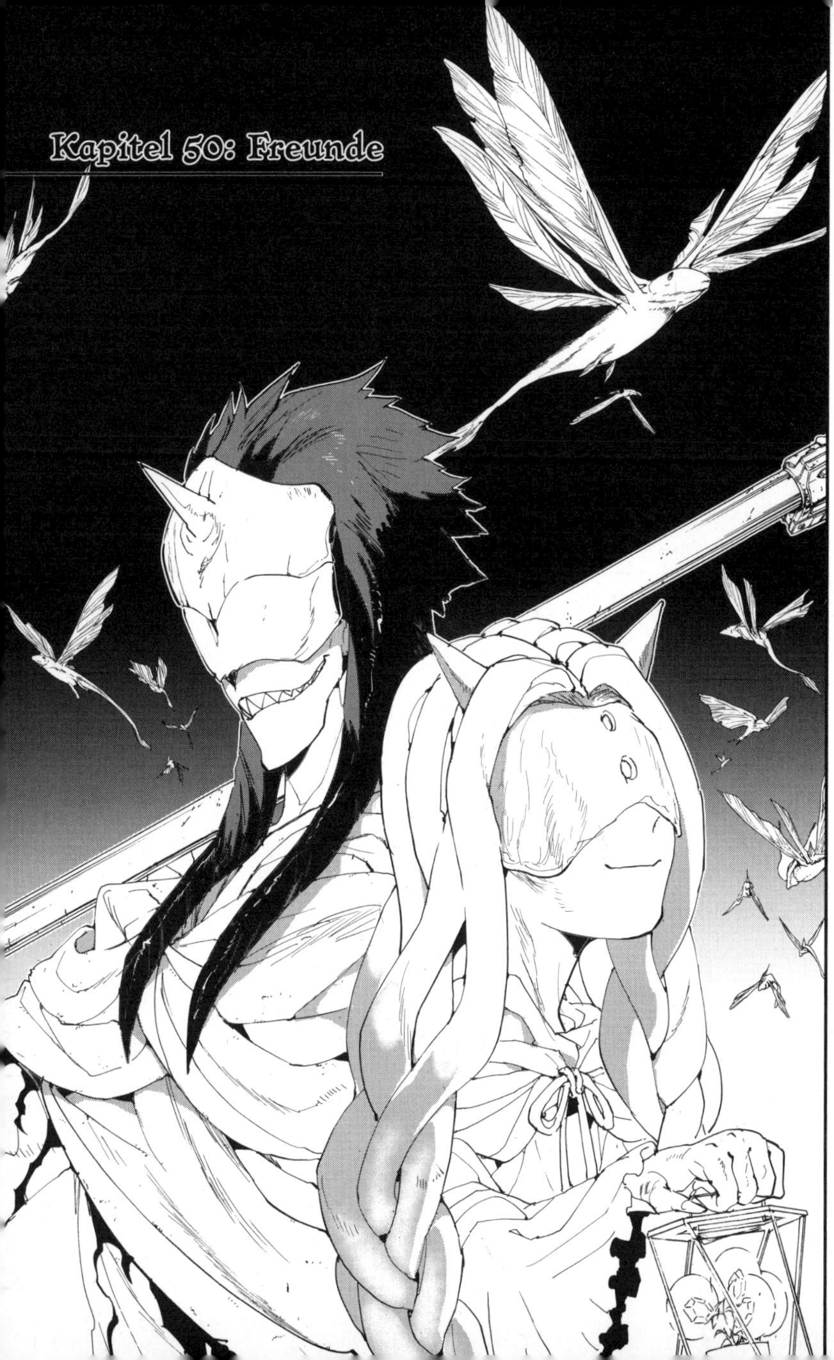

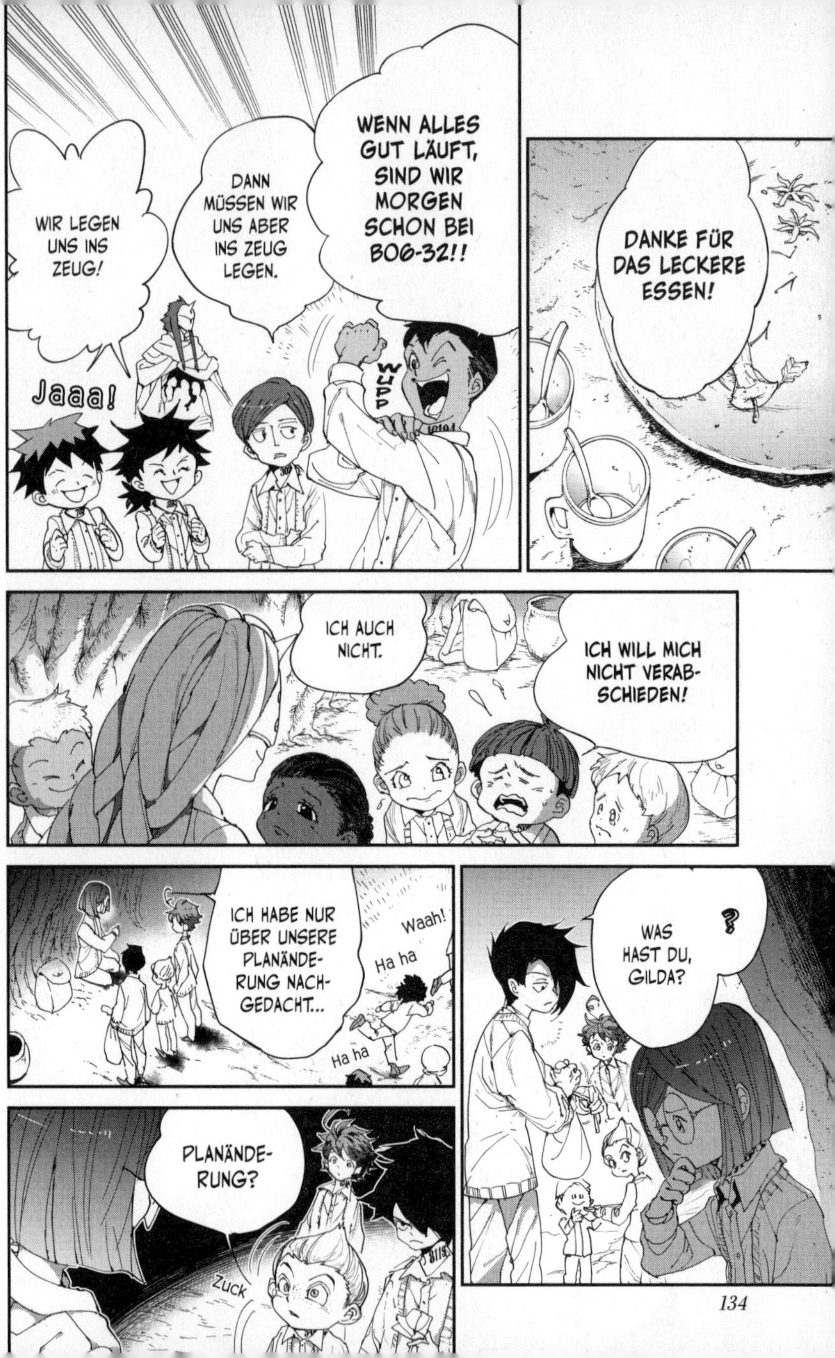
DANKE FÜR DAS LECKERE ESSEN!
WENN ALLES GUT LÄUFT, SIND WIR MORGEN SCHON BEI B06-32!!
WUPP
DANN MÜSSEN WIR UNS ABER INS ZEUG LEGEN.
WIR LEGEN UNS INS ZEUG!
Jaaa!
ICH WILL MICH NICHT VERAB-SCHIEDEN!
ICH AUCH NICHT.
WAS HAST DU, GILDA?
?
ICH HABE NUR ÜBER UNSERE PLANÄNDE-RUNG NACH-GEDACHT...
Waah!
Ha ha
Ha ha
PLANÄNDE-RUNG?
Zuck

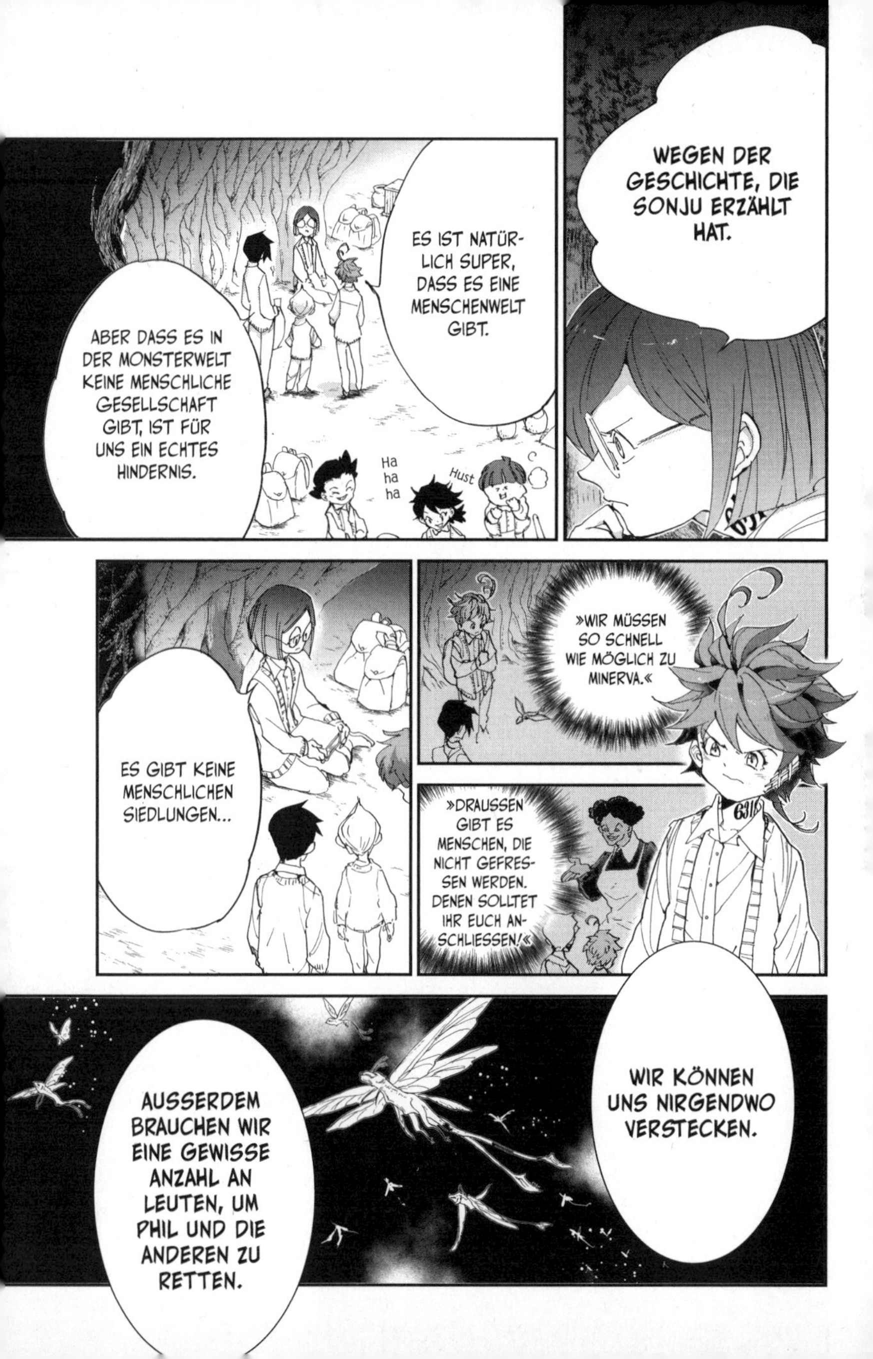
WEGEN DER GESCHICHTE, DIE SONJU ERZÄHLT HAT.
ES IST NATÜR-LICH SUPER, DASS ES EINE MENSCHENWELT GIBT.
ABER DASS ES IN DER MONSTERWELT KEINE MENSCHLICHE GESELLSCHAFT GIBT, IST FÜR UNS EIN ECHTES HINDERNIS.
Hust
Ha ha ha
»WIR MÜSSEN SO SCHNELL WIE MÖGLICH ZU MINERVA.«
»DRAUSSEN GIBT ES MENSCHEN, DIE NICHT GEFRES-SEN WERDEN. DENEN SOLLTET IHR EUCH AN-SCHLIESSEN!«
ES GIBT KEINE MENSCHLICHEN SIEDLUNGEN...
WIR KÖNNEN UNS NIRGENDWO VERSTECKEN.
AUSSERDEM BRAUCHEN WIR EINE GEWISSE ANZAHL AN LEUTEN, UM PHIL UND DIE ANDEREN ZU RETTEN.

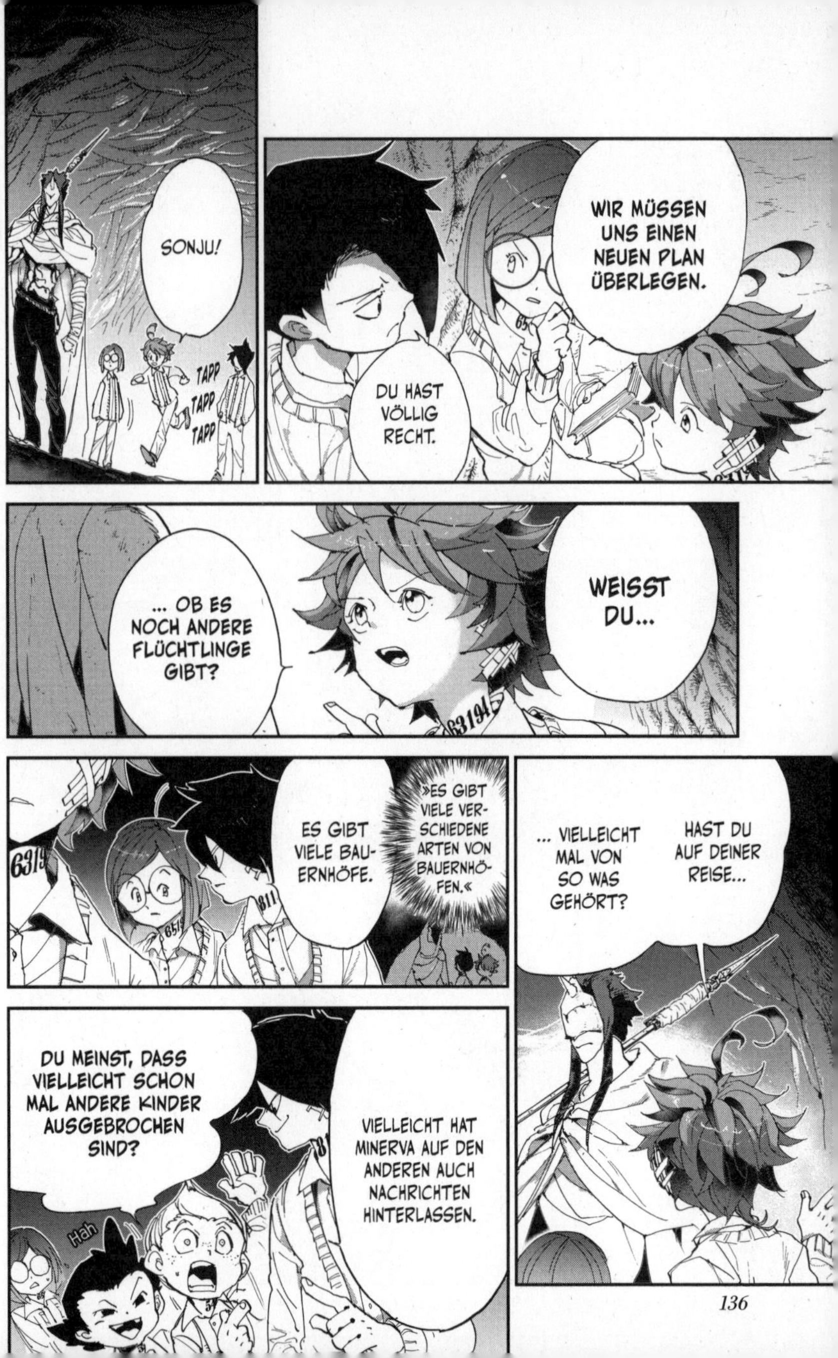
WIR MÜSSEN UNS EINEN NEUEN PLAN ÜBERLEGEN.
DU HAST VÖLLIG RECHT.
SONJU!
TAPP TAPP TAPP
WEISST DU...
... OB ES NOCH ANDERE FLÜCHTLINGE GIBT?
HAST DU AUF DEINER REISE...
... VIELLEICHT MAL VON SO WAS GEHÖRT?
»ES GIBT VIELE VERSCHIEDENE ARTEN VON BAUERNHÖFEN.«
ES GIBT VIELE BAUERNHÖFE.
VIELLEICHT HAT MINERVA AUF DEN ANDEREN AUCH NACHRICHTEN HINTERLASSEN.
DU MEINST, DASS VIELLEICHT SCHON MAL ANDERE KINDER AUSGEBROCHEN SIND?
Hah

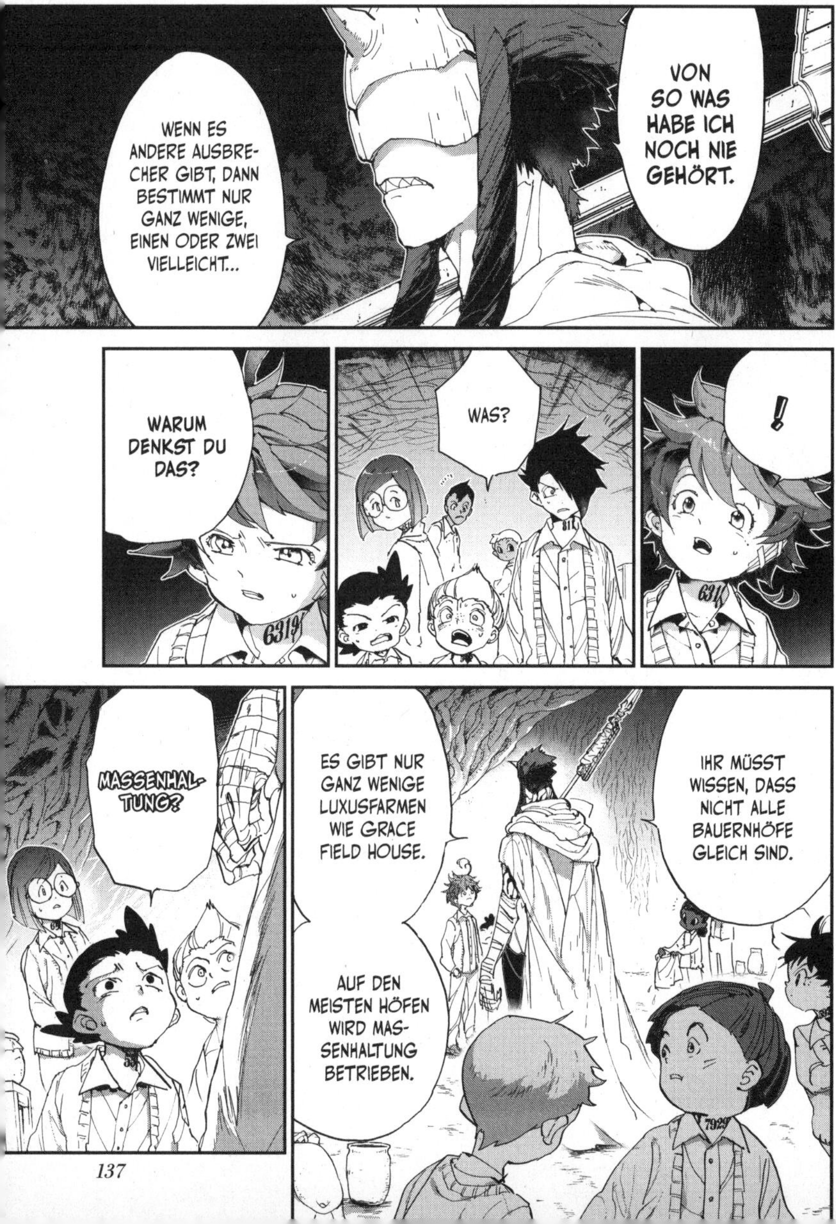
VON SO WAS HABE ICH NOCH NIE GEHÖRT.
WENN ES ANDERE AUSBRE-CHER GIBT, DANN BESTIMMT NUR GANZ WENIGE, EINEN ODER ZWEI VIELLEICHT...
!
WAS?
WARUM DENKST DU DAS?
IHR MÜSST WISSEN, DASS NICHT ALLE BAUERNHÖFE GLEICH SIND.
ES GIBT NUR GANZ WENIGE LUXUSFARMEN WIE GRACE FIELD HOUSE.
AUF DEN MEISTEN HÖFEN WIRD MAS-SENHALTUNG BETRIEBEN.
MASSENHAL-TUNG?

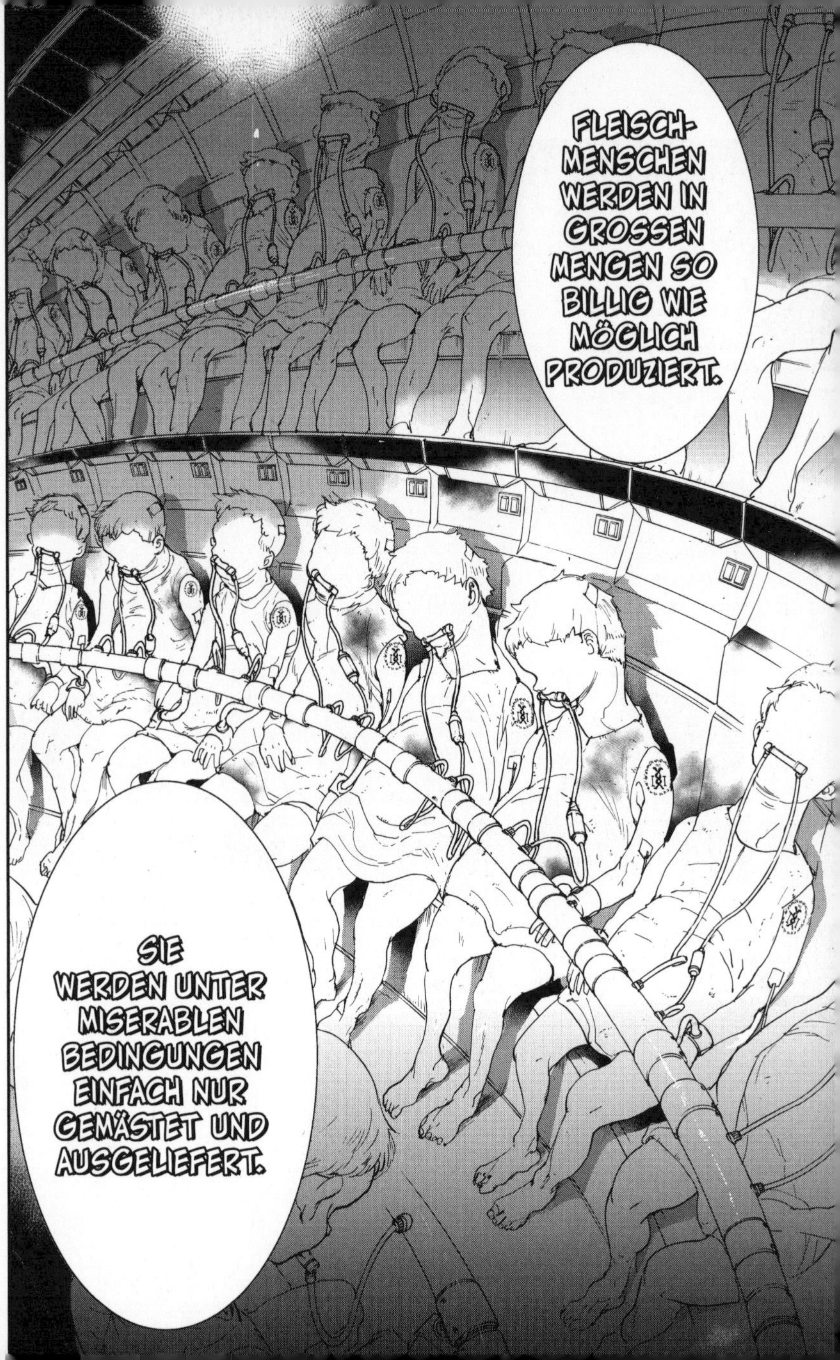
FLEISCH-MENSCHEN WERDEN IN GROSSEN MENGEN SO BILLIG WIE MÖGLICH PRODUZIERT.
SIE WERDEN UNTER MISERABLEN BEDINGUNGEN EINFACH NUR GEMÄSTET UND AUSGELIEFERT.

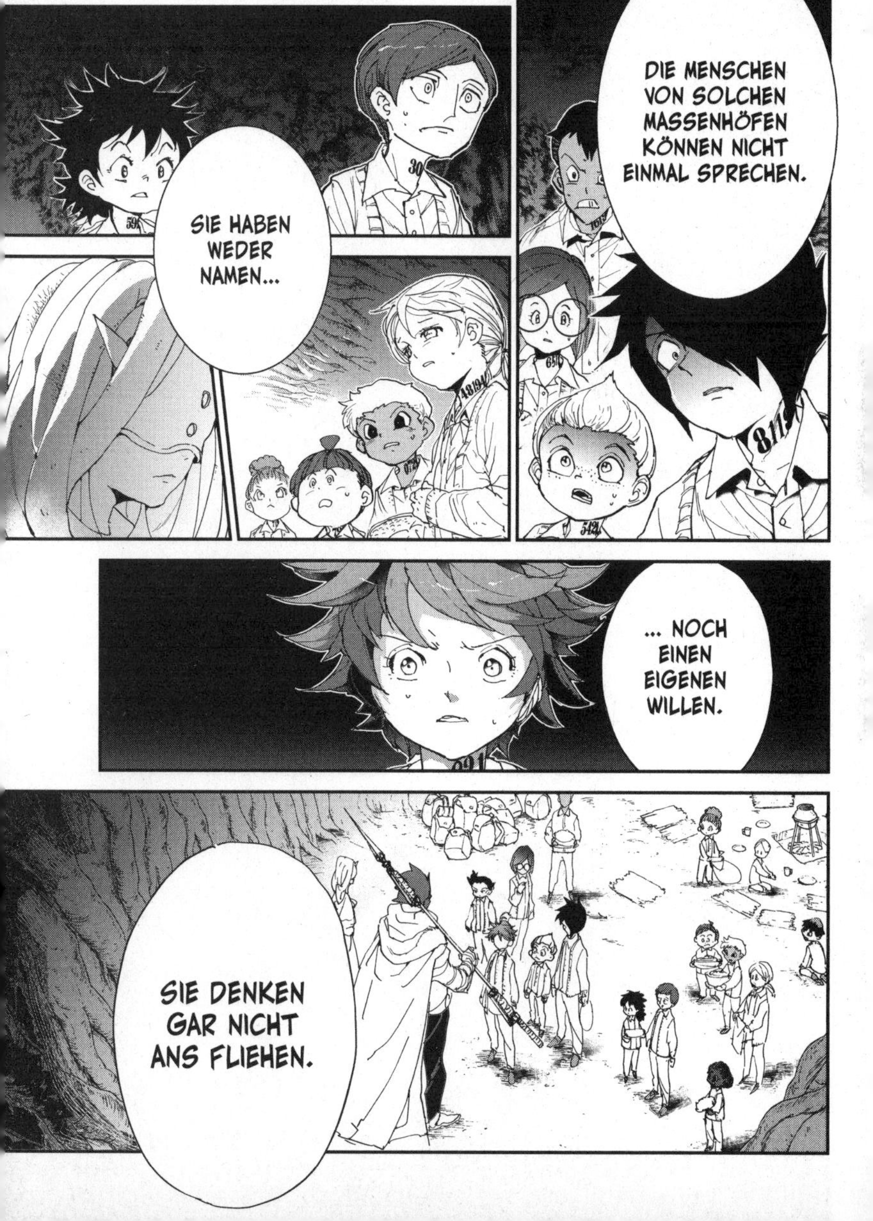
DIE MENSCHEN VON SOLCHEN MASSENHÖFEN KÖNNEN NICHT EINMAL SPRECHEN.
SIE HABEN WEDER NAMEN...
... NOCH EINEN EIGENEN WILLEN.
SIE DENKEN GAR NICHT ANS FLIEHEN.

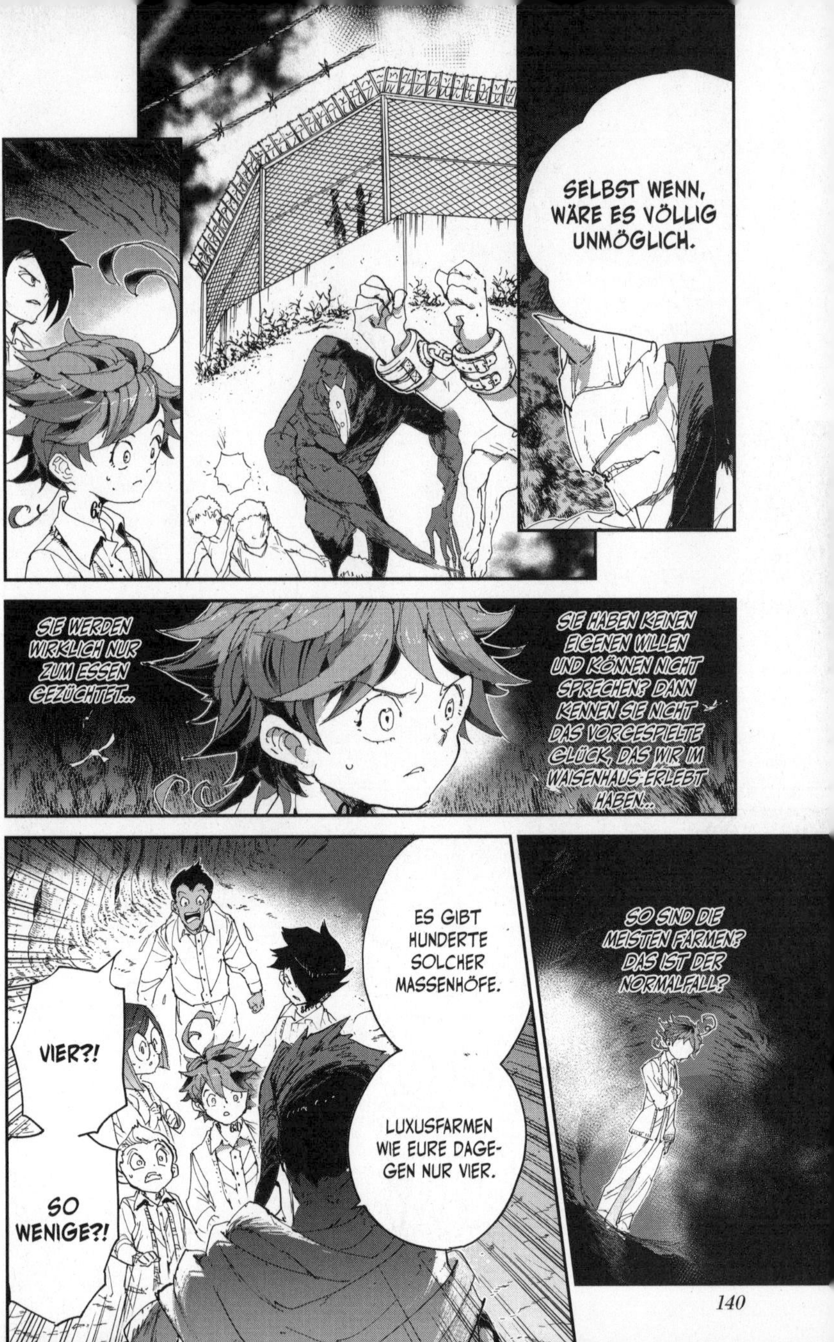
SELBST WENN, WÄRE ES VÖLLIG UNMÖGLICH.
SIE HABEN KEINEN EIGENEN WILLEN UND KÖNNEN NICHT SPRECHEN? DANN KENNEN SIE NICHT DAS VORGESPIELTE GLÜCK, DAS WIR IM WAISENHAUS ERLEBT HABEN...
SIE WERDEN WIRKLICH NUR ZUM ESSEN GEZÜCHTET...
SO SIND DIE MEISTEN FARMEN? DAS IST DER NORMALFALL?
ES GIBT HUNDERTE SOLCHER MASSENHÖFE.
LUXUSFARMEN WIE EURE DAGEGEN NUR VIER.
VIER?!
SO WENIGE?!

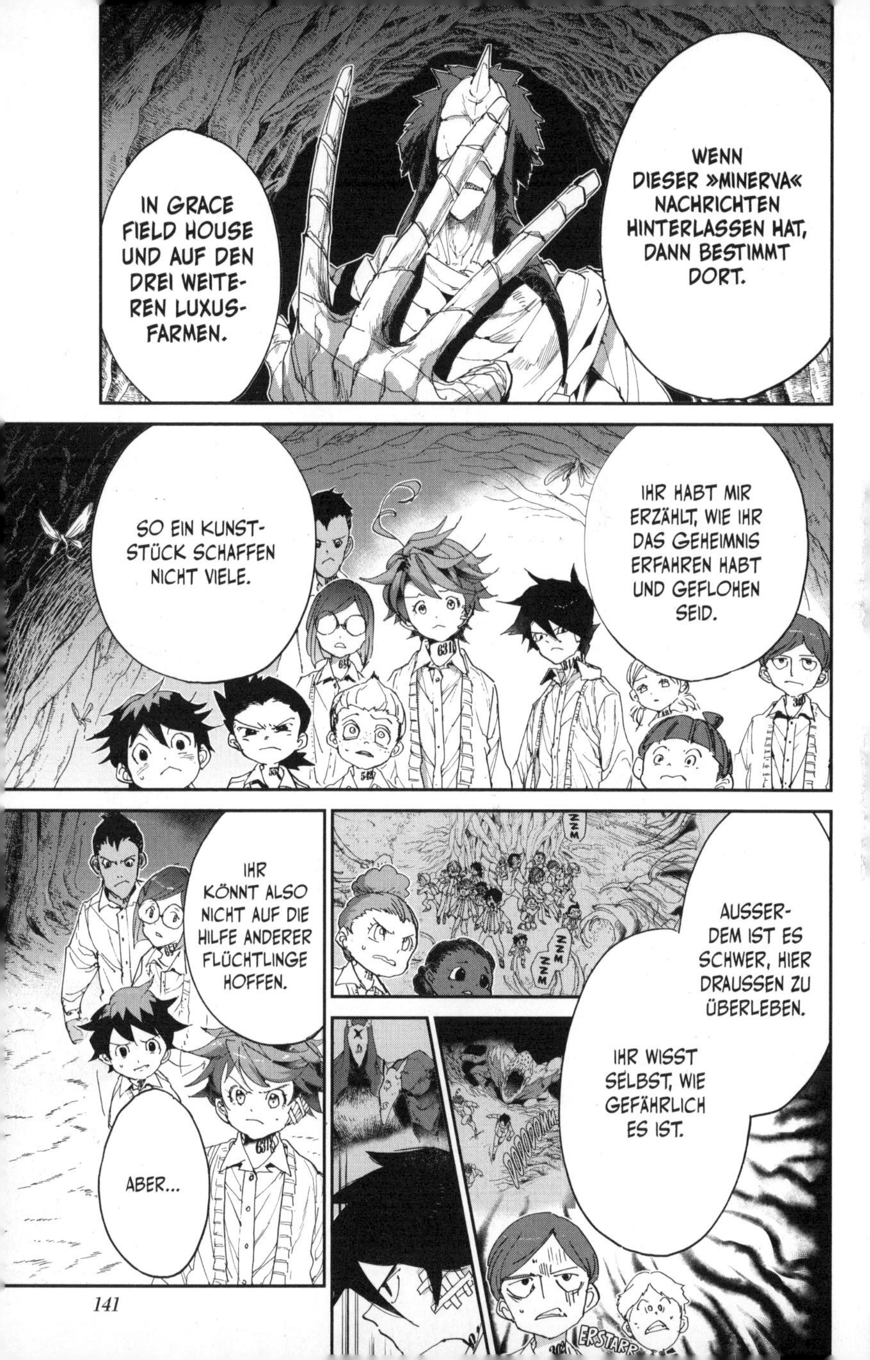
WENN DIESER »MINERVA« NACHRICHTEN HINTERLASSEN HAT, DANN BESTIMMT DORT.
IN GRACE FIELD HOUSE UND AUF DEN DREI WEITEREN LUXUSFARMEN.
IHR HABT MIR ERZÄHLT, WIE IHR DAS GEHEIMNIS ERFAHREN HABT UND GEFLOHEN SEID.
SO EIN KUNSTSTÜCK SCHAFFEN NICHT VIELE.
IHR KÖNNT ALSO NICHT AUF DIE HILFE ANDERER FLÜCHTLINGE HOFFEN.
ZZZ
AUSSERDEM IST ES SCHWER, HIER DRAUSSEN ZU ÜBERLEBEN.
ABER...
IHR WISST SELBST, WIE GEFÄHRLICH ES IST.
ERSTARR

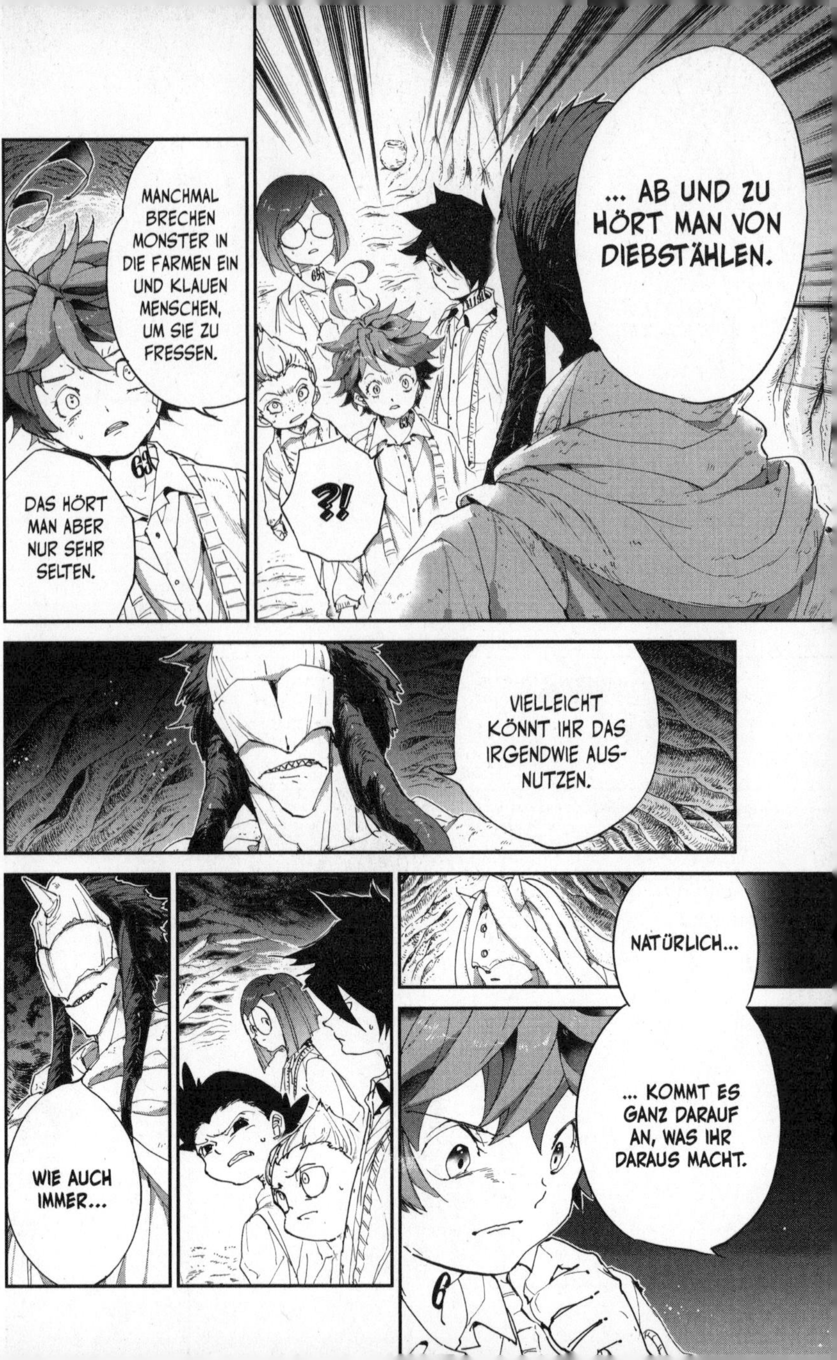
... AB UND ZU HÖRT MAN VON DIEBSTÄHLEN.
?!
MANCHMAL BRECHEN MONSTER IN DIE FARMEN EIN UND KLAUEN MENSCHEN, UM SIE ZU FRESSEN.
DAS HÖRT MAN ABER NUR SEHR SELTEN.
VIELLEICHT KÖNNT IHR DAS IRGENDWIE AUS-NUTZEN.
WIE AUCH IMMER...
NATÜRLICH...
... KOMMT ES GANZ DARAUF AN, WAS IHR DARAUS MACHT.

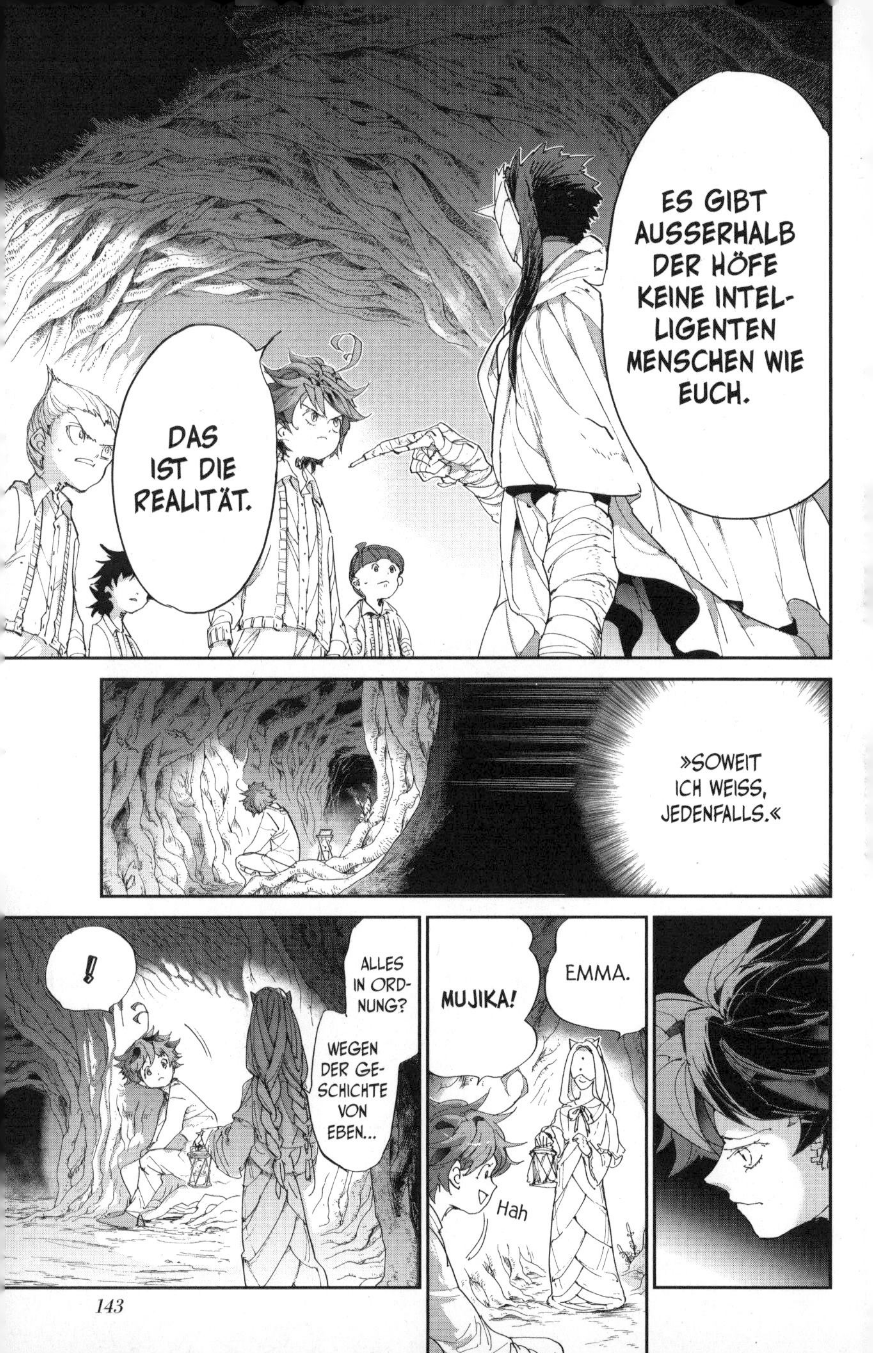

ES GIBT AUSSERHALB DER HÖFE KEINE INTEL- LIGENTEN MENSCHEN WIE EUCH.
DAS IST DIE REALITÄT.
»SOWEIT ICH WEISS, JEDENFALLS.«
EMMA.
MUJIKA!
Hah
ALLES IN ORD- NUNG?
WEGEN DER GE- SCHICHTE VON EBEN...
!

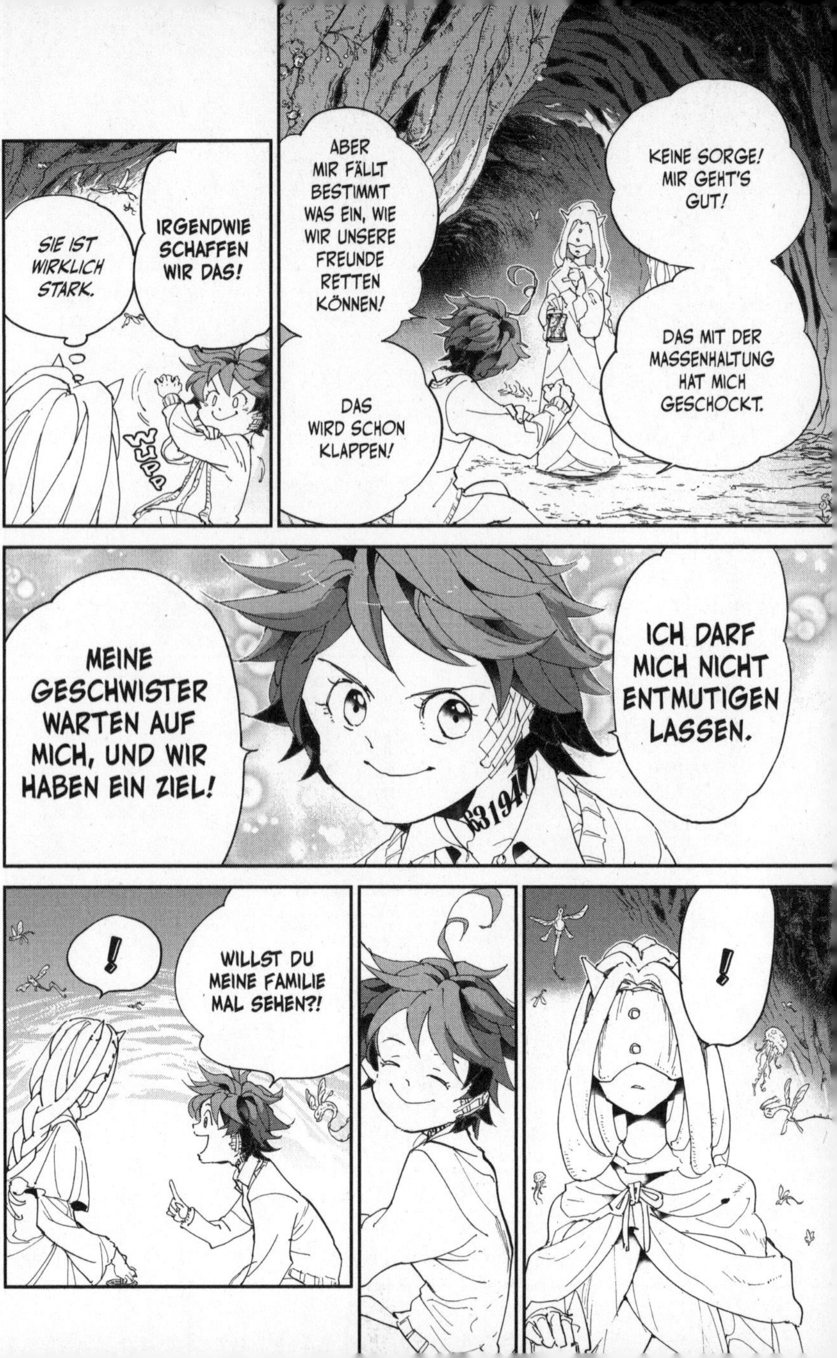
KEINE SORGE! MIR GEHT'S GUT!
DAS MIT DER MASSENHALTUNG HAT MICH GESCHOCKT.
ABER MIR FÄLLT BESTIMMT WAS EIN, WIE WIR UNSERE FREUNDE RETTEN KÖNNEN!
DAS WIRD SCHON KLAPPEN!
IRGENDWIE SCHAFFEN WIR DAS!
SIE IST WIRKLICH STARK.
WUPP
ICH DARF MICH NICHT ENTMUTIGEN LASSEN.
MEINE GESCHWISTER WARTEN AUF MICH, UND WIR HABEN EIN ZIEL!
63194
!
WILLST DU MEINE FAMILIE MAL SEHEN?!
!

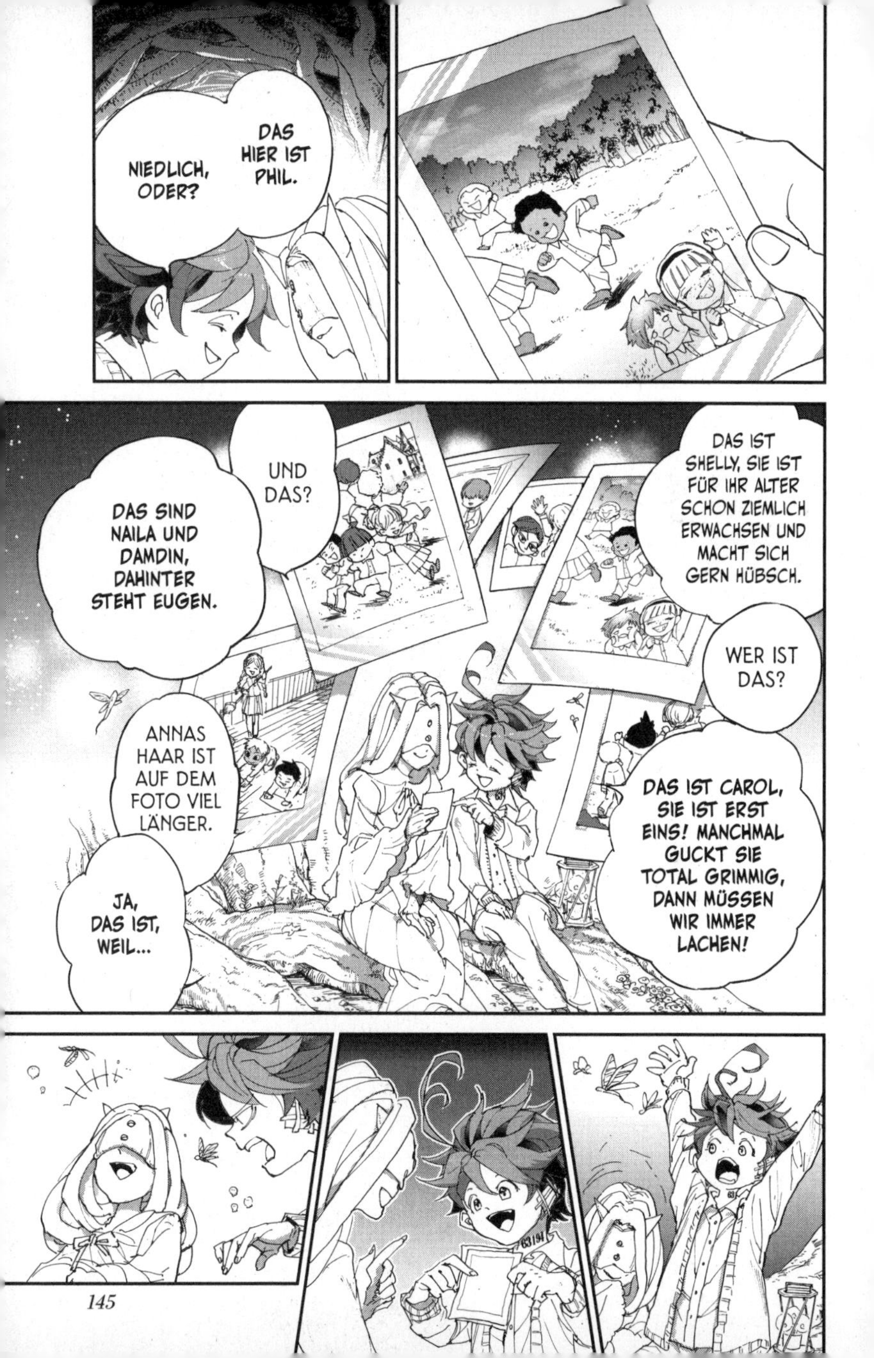
Das hier ist Phil.
Niedlich, oder?
Das ist Shelly, sie ist für ihr Alter schon ziemlich erwachsen und macht sich gern hübsch.
Und das?
Das sind Naila und Damdin, dahinter steht Eugen.
Wer ist das?
Das ist Carol, sie ist erst eins! Manchmal guckt sie total grimmig, dann müssen wir immer lachen!
Annas Haar ist auf dem Foto viel länger.
Ja, das ist, weil…

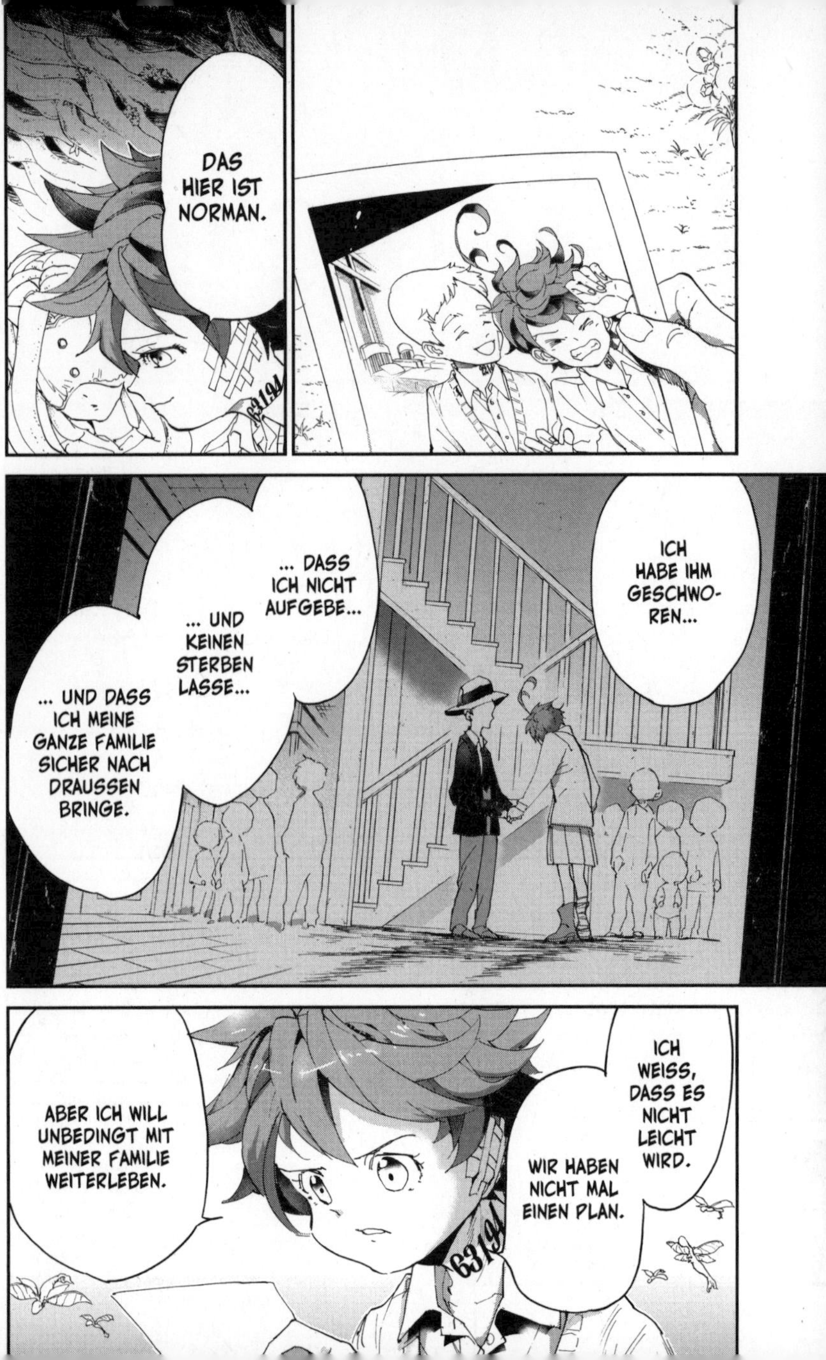
DAS HIER IST NORMAN.
ICH HABE IHM GESCHWOREN...
... DASS ICH NICHT AUFGEBE...
... UND KEINEN STERBEN LASSE...
... UND DASS ICH MEINE GANZE FAMILIE SICHER NACH DRAUSSEN BRINGE.
ICH WEISS, DASS ES NICHT LEICHT WIRD.
WIR HABEN NICHT MAL EINEN PLAN.
ABER ICH WILL UNBEDINGT MIT MEINER FAMILIE WEITERLEBEN.

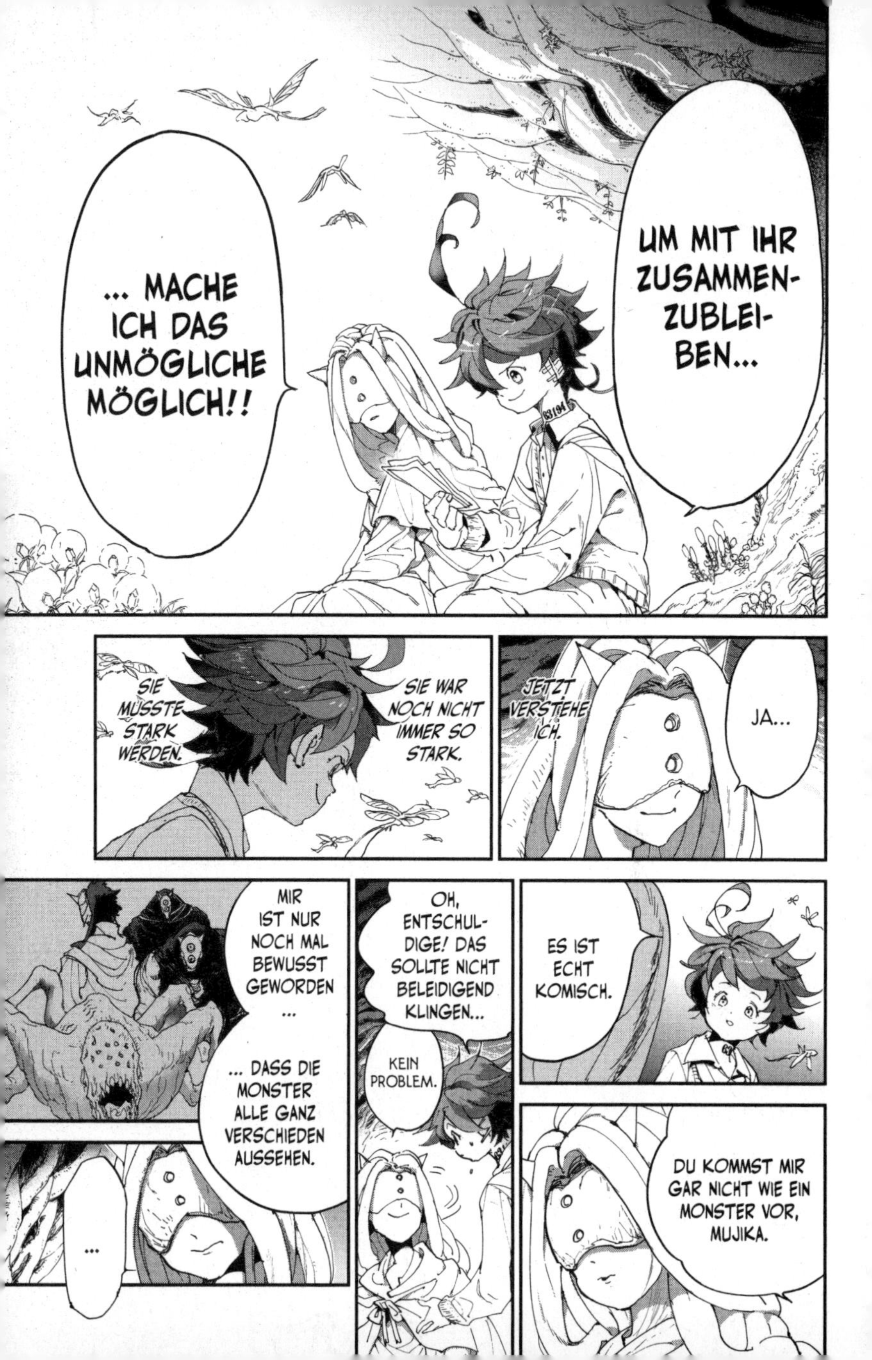
UM MIT IHR ZUSAMMEN-ZUBLEI-BEN...
... MACHE ICH DAS UNMÖGLICHE MÖGLICH!!
JA...
JETZT VERSTEHE ICH.
SIE WAR NOCH NICHT IMMER SO STARK.
SIE MUSSTE STARK WERDEN.
ES IST ECHT KOMISCH.
MIR IST NUR NOCH MAL BEWUSST GEWORDEN ...
... DASS DIE MONSTER ALLE GANZ VERSCHIEDEN AUSSEHEN.
DU KOMMST MIR GAR NICHT WIE EIN MONSTER VOR, MUJIKA.
OH, ENTSCHULDIGE! DAS SOLLTE NICHT BELEIDIGEND KLINGEN...
KEIN PROBLEM.
...

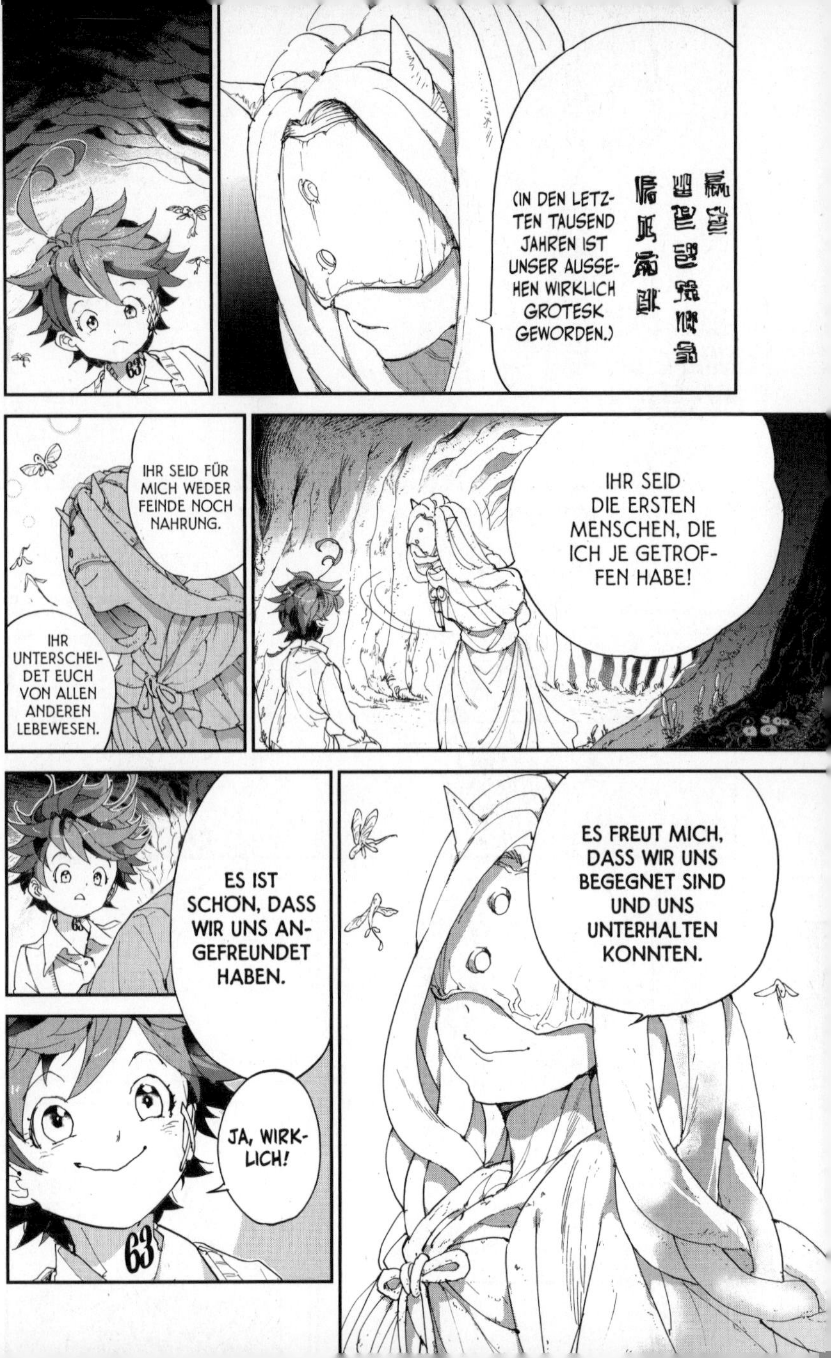
(IN DEN LETZTEN TAUSEND JAHREN IST UNSER AUSSEHEN WIRKLICH GROTESK GEWORDEN.)
IHR SEID DIE ERSTEN MENSCHEN, DIE ICH JE GETROFFEN HABE!
IHR SEID FÜR MICH WEDER FEINDE NOCH NAHRUNG.
IHR UNTERSCHEIDET EUCH VON ALLEN ANDEREN LEBEWESEN.
ES FREUT MICH, DASS WIR UNS BEGEGNET SIND UND UNS UNTERHALTEN KONNTEN.
ES IST SCHÖN, DASS WIR UNS ANGEFREUNDET HABEN.
JA, WIRKLICH!

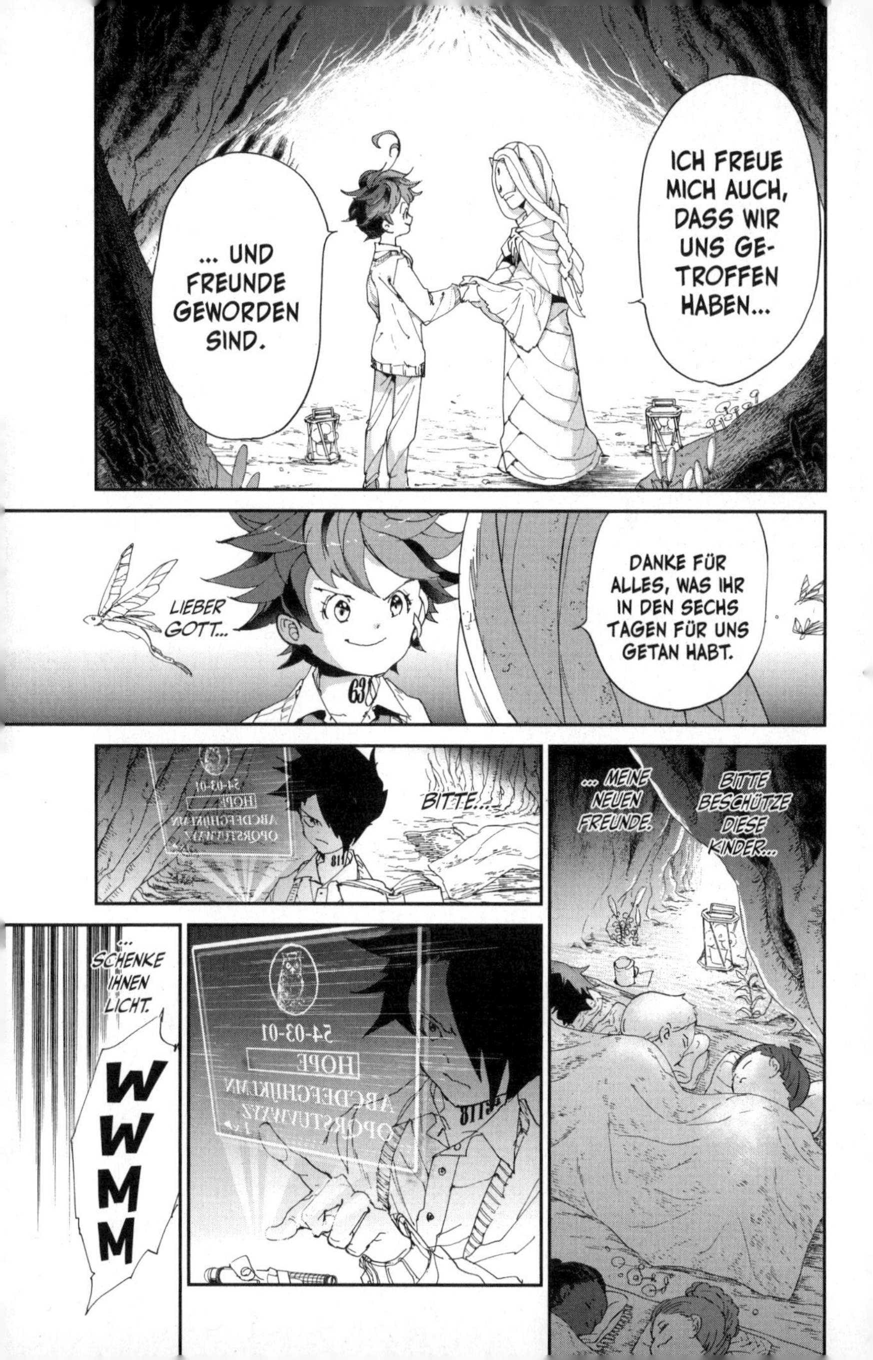
ICH FREUE MICH AUCH, DASS WIR UNS GE-TROFFEN HABEN...
... UND FREUNDE GEWORDEN SIND.
DANKE FÜR ALLES, WAS IHR IN DEN SECHS TAGEN FÜR UNS GETAN HABT.
LIEBER GOTT...
BITTE BESCHÜTZE DIESE KINDER...
... MEINE NEUEN FREUNDE.
BITTE...
... SCHENKE IHNEN LICHT.
WWWMM

Bonusstory 4 ~②

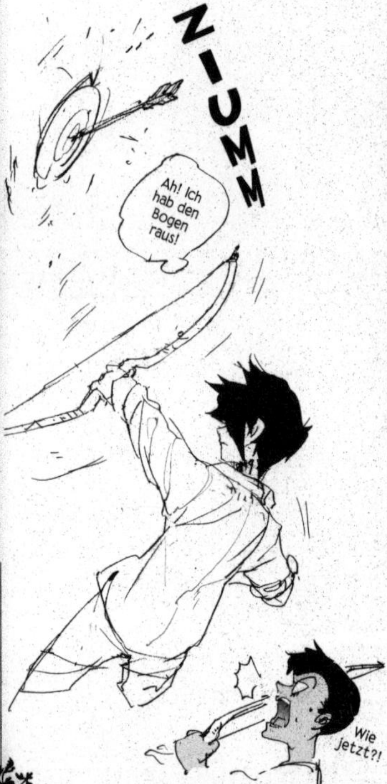

Norman und der Bogen

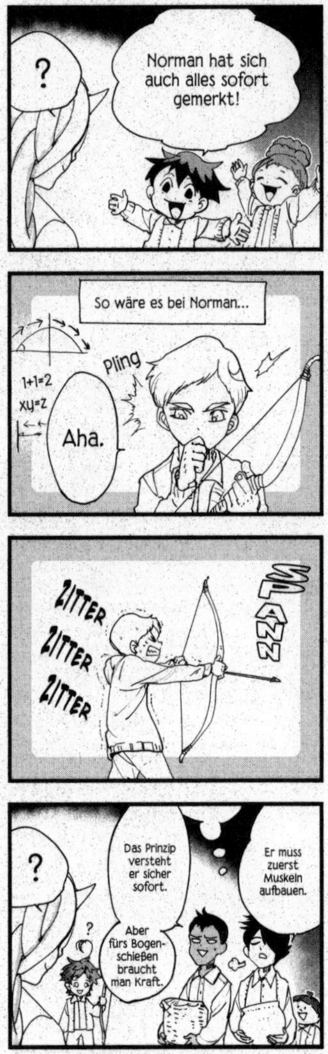

BONUSSTORY 4 - ENDE

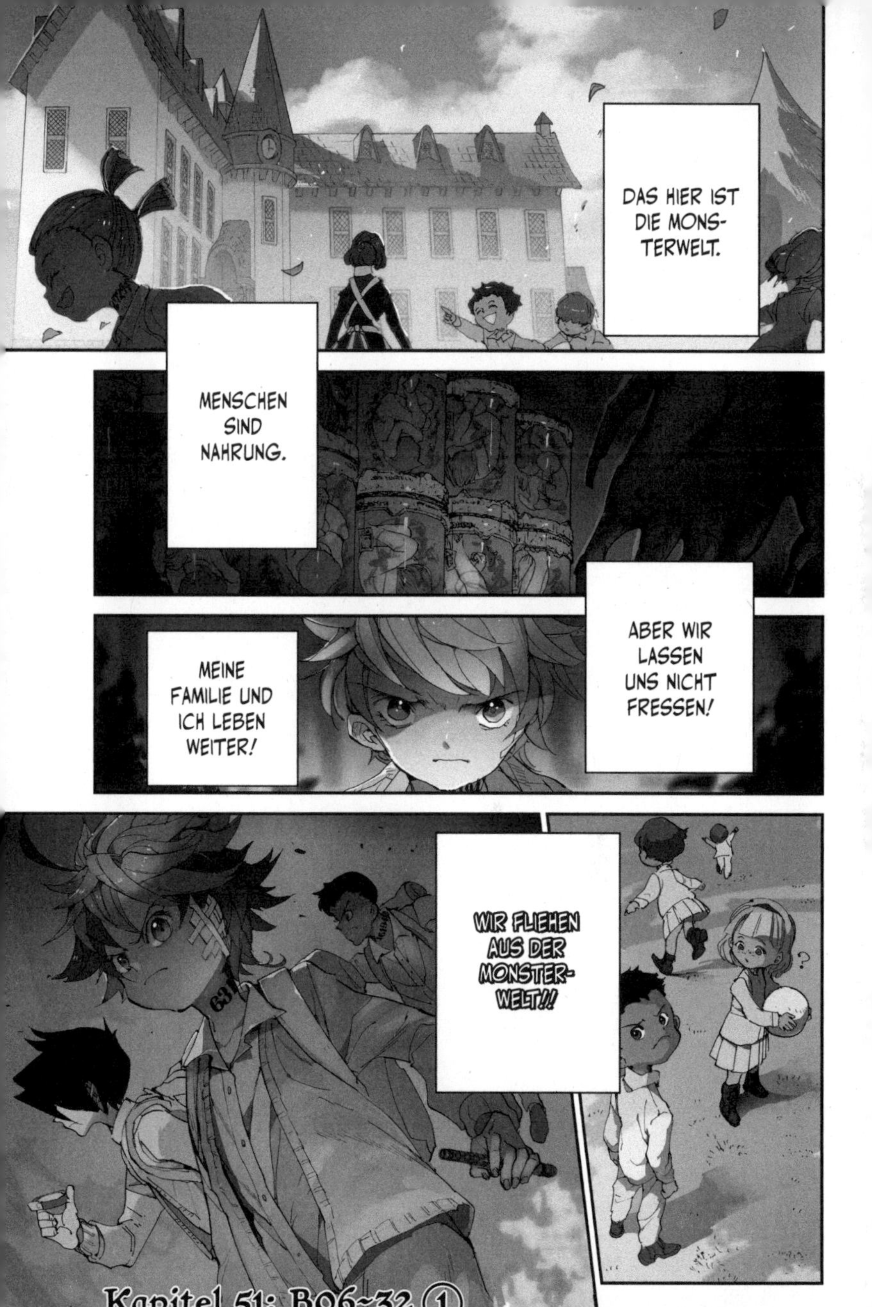

Kapitel 51: B06-32 ①

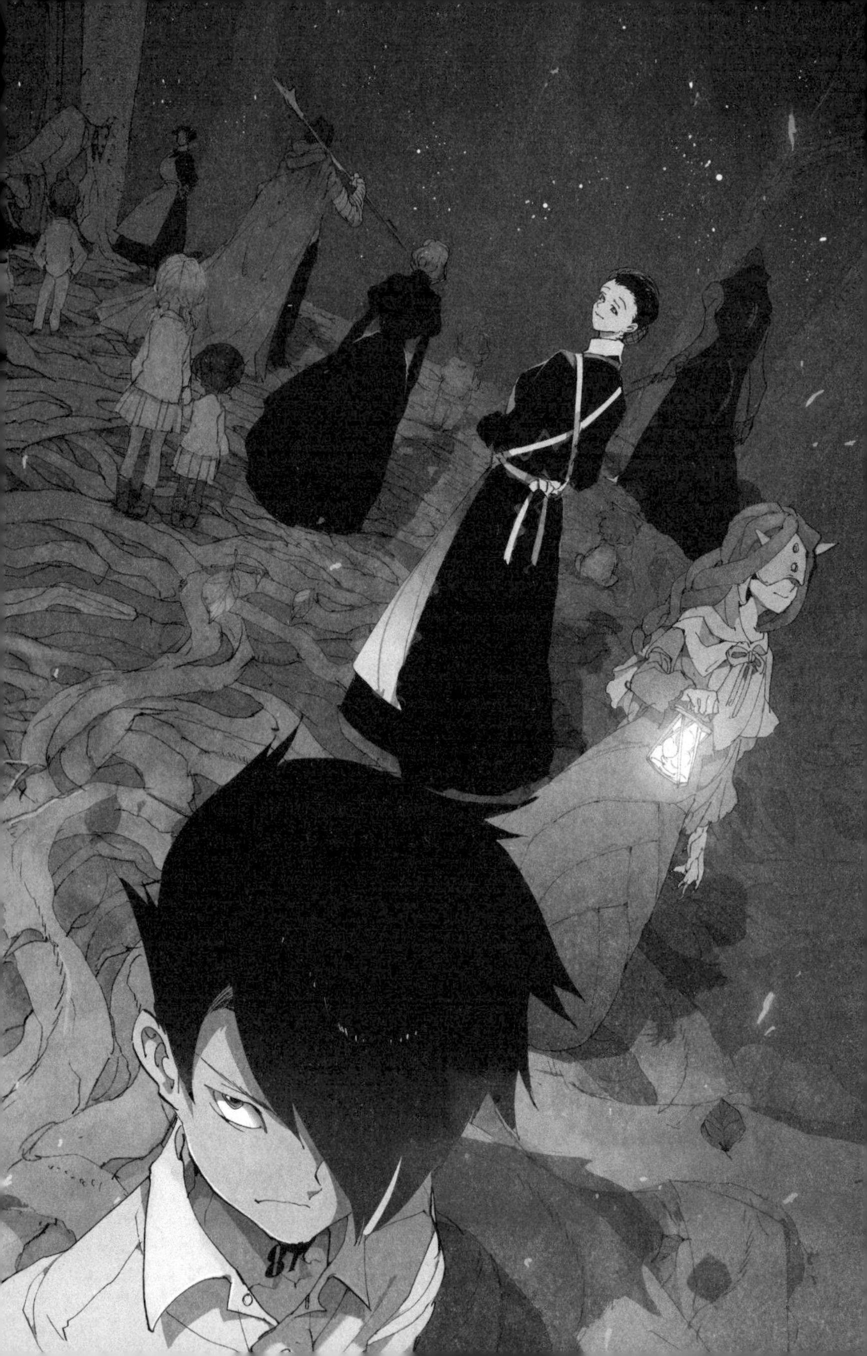

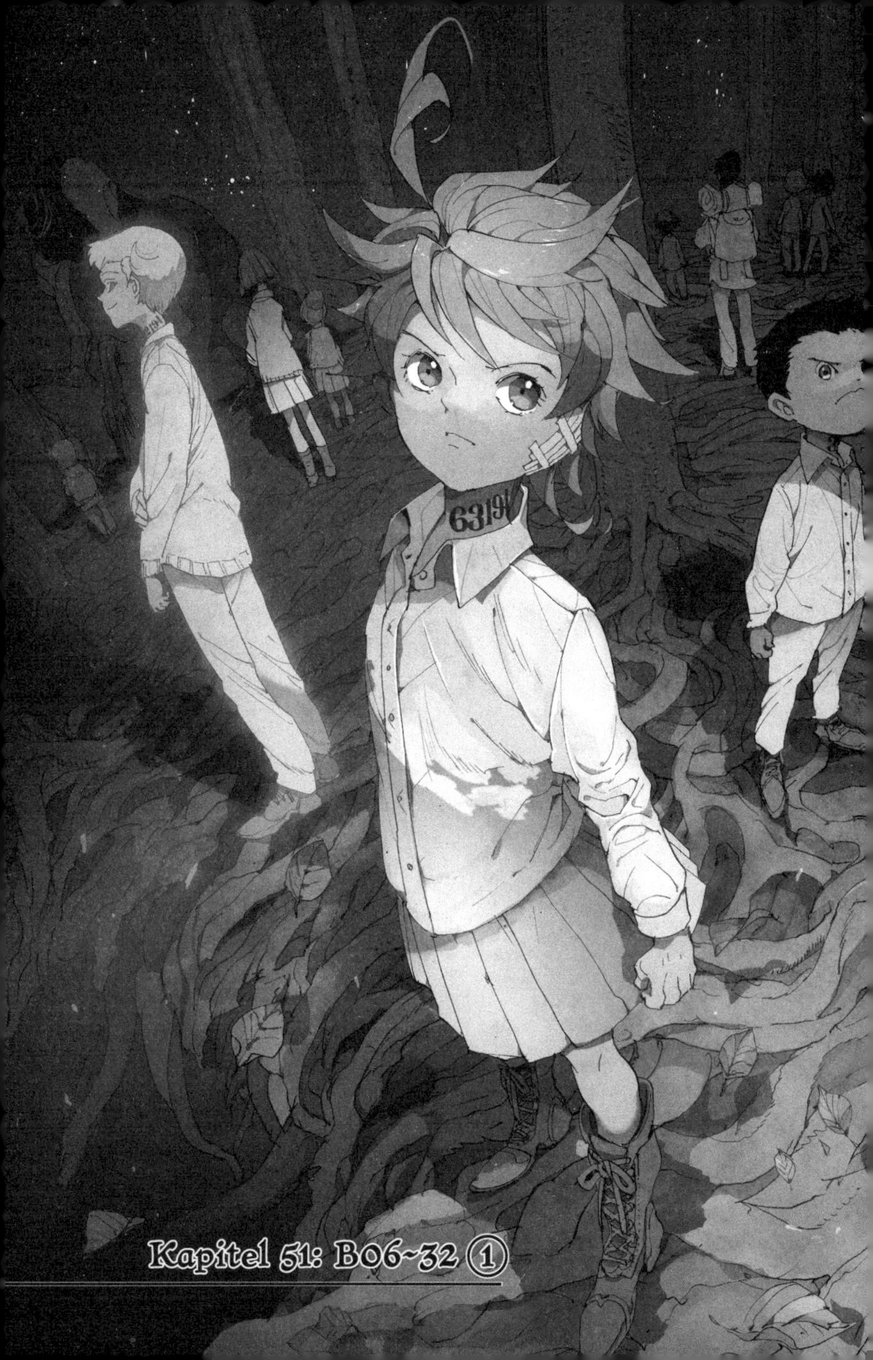

Kapitel 51: B06~32 ①

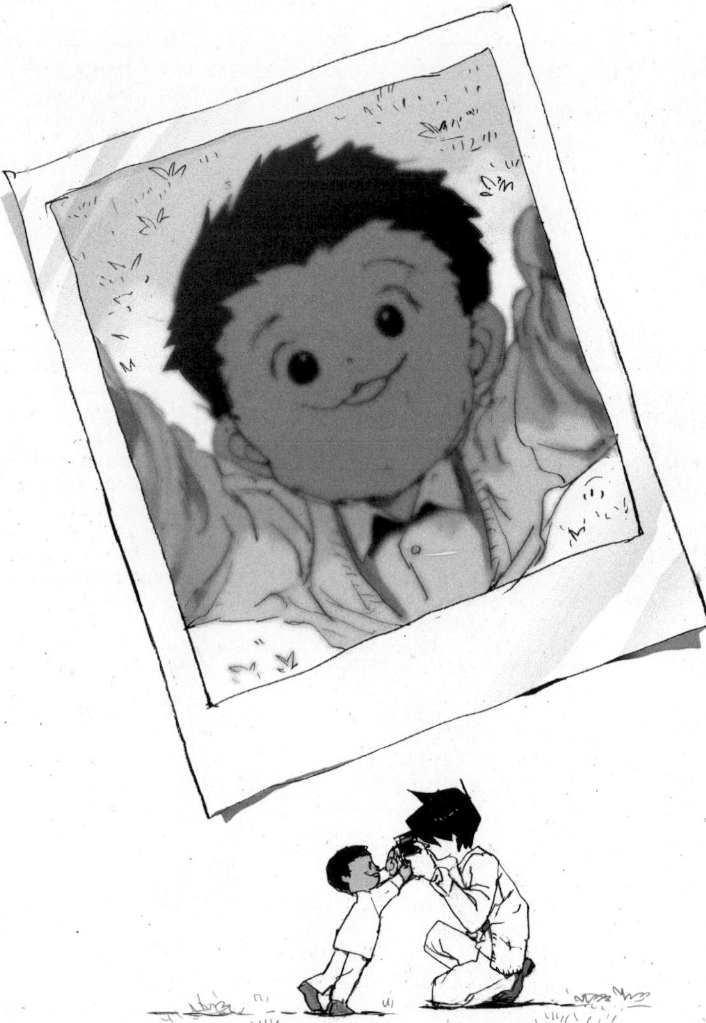

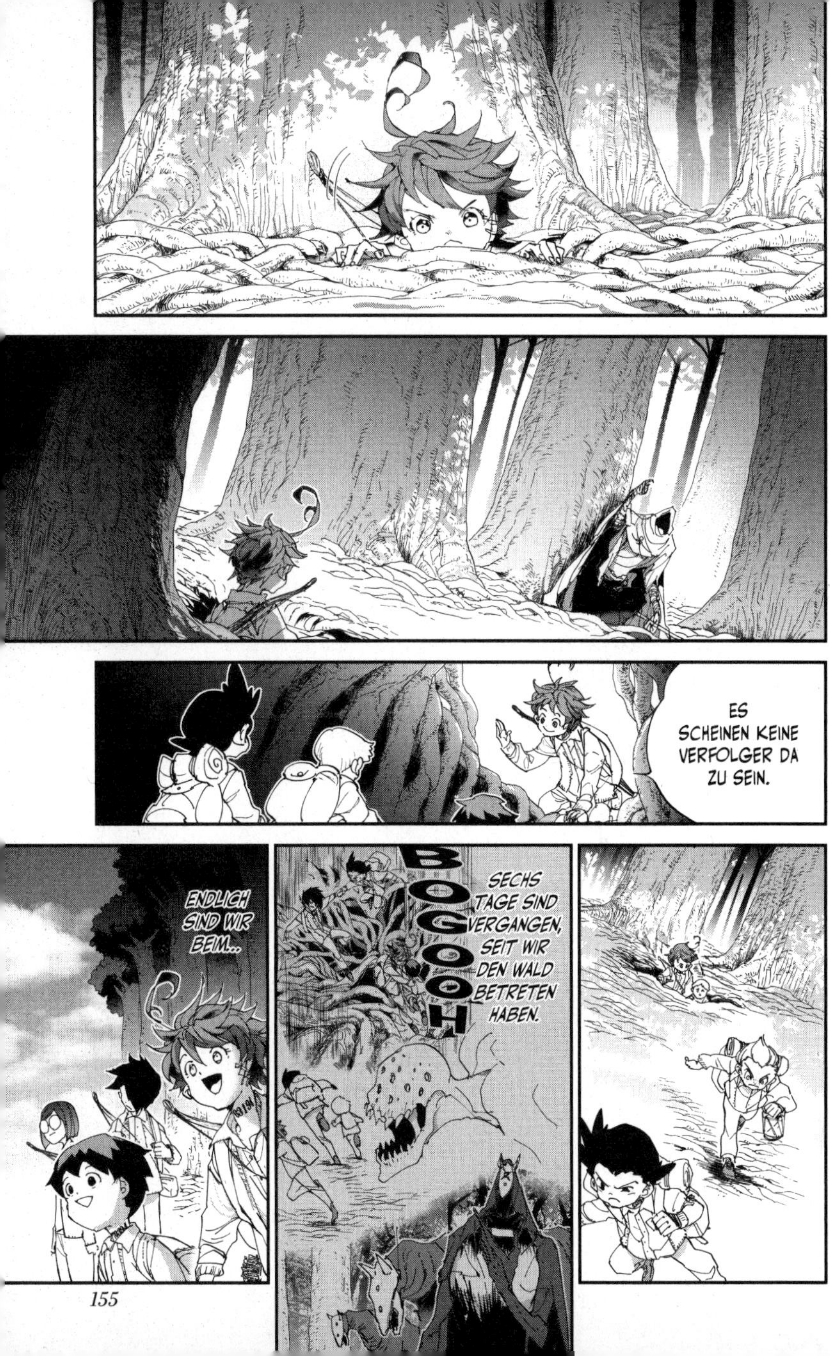
ES SCHEINEN KEINE VERFOLGER DA ZU SEIN.
BOGOOOH
SECHS TAGE SIND VERGANGEN, SEIT WIR DEN WALD BETRETEN HABEN.
ENDLICH SIND WIR BEIM...

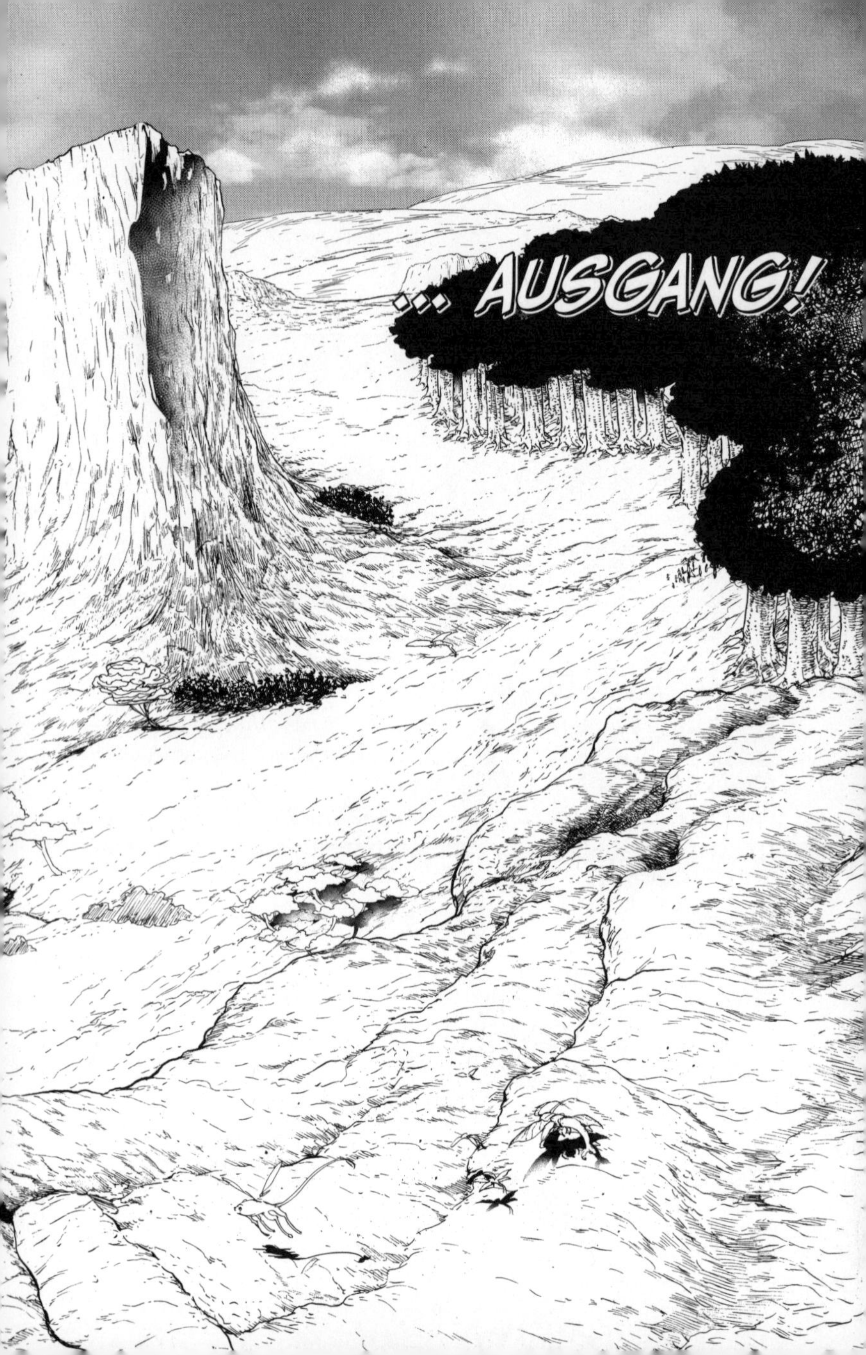
... AUSGANG!

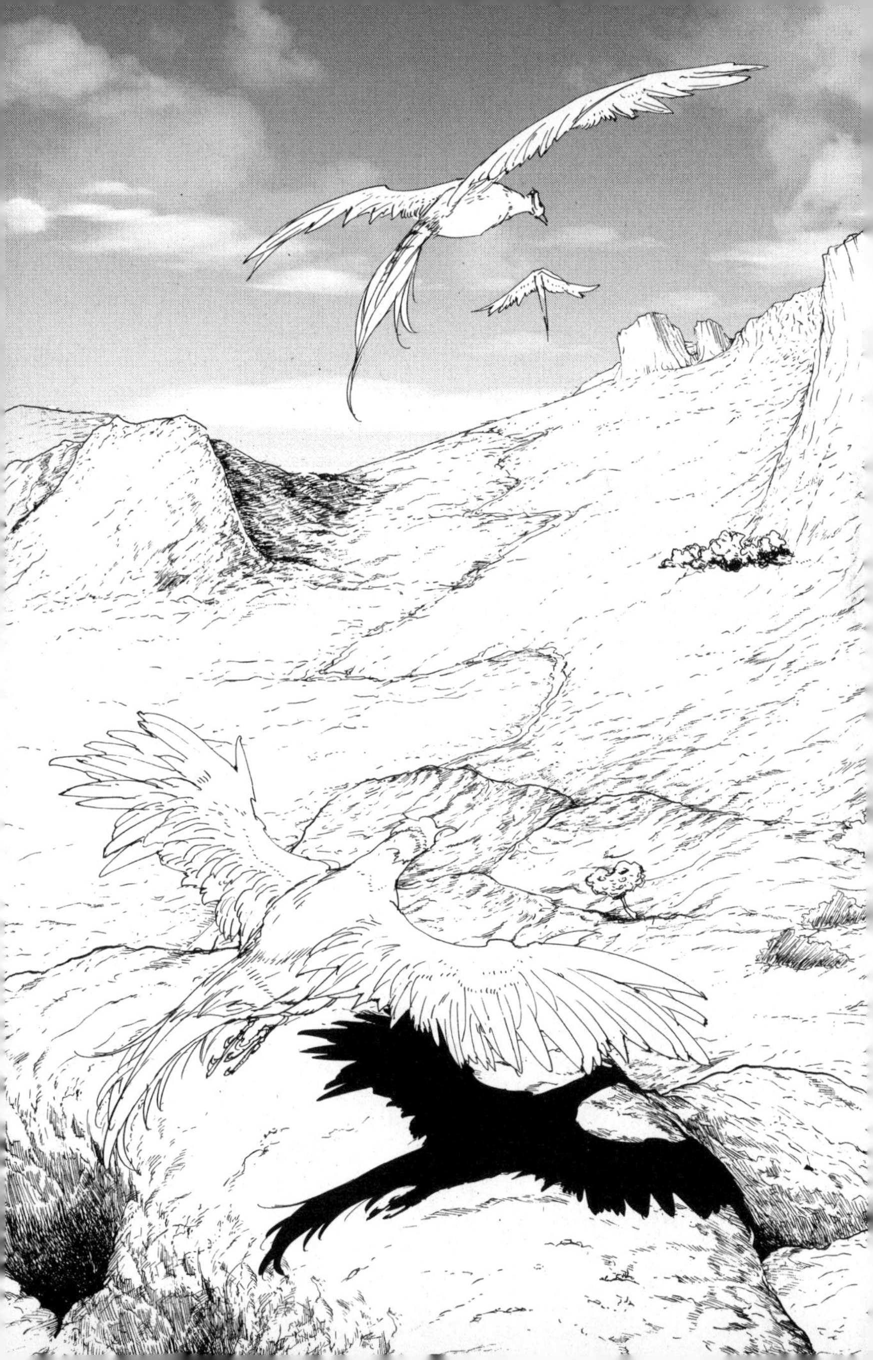

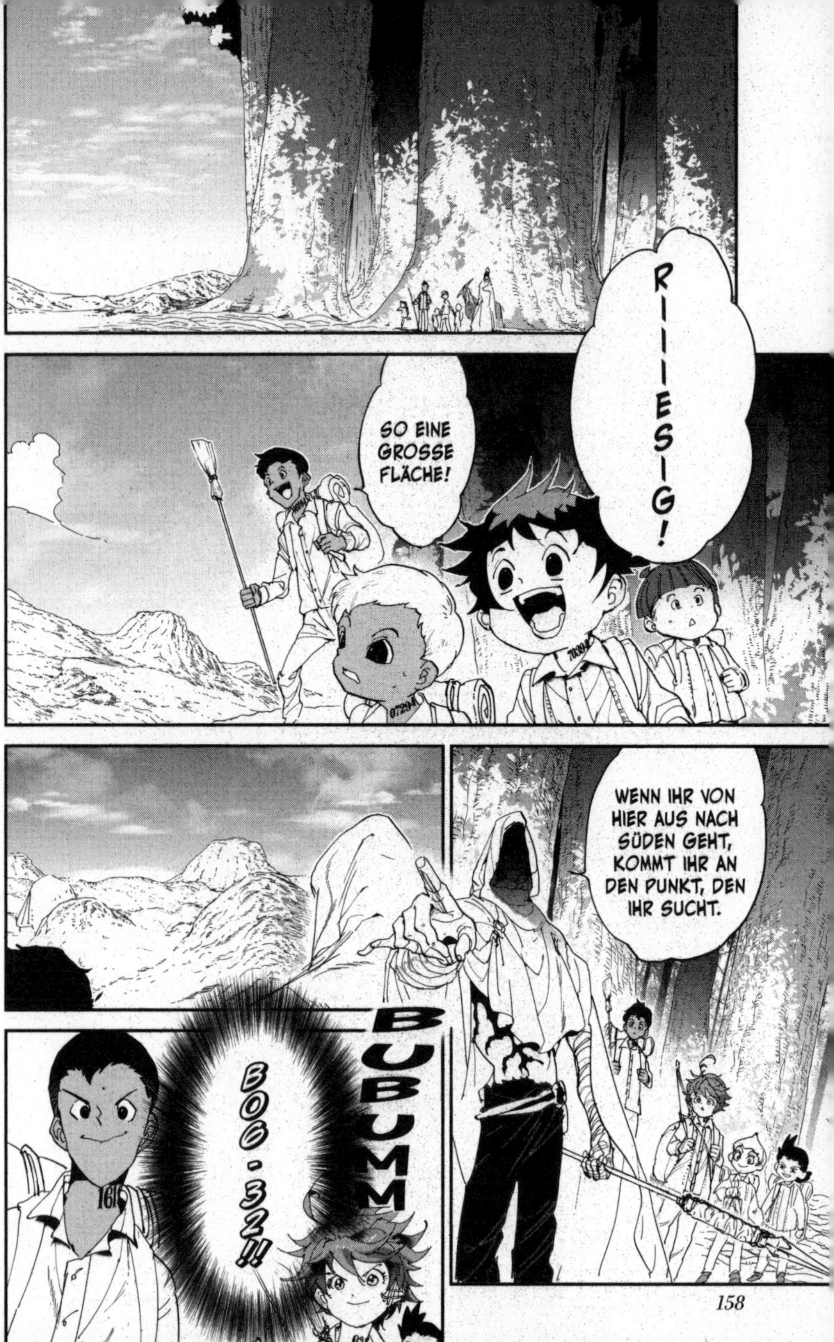
RIIIESIG!
SO EINE GROSSE FLÄCHE!
WENN IHR VON HIER AUS NACH SÜDEN GEHT, KOMMT IHR AN DEN PUNKT, DEN IHR SUCHT.
BUBUMM
B06-32!!

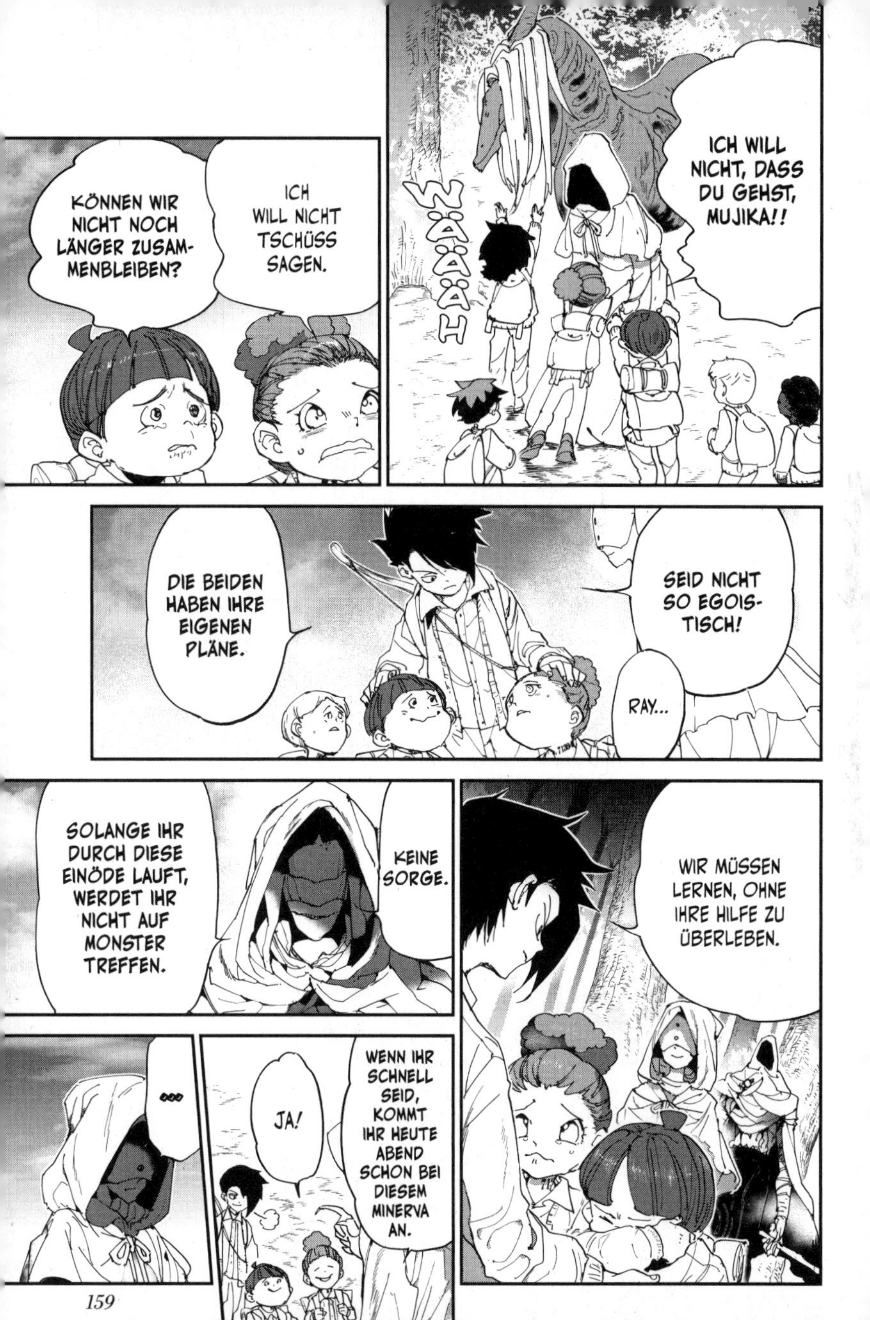
ICH WILL NICHT, DASS DU GEHST, MUJIKA!!
WÄÄÄH
ICH WILL NICHT TSCHÜSS SAGEN.
KÖNNEN WIR NICHT NOCH LÄNGER ZUSAMMENBLEIBEN?
SEID NICHT SO EGOISTISCH!
RAY...
DIE BEIDEN HABEN IHRE EIGENEN PLÄNE.
WIR MÜSSEN LERNEN, OHNE IHRE HILFE ZU ÜBERLEBEN.
KEINE SORGE.
SOLANGE IHR DURCH DIESE EINÖDE LAUFT, WERDET IHR NICHT AUF MONSTER TREFFEN.
WENN IHR SCHNELL SEID, KOMMT IHR HEUTE ABEND SCHON BEI DIESEM MINERVA AN.
JA!
...

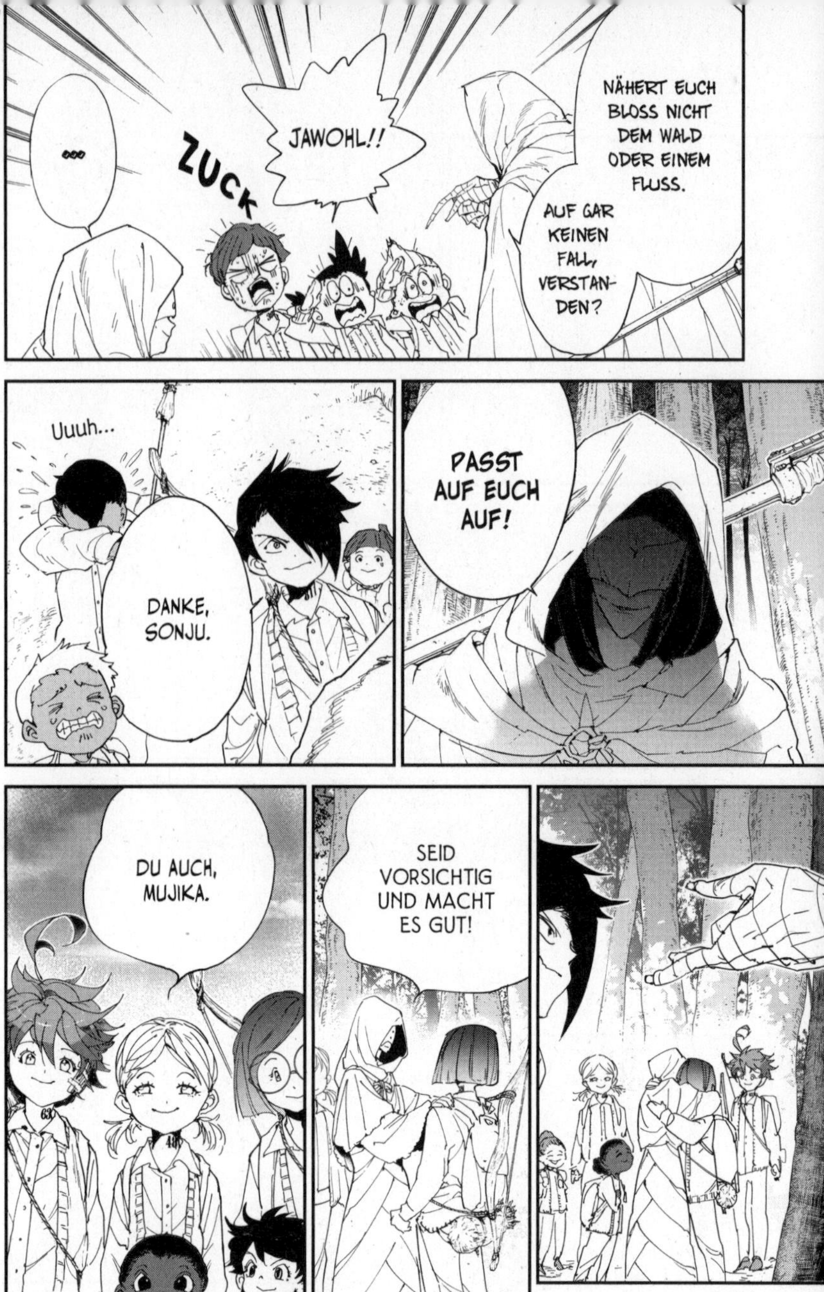
NÄHERT EUCH BLOSS NICHT DEM WALD ODER EINEM FLUSS.
AUF GAR KEINEN FALL, VERSTANDEN?
JAWOHL!!
ZUCK
...
PASST AUF EUCH AUF!
DANKE, SONJU.
Uuuh...
SEID VORSICHTIG UND MACHT ES GUT!
DU AUCH, MUJIKA.

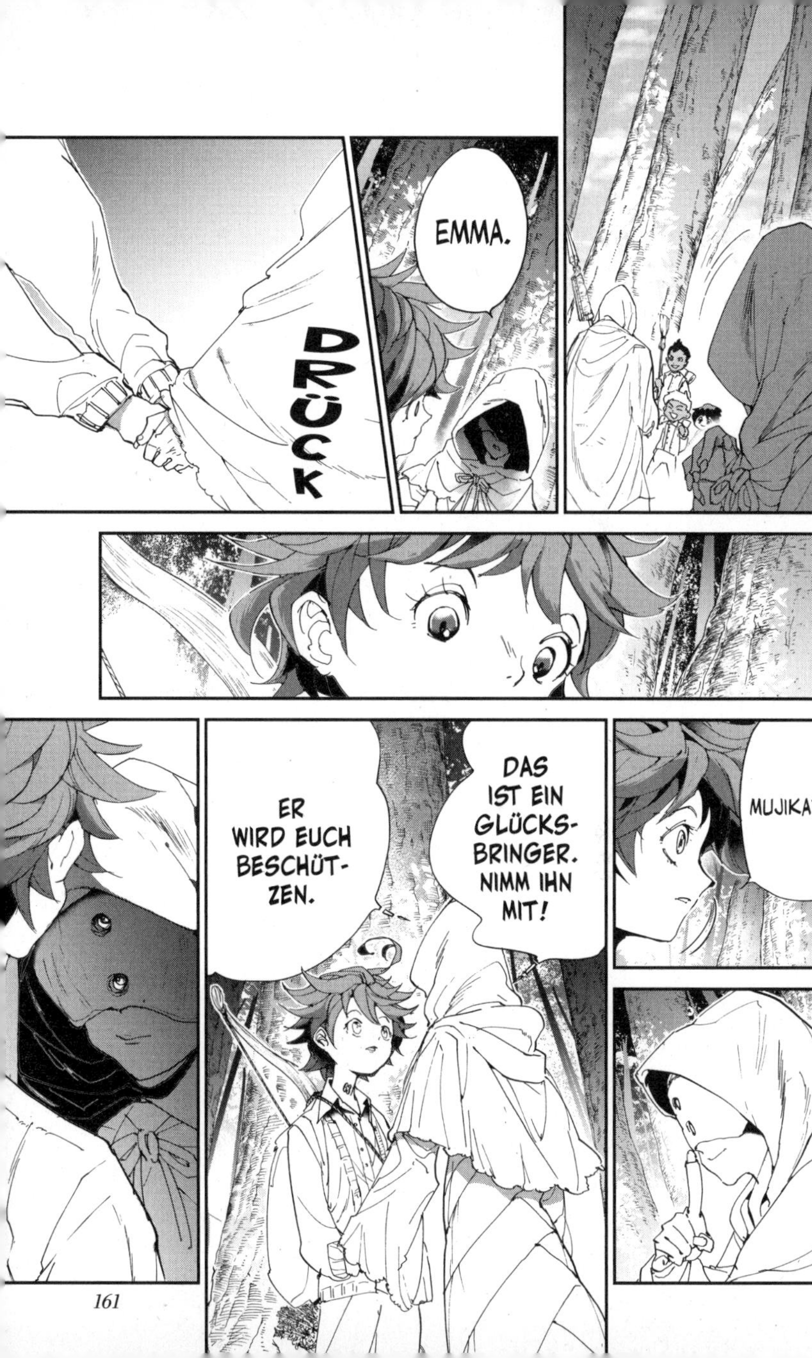
EMMA.
DRÜCK
MUJIKA?
DAS IST EIN GLÜCKS-BRINGER. NIMM IHN MIT!
ER WIRD EUCH BESCHÜT-ZEN.

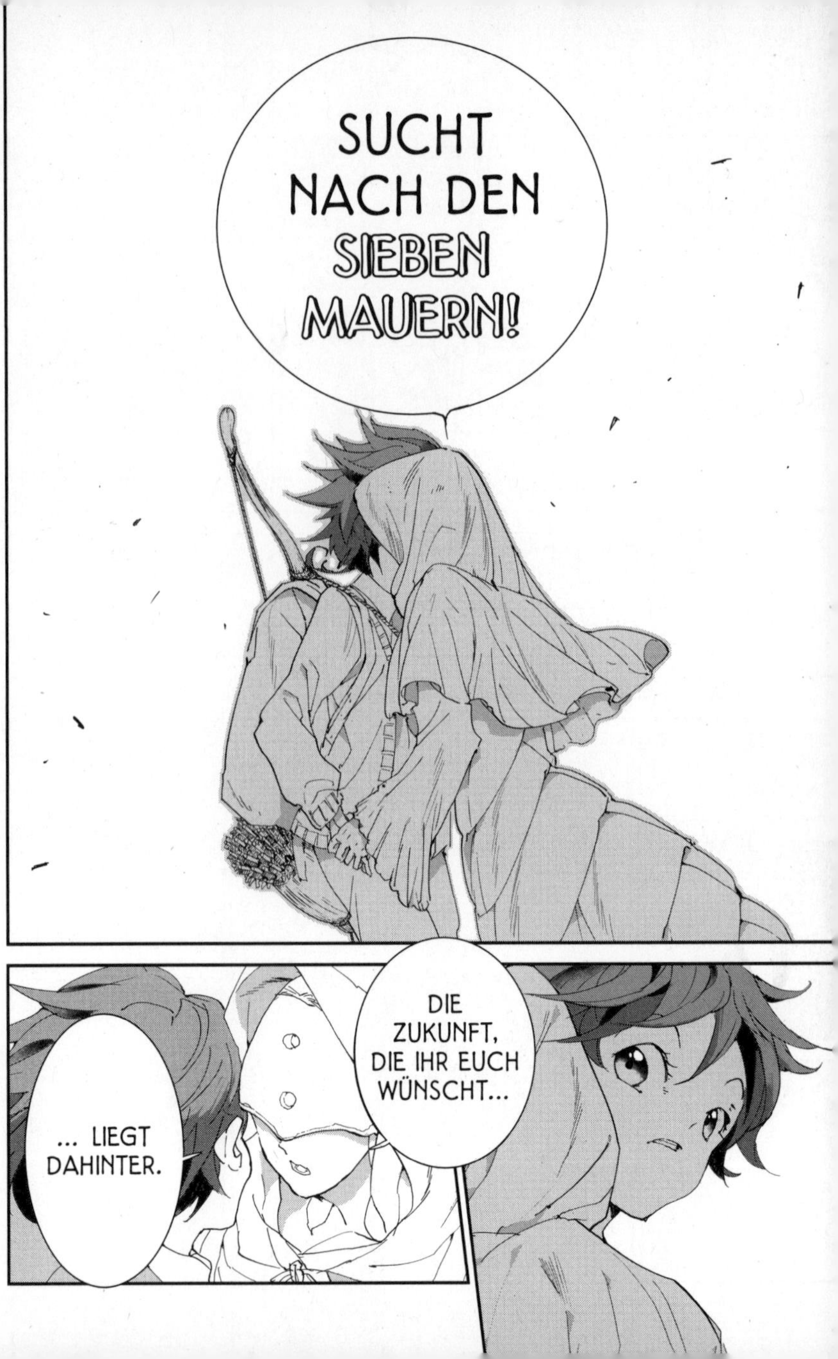
SUCHT NACH DEN SIEBEN MAUERN!
DIE ZUKUNFT, DIE IHR EUCH WÜNSCHT...
... LIEGT DAHINTER.

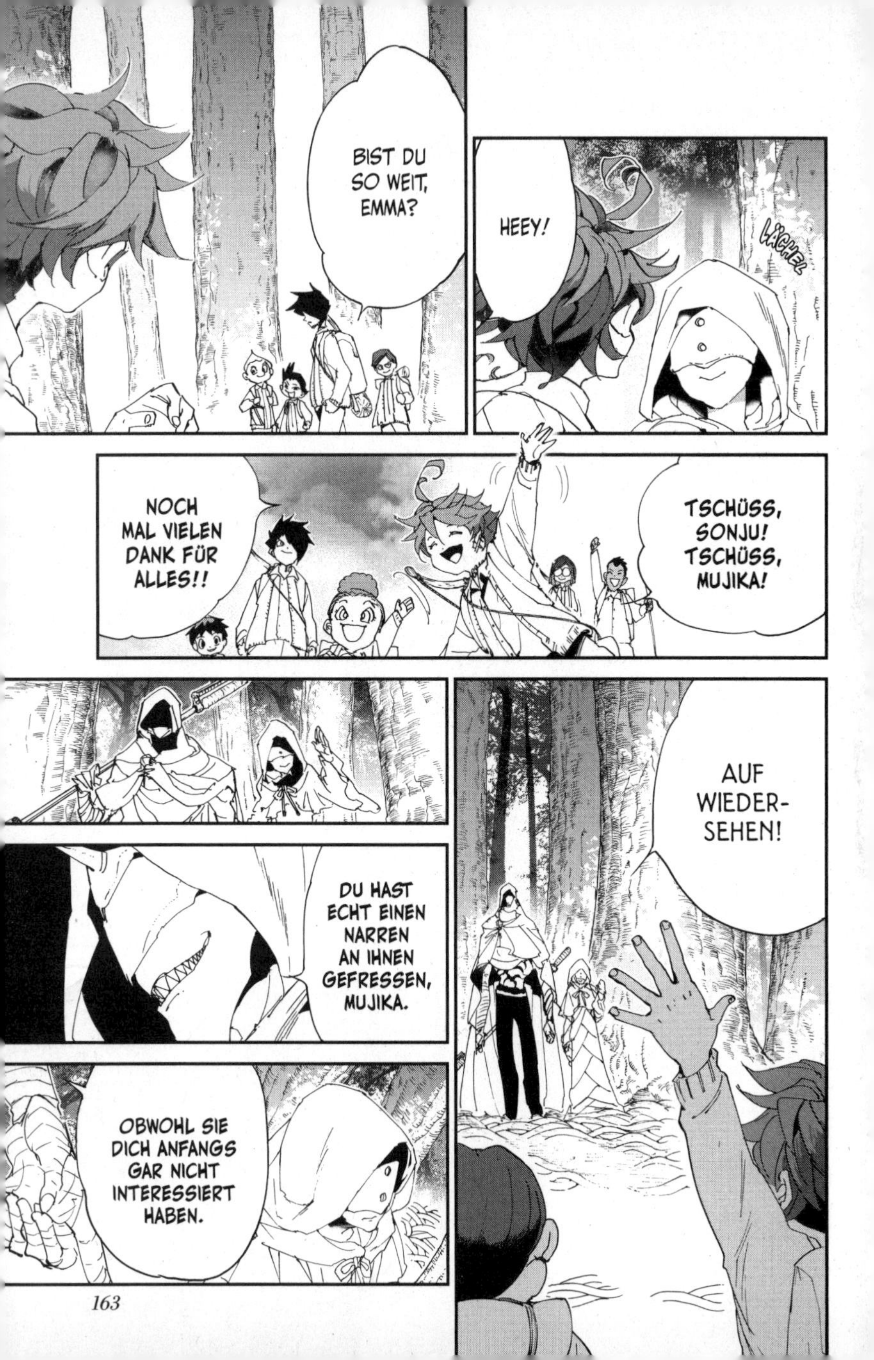
HEEY!
LÄCHEL
BIST DU SO WEIT, EMMA?
TSCHÜSS, SONJU! TSCHÜSS, MUJIKA!
NOCH MAL VIELEN DANK FÜR ALLES!!
AUF WIEDER-SEHEN!
DU HAST ECHT EINEN NARREN AN IHNEN GEFRESSEN, MUJIKA.
OBWOHL SIE DICH ANFANGS GAR NICHT INTERESSIERT HABEN.

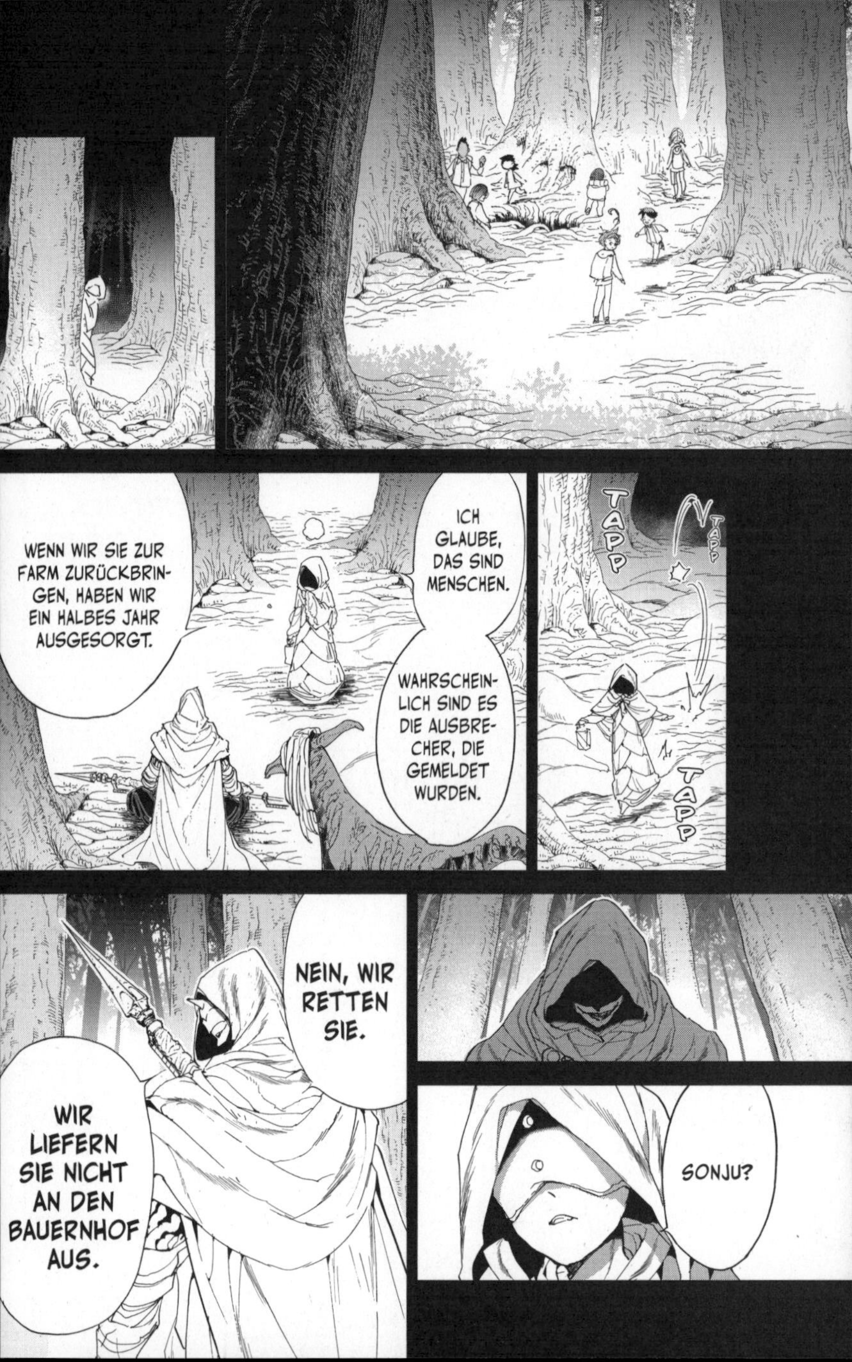
TAPP
TAPP
TAPP
TAPP
ICH GLAUBE, DAS SIND MENSCHEN.
WAHRSCHEINLICH SIND ES DIE AUSBRECHER, DIE GEMELDET WURDEN.
WENN WIR SIE ZUR FARM ZURÜCKBRINGEN, HABEN WIR EIN HALBES JAHR AUSGESORGT.
SONJU?
NEIN, WIR RETTEN SIE.
WIR LIEFERN SIE NICHT AN DEN BAUERNHOF AUS.

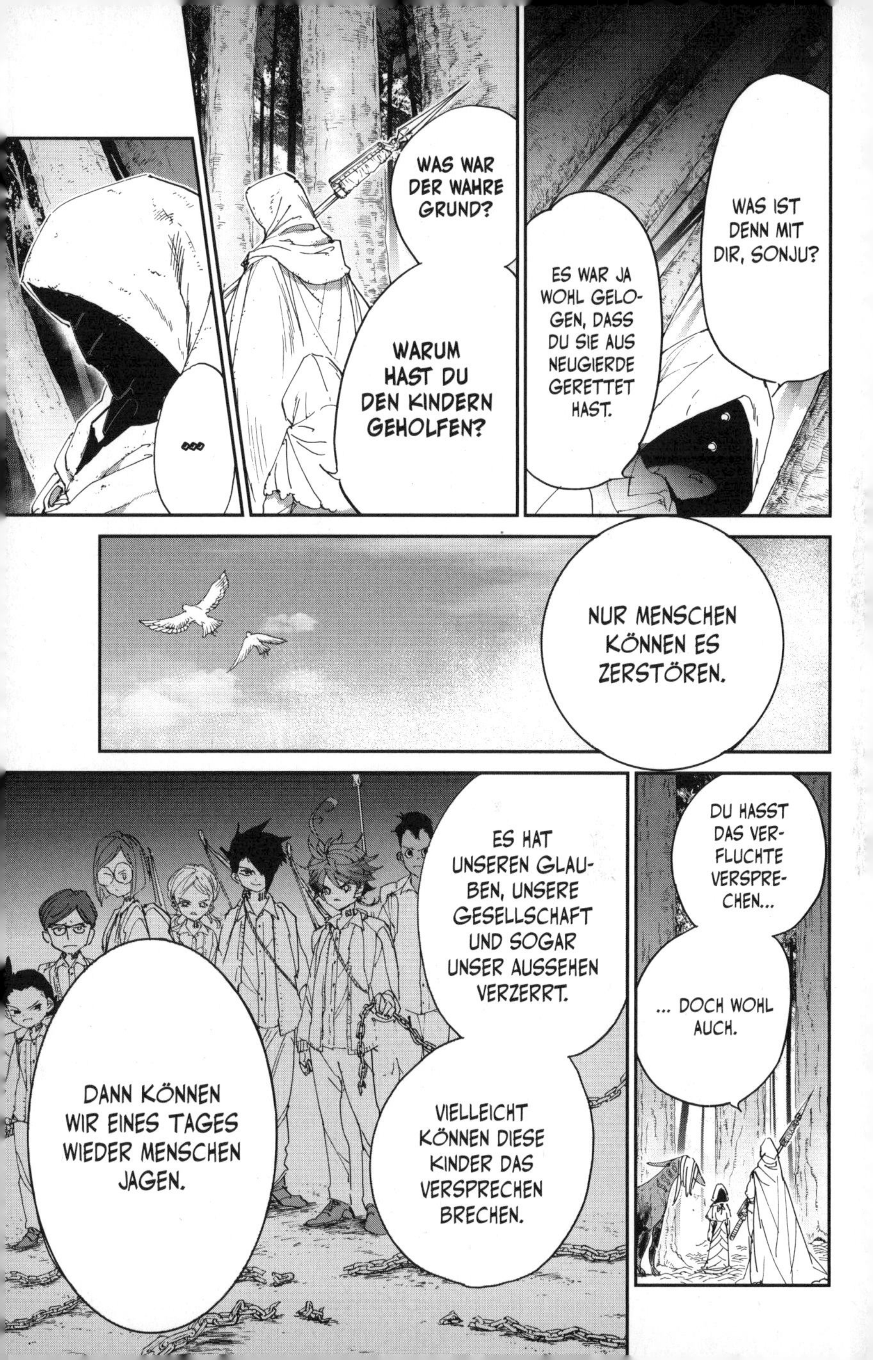

WAS IST DENN MIT DIR, SONJU?
ES WAR JA WOHL GELOGEN, DASS DU SIE AUS NEUGIERDE GERETTET HAST.
WAS WAR DER WAHRE GRUND?
WARUM HAST DU DEN KINDERN GEHOLFEN?
...
NUR MENSCHEN KÖNNEN ES ZERSTÖREN.
DU HASST DAS VERFLUCHTE VERSPRECHEN...
... DOCH WOHL AUCH.
ES HAT UNSEREN GLAUBEN, UNSERE GESELLSCHAFT UND SOGAR UNSER AUSSEHEN VERZERRT.
VIELLEICHT KÖNNEN DIESE KINDER DAS VERSPRECHEN BRECHEN.
DANN KÖNNEN WIR EINES TAGES WIEDER MENSCHEN JAGEN.

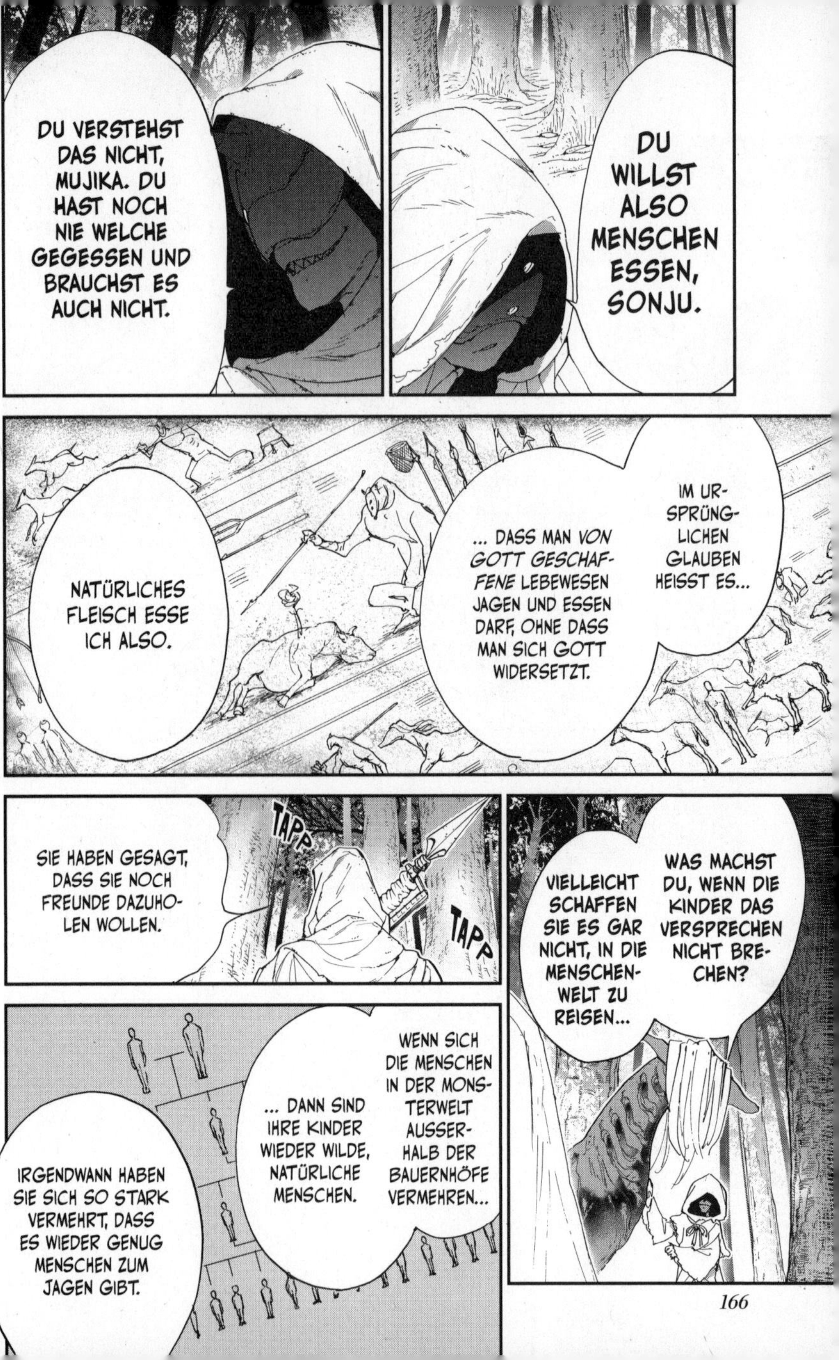
DU WILLST ALSO MENSCHEN ESSEN, SONJU.
DU VERSTEHST DAS NICHT, MUJIKA. DU HAST NOCH NIE WELCHE GEGESSEN UND BRAUCHST ES AUCH NICHT.
IM URSPRÜNGLICHEN GLAUBEN HEISST ES...
... DASS MAN *VON GOTT GESCHAFFENE* LEBEWESEN JAGEN UND ESSEN DARF, OHNE DASS MAN SICH GOTT WIDERSETZT.
NATÜRLICHES FLEISCH ESSE ICH ALSO.
WAS MACHST DU, WENN DIE KINDER DAS VERSPRECHEN NICHT BRECHEN?
VIELLEICHT SCHAFFEN SIE ES GAR NICHT, IN DIE MENSCHENWELT ZU REISEN...
TAPP
TAPP
SIE HABEN GESAGT, DASS SIE NOCH FREUNDE DAZUHOLEN WOLLEN.
WENN SICH DIE MENSCHEN IN DER MONSTERWELT AUSSERHALB DER BAUERNHÖFE VERMEHREN...
... DANN SIND IHRE KINDER WIEDER WILDE, NATÜRLICHE MENSCHEN.
IRGENDWANN HABEN SIE SICH SO STARK VERMEHRT, DASS ES WIEDER GENUG MENSCHEN ZUM JAGEN GIBT.

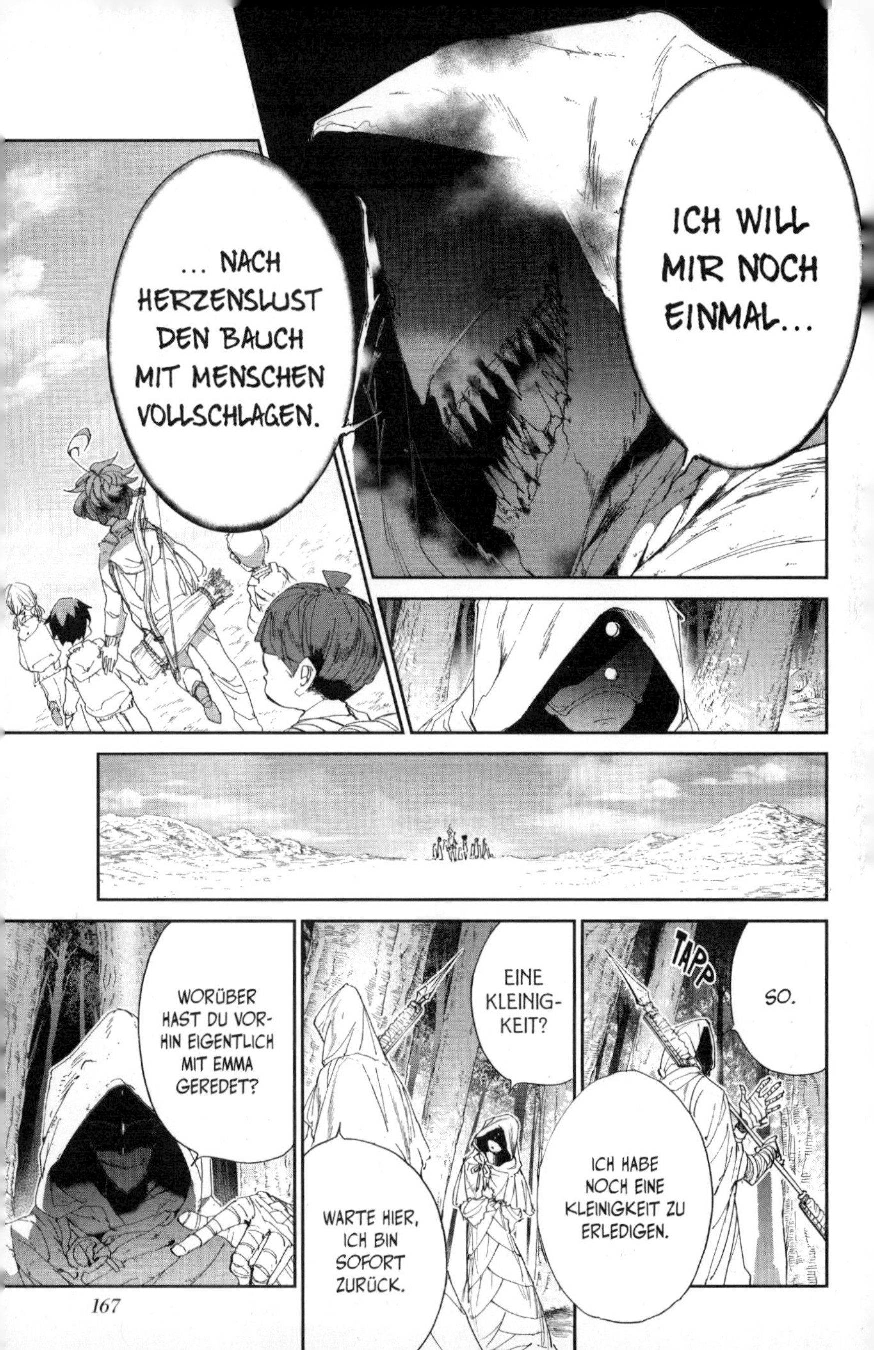
ICH WILL MIR NOCH EINMAL…
… NACH HERZENSLUST DEN BAUCH MIT MENSCHEN VOLLSCHLAGEN.
TAPP
SO.
EINE KLEINIG-KEIT?
WORÜBER HAST DU VOR-HIN EIGENTLICH MIT EMMA GEREDET?
ICH HABE NOCH EINE KLEINIGKEIT ZU ERLEDIGEN.
WARTE HIER, ICH BIN SOFORT ZURÜCK.

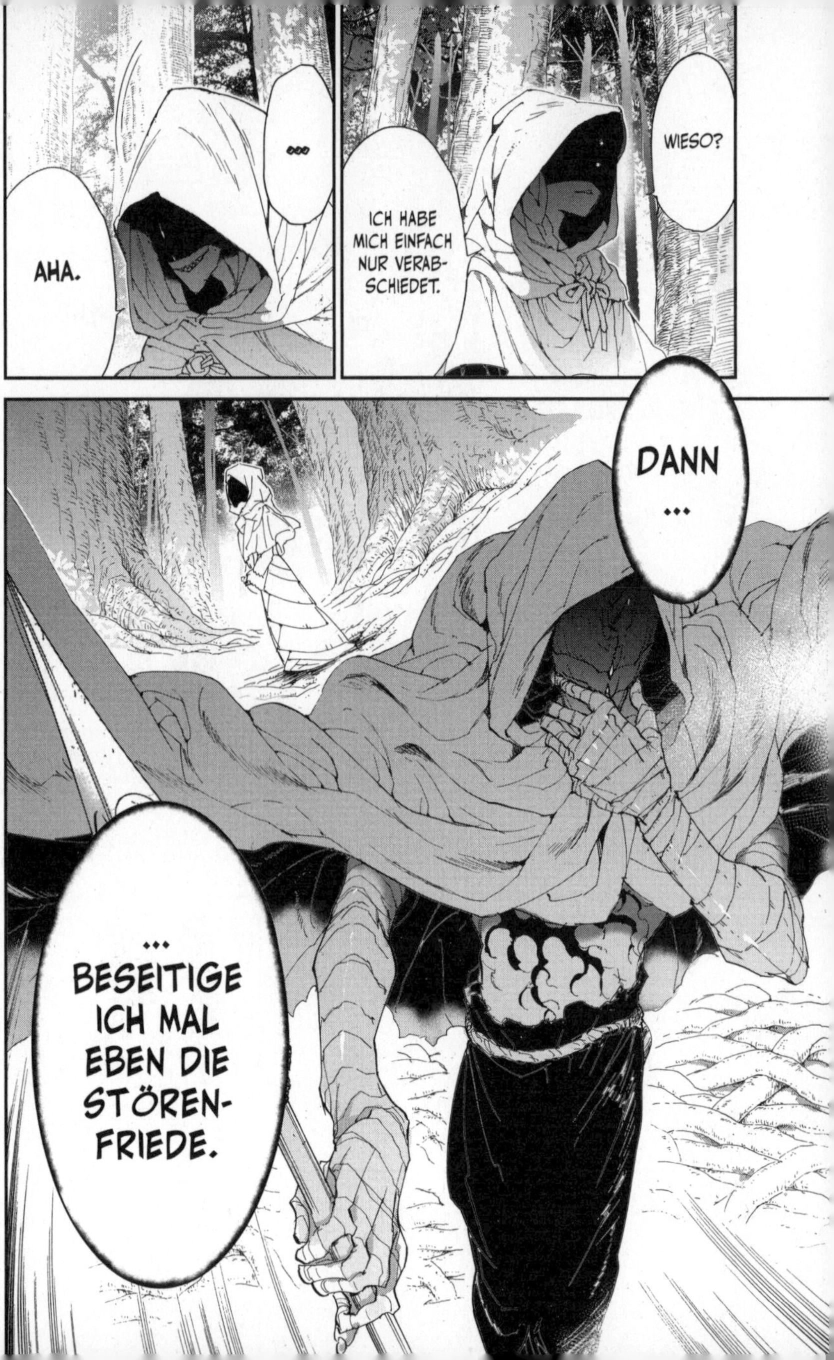
WIESO?
ICH HABE MICH EINFACH NUR VERAB-SCHIEDET.
...
AHA.
DANN ...
... BESEITIGE ICH MAL EBEN DIE STÖREN-FRIEDE.

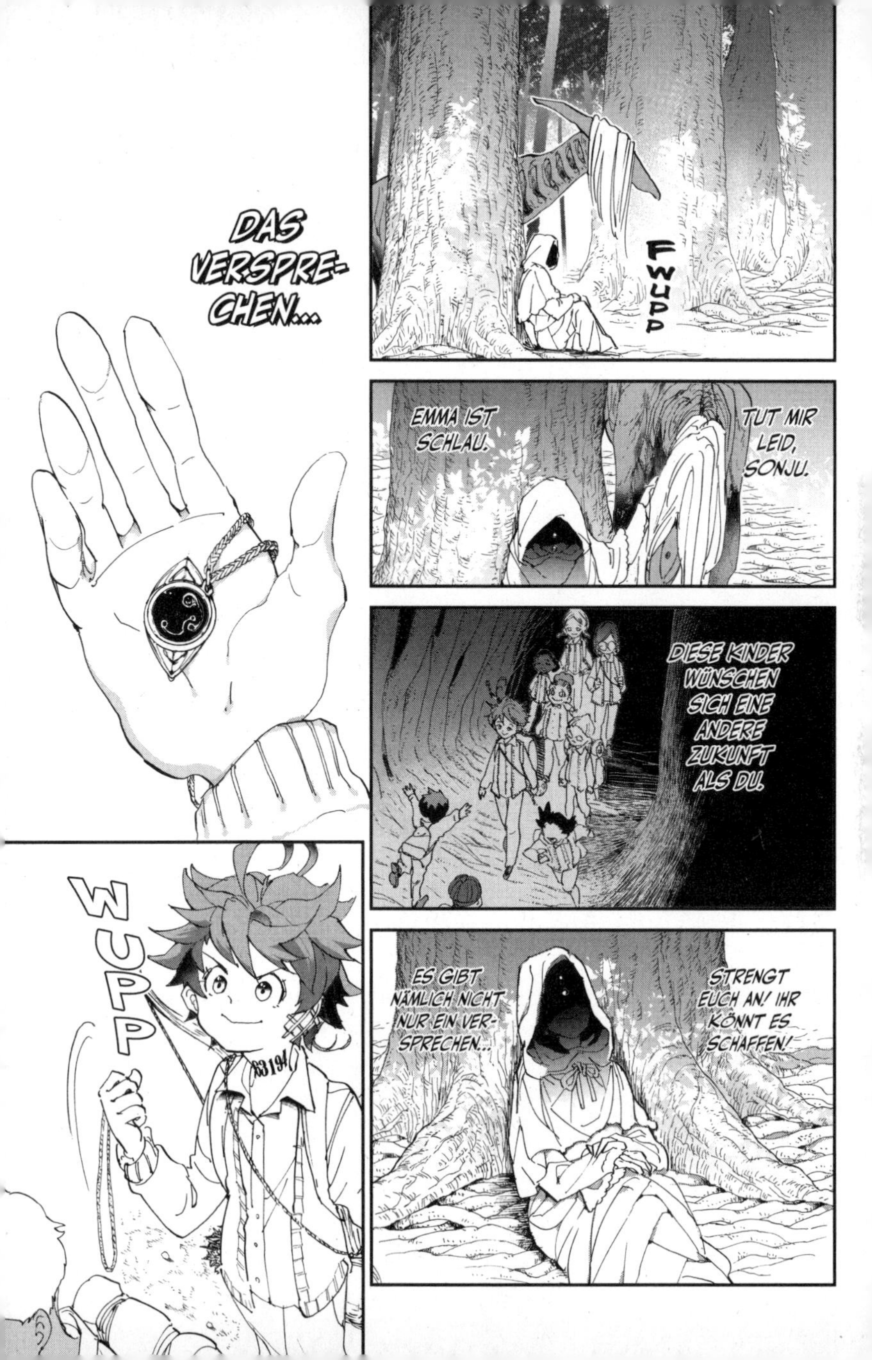

FWUPP
TUT MIR LEID, SONJU.
EMMA IST SCHLAU.
DIESE KINDER WÜNSCHEN SICH EINE ANDERE ZUKUNFT ALS DU.
STRENGT EUCH AN! IHR KÖNNT ES SCHAFFEN!
ES GIBT NÄMLICH NICHT NUR EIN VER-SPRECHEN...
DAS VERSPRE-CHEN...
WUPP
63194

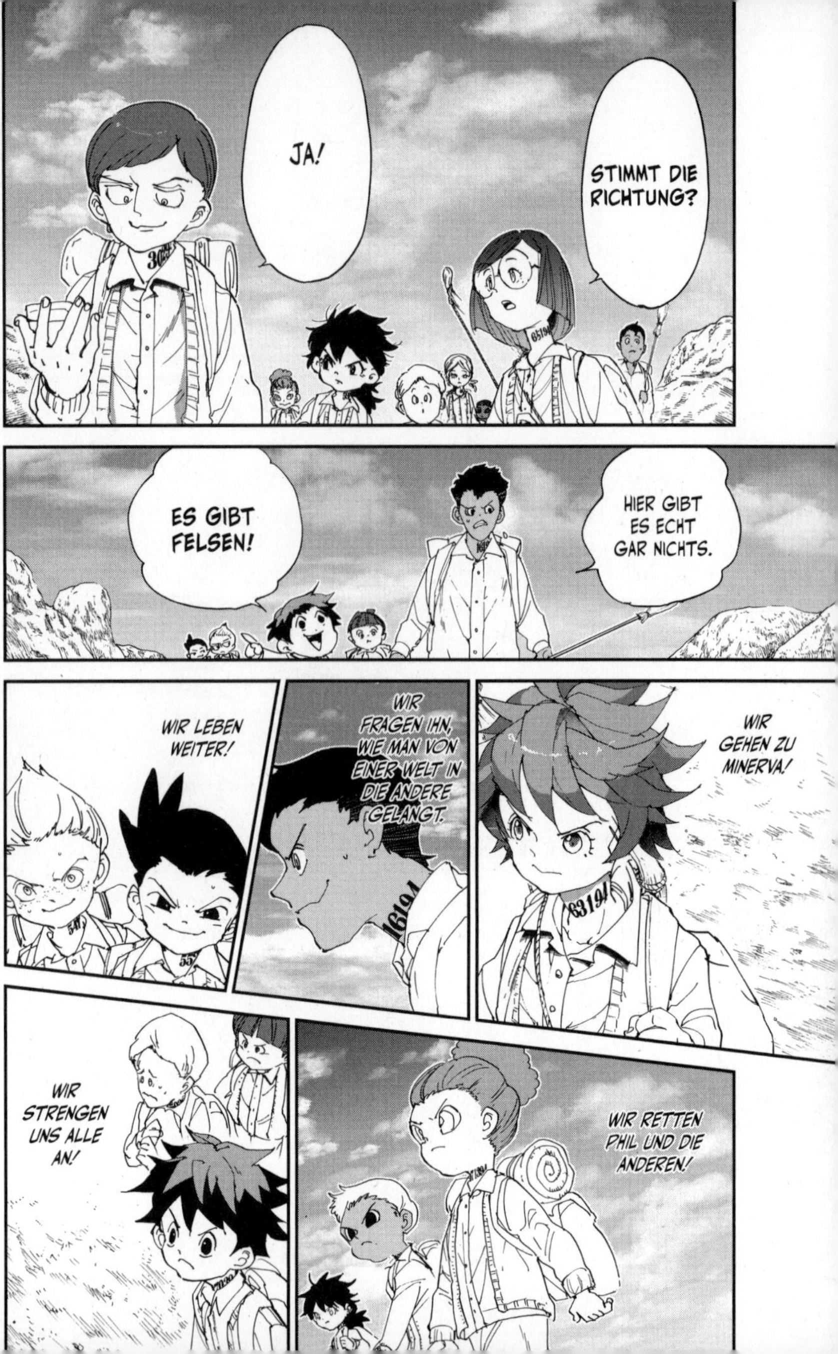
STIMMT DIE RICHTUNG?
JA!
HIER GIBT ES ECHT GAR NICHTS.
ES GIBT FELSEN!
WIR GEHEN ZU MINERVA!
WIR FRAGEN IHN, WIE MAN VON EINER WELT IN DIE ANDERE GELANGT.
WIR LEBEN WEITER!
WIR RETTEN PHIL UND DIE ANDEREN!
WIR STRENGEN UNS ALLE AN!

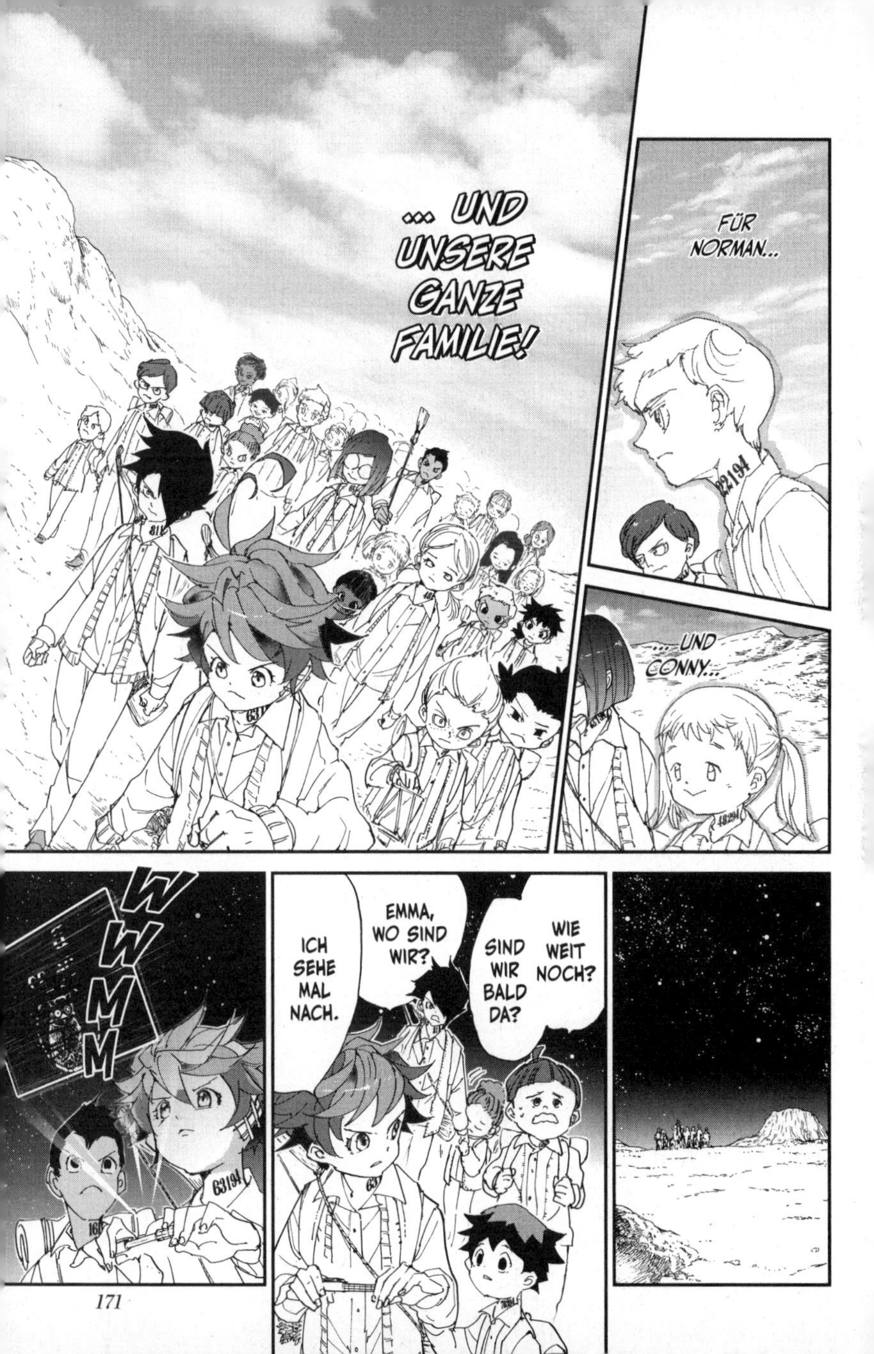
FÜR NORMAN...
... UND CONNY...
... UND UNSERE GANZE FAMILIE!
WWWMM
WIE WEIT NOCH?
SIND WIR BALD DA?
EMMA, WO SIND WIR?
ICH SEHE MAL NACH.

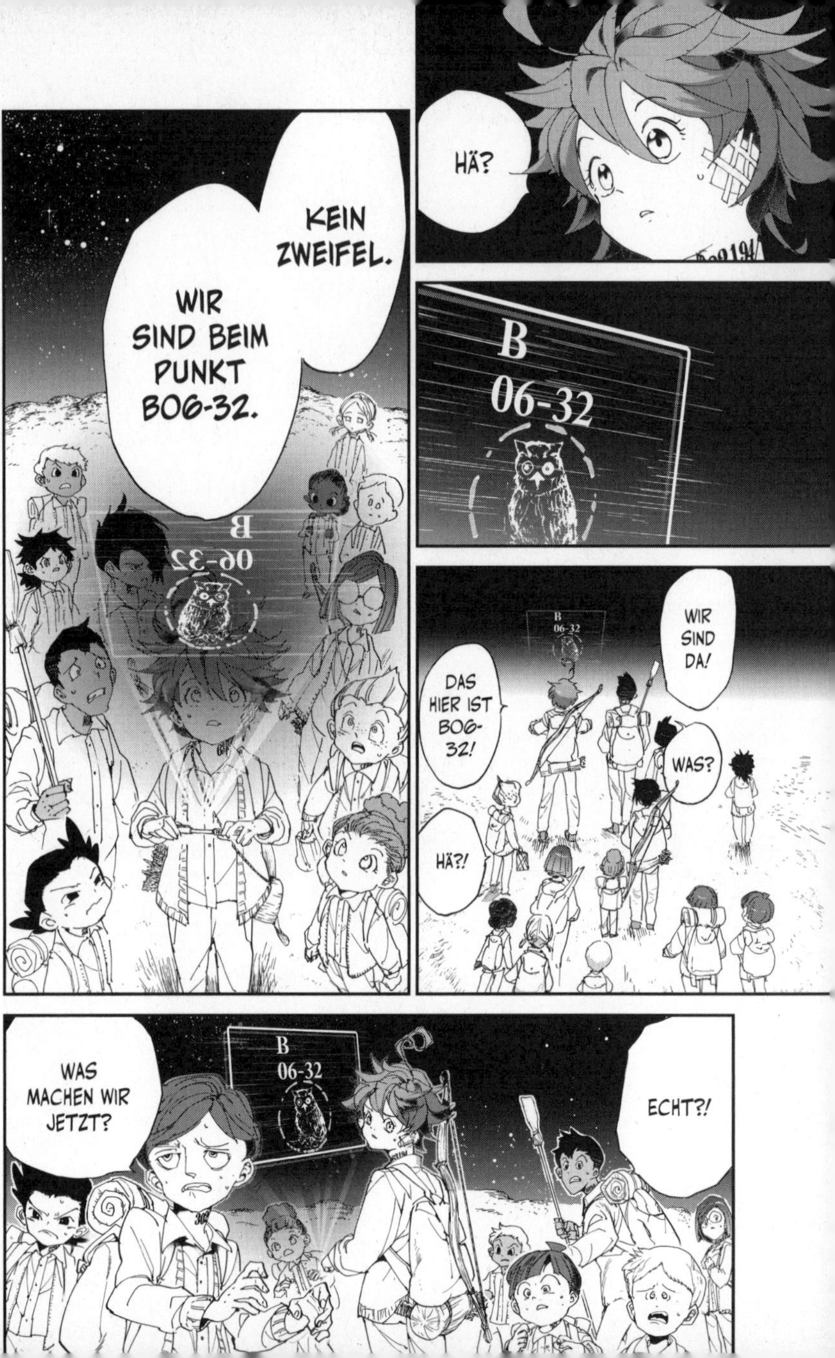
HÄ?
B
06-32
WIR SIND DA!
WAS?
DAS HIER IST B06-32!
HÄ?!
KEIN ZWEIFEL.
WIR SIND BEIM PUNKT B06-32.
ECHT?!
B
06-32
WAS MACHEN WIR JETZT?

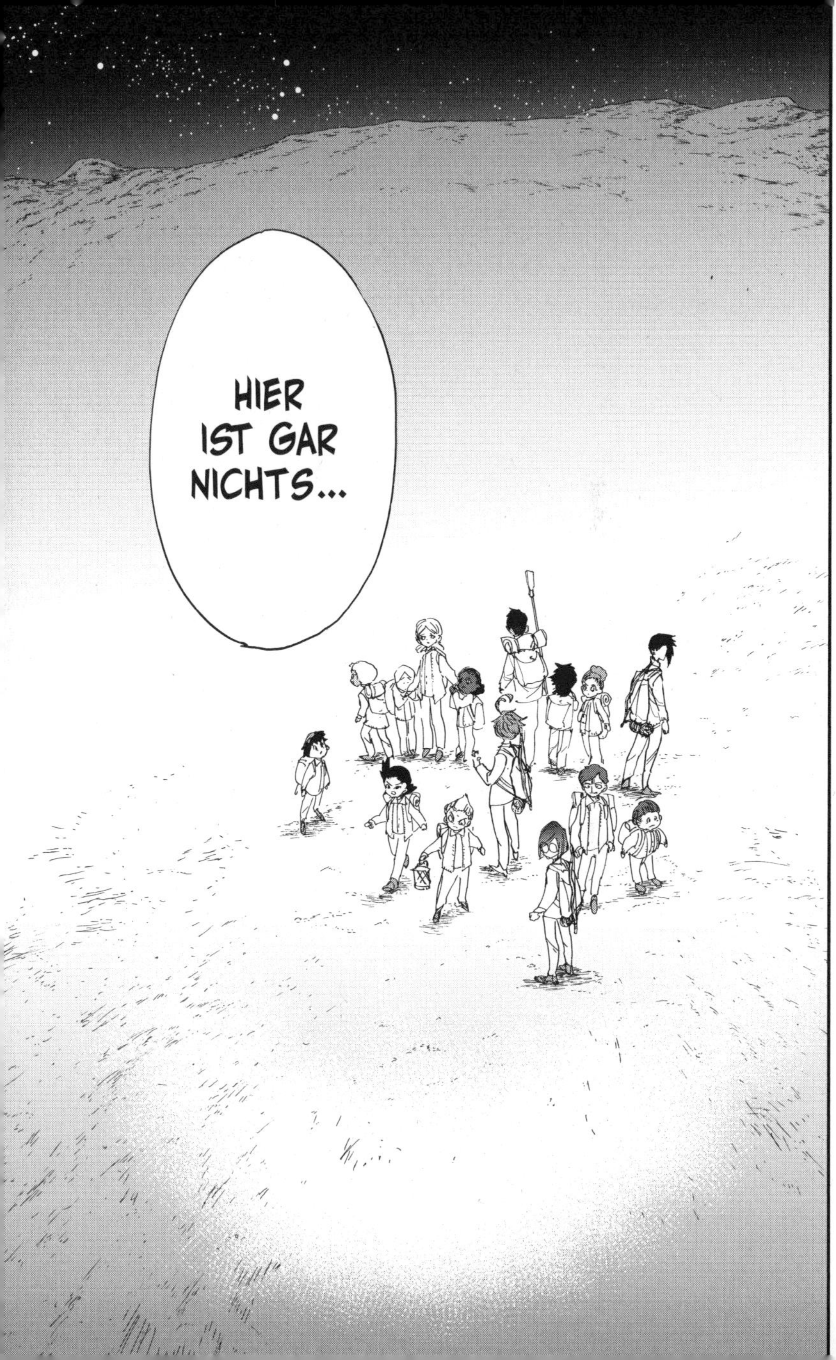
HIER IST GAR NICHTS...

Eine individuelle Fahne

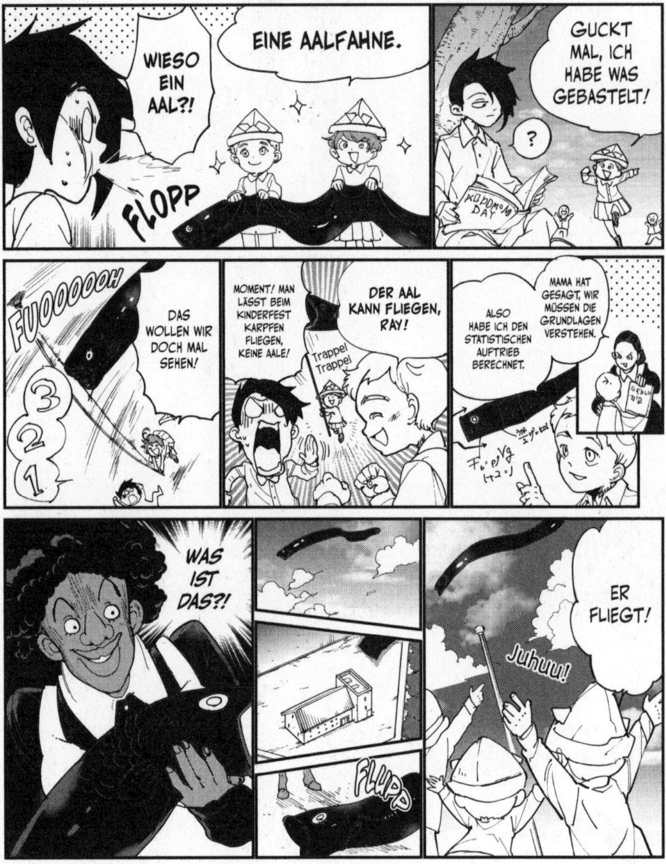

BONUSSTORY 5 - ENDE

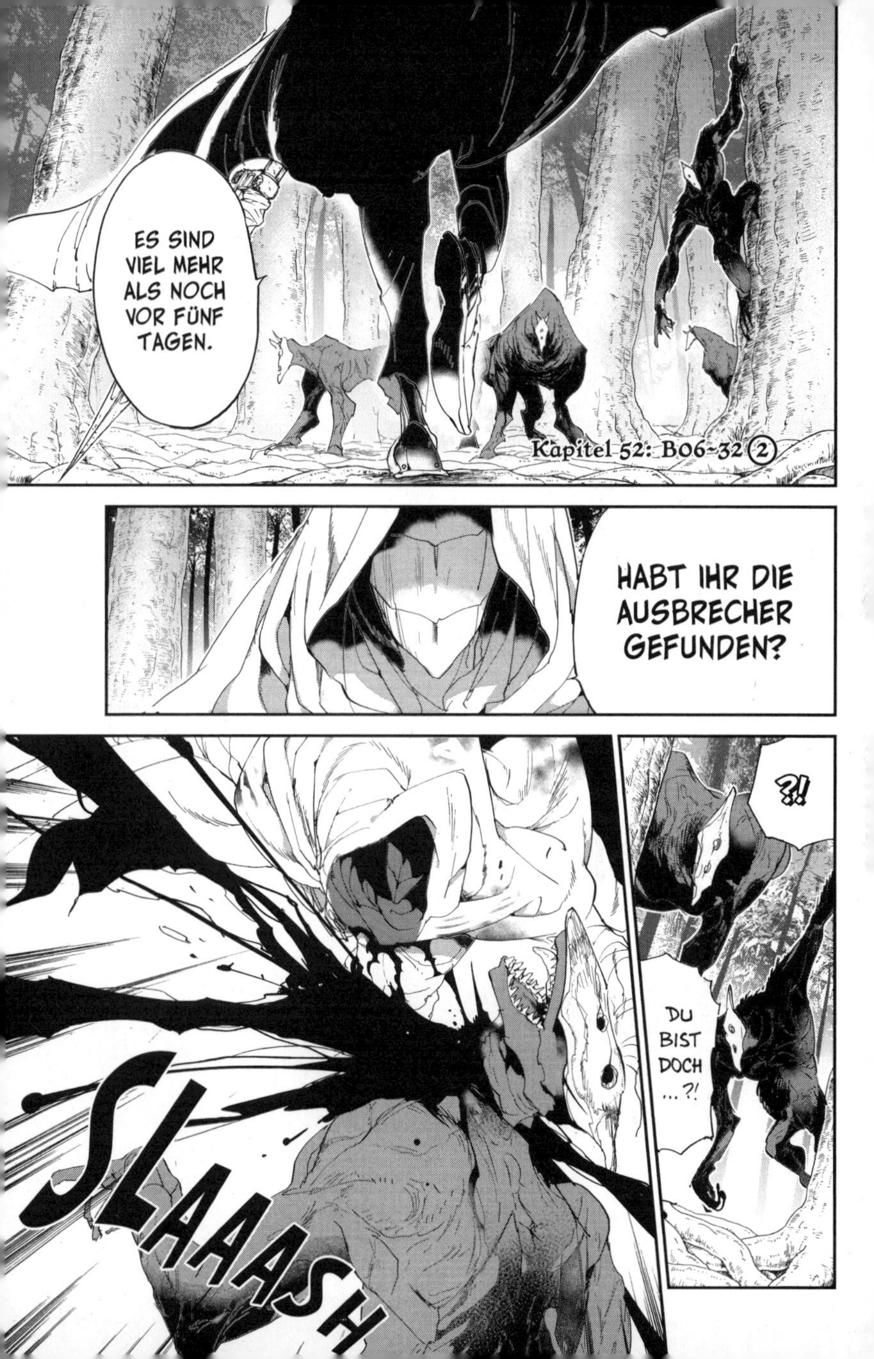
ES SIND VIEL MEHR ALS NOCH VOR FÜNF TAGEN.
Kapitel 52: B06-32 ②
HABT IHR DIE AUSBRECHER GEFUNDEN?
?!
DU BIST DOCH ...?!
SLAAASH

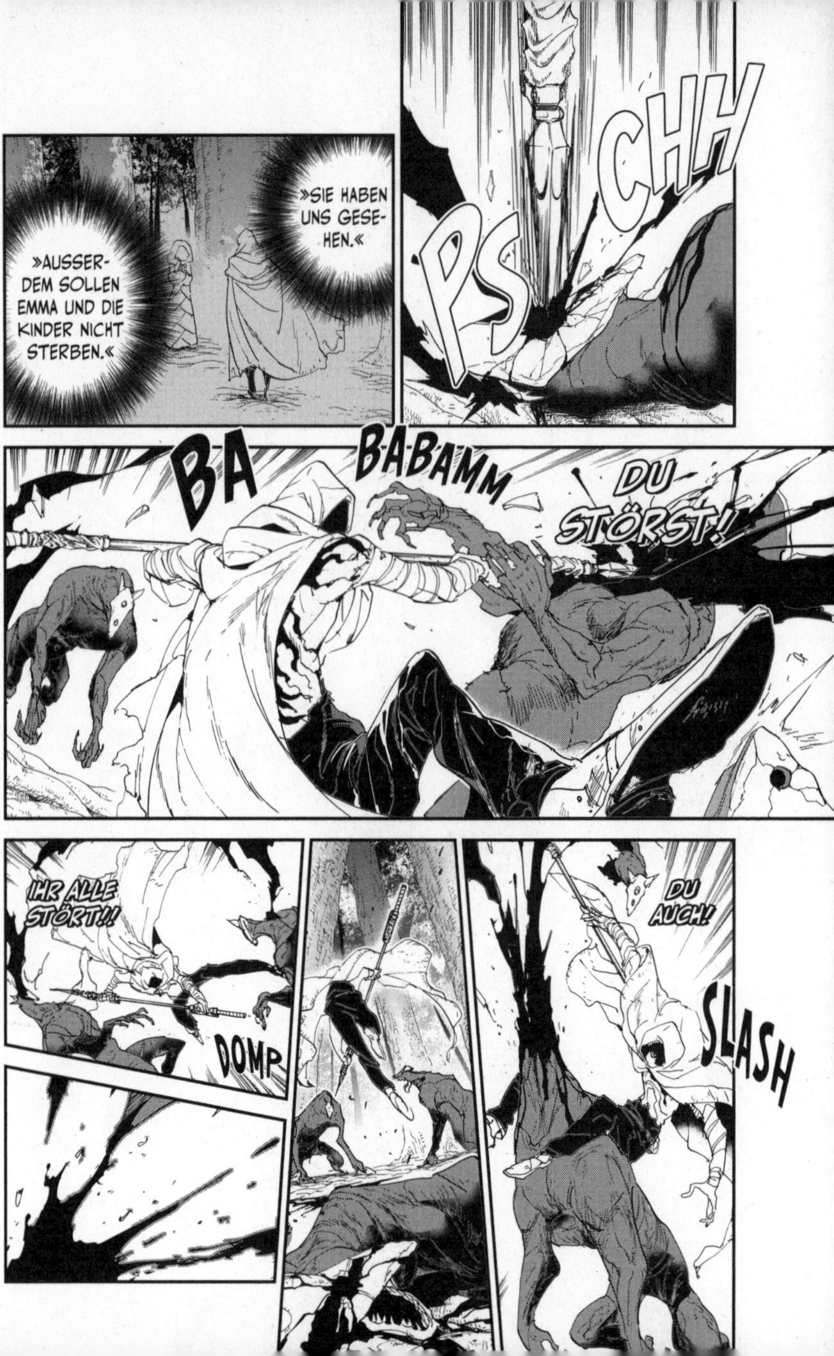
PSCHH
»SIE HABEN UNS GESEHEN.«
»AUSSERDEM SOLLEN EMMA UND DIE KINDER NICHT STERBEN.«
DU STÖRST!
BA BABAMM
DU AUCH!
SLASH
IHR ALLE STÖRT!!
DOMP

Kapitel 52: B06-32 ②

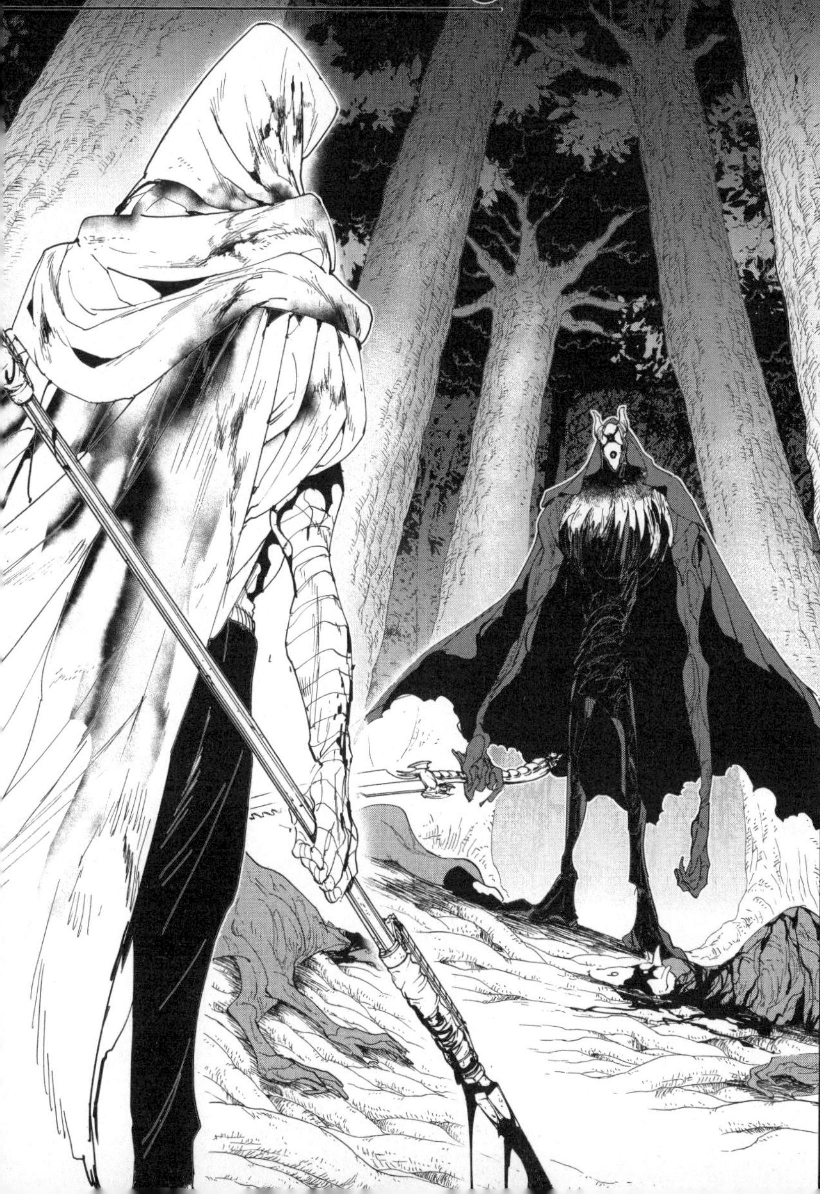

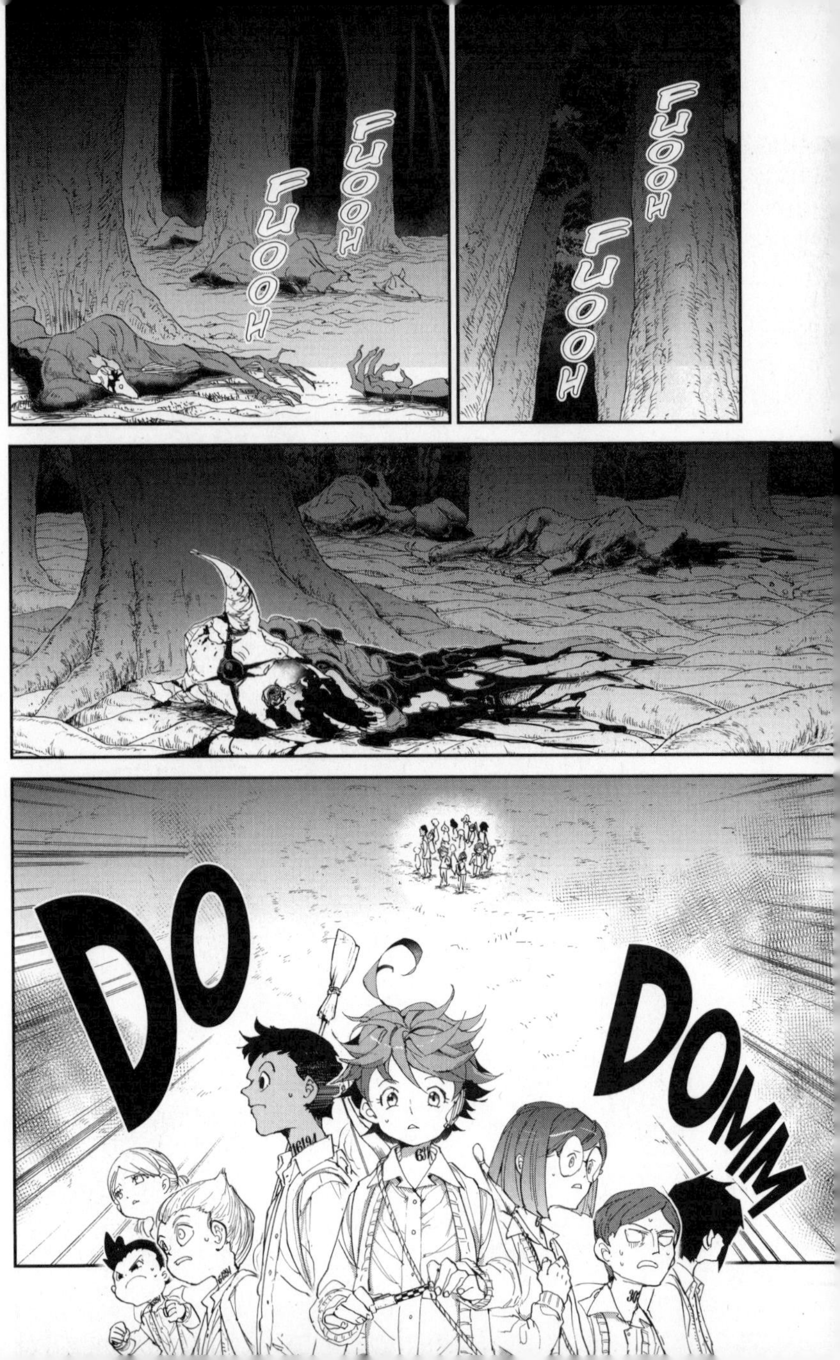
FUOOOH
FUOOOH
FUOOH
FUOOOH
DO
DOMM!

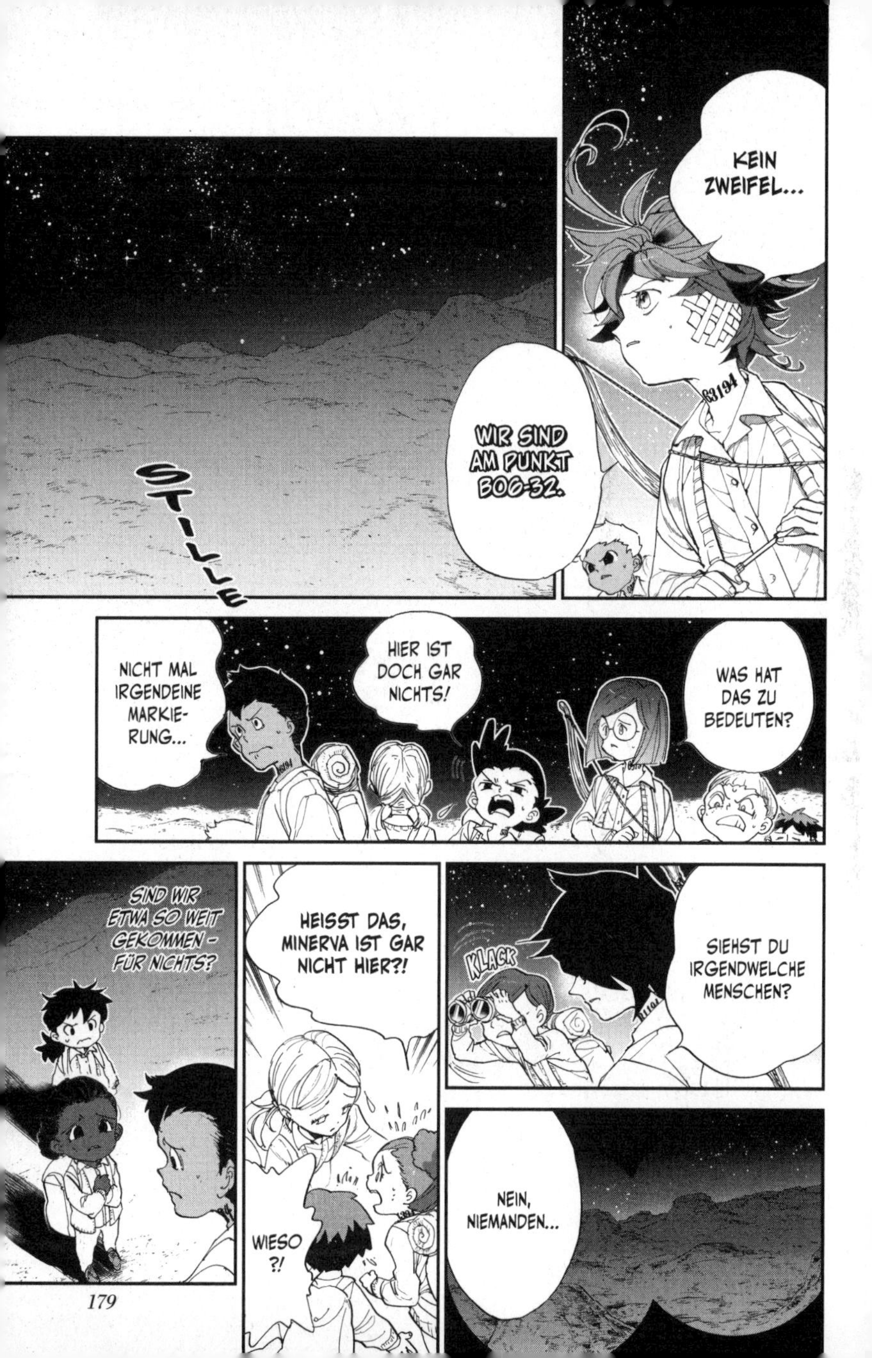
KEIN ZWEIFEL...
WIR SIND AM PUNKT B06-32.
STILLE
WAS HAT DAS ZU BEDEUTEN?
HIER IST DOCH GAR NICHTS!
NICHT MAL IRGENDEINE MARKIE-RUNG...
SIEHST DU IRGENDWELCHE MENSCHEN?
KLACK
NEIN, NIEMANDEN...
HEISST DAS, MINERVA IST GAR NICHT HIER?!
WIESO ?!
SIND WIR ETWA SO WEIT GEKOMMEN – FÜR NICHTS?

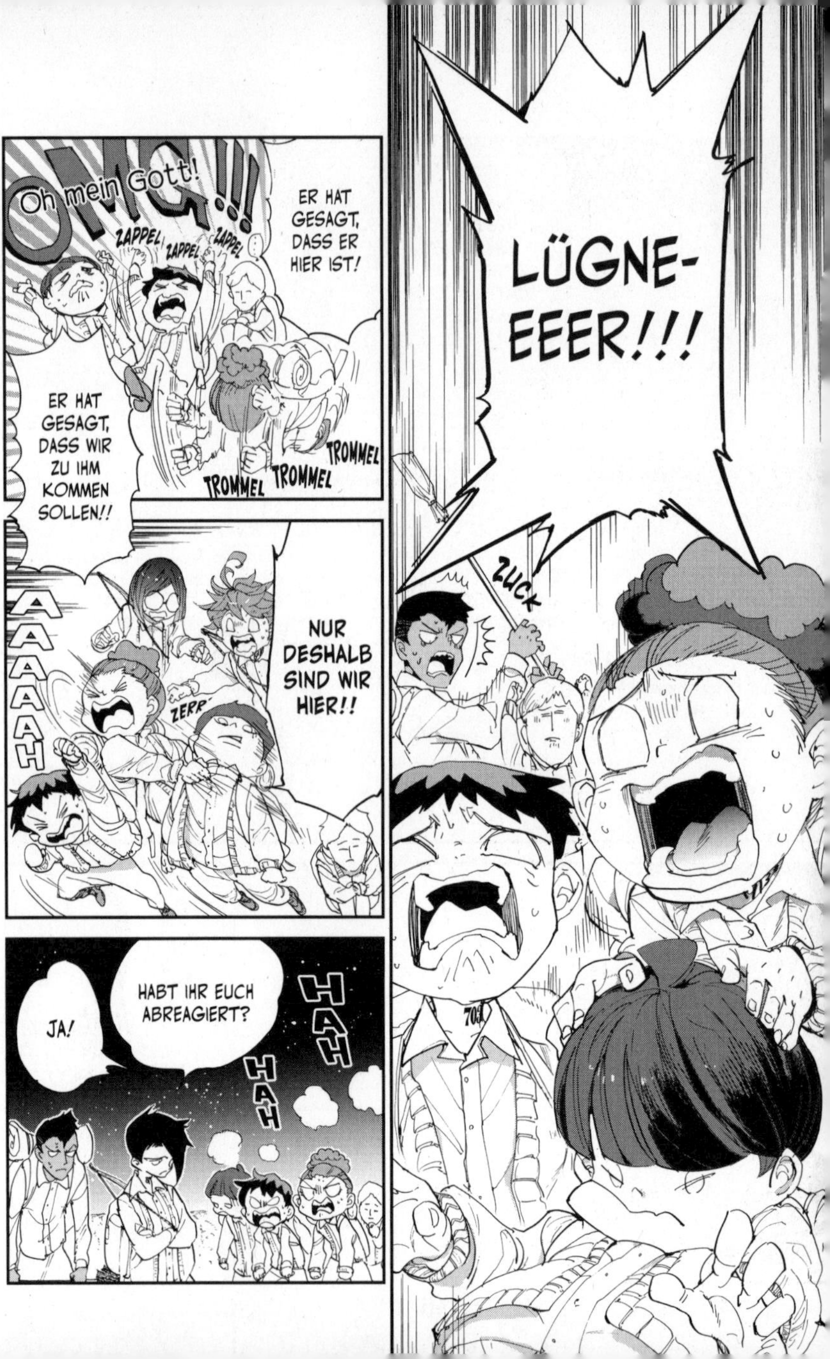
LÜGNE-EEER!!!
ZUCK
ER HAT GESAGT, DASS ER HIER IST!
OMG!!!
Oh mein Gott!
ZAPPEL ZAPPEL ZAPPEL
ER HAT GESAGT, DASS WIR ZU IHM KOMMEN SOLLEN!!
TROMMEL TROMMEL TROMMEL
NUR DESHALB SIND WIR HIER!!
ZERR
AAAAAAH
HAH HAH
HABT IHR EUCH ABREAGIERT?
JA!

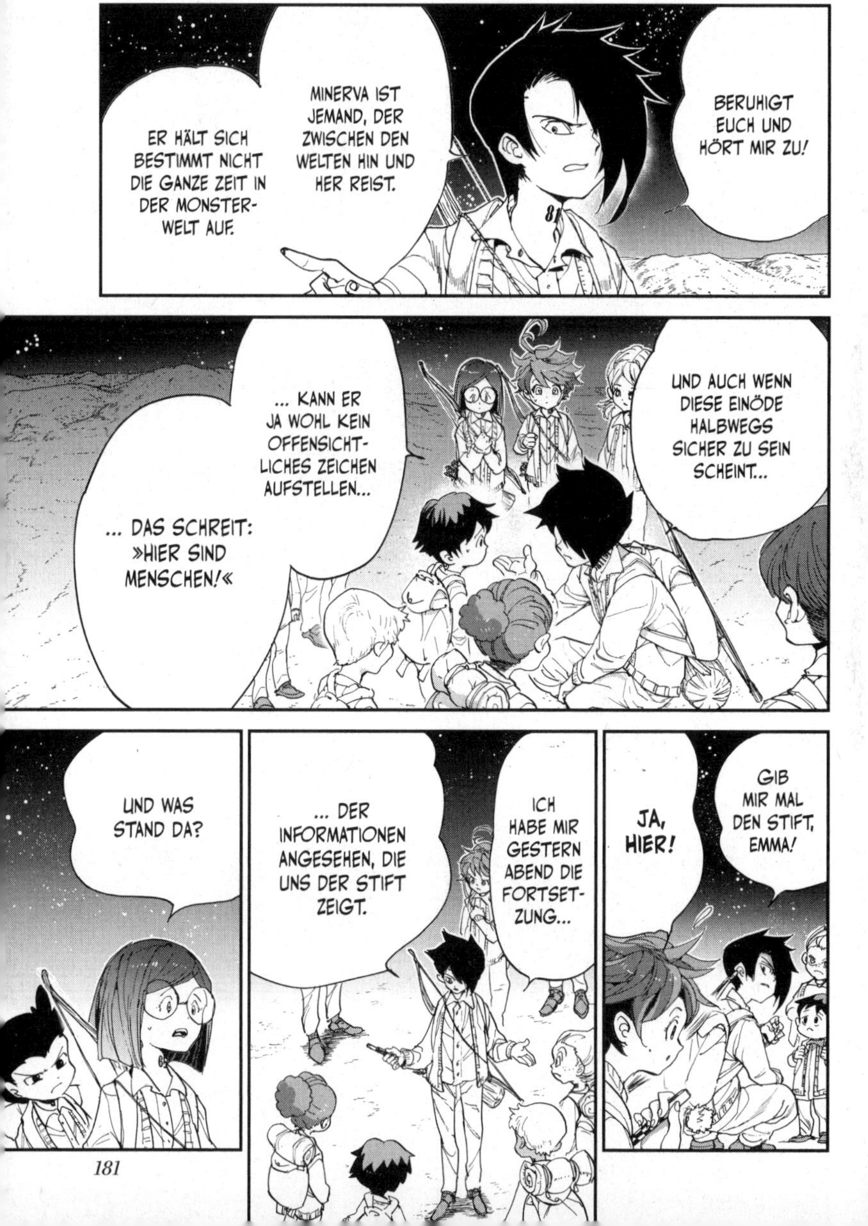
BERUHIGT EUCH UND HÖRT MIR ZU!
MINERVA IST JEMAND, DER ZWISCHEN DEN WELTEN HIN UND HER REIST.
ER HÄLT SICH BESTIMMT NICHT DIE GANZE ZEIT IN DER MONSTERWELT AUF.
UND AUCH WENN DIESE EINÖDE HALBWEGS SICHER ZU SEIN SCHEINT...
... KANN ER JA WOHL KEIN OFFENSICHTLICHES ZEICHEN AUFSTELLEN...
... DAS SCHREIT: »HIER SIND MENSCHEN!«
GIB MIR MAL DEN STIFT, EMMA!
JA, HIER!
ICH HABE MIR GESTERN ABEND DIE FORTSETZUNG...
... DER INFORMATIONEN ANGESEHEN, DIE UNS DER STIFT ZEIGT.
UND WAS STAND DA?

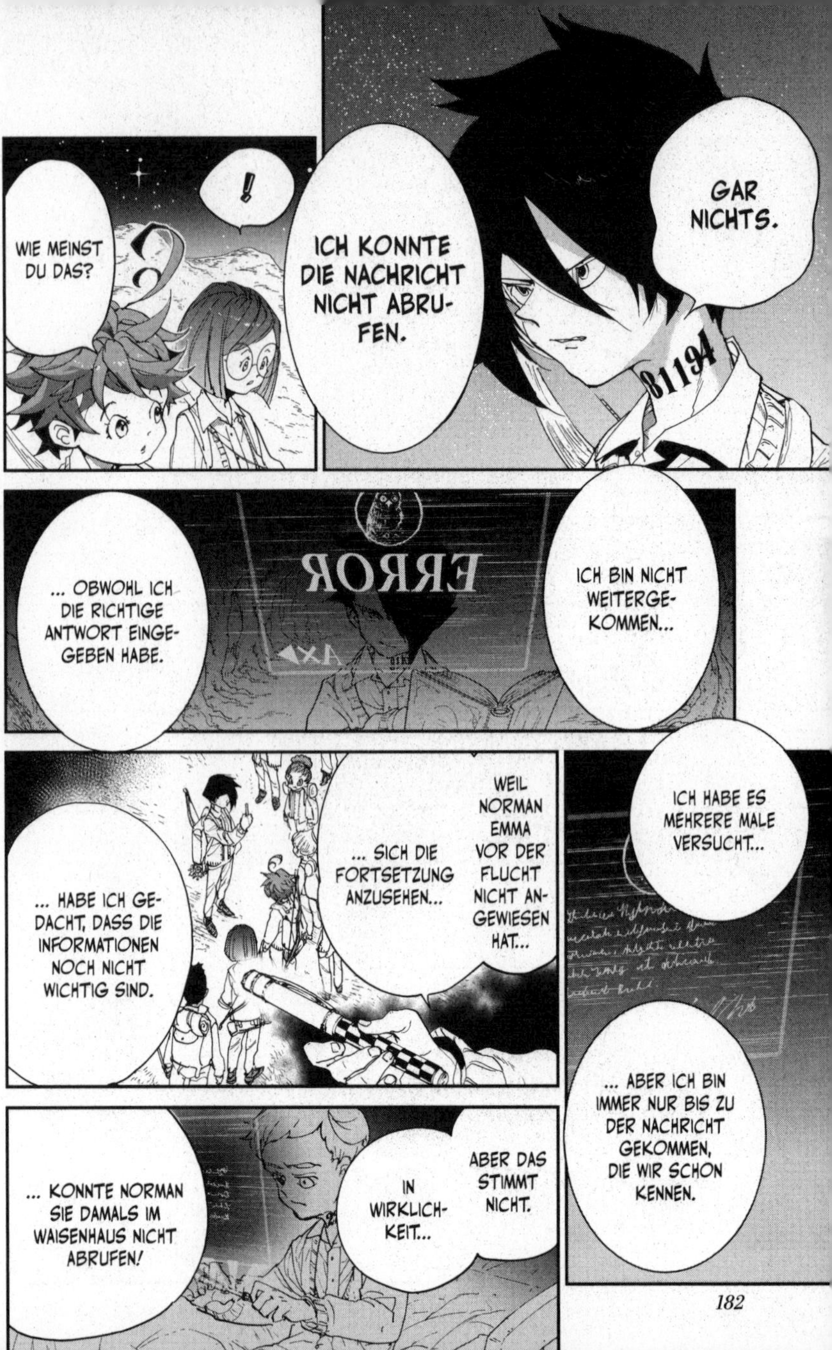
GAR NICHTS.
ICH KONNTE DIE NACHRICHT NICHT ABRUFEN.
!
WIE MEINST DU DAS?
ICH BIN NICHT WEITERGEKOMMEN...
... OBWOHL ICH DIE RICHTIGE ANTWORT EINGEGEBEN HABE.
ERROR
ICH HABE ES MEHRERE MALE VERSUCHT...
... ABER ICH BIN IMMER NUR BIS ZU DER NACHRICHT GEKOMMEN, DIE WIR SCHON KENNEN.
WEIL NORMAN EMMA VOR DER FLUCHT NICHT ANGEWIESEN HAT...
... SICH DIE FORTSETZUNG ANZUSEHEN...
... HABE ICH GEDACHT, DASS DIE INFORMATIONEN NOCH NICHT WICHTIG SIND.
ABER DAS STIMMT NICHT.
IN WIRKLICHKEIT...
... KONNTE NORMAN SIE DAMALS IM WAISENHAUS NICHT ABRUFEN!

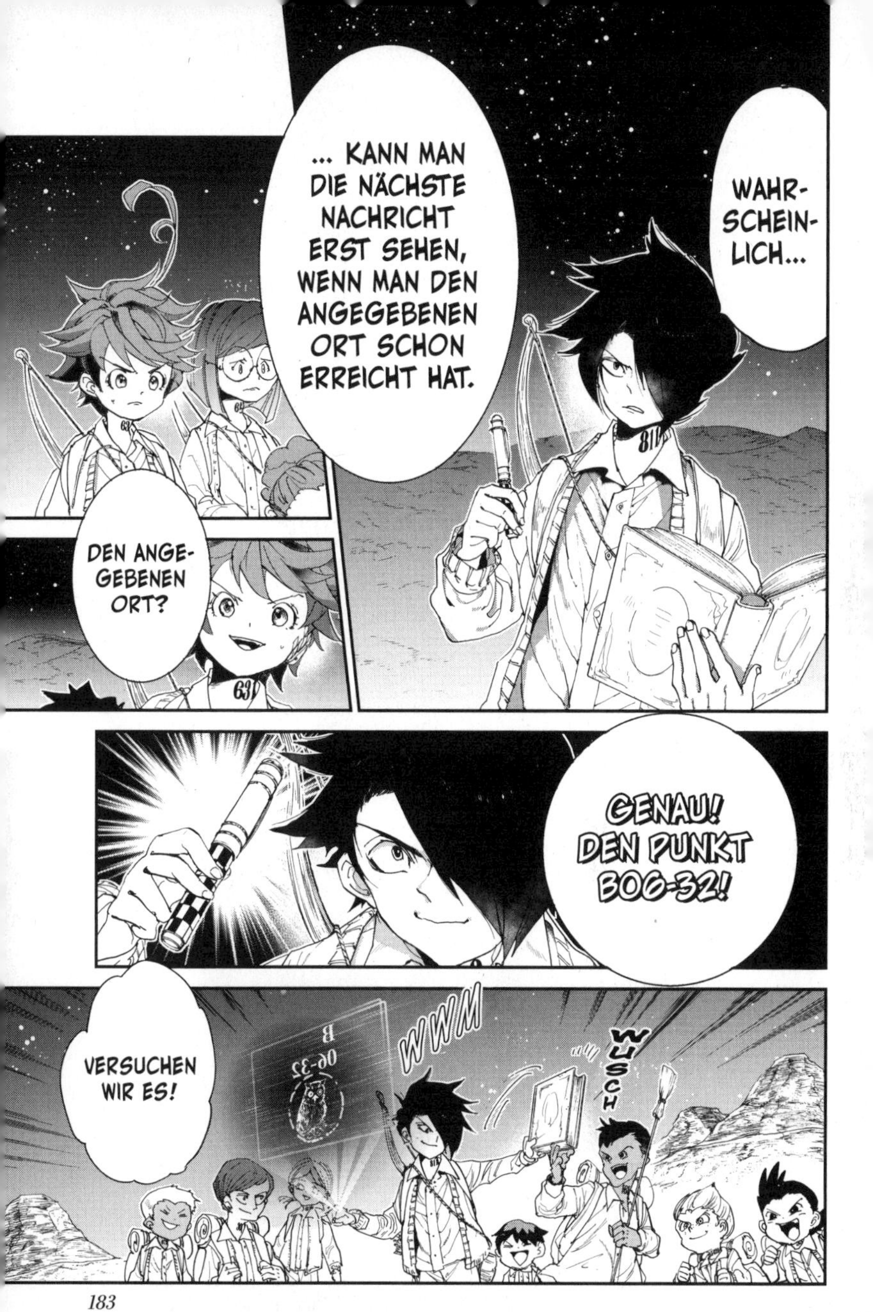
WAHR-SCHEIN-LICH...
... KANN MAN DIE NÄCHSTE NACHRICHT ERST SEHEN, WENN MAN DEN ANGEGEBENEN ORT SCHON ERREICHT HAT.
DEN ANGE-GEBENEN ORT?
GENAU! DEN PUNKT B06-32!
WUSCH
WWM
VERSUCHEN WIR ES!

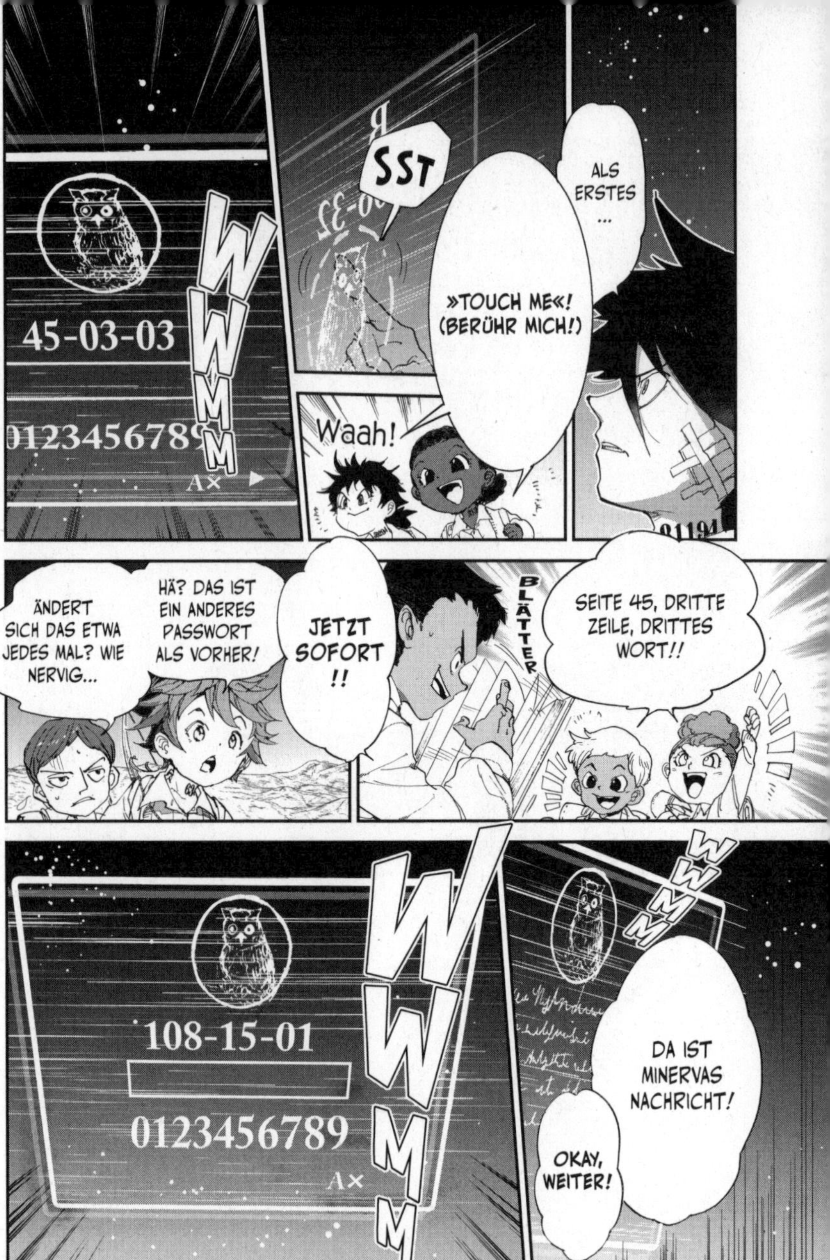
ALS ERSTES ...
»TOUCH ME«! (BERÜHR MICH!)
SST
Waah!
WWWMM
45-03-03
0123456789
SEITE 45, DRITTE ZEILE, DRITTES WORT!!
BLÄTTER
JETZT SOFORT !!
HÄ? DAS IST EIN ANDERES PASSWORT ALS VORHER!
ÄNDERT SICH DAS ETWA JEDES MAL? WIE NERVIG...
WWMM
DA IST MINERVAS NACHRICHT!
OKAY, WEITER!
WWMM
108-15-01
0123456789

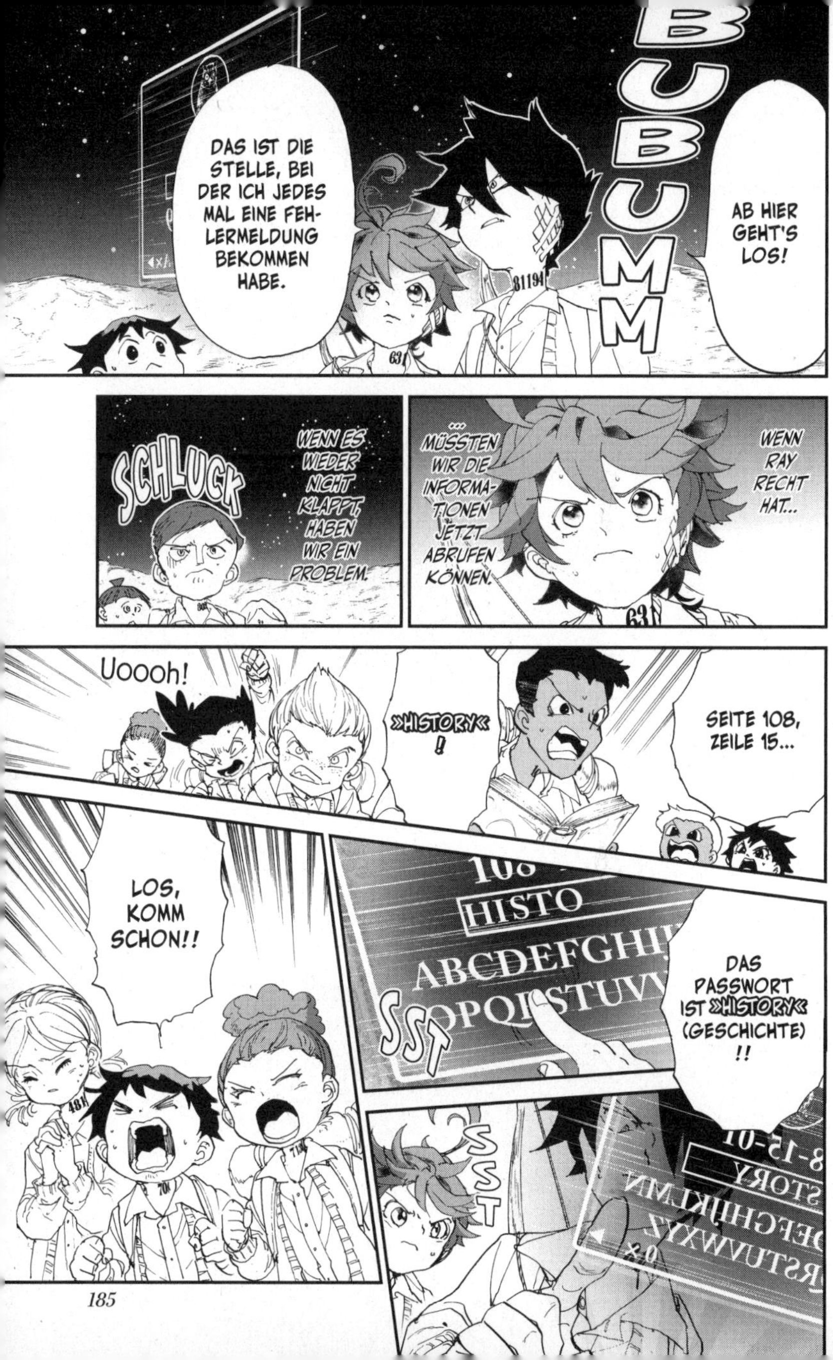
AB HIER GEHT'S LOS!
BUBUMM
DAS IST DIE STELLE, BEI DER ICH JEDES MAL EINE FEHLERMELDUNG BEKOMMEN HABE.
WENN RAY RECHT HAT...
... MÜSSTEN WIR DIE INFORMATIONEN JETZT ABRUFEN KÖNNEN.
SCHLUCK
WENN ES WIEDER NICHT KLAPPT, HABEN WIR EIN PROBLEM.
SEITE 108, ZEILE 15...
»HISTORY«!
Uoooh!
DAS PASSWORT IST »HISTORY« (GESCHICHTE)!!
SST
LOS, KOMM SCHON!!
SST

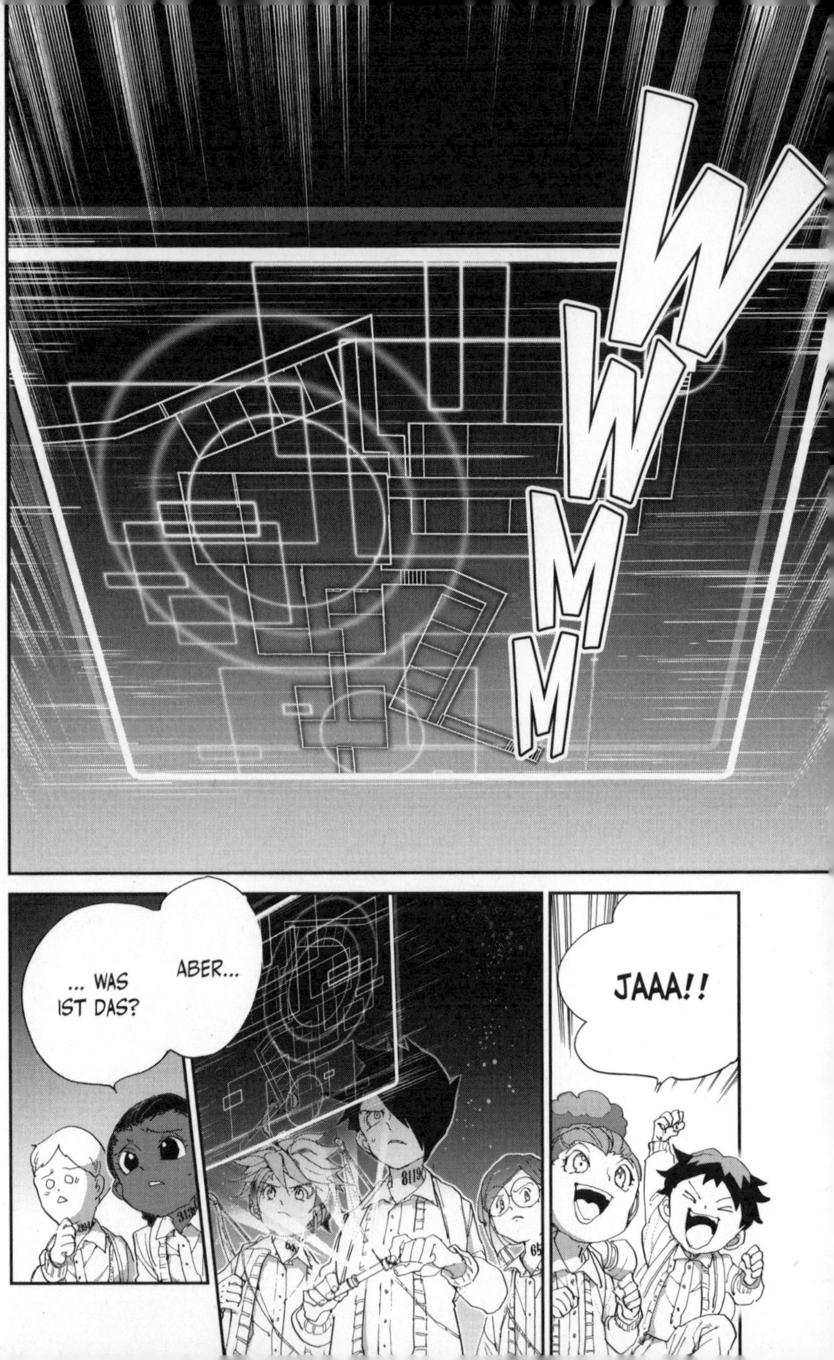
WWMM
JAAA!!
ABER...
... WAS IST DAS?

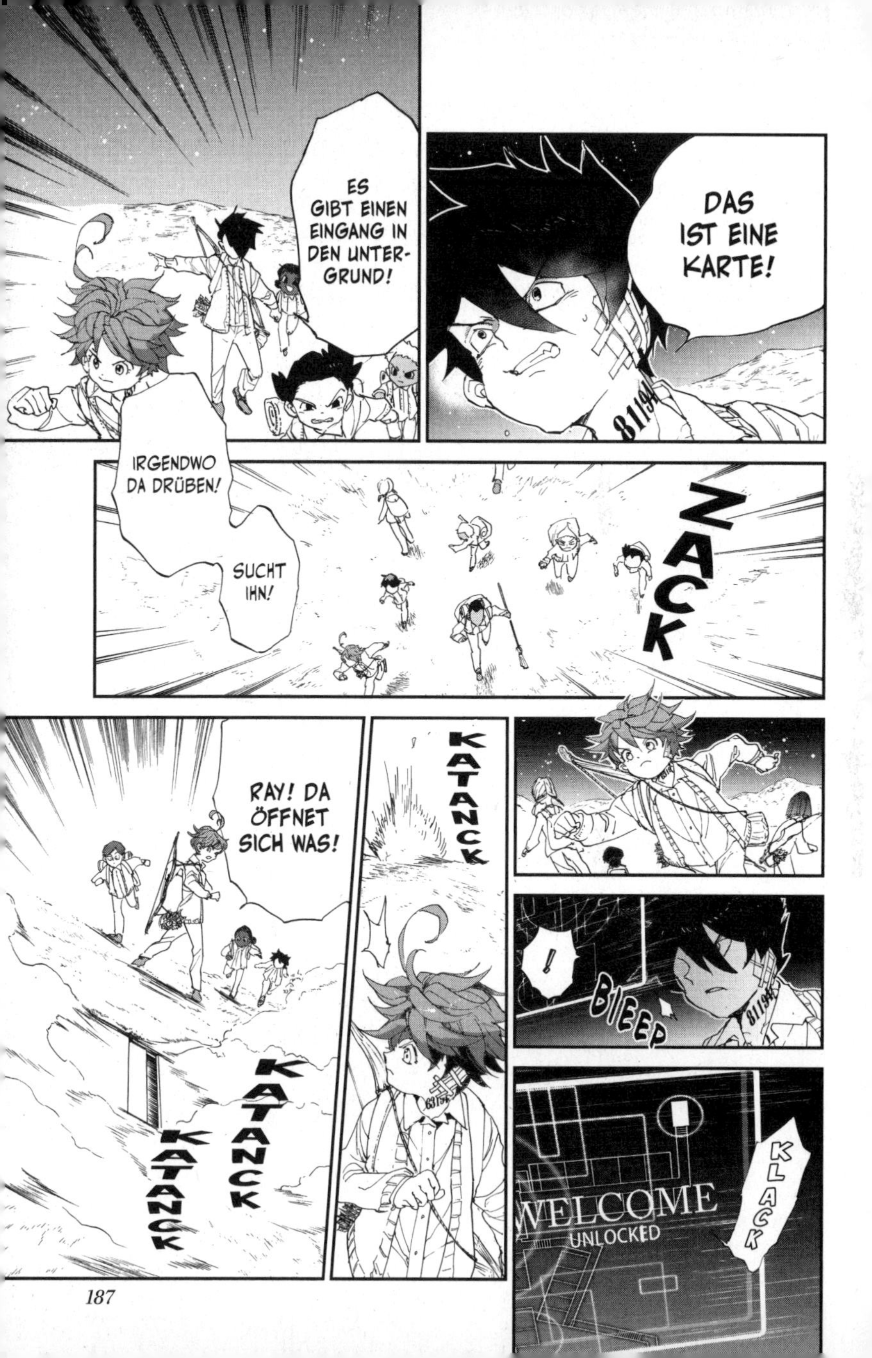
DAS IST EINE KARTE!
ES GIBT EINEN EINGANG IN DEN UNTERGRUND!
ZACK
IRGENDWO DA DRÜBEN!
SUCHT IHN!
!
BIEEP
KLACK
WELCOME
UNLOCKED
KATANCK
RAY! DA ÖFFNET SICH WAS!
KATANCK
KATANCK

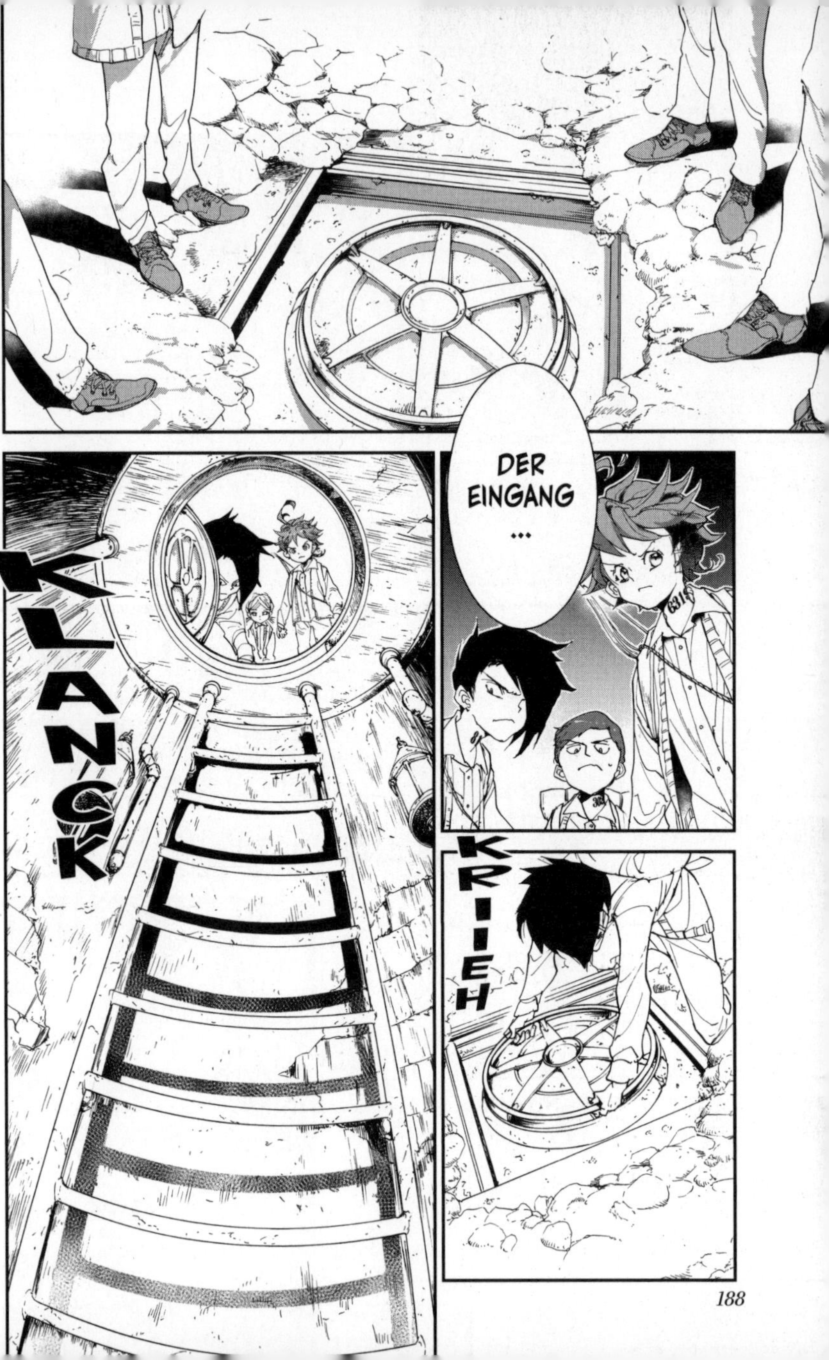
DER EINGANG ...
KRIEH
KLANCK

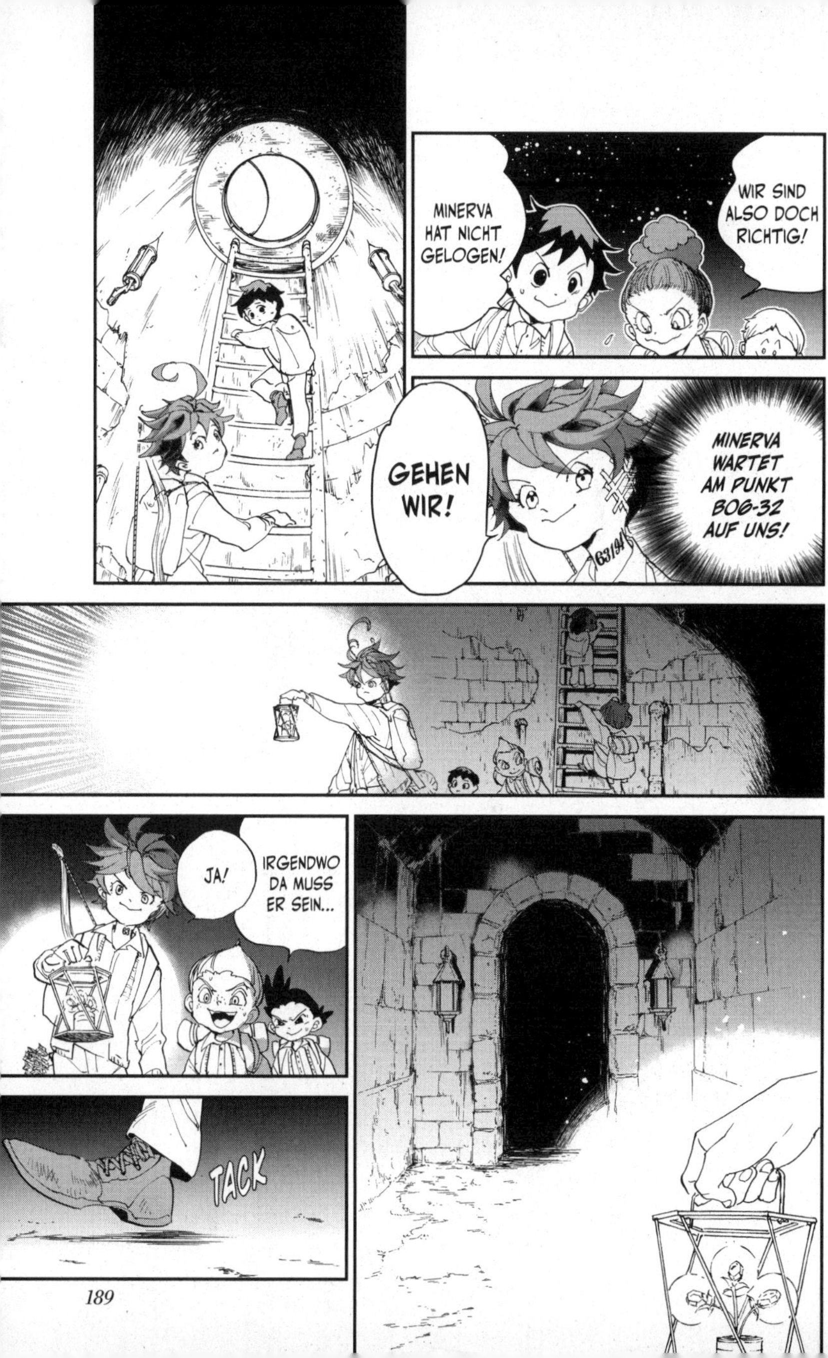
WIR SIND ALSO DOCH RICHTIG!
MINERVA HAT NICHT GELOGEN!
MINERVA WARTET AM PUNKT BOG-32 AUF UNS!
GEHEN WIR!
63194
IRGENDWO DA MUSS ER SEIN...
JA!
TACK

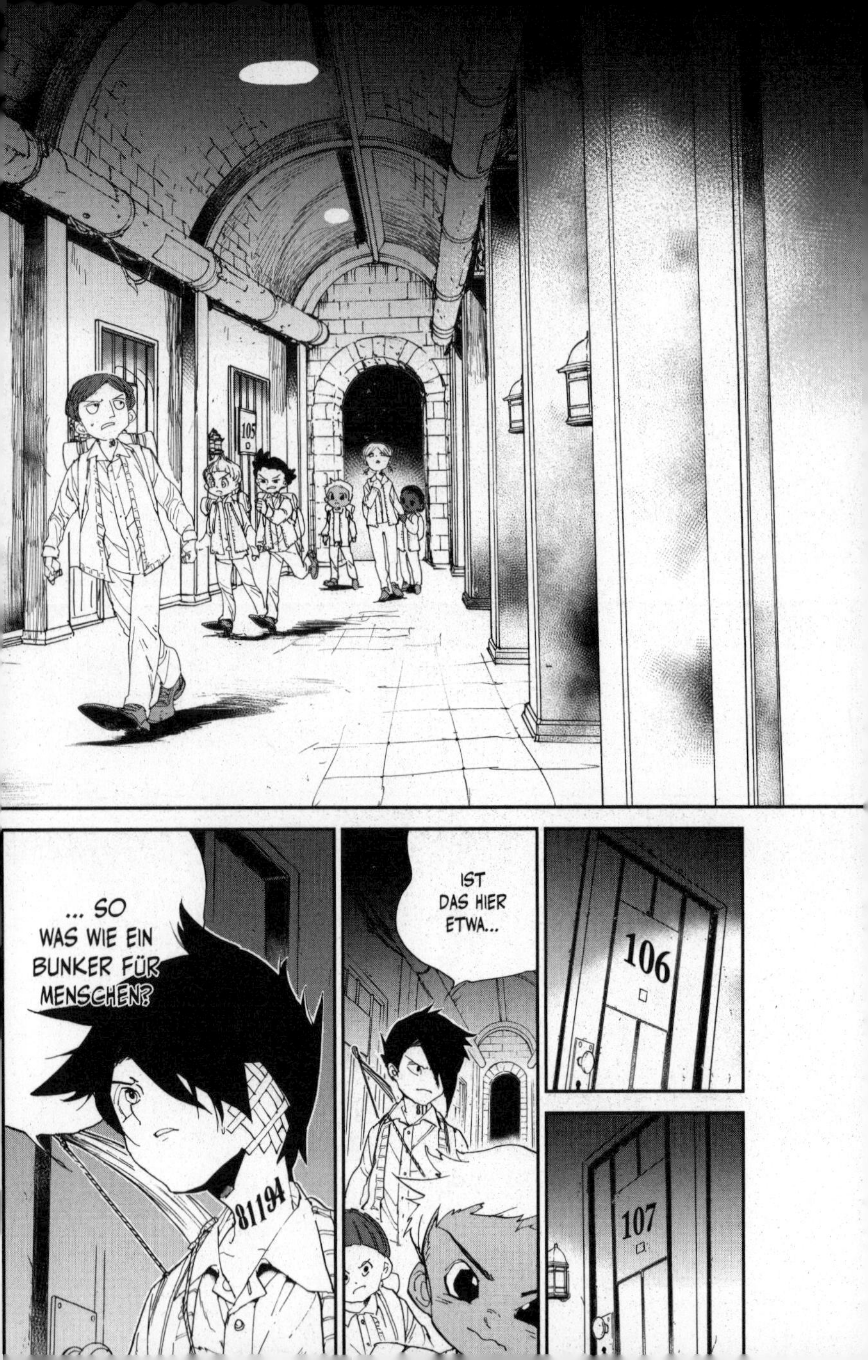
105
106
107
IST DAS HIER ETWA...
... SO WAS WIE EIN BUNKER FÜR MENSCHEN?
81194

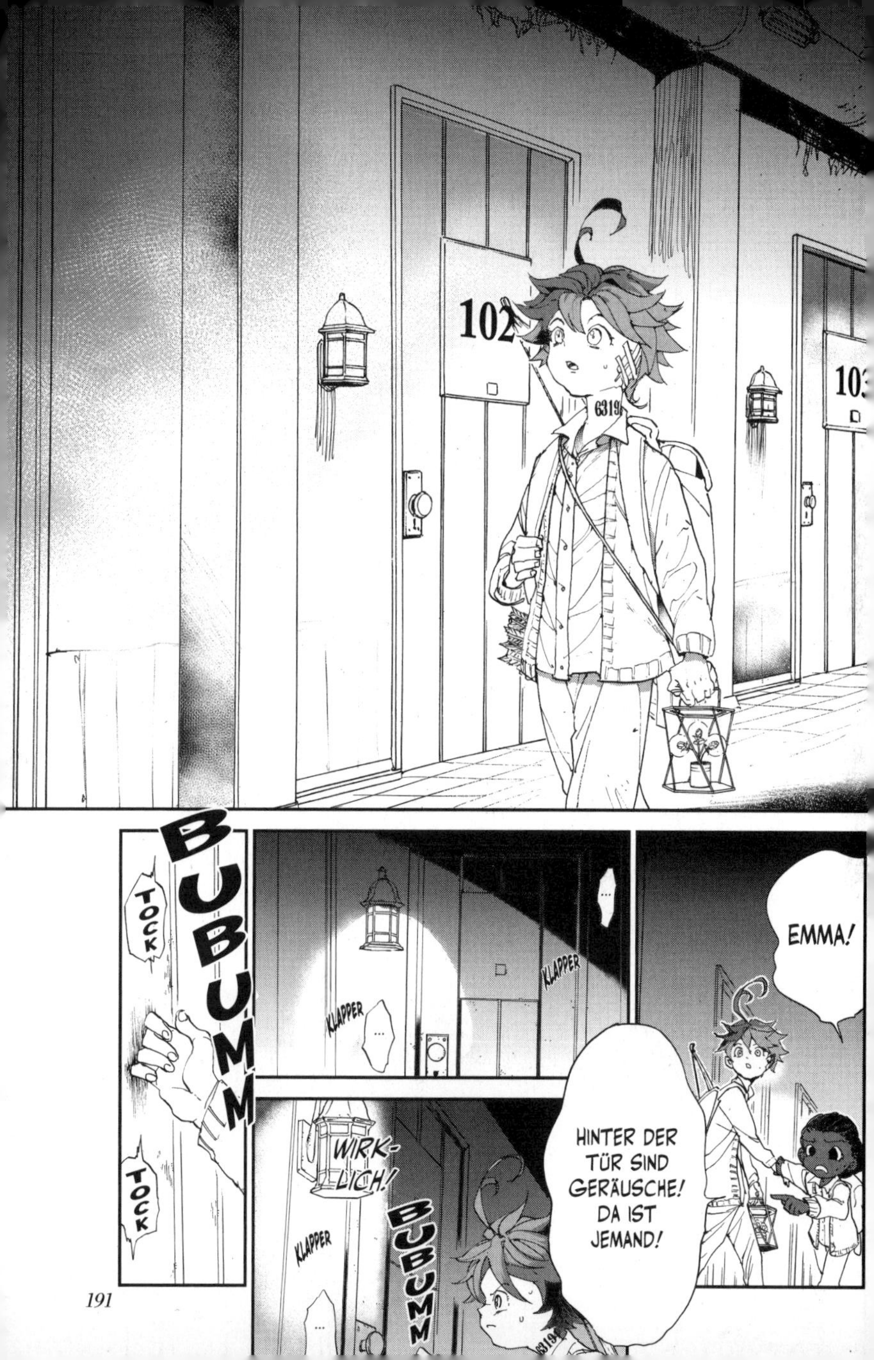
102
6319
103
EMMA!
...
KLAPPER
...
KLAPPER
BUBUMM
TOCK
TOCK
HINTER DER TÜR SIND GERÄUSCHE! DA IST JEMAND!
WIRK-LICH!
KLAPPER
BUBUMM
...

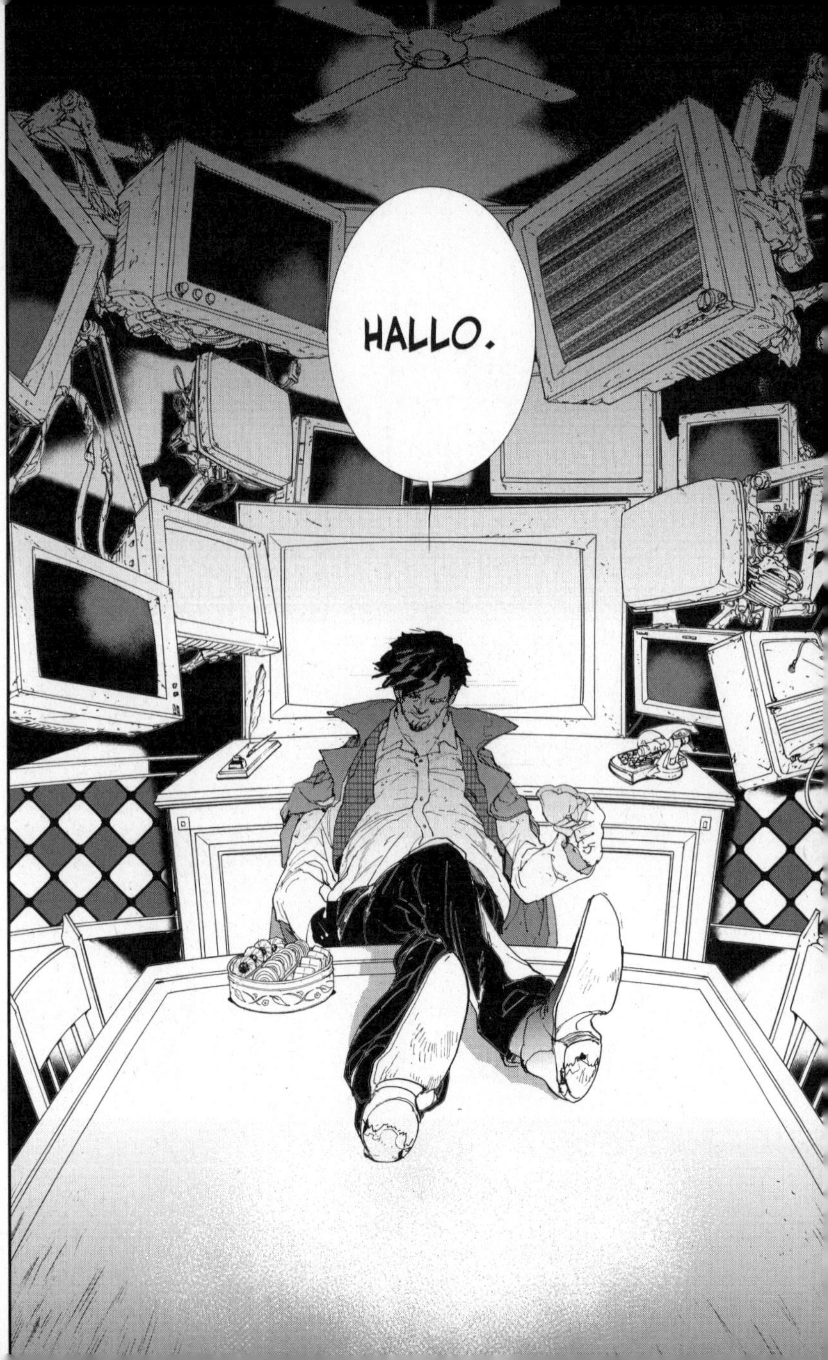
HALLO.

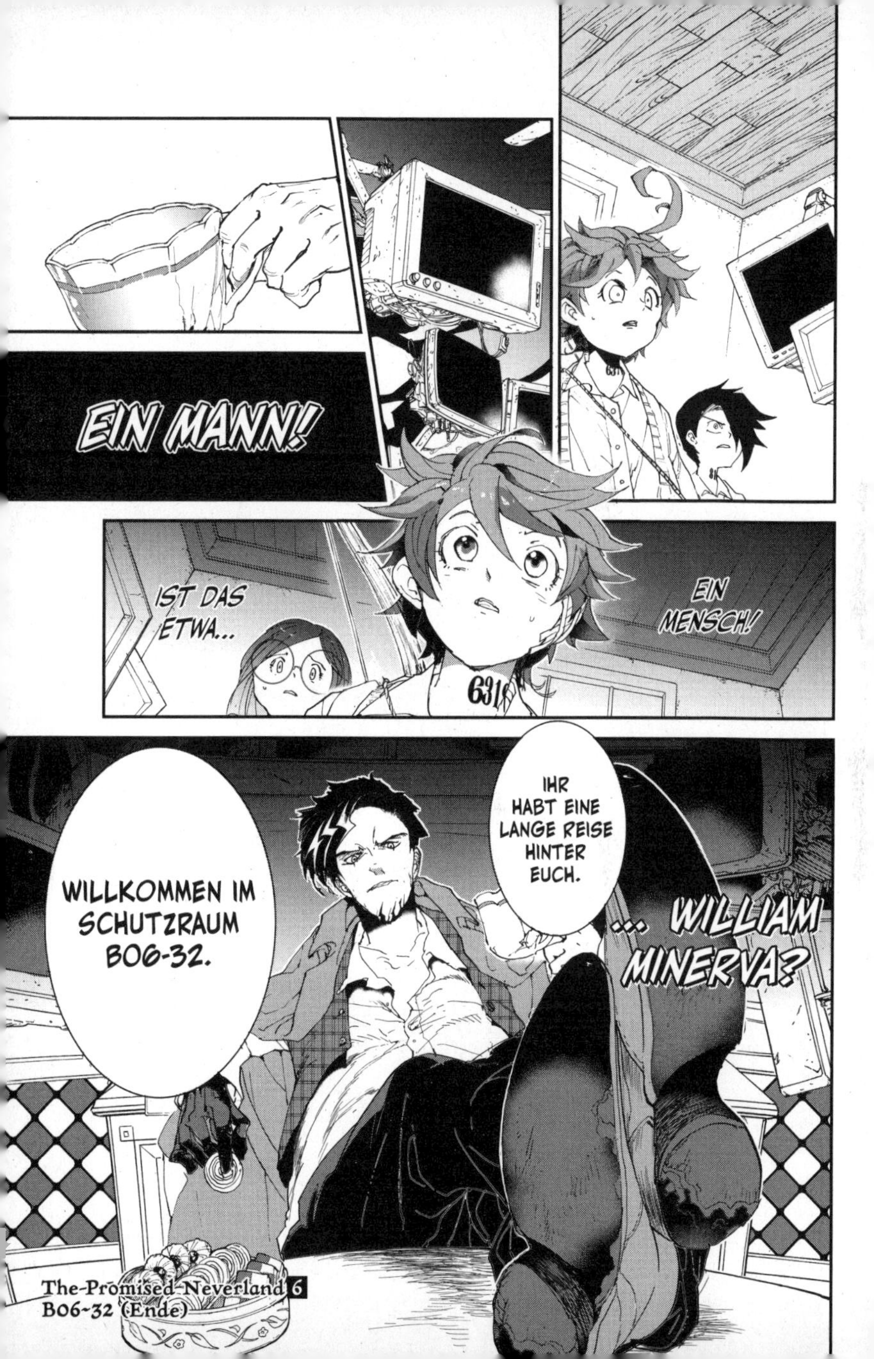

The-Promised-Neverland 6
B06-32 (Ende)

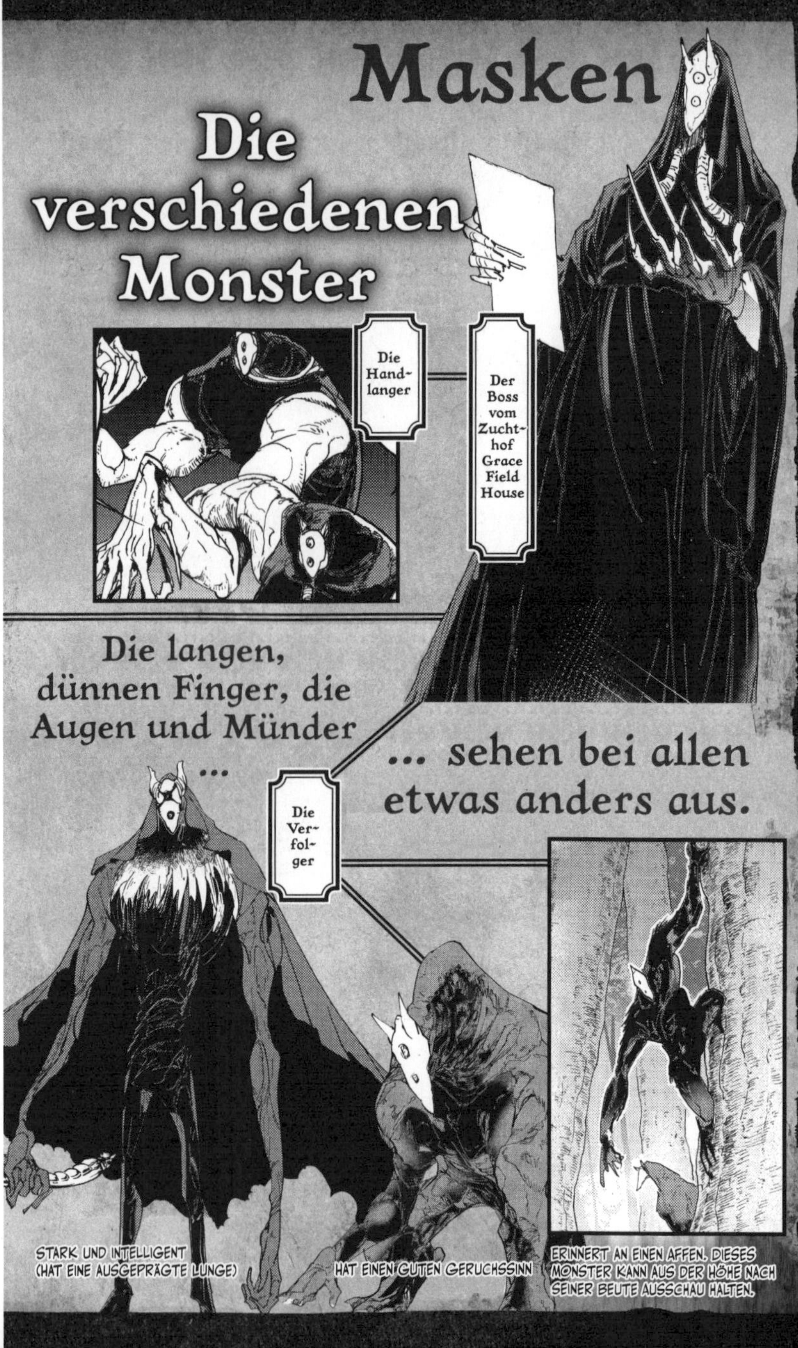

Masken
Die verschiedenen Monster
Die Handlanger
Der Boss vom Zuchthof Grace Field House
Die langen, dünnen Finger, die Augen und Münder ...
... sehen bei allen etwas anders aus.
Die Verfolger
STARK UND INTELLIGENT (HAT EINE AUSGEPRÄGTE LUNGE)
HAT EINEN GUTEN GERUCHSSINN
ERINNERT AN EINEN AFFEN. DIESES MONSTER KANN AUS DER HÖHE NACH SEINER BEUTE AUSSCHAU HALTEN.

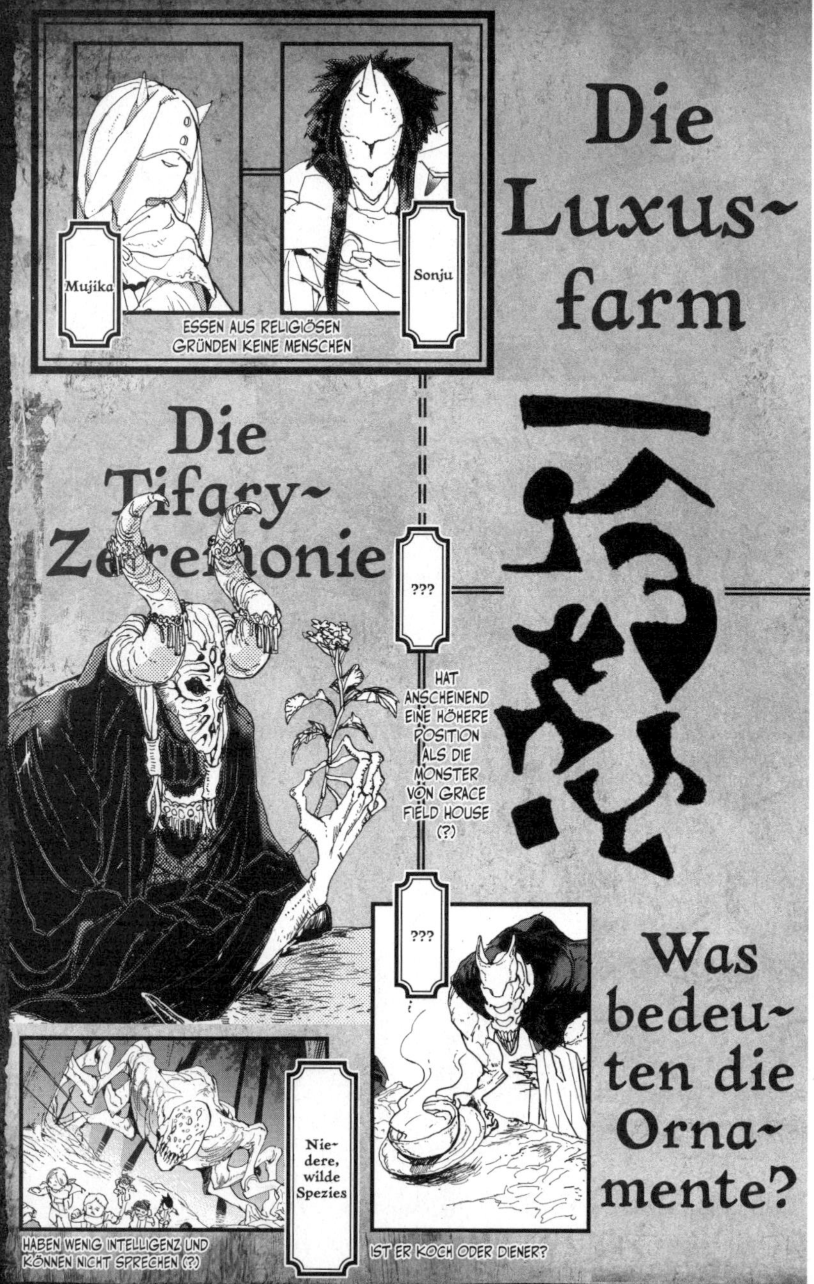
Die Luxus-farm
Mujika
Sonju
ESSEN AUS RELIGIÖSEN GRÜNDEN KEINE MENSCHEN
Die Tifary-Zeremonie
???
HAT ANSCHEINEND EINE HÖHERE POSITION ALS DIE MONSTER VON GRACE FIELD HOUSE (?)
???
Was bedeu-ten die Orna-mente?
Nie-dere, wilde Spezies
HABEN WENIG INTELLIGENZ UND KÖNNEN NICHT SPRECHEN (?)
IST ER KOCH ODER DIENER?

AUF WEN TREFFEN DIE KINDER AM »VERABREDETEN ORT«?!

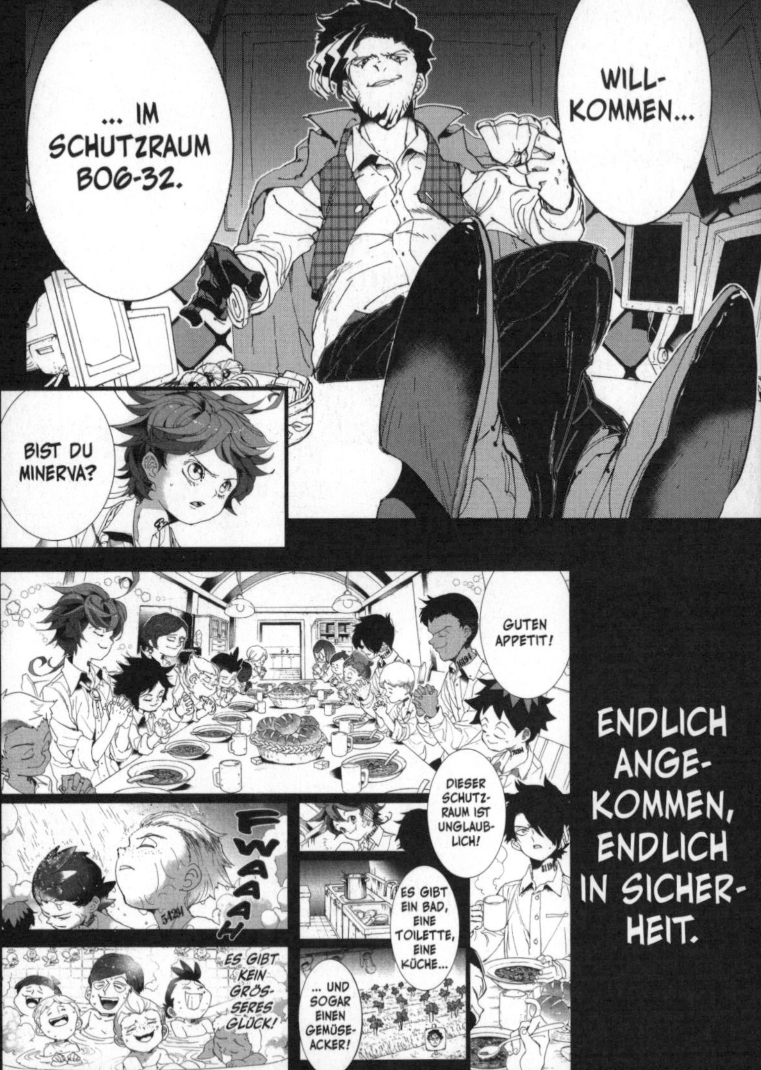

ENDLICH ANGEKOMMEN, ENDLICH IN SICHERHEIT.

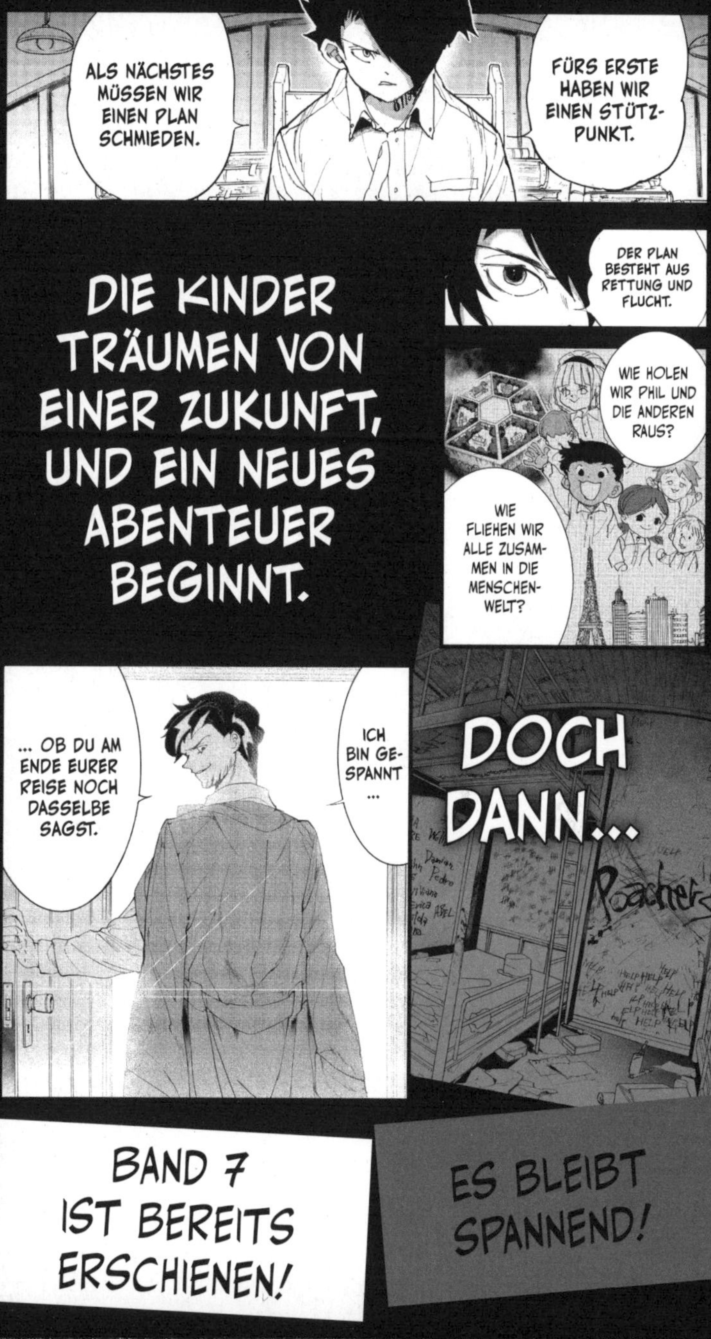
FÜRS ERSTE HABEN WIR EINEN STÜTZ-PUNKT.
ALS NÄCHSTES MÜSSEN WIR EINEN PLAN SCHMIEDEN.
DER PLAN BESTEHT AUS RETTUNG UND FLUCHT.
WIE HOLEN WIR PHIL UND DIE ANDEREN RAUS?
WIE FLIEHEN WIR ALLE ZUSAM-MEN IN DIE MENSCHEN-WELT?
DIE KINDER TRÄUMEN VON EINER ZUKUNFT, UND EIN NEUES ABENTEUER BEGINNT.
ICH BIN GE-SPANNT ...
... OB DU AM ENDE EURER REISE NOCH DASSELBE SAGST.
DOCH DANN...
Poachers
BAND 7 IST BEREITS ERSCHIENEN!
ES BLEIBT SPANNEND!

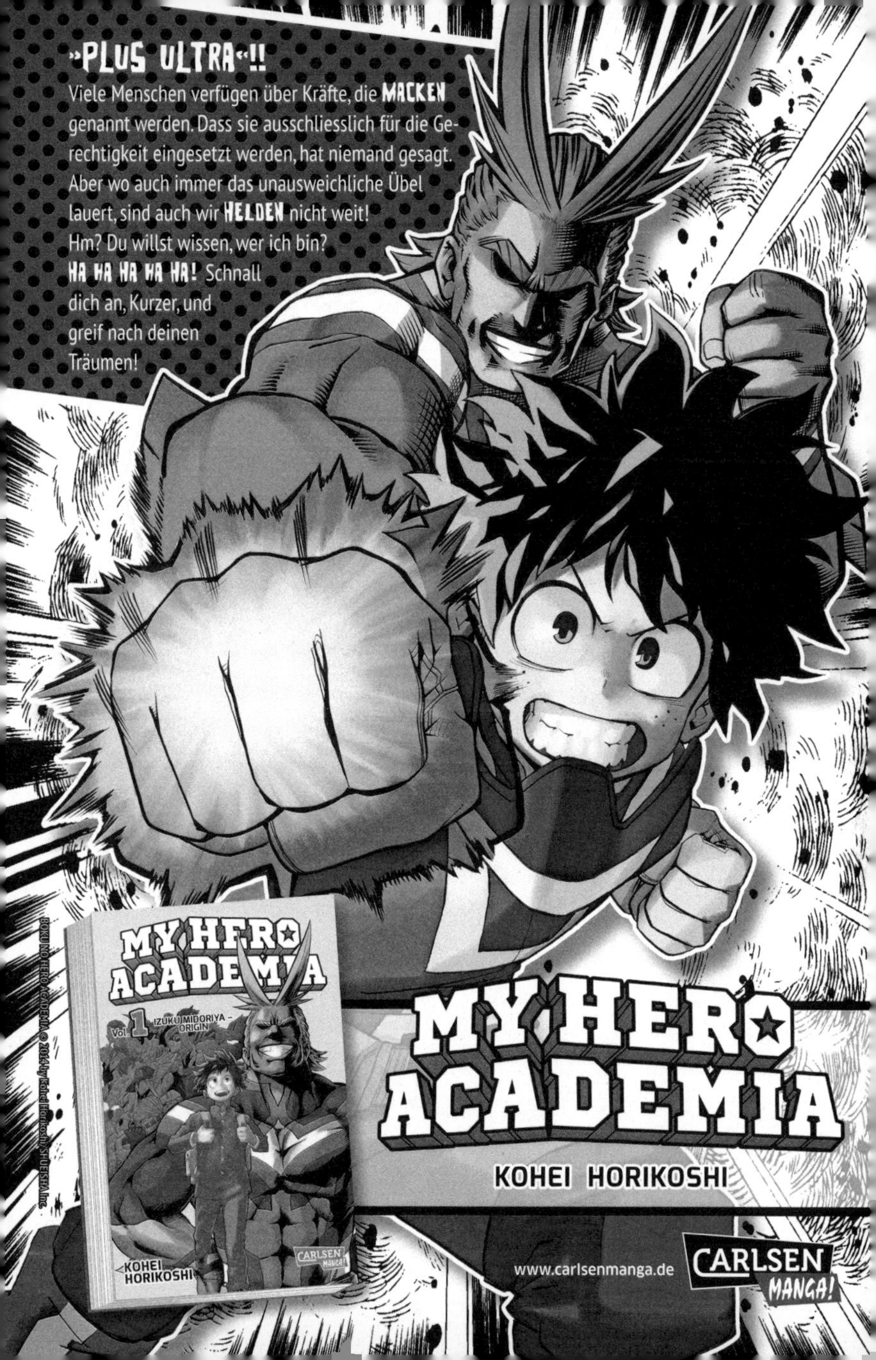
»PLUS ULTRA«!!
Viele Menschen verfügen über Kräfte, die MACKEN genannt werden. Dass sie ausschliesslich für die Gerechtigkeit eingesetzt werden, hat niemand gesagt. Aber wo auch immer das unausweichliche Übel lauert, sind auch wir HELDEN nicht weit!
Hm? Du willst wissen, wer ich bin?
HA HA HA HA HA! Schnall dich an, Kurzer, und greif nach deinen Träumen!
MY HERO ACADEMIA
Vol. 1 IZUKU MIDORIYA – ORIGIN
KOHEI HORIKOSHI
CARLSEN MANGA!
MY HERO ACADEMIA
KOHEI HORIKOSHI
www.carlsenmanga.de
CARLSEN MANGA!
BOKU NO HERO ACADEMIA © 2014 by Kohei Horikoshi / SHUEISHA Inc.

CARLSEN MANGA! CHECKLIST

ATTACK ON TITAN – NO REGRETS FULL COLOR EDITION

von Hajime Isayama
€ 14,99 (D) / € 15,50 (A)
O Band 1 & 2
In 2 Bänden abgeschlossen

ATTACK ON TITAN – OUTSIDE

von Hajime Isayama
€ 12,90 (D) / € 13,30 (A)
O AoT– Outside

ATTACK ON TITAN – SHORT PLAY

von Isayama & hounori
€ 8,99 (D) / € 9,30 (A)
O Attack on Titan – short play

ATTACK ON TITAN – THE HARSH MISTRESS OF THE CITY
(Nippon Novel)

von Hajime Isayama
€ 10,00 (D) / € 10,30 (A)
O Doppelpack 10/20
In 2 Bänden abgeschlossen

BARFUSS DURCH HIROSHIMA

von Keiji Nakazawa
€ 12,00 (D) / € 12,40 (A)
O Band 2
€ 14,00 (D) / € 14,40 (A)
O Band 1, 3 bis 4

BARRAGE

von Kohei Horikoshi
€ 6,99 (D) / € 7,20 (A)
O Band 1 bis 2
In 2 Bänden abgeschlossen

BATTLE ANGEL ALITA – PERFECT EDITION

von Yukito Kishiro
€ 19,99 (D) / € 20,60 (A)
O Band 1 bis 3
€ 24,99 (D) / € 25,70 (A)
O Band 4
In 4 Bänden abgeschlossen
€ 29,99 (D) / € 30,90 (A)
O Band 4 im Schuber
€ 89,99 (D) / € 92,60 (A)
O Band 1-4 im Schuber

ATTACK ON TITAN ANTHOLOGIE

von Div.
€ 19,99 (D) / € 20,60 (A)
O Attack on Titan Anthologie

ATTACK ON TITAN – BEFORE THE FALL

von Hajime Isayama
€ 6,95 (D) / € 7,20 (A)
O Band 1 bis 17
In 17 Bänden abgeschlossen

ATTACK ON TITAN CHARACTER GUIDE

von Hajime Isayama
€ 12,90 (D) / € 13,30 (A)
O Character Guide

ATTACK ON TITAN – DELUXE

von Hajime Isayama
€ 25,00 (D) / € 25,70 (A)
O Band 1 bis 6
O Band 7 10/20

ATTACK ON TITAN – INSIDE

von Hajime Isayama
€ 12,90 (D) / € 13,30 (A)
O Attack on Titan – Inside

ATTACK ON TITAN – LOST GIRLS

von Isayama, Seko & Fuji
€ 6,99 (D) / € 7,20 (A)
O Band 1 & 2
In 2 Bänden abgeschlossen

ATTACK ON TITAN – LOST GIRLS
(Nippon Novel)

von Hiroshi Seko
€ 9,95 (D) / € 10,30 (A)
O AoT– Lost Girls

ATTACK ON TITAN – NO REGRETS

von Hajime Isayama
€ 6,95 (D) / € 7,20 (A)
O Band 1 & 2
In 2 Bänden abgeschlossen

ARTE

von Kei Ohkubo
€ 10,00 (D) / € 10,30 (A)
O Band 1
O Band 2 09/20
O Band 3 11/20
O Band 4 01/21
Bislang 13 Bände in Japan

ASSASSINATION CLASSROOM

von Yusei Matsui
€ 6,50 (D) / € 6,70 (A)
O Band 1 bis 21
In 21 Bänden abgeschlossen
€ 12,99 (D) / € 13,40 (A)
O Character Book

ASSASSINATION CLASSROOM – SCHUBER

von Yusei Matsui
€ 9,95 (D) / € 10,30 (A)
O Band 8 im Schuber
O Band 16 im Schuber
O Band 21 im Schuber
€ 49,90 (D) / € 51,30 (A)
O Band 1-8 im Schuber
€ 49,90 (D) / € 51,30 (A)
O Band 9-16 im Schuber
€ 29,95 (D) / € 30,80 (A)
O Band 17-21 im Schuber

ATTACK ON TITAN

von Hajime Isayama
€ 6,95 (D) / € 7,20 (A)
O Band 1 bis 29
O Band 30 11/20
O Band 31 02/21
Bislang 32 Bände in Japan
€ 9,95 (D) / € 10,20 (A)
O Band 10 im Schuber
O Band 15 im Schuber
O Band 20 im Schuber
O Band 25 im Schuber
O Band 30 im Schuber 11/20
€ 36,00 (D) / € 37,10 (A)
O Bände 1-5 im Schuber
O Bände 6-10 im Schuber
O Bände 11-15 im Schuber
O Bände 16-20 im Schuber
O Bände 21-25 im Schuber
O Bände 26-30 im Schuber 11/20

ATTACK ON TITAN – ANSWERS

von Hajime Isayama
€ 12,90 (D) / € 13,30 (A)
O Attack on Titan – Answers

12 JAHRE

von Nao Maita
€ 5,99 (D) / € 6,20 (A)
O Band 1 bis 13
O Band 14 01/21
In 20 Bänden abgeschlossen

ABE SADA

von Kazuo Kamimura
€ 14,99 (D) / € 15,50 (A)
O Band 1 & 2
In 2 Bänden abgeschlossen

ACID TOWN

von Kyugo
€ 7,95 (D) / € 8,20 (A))
O Band 6 12/20
Bislang 6 Bände in Japan

AKIRA – ORIGINAL EDITION

von Katsuhiro Otomo
€ 19,90 (D) / € 20,50 (A)
O Band 1 bis 3
€ 22,90 (D) / € 23,60 (A)
O Band 4 bis 6
In 6 Bänden abgeschlossen

ALICE IN MURDERLAND

von Kaori Yuki
€ 7,95 (D) / € 8,20 (A)
O Band 1 bis 11
In 11 Bänden abgeschlossen.

ALISIK

von Helge Vogt & Hubertus Rufledt
€ 8,99 (D) / € 9,30 (A)
O Band 1
€ 7,99 (D) / € 8,30 (A)
O Band 2 bis 4
In 4 Bänden abgeschlossen

ALPHA² – NEUEDITION

von Kamineo Kamoi
€ 14,00 (D) / € 14,40 (A)
O Alpha² - Neuedition

ANONYMOUS NOISE

von Ryoko Fukuyama
€ 5,00 (D) / € 6,20 (A)
O Band 1
€ 6,99 (D) / € 7,20 (A)
O Band 2 bis 15
O Band 16 10/20
O Band 17 02/21
In 18 Bänden abgeschlossen

CARLSEN MANGA! CHECKLIST

DIALOGE MIT MIR SELBST
von Kabi Nagata
€ 18,00 (D)/ € 18,50 (A)
O Band 1
O Band 2 [01/21]
In 2 Bänden abgeschlossen

DIE INSEL DER BESONDEREN KINDER
von Ransom Riggs & Cassandra Jean
€ 14,90 (D) / € 15,20 (A)
O Die Insel der besonderen Kinder

DIE STADT DER BESONDEREN KINDER
von Ransom Riggs & Cassandra Jean
€ 14,90 (D) / € 15,40 (A)
O Die Stadt der besonderen Kinder

DOUBT
von Yoshiki Tonogai
€ 7,95 (D) / € 8,20 (A)
O Band 1 bis 3
€ 8,95 (D) / € 9,20 (A)
O Band 4
In 4 Bänden abgeschlossen

DRAGON BALL
von Akira Toriyama
€ 6,50 (D) / € 6,70 (A)
O Band 1 bis 42
In 42 Bänden abgeschlossen

DRAGON BALL MASSIV
von Akira Toriyama
€ 5,00 (D) / € 5,20 (A)
O Band 1
€ 10,00 (D) / € 10,30 (A)
O Band 2 bis 6
O Band 7 [09/20]
O Band 8 [11/20]
O Band 9 [01/21]

DRAGON BALL SD
von Akira Toriyama (Original Story), Naho Ohishi
€ 7,95 (D) / € 8,20 (A)
O Band 1 bis 6
Bislang 6 Bände in Japan

BUDDHA
von Osamu Tezuka
€ 22,90 (D) / € 23,60 (A)
O 1 bis 10
In 10 Bänden abgeschlossen

CHIISAKOBEE
von Minetaro Mochizuki
€ 14,90 (D) / € 15,40 (A)
O Band 1 bis 4
In 4 Bänden abgeschlossen

COYOTE
von Ranmaru Zariya
€ 7,99 (D) / € 8,30 (A)
O Band 1 bis 2
O Band 3 [01/21]
Bislang 3 Bände in Japan

CROSS ACCOUNT
von Tsunehiro Date
€ 6,99 (D) / € 7,20 (A)
O Band 1 bis 4
In 4 Bänden abgeschlossen

DEFENSE DEVIL
von Youn In-Wan & Yang Kyung-Il
€ 5,95 (D) / € 6,20 (A)
O Band 1 bis 10
In 10 Bänden abgeschlossen

DEPTH OF FIELD
von Enjo
€ 8,00 (D) / € 8,30 (A)
O Band 1 & 2
In 2 Bänden abgeschlossen

DER LIEBHABER
von Kan Takahama
€ 22,00 (D)/ € 22,70 (A)
O Der Liebhaber [11/20]

DER MANN MEINES BRUDERS
von Gengoroh Tagame
€ 10,00 (D) / € 10,30 (A)
O Band 1 bis 4
In 4 Bänden abgeschlossen

DEVILS & REALIST
von Utako Yukihiro & Madoka Takadono
€ 6,95 (D) / € 7,20 (A)
O Band 2 bis 13
€ 7,95 (D) / € 8,20 (A)
O Band 14
€ 8,95 (D) / € 9,20 (A)
O Band 15
In 15 Bänden abgeschlossen

BLACK BUTLER
von Yana Toboso
€ 6,95 (D) / € 7,20 (A)
O Band 1 bis 28
O Band 29 [09/20]
€ 14,90 (D) / € 15,40 (A)
O Black Butler Character Guide
Bislang 29 Bände in Japan

BLACK BUTLER ARTWORKS
von Yana Toboso
€ 24,90 (D) / € 25,60 (A)
O Band 2

BLACK LAGOON
von Rei Hiroe
€ 6,95 (D) / € 7,20 (A)
O Band 4
€ 7,95 (D) / € 8,20 (A)
O Band 1-3, 5 - 8, 10-11
€ 8,95 (D) / € 9,20 (A)
O Band 9
Bislang 11 Bände in Japan

BLOOM INTO YOU
von Nio Naketani
€ 6,99 (D) / € 7,20 (A)
O Band 1 bis 7
€ 7,99 (D) / € 8,30 (A)
O Band 8 [11/20]
In 8 Bänden abgeschlossen

BLUE FLAG
von Kaito
€ 7,99 (D) / € 8,30 (A)
O Band 1 bis 6
O Band 7 [12/20]
Bislang 7 Bände in Japan

BLUE GIANT SUPREME
von Shinichi Ishizuka
€ 8,00 (D) / € 8,30 (A)
O Band 1 & 2
O Band 3 [11/20]
O Band 4 [02/21]
In 11 Bänden abgeschlossen

BORDER
von Kazuma Kodaka
€ 6,95 (D) / € 7,20 (A)
O Band 1 bis 7
Bislang 7 Bände in Japan

BORUTO – NARUTO THE NEXT GENERATION
von Kishimoto & Kodachi
€ 6,50 (D) / € 6,70 (A)
O Band 1 bis 7
O Band 8 [09/20]
O Band 9 [12/20]
Bislang 11 Bände in Japan

BATTLE ANGEL ALITA – LAST ORDER PERFECT EDITION
von Yukito Kishiro
€ 14,99 (D) / € 15,50 (A)
O 1 bis 3, 5 bis 7
O Band 8 [09/20]
O Band 9 [12/20]
€ 16,99 (D) / € 17,50 (A)
O Band 4
In 12 Bänden abgeschlossen
€ 90,00 (D) / € 92,60 (A)
O Bände 1 bis 6
im Schuber mit Extra

BATTLE ANGEL ALITA – MARS CHRONICLE
von Yukito Kishiro
€ 6,95 (D) / € 7,20 (A)
O Band 1 bis 6
Bislang 6 Bände in Japan

BECOMING A GIRL ONE DAY
von Akane Ogura
€ 5,99 (D) / € 6,20 (A)
O Band 1 bis 4
In 4 Bänden abgeschlossen

BECOMING A GIRL ONE DAY – ANOTHER
von Akane Ogura
€ 5,99 (D) / € 6,20 (A)
O Band 1 bis 4
In 4 Bänden abgeschlossen

BILLY BAT
von Naoki Urasawa & Takashi Nagasaki
€ 8,95 (D) / € 9,20 (A)
O Band 2 bis 8, 11 bis 16
€ 12,00 (D) / € 12,40 (A)
O Band 1, 3, 8-11, 17 bis 20
In 20 Bänden abgeschlossen

BL IS MAGIC!
von Oroken
€ 9,99 (D) / € 10,30 (A)
O Band 1 bis 2
O Band 3 [09/20]
In 4 Bänden abgeschlossen

BL METAMORPHOSEN – GEHEIMNIS EINER FREUNDSCHAFT
von Kaori Tsurutani
€ 8,00 (D)/ € 8,30 (A)
O Band 1 [11/20]
O Band 2 [02/21]
Bislang 4 Bände in Japan

CARLSEN MANGA! CHECKLIST

FOOD WARS – SHOKUGEKI NO SOMA

von Tsukuda & Saeki
€ 6,99 (D) / € 7,20 (A)
O Band 1 bis 27
O Band 28 10/20
O Band 29 12/20
O Band 30 02/21
In 36 Bänden abgeschlossen
€ 9,99 (D) / € 10,30 (A)
O Band 20 im Schuber mit Extra
O Band 30 im Schuber mit Extra 02/21
€ 69,90 (D) / € 71,80 (A)
O Bände 1-10 im Schuber
O Bände 11-20 im Schuber
O Bände 21-30 im Schuber 02/21

GANGSTA.

von Kohske
€ 7,95 (D) / € 8,20 (A)
O Band 1 bis 8
Bislang 8 Bände in Japan

GANGSTA: CURSED.

von Kohske/Kamo
€ 7,99 (D) / € 8,30 (A)
O Band 1 bis 5
Bislang 5 Bände in Japan

GEGEN DEN STROM

von Yoshihiro Tatsumi
€ 44,00 (D) / € 44,60 (A)
O Gegen den Strom

GELIEBTER AFFE

von Yoshihiro Tatsumi
€ 19,90 (D) / € 20,50 (A)
O Geliebter Affe

GYO DELUXE

von Junji Ito
€ 24,00 (D)/ € 24,70 (A)
O Gyo Deluxe 12/20

HARU x KIYO

von Akira Ozaki
€ 5,00 (D) / € 5,20 (A)
O Band 1
€ 7,00 (D)/ €7,20 (A)
O Band 2 bis 6
O Band 7 10/20
O Band 8 01/21
In 9 Bänden abgeschlossen

FAIRY TAIL SIDE STORIES

von Hiro Mashima & Kyota Shibano
€ 6,99 (D) / € 7,20 (A)
O Band 1 bis 3
In 3 Bänden abgeschlossen

FAIRY TAIL ZERO

von Hiro Mashima
€ 7,99 (D) / € 8,30 (A)
O Fairy Tail Zero

FAIRY TALE BATTLE ROYALE

von Soraho Ina
€ 7,00 (D) / € 7,20 (A)
O Band 1 bis 2
O Band 3 01/21
Bislang 4 Bände in Japan

FINAL FANTASY – LOST STRANGER

von Hazuki Minase, Itsuki Kameya
€ 12,99 (D) / € 13,40 (A)
O Band 1 bis 3
O Band 4 10/20
Bislang 5 Bände in Japan

FINAL FANTASY – TYPE-0

von Takatoshi Shiozawa
€ 6,99 (D) / € 7,20 (A)
O Band 1 bis 5
In 5 Bänden abgeschlossen
O Der Manga zum Game

FINAL FANTASY – OFFICIAL MEMORIAL ULTIMANIA BOOK

von Takatoshi Shiozawa
€ 39,99 (D) / € 41,20 (A)
O VII - IX
O I-VI 10/20
O X-XIV 03/21
In 3 Bänden abgeschlossen

FOCUS 10

von Martina Peters
€ 6,99 (D) / € 7,20 (A)
O Band 1 bis 7
O Band 8 12/20
In 10 Bänden abgeschlossen

FOLGE DEN WOLKEN NACH NORD-NORDWEST

von Aki Irie
€ 12,00 (D) / € 12,40 (A)
O Band 1 bis 3
O Band 4 02/21
Bislang 4 Bände in Japan

FAIRY TAIL

von Hiro Mashima
€ 6,50 (D) / € 6,70 (A)
O Band 1 bis 63
€ 9,99 (D) / € 10,30 (A)
O Band 60 limitiert
In 63 Bänden abgeschlossen

FAIRY TAIL ARTBOOKS

€ 19,95 (D) / € 20,60 (A)
O Fantasia
O Harvest

FAIRY TAIL BLUE MISTRAL

von Hiro Mashima
€ 5,95 (D) / € 6,20 (A)
O Band 1 bis 3
In 4 Bänden abgeschlossen

FAIRY TAIL – HAPPY'S ADVENTURE

von Kenshiro Sakamoto, Hiro Mashima
€ 7,00 (D) / € 7,20 (A)
O Band 1
Bislang 3 Bände in Japan

FAIRY TAIL – 100 YEARS QUEST

von Hiro Mashima, Atsuo Ueda
€ 7,00 (D) / € 7,20 (A)
O Band 1 bis 3
O Band 4 11/20
Bislang 6 Bände in Japan

FAIRY TAIL+

von Hiro Mashima
€ 8,95 (D) / € 9,20 (A)
O Fairy Tail+

FAIRY TAIL – HAPPYS ADVENTURE

von Hiro Mashima, Kenshiro Sakamoto
€ 7,00 (D) / € 7,20 (A)
O Band 1
O Band 2 09/20
O Band 3 12/20
Bislang 7 Bände in Japan

FAIRY TAIL S

von Hiro Mashima
€ 6,99 (D) / € 7,20 (A)
O Band 1 bis 2

DRAGON BALL SIDE STORIES

von Akira Toriyama, dragongarow LEE
€ 5,00 (D) / € 5,20 (A)
O Yamchu

DRAGON BALL SUPER

von Toriyama & Toyotarou
€ 6,50 (D) / € 6,70 (A)
O Band 1 bis 9
O Band 10 10/20
O Band 11 02/21
€ 9,99 (D) / € 10,30 (A)
O Band 5 im Schuber
O Band 10 im Schuber
€ 29,99 (D) / € 30,90 (A)
O Bände 1-5 im Schuber
O Bände 6-10 im Schuber
Bislang 13 Bände in Japan

DREAMIN' SUN

von Ichigo Takano
€ 6,99 (D) / € 7,20 (A)
O Band 1 bis 9
€ 8,99 (D) / € 9,20 (A)
O Band 10
In 10 Bänden abgeschlossen

DR. STONE

von Inagaki & BOICHI
€ 7,00 (D) / € 7,20 (A)
O Band 1 bis 7
O Band 8 10/20
O Band 9 12/20
Bislang 16 Bände in Japan

EDENS ZERO

von Hiro Mashima
€ 7,00 (D)/ €7,20 (A)
O Band 1 bis 6
O Band 7 10/20
O Band 8 01/21
€ 10,00 (D) / € 10,30 (A)
O Band 7 - limitierte Ausgabe 10/20
Bislang 9 Bände in Japan

EXISTENZEN UND ANDERE ABGRÜNDE

von Yoshihiro Tatsumi
€ 19,90 (D) / € 20,50 (A)
O Existenzen und ...

FAIRY GIRLS

von Hiro Mashima
€ 6,99 (D) / € 7,20 (A)
O Band 1 bis 4
In 4 Bänden abgeschlossen

CARLSEN MANGA! CHECKLIST

JUNJO ROMANTICA

von Shungiku Nakamura
€ 6,95 (D) / € 7,20 (A)
O Band 1, 5, 7-9, 11-12, 19-21
O Band 22 12/20
€ 10,00 (D) / € 10,30 (A)
O Band 2-4, 6, 10, 13-18
Bislang 23 Bände in Japan

KAMISAMA DARLING

von Kyoko Aiba
€ 6,99 (D) / € 7,20 (A)
O Band 1 bis 8
In 8 Bänden abgeschlossen

KATSURA & TORIYAMA SHORT STORIES

von Akira Toriyama und Masakazu Katsura
€ 6,95 (D) / € 7,20 (A)
O Katsura & Toriyama Short Stories

KILLING BITES

von Shinya Murata & Kazasa Sumita
€ 7,95 (D) / € 8,20 (A)
O Band 1 bis 11
O Band 12 10/20
O Band 13 02/21
Bislang 15 Bände in Japan

KLEINE KATZE CHI

von Konami Kanata
€ 9,95 (D) / € 10,30 (A)
O Band 1 bis 12
In 12 Bänden abgeschlossen

KOROSENSEI QUEST!

von Yusei Matsui & Kizuku Watanabe
€ 6,50 (D) / € 6,70 (A)
O Band 1 bis 4
O Band 5 01/21
In 5 Bänden abgeschlossen

LADY SNOWBLOOD (NEUEDITION)

von Kazuo Koike & Kazuo Kamimura
€ 19,99 (D) / € 20,60 (A)
O Band 1 & 2
€ 16,99 (D) / € 17,50 (A)
O Band 3
In 3 Bänden abgeschlossen

I HEAR THE SUNSPOT

von Yuki Fumino
€ 7,99 (D) / € 8,30 (A)
O Band 1
€ 9,99 (D) / € 10,30 (A)
O Band 2 10/20
Bisher 2 Bände in Japan

I HEAR THE SUNSPOT – LIMIT

von Yuki Fumino
€ 7,99 (D) / € 8,30 (A)
O Band 1 11/20
O Band 2 12/20
In 3 Bänden abgeschlossen

IM – GREAT PRIEST IMHOTEP

von Makoto Morishita
€ 6,99 (D) / € 7,20 (A)
O Band 1 bis 8
O Band 9 09/20
O Band 10 12/20
In 11 Bänden abgeschlossen

IN THIS CORNER OF THE WORLD

von Fumiyo Kouno
€ 12,99 (D) / € 13,40 (A)
O Band 1 bis 3
In 3 Bänden abgeschlossen

IS DOROTHY IN A BAD TEMPER?

von Sora Hoonoki
€ 6,99 (D) / € 7,20 (A)
O Band 1 bis 3
In 3 Bänden abgeschlossen

JAPANISCH FÜR MANGA-FANS

von Thora Kerner & Jin Baron
€ 16,00 (D) / € 16,50 (A)
O Sammelband

JUDGE

von Yoshiki Tonogai
€ 7,95 (D) / € 8,20 (A)
O Band 1 bis 5
€ 8,95 (D) / € 9,20 (A)
O Band 6
In 6 Bänden abgeschlossen

JUMPING

von Asahi Tsutsui
€ 7,00 (D) / € 7,20 (A)
O Band 1 & 2
O Band 3 09/20
O Band 4 12/20
In 4 Bänden abgeschlossen

H.P.LOVECRAFTS DER HUND UND ANDERE GESCHICHTEN

von Gou Tanabe
€ 12,00 (D) / € 12,40 (A)
O H.P. Lovecrafts Der Hund ...

H.P. LOVECRAFTS DER LEUCHTENDE TRAPEZOEDER

von Gou Tanabe
€ 12,00 (D) / € 12,40 (A)
O H.P. Lovecrafts Der leuchtende Trapezoeder 02/21

H.P.LOVECRAFTS DIE FARBE AUS DEM ALL

von Gou Tanabe
€ 12,00 (D) / € 12,40 (A)
O H.P. Lovecrafts Die Farbe aus dem All

HUNTER X HUNTER

Yoshihiro Togashi
€ 6,95 (D) / € 7,20 (A)
O 1 bis 36
Bislang 36 Bände in Japan

I AM A HERO IN IBARAKI

von Kengo Hanazawa
€ 8,99 (D) / € 9,30 (A)
O I am a Hero in Ibaraki

I AM A HERO IN NAGASAKI

von Kengo Hanazawa
€ 8,99 (D) / € 9,30 (A)
O I am a Hero in Nagasaki

I AM A HERO IN OSAKA

von Kengo Hanazawa
€ 8,99 (D) / € 9,30 (A)
O I am a Hero in Osaka

I AM SHERLOCK

von TAKATA & Io
€ 7,00 (D)/ € 7,20 (A)
O Band 1 bis 4
In 4 Bänden abgeschlossen

I HAD THAT SAME DREAM AGAIN

von Yoru Sumino, Idumi Kirihara
€ 7,00 (D)/ € 7,20 (A)
O Band 1
O Band 2 09/20
O Band 3 12/20
In 3 Bänden abgeschlossen

HE'S MY VAMPIRE

von Aya Shouoto
€ 6,95 (D) / € 7,20 (A)
O Band 1 bis 10
In 10 Bänden abgeschlossen

HIGHSCHOOL OF THE DEAD

von Daisuke Sato & Shouji Sato
€ 6,95 (D) / € 7,20 (A)
O Band 1 bis 5, 7
Bislang 7 Bände in Japan

HITOTSUBANA

von Minami
€ 8,00 (D) / € 8,30 (A)
O Band 1 bis 4
O Band 5 09/20
O Band 6 12/20
In 7 Bänden abgeschlossen

HOW TO DRAW MANGA

von Hikaru Hayashi u. a.
€ 9,95 (D) / € 10,30 (A)
O Manga-Charaktere in Bewegung
€ 16,90 (D) / € 17,40 (A)
O Ninja und Samurai
€ 17,90 (D) / € 18,40 (A)
O Manga-Figuren entwickeln
€ 19,90 (D) / € 20,50 (A)
O Manga-Skizzen zeichnen
O Character Design – Tipps und Tricks
O Manga aus der richtigen Perspektive
O Oberflächen und Strukturen
O Manga-Figuren in ihrer Umwelt
O Perfekte Proportionen im Manga
O Grundlagen der Manga-Kunst
€ 24,90 (D) / € 25,60 (A)
O Manga-Geschichten entwickeln
O Kolorieren mit Copic-Stiften
O Kolorieren mit Aquarellbuntstiften

H.P. LOVECRAFTS BERGE DES WAHNSINNS

von Gou Tanabe
€ 18,00 (D)/ € 18,50 (A)
O Band 1
O Band 2 11/20
In 2 Bänden abgeschlossen

CARLSEN MANGA! CHECKLIST

MY HERO ACADEMIA

von Kohei Horikoshi
€ 6,99 (D) / € 7,20 (A)
O Band 1 bis 23
O Band 24 [09/20]
O Band 25 [11/20]
O Band 26 [02/21]
Bislang 27 Bände in Japan
€ 10,00 (D) / € 10,30 (A)
O My Hero Academia - Ultra Archive
O Band 25 Limitierte Edition [11/20]
€ 12,99 (D) / € 13,40 (A)
O My Hero Academia - Ultra Analysis [12/20]

MY HERO ACADEMIA SMASH

von Kohei Horikoshi, Hirofumi Neda
€ 5,00 (D) / € 5,20 (A)
O Band 1 bis 5
Bislang 5 Bände in Japan

MY ROOMMATE IS A CAT

von Tsunami Minatsuki, Asu Futatsuya
€ 7,00 (D) / € 7,20 (A)
O Band 1 & 2
O Band 3 [11/20]
Bislang 6 Bände in Japan

MY SECRET WHICH I CANNOT TELL YOU

von Kyoko Aiba
€ 6,99 (D) / € 7,20 (A)
O My Secret Which I Cannot Tell You

NARUTO

von Masashi Kishimoto
€ 6,50 (D) / € 6,70 (A)
O Band 1 bis 72
In 72 Bänden abgeschlossen
O Der siebte Hokage und der scharlachrote Frühling
€ 9,95 (D) / € 10,30 (A)
O Naruto: Die Schriften des Sha
O Naruto: Die Schriften des Tō
€ 12,95 (D) / € 13,40 (A)
O Naruto: Die Schriften des Jin
€ 19,95 (D) / € 20,60 (A)
O Artbook »Naruto Uzumaki«

NARUTO MASSIV

von Masashi Kishimoto
€ 5,00 (D) / € 5,20 (A)
O Band 1
€ 9,99 (D) / € 10,30 (A)
O Band 2 bis 24
In 24 Bänden abgeschlossen

MIMIC ROYAL PRINCESS

von Yukihiro & Musashino
€ 6,95 (D) / € 7,20 (A)
O Band 1 bis 5
Bislang 5 Bände in Japan

MOB PSYCHO 100

von ONE
€ 6,66 (D) / € 6,90 (A)
O Band 1 bis 15
O Band 16 [10/20]
In 16 Bänden abgeschlossen

MONSTER – PERFECT EDITION

von Naoki Urasawa
€ 20,00 (D) / € 20,60 (A)
O Band 1 bis 5
O Band 6 [11/20]
O Band 7 [02/21]
In 9 Bänden abgeschlossen

MORIARTY THE PATRIOT

von Ryosuke Takeuchi
€ 9,99 (D) / € 10,30 (A)
O Band 1 bis 8
O Band 9 [12/20]
Bislang 12 Bände in Japan

MOTHER'S SPIRIT

von Enzo
€ 7,99 (D) / € 8,30 (A)
O Band 1 & 2
Bislang 2 Bände in Japan

MOTOKARE RETRY

von En Hanaya
€ 6,99 (D) / € 7,20 (A)
O Band 1 bis 7
In 7 Bänden abgeschlossen

MOVING FORWARD

von Nagamu Nanaji
€ 5,00 (D) / € 5,20 (A)
O Band 1
€ 7,00 (D) / € 7,20 (A)
O Band 2 bis 4
O Band 5 [11/20]
O Band 6 [02/21]
In 11 Bänden abgeschlossen

MURCIÉLAGO

von Yoshimura Kana
€ 7,99 (D) / € 8,30 (A)
O Band 1 bis 12
O Band 13 [01/21]
Bislang 17 Bände in Japan

MANGA LOVE STORY

von Katsu Aki
€ 6,95 (D) / € 7,20 (A)
O Band 70-74
O Band 75 [12/20]
Bislang 80 Bände in Japan

MANGA-ZEICHENSTUDIO

von Kaneda Koubou u.a.
€ 19,90 (D) / € 20,50 (A)
O Hände und Füße
O Gesichter und Emotionen
O Manga Master Book
O Grundlagen der Anatomie
O Mädchen in coolen Posen
O Emotionen und Mimik ausdrucksstark zeichnen
O Manga Basics
O Figuren & Hintergründe
€ 20,00 (D) / € 20,60 (A)
O Charmante Charaktere
€ 24,90 (D) / € 25,60 (A)
O Spannende Geschichten erzählen

MASHIMA-EN

von Hiro Mashima
€ 6,95 (D) / € 7,20 (A)
O Band 1 & 2
In 2 Bänden abgeschlossen

MASHIMA HERO'S

von Hiro Mashima
€ 7,00 (D) / € 7,20 (A)
O Mashima HERO'S [02/21]

MEINE LESBISCHE ERFAHRUNG MIT EINSAMKEIT

von Kabi Nagata
€ 15,00 (D) / € 15,50 (A)
O Meine lesbische Erfahrung mit Einsamkeit

MELANCHOLISCHER MORGEN, EIN

von Shoko Hidaka
€ 6,95 (D) / € 7,20 (A)
O Band 1 & 2
€ 7,95 (D) / € 8,20 (A)
O Band 3 bis 7
€ 9,95 (D) / € 10,30 (A)
O Band 8
In 8 Bänden abgeschlossen

MERMAID PRINCE

von Kaori Ozaki
€ 8,00 (D) / € 8,30 (A)
O Mermaid Prince

LETZTE REISE DER SCHMETTERLINGE, DIE

von Kan Takahama
€ 14,90 (D) / € 15,40 (A)
O Die letzte Reise der Schmetterlinge

LIBERI-PROJEKT, DAS

von Tamasaburo
€ 6,95 (D) / € 7,20 (A)
O Band 1 bis 3
In 3 Bänden abgeschlossen

LITTLE WITCH ACADEMIA

von Keisuke Sato, Ryo Yoshinari, Yoh Yoshinari
€ 6,99 (D) / € 7,20 (A)
O Band 1 bis 3
€ 24,00 (D) / € 24,70 (A)
O Band 1 bis 3 im Sammelschuber
In 3 Bänden abgeschlossen

LIQUOR & CIGARETTE

von Ranmaru Zariya
€ 8,00 (D) / € 8,30 (A)
O Einzelband

LUPUS IN FABULA

von Kamineo
€ 7,95 (D) / € 8,20 (A)
O Band 1 bis 3
In 3 Bänden abgeschlossen

MACHIMAHO – MAGICAL GIRL BY ACCIDENT

von Souryu
€ 7,99 (D) / € 8,30 (A)
O Band 1 bis 5
O Band 6 [11/20]
Bislang 8 Bände in Japan

MAGUS OF THE LIBRARY

von Mitsu Izumi
€ 12,00 (D) / € 12,40 (A)
O Band 1
€ 14,00 (D) / € 14,40 (A)
O Band 2
€ 16,00 (D) / € 16,50 (A)
O Band 3
Bislang 4 Bände in Japan

MAID-SAMA

von Hiro Fujiwara
€ 5,95 (D) / € 6,20 (A)
O Band 1 bis 18
In 18 Bänden abgeschlossen
O Maid-sama Marriage

CARLSEN MANGA! CHECKLIST

PLEASE LOVE ME

von Aya Nakahara
€ 5,00 (D) / € 5,20 (A)
O Band 1
€ 7,00 (D) / € 7,20 (A)
O Band 2 bis 5
O Band 6 09/20
O Band 7 12/20
In 10 Bänden abgeschlossen

PLUTO: URASAWA X TEZUKA

von Tezuka, Urasawa & Nagasaki
€ 14,90 (D) / € 15,30 (A)
O Band 1
€ 12,90 (D) / € 13,30 (A)
O Band 2 bis 7
€ 16,90 (D) / € 17,40 (A)
O Band 8
In 8 Bänden abgeschlossen

POISON CITY

von Tetsuya Tsutsui
€ 7,99 (D) / € 8,30 (A)
O Band 1 & 2
In 2 Bänden abgeschlossen

PONE – POSUKA DEMIZU ARTBOOK

€ 20,00 (D) / € 20,60 (A)
O Pone - Posuka Demizu Artbook

Q (KU)

von Tatsuya Shihira
€ 7,99 (D) / € 8,30 (A)
O Band 1 bis 3
€ 8,99 (D) / € 9,30 (A)
O Band 4
In 4 Bänden abgeschlossen

REAKTOR 1F – EIN BERICHT AUS FUKUSHIMA

von Kazuto Tatsuta
€ 12,99 (D) / € 13,40 (A)
O Band 1 bis 3
In 3 Bänden abgeschlossen

RENTAL GIRLFRIEND

von Reiji Miyajima
€ 7,00 (D) / € 7,20 (A)
O Band 1 bis 4
O Band 5 10/20
O Band 6 12/20
O Band 7 02/21
Bislang 14 Bände in Japan

OPUS

von Satoshi Kon
€ 14,90 (D) / € 15,40 (A)
O Band 1 & 2
In 2 Bänden abgeschlossen

ORANGE

von Ichigo Takano
€ 7,99 (D) / € 8,30 (A)
O Band 1 bis 6
Bislang 6 Bände in Japan

OUR SUMMER HOLIDAY

von Kaori Ozaki
€ 7,99 (D) / € 8,30 (A)
O Our Summer Holiday

OVERLORD

von Maruyama & Miyama
€ 6,99 (D) / 7,20 (A)
O Band 1 bis 11
O Band 12 09/20
Bislang 13 Bände in Japan

OVERLORD Official Comic À La Carte Anthology

von Kugane Maruyama, diverse
€ 7,00 (D) / € 7,20 (A)
O Band 1 & 2
O Band 3 11/20
Bislang 3 Bände in Japan

PANDORAHEARTS

von Jun Mochizuki
€ 6,95 (D) / € 7,20 (A)
O Band 1-3, 5-17, 19, 21
€ 7,95 (D) / € 8,20 (A)
O Band 18, 20
€ 8,95 (D) / € 9,20 (A)
O Band 22 & 23
€ 10,00 (D) / € 10,30 (A)
O Band 4
€ 14,00 (D) / € 14,40 (A)
O Band 24
In 24 Bänden abgeschlossen

PERSONAL PARADISE NEUEDITION

von Melanie Schober
€ 6,99 (D) / € 7,20 (A)
O Personal Paradise
O Miss Misery
O Assassin Angel
O Killer Kid I
O Killer Kid II
O Brave Brother 1.0
O Brave Brother 2.0
€ 9,99 (D) / € 10,30 (A)
O Brave Brother 1.0 lim. Ausgabe mit Schuber

OLD BOY

von Tsuchiya Garon & Minegishi Nobuaki
€ 12,00 (D) / € 12,40 (A)
O Band 1 bis 4
In 4 Bänden abgeschlossen

ONE PIECE

von Eiichiro Oda
€ 6,50 (D) / € 6,70 (A)
O Band 1 bis 94
O Band 95 10/20
O Band 96 01/21
Bislang 96 Bände in Japan
€ 8,95 (D) / € 9,20 (A)
O One Piece Red
O One Piece Blue
€ 9,95 (D) / € 10,30 (A)
O One Piece Blue Deep
O One Piece Yellow
€ 12,95 (D) / € 13,40 (A)
O One Piece Green

ONE PIECE: FLUCH DES HEILIGEN SCHWERTS

von Eiichiro Oda
€ 7,95 (D) / € 8,20 (A)
O Band 1 & 2
In 2 Bänden abgeschlossen

ONE PIECE PARTY

von Andoh & Oda
€ 6,50 (D) / € 6,70 (A)
O Band 1 bis 5
Bislang 6 Bände in Japan

ONE PIECE – SANJIS LECKERE PIRATENREZEPTE

von Eiichiro Oda
€ 24,90 (D) / € 25,60 (A)
O Einzelband

ONE PIECE QUIZ BOOK

von Eiichiro Oda
€ 14,00 (D) / € 14,40 (A)
O Band 1

ONE PIECE Z

von Eiichiro Oda
€ 9,95 (D) / € 10,20 (A)
O Band 1 & 2
In 2 Bänden abgeschlossen

ONE WEEK FRIENDS

von Matcha Hazuki
€ 6,99 (D) / € 7,20 (A)
O Band 1 bis 7
In 7 Bänden abgeschlossen

NARUTO – THE MOVIE: GEHEIMMISSION IM LAND DES EWIGEN SCHNEES

von Masashi Kishimoto & JUMP Comics
€ 7,95 (D) / € 8,20 (A)
O Band 1 & 2
In 2 Bänden abgeschlossen

NARUTO – THE MOVIE: DIE LEGENDE DES STEINS GELEL

von Masashi Kishimoto
€ 7,95 (D) / € 8,20 (A)
O Band 1 & 2
In 2 Bänden abgeschlossen

NARUTO – THE MOVIE: SHIPPUDEN

von Masashi Kishimoto
€ 12,95 (D) / € 13,40 (A)
O Naruto - The Movie: Shippuden
O Naruto - The Movie: Shippuden-Fesseln
O Naruto - The Movie: Shippuden - Die Erben des Willens des Feuers
O Naruto - The Movie: Shippuden - Lost Tower

NARUTO – THE MOVIE: SONDERMISSION IM LAND DES MONDES

von Masashi Kishimoto
€ 7,95 (D) / € 8,20 (A)
O Band 1 & 2
In 2 Bänden abgeschlossen

NEON GENESIS EVANGELION

von Gainax & Yoshiyuki Sadamoto
€ 6,95 (D) / € 7,20 (A)
O Band 1 bis 14
In 14 Bänden abgeschlossen

NO EXIT

von Haruhi Seta
€ 6,99 (D) / € 7,20 (A)
O Band 1 bis 13
In 14 Bänden abgeschlossen

OKITENEMURU

von Hitori Renda
€ 7,99 (D) / € 8,20 (A)
O Band 1 bis 9
In 9 Bänden abgeschlossen

CARLSEN MANGA! CHECKLIST

SOUL EATER SOUL ART

von Atsushi Ohkubo
€ 24,90 (D) / € 25,60 (A)
O Band 2

SPLATOON

von Sankichi Hinodeya
€ 6,99 (D) / € 7,20 (A)
O Band 1 bis 8
O Band 9 11/20
Bislang 12 Bände in Japan

STILLE WASSER

von Kan Takahama
€ 16,90 (D) / € 17,40 (A))
O Stille Wasser

SUNNY

von Taiyo Matsumoto
€ 16,00 (D) / € 16,50 (A)
O Band 1 10/20
O Band 2 01/21
In 6 Bänden abgeschlossen

SÜSSE KATZE CHI: CHI'S SWEET ADVENTURES

von Konami Kanata, Kinoko Natsume
€ 8,00 (D) / € 8,30 (A)
O Band 1
O Band 2 10/20
O Band 3 01/21
In 4 Bänden abgeschlossen

SUPER DRAGON BALL HEROES

von Yoshitaka Nagayama
€ 6,50 (D) / € 6,70 (A)
O Band 1 & 2
Bislang 3 Bände in Japan

SUPER DRAGON BALL HEROES UNIVERSE MISSION

von Yoshitaka Nagayama
€ 6,50 (D) / € 6,70 (A)
O Band 1 12/20
Bislang 2 Bände in Japan

TAKANE UND HANA

von Yuki Shiwasu
€ 5,00 (D) / € 5,20 (A)
O Band 1
€ 6,99 (D) / € 7,20 (A)
O Band 2 bis 11
O Band 12 10/20
O Band 13 01/21
In 18 Bänden abgeschlossen

SHIKIGAMI

von Yasaiko Midorihana
€ 10,00 (D) / € 10,30 (A)
O Einzelband

SKETCH EVERY DAY

von Simone Grünewald
€ 20,00 (D) / € 20,60 (A)
O Sketch Every Day 10/20

SKIP BEAT!

von Yoshiki Nakamura
€ 6,95 (D) / € 7,20 (A)
O Band 1 bis 43
O Band 44 10/20
Bislang 45 Bände in Japan

SHURIKEN UND FALTENROCK

von Matsuri Hino
€ 6,99 (D) / € 7,20 (A)
O Band 1 & 2
In 2 Bänden abgeschlossen

SKULL PARTY

von Melanie Schober
€ 6,95 (D) / € 7,20 (A)
O Band 1 bis 4
In 4 Bänden abgeschlossen

SNACK WORLD

von Level-5, sho.t
€ 7,00 (D) / € 7,20 (A)
O Band 1
O Band 2 11/20
In 2 Bänden abgeschlossen

SOUL EATER

von Atsushi Ohkubo
€ 6,50 (D) / € 6,70 (A)
O Band 1 bis 24
€ 7,95 (D) / € 8,20 (A)
O Band 25
In 25 Bänden abgeschlossen

SOUL EATER MASSIV

von Atsushi Ohkubo
€ 5,00 (D) / € 5,20 (A)
O Band 1 10/20
€ 8,00 (D) / € 8,30 (A)
O Band 2 12/20
O Band 3 02/21
In 12 Bänden abgeschlossen

SOUL EATER GUIDE BOOK

von Atsushi Ohkubo
€ 8,95 (D) / € 9,20 (A)
O Soul Eater Guide Book

SCHNEEBALLEN

von Inga Steinmetz
€ 12,00 (D) / € 12,40 (A)
O Schneeballens Fall
€ 14,00 (D) / € 14,40 (A)
O Schneeballen – Verliebt in Japan

SCHOKOHEXE, DIE

von Rino Mizuho
€ 6,50 (D) / € 6,70 (A)
O Band 1-8, 10-16
O Band 17 01/21
€ 10,- (D) € 10,30 (A)
O Band 9
Bislang 18 Bände in Japan

SEARCH AND DESTROY

von Osamu Tezuka, Atsushi Kaneko
€ 15,00 (D) / € 15,50 (A)
O Band 1 12/20
In 3 Bänden abgeschlossen

SEKAIICHI HATSUKOI

von Shungiku Nakamura
€ 6,95 (D) / € 7,20 (A)
O Band 1, 3, 8-12
€ 10,- (D) € 10,30 (A)
O Band 2, 4-7
€ 6,95 (D) €7,20 (A)
O Band 13 02/21
Bislang 14 Bände in Japan

SEVEN DEADLY SINS

von Suzuki Nakaba
€ 6,50 (D) / € 6,70 (A)
O Band 1 bis 32
O Band 33 09/20
O Band 34 11/20
O Band 35 01/21
In 41 Bänden abgeschlossen

SHERLOCK

von Jay, Gatiss & Moffat
€ 12,99 (D) / € 13,40 (A)
O Band 1, 2 und 4
€ 14,99 (D) / € 15,50 (A)
O Band 3
€ 39,99 (D) / € 41,20 (A)
O Band 1 bis 3 im Schuber
Bislang 4 Bände in Japan

SHIBA – EIN HUND ZUM VERLIEBEN

von Mayumi Muroyama
€ 7,00 (D) / € 7,20 (A)
O Shiba – Ein Hund zum Verlieben 09/20

REQUIEM OF THE ROSE KING

von Aya Kanno
€ 9,99 (D) / € 10,30 (A)
O Band 1 bis 10
O Band 11 12/20
Bislang 13 Bände in Japan

ROCK THE CLOCKWORK WORLD

von Hidezaku Gomi
€ 6,99 (D) / € 7,20 (A)
O Band 1 bis 3
In 3 Bänden abgeschlossen

RYUKO

von Eldo Yoshimizu
€ 14,99 (D) / € 15,50 (A)
O Band 1 bis 2
In 2 Bänden abgeschlossen

SACRIFICE TO THE KING OF BEASTS

von Yu Tomofuji
€ 6,99 (D) / € 7,20 (A)
O Band 1 bis 9
O Band 10 11/20
Bislang 13 Bände in Japan

SAKURA – I WANT TO EAT YOUR PANCREAS

von Yoru Sumino
€ 7,99 (D) / € 8,20 (A)
O Band 1 & 2
In 2 Bänden abgeschlossen

SAMURAI8

von Masashi Kishimoto, Akira Okubo
€ 7,00 (D) / € 7,20 (A)
O Band 1 bis 3
O Band 4 11/20
O Band 5 02/21
In 5 Bänden abgeschlossen

SANTA MARIA HEARTLAND

von Rise Torio
€ 8,50 (D) / € 8,80 (A)
O Santa Maria Heartland 10/20

SCHATTENARIE

von Zofia Garden & Anne Delseit
€ 6,95 (D) / € 7,20 (A)
O Band 1 & 2
In 2 Bänden abgeschlossen

CARLSEN MANGA! CHECKLIST

WALKINDER, DIE

von Abi Umeda
€ 6,99 (D) / € 7,20 (A)
O Band 1 bis 11
O Band 12 [09/20]
O Band 13 [12/20]
Bislang 17 Bände in Japan

WEEKLY SHONEN HITMAN

von Kouji Seo
€ 7,00 (D) / € 7,20 (A)
O Band 1 [12/20]
O Band 2 [02/21]
Bislang 10 Bände in Japan

WER BIST DU ZUR BLAUEN STUNDE

von Yuhki Kamatani
€ 10,00 (D) / € 10,30 (A)
O Band 1 bis 3
€ 12,00 (D) / € 12,40 (A)
O Band 4
In 4 Bänden abgeschlossen

WET MOON

von Atsushi Kaneko
€ 19,90 (D) / € 20,50 (A)
O Band 1 & 2
€ 24,90 (D) / € 25,60 (A)
O Band 3
In 3 Bänden abgeschlossen

YAKUZA GOES HAUSMANN

von Kousuke Oono
€ 7,50 (D) / € 7,80 (A)
O Band 1 bis 3
O Band 4 [01/21]
Bislang 5 Bände in Japan

YAMADA-KUN AND THE SEVEN WITCHES

von Miki Yoshikawa
€ 5,95 (D) / € 6,20 (A)
O Band 1 bis 28
In 28 Bänden abgeschlossen

ZWEI ESPRESSO

von Kan Takahama
€ 12,90 (D) / € 13,30 (A)
O Zwei Espresso

TRIAGE X

von Shouji Sato
€ 6,95 (D) / € 7,20 (A)
O Band 1 bis 5
€ 7,95 (D) / € 8,20 (A)
O Band 6 bis 18
O Band 19 [09/20]
Bislang 21 Bände in Japan

TRIAGE X – TRIBUTE

von Shouji Sato
€ 7,95 (D) / € 8,20 (A)
O Triage X - Tribute

UNLUCKY YOUNG MEN

von Fujiwara/Otsuka
€ 19,90 (D) / € 20,50 (A)
O Band 1 & 2
In 2 Bänden abgeschlossen

UNSERE FARBEN

von Gengoroh Tagame
€ 10,00 (D) / € 10,30 (A)
O Band 1 [09/20]
O Band 2 [01/21]
In 3 Bänden abgeschlossen

UZUMAKI DELUXE

von Junji Ito
€ 28,00 (D) / € 28,80 (A)
O Uzumaki Deluxe

VAMPIRE KNIGHT – MEMORIES

von Matsuri Hino
€ 6,99 (D) / € 7,20 (A)
O Band 1 bis 4
O Band 5 [01/21]
Bislang 6 Bände in Japan

VIGILANTE – MY HERO ACADEMIA ILLEGALS

von Horikoshi, Furuhashi & Court
€ 6,99 (D) / € 7,20 (A)
O Band 1 bis 7
O Band 8 [01/21]
Bislang 9 Bände in Japan

VINLAND SAGA

von Makoto Yukimura
€ 7,95 (D) / € 8,20 (A)
O Band 1 bis 22
O Band 23 [10/20]
Bislang 23 Bände in Japan

THE GOLDEN SHEEP

von Kaori Ozaki
€(D) 8,00 / €(A) 8,30
O Band 1 & 2
O Band 3 [09/20]
In 3 Bänden abgeschlossen

THE HEROIC LEGEND OF ARSLAN

von Yoshiki Tanaka
€ 6,99 (D) / € 7,20 (A)
O Band 1 bis 10
O Band 11 [09/20]
O Band 12 [02/21]
Bislang 13 Bände in Japan
€ 7,50 (D) / € 7,80 (A)
O The Heroic Legend of Arslan Doppelpack 1+2

THE PROMISED NEVERLAND

von Shirai & Demizu
€ 6,99 (D) / € 7,20 (A)
O Band 1 bis 13
O Band 14 [09/20]
O Band 15 [11/20]
O Band 16 [01/21]
In 20 Bänden abgeschlossen

THE ROYAL TUTOR

von Higasa Akai
€ 6,99 (D) / € 7,20 (A)
O Band 1 bis 11
O Band 12 [10/20]
Bislang 14 Bände in Japan
€ 7,50 (D) / € 7,80 (A)
O The Royal Tutor Doppelpack 1+2

3/11 – TAGEBUCH NACH FUKUSHIMA

von Yuko Ichimura & Tim Rittmann
€ 12,90 (D) / € 13,30 (A)
O 3/11–Tagebuch nach Fukushima

TO THE ABANDONED SACRED BEASTS

von Maybe
€ 6,99 (D) / € 7,20 (A)
O Band 1 bis 9
O Band 10 [01/21]
Bislang 10 Bände in Japan

TORIYAMA SHORT STORIES

von Akira Toriyama
€ 5,95 (D) / € 6,20 (A)
O Band 2 bis 4, 7
€ 6,95 (D) / € 7,20 (A)
O Band 6
€ 7,95 (D) / € 8,20 (A)
O Band 5
Bislang 8 Bände in Japan

TANIGUCHI, JIRO

von Jiro Taniguchi
€ 12,90 (D) / € 13,.30 (A)
O Der Gourmet 2
€ 14,90 (D) / € 15,40 (A)
O Der spazierende Mann
O Der Gourmet
€ 16,00 (D) / € 16,50 (A)
O Der Kartograph
O Die Schrift des Windes
O Von der Natur des Menschen
€ 16,90 (D) / € 17,40 (A)
O Ihr Name war Tomoji
€ 20,00 (D) / € 20,60 (A)
O Im Jahrtausendwald
€ 22,00 (D)/ € 22,70 (A)
O Unruhige Geister und stille Gefährten
€ 25,00 (D) / € 25,70 (A)
O Der spazierende Mann (erw. Neuausgabe) [02/21]
€ 28,00 (D) / € 28,80 (A)
O Der Himmel ist blau, die Erde ist weiß – Gesamtausgabe
€ 29,90 (D) / € 30,80 (A)
O Venedig

TEMPEST CURSE

von Martina Peters
€ 6,95 (D) / € 7,20 (A)
O Band 1 bis 3
In 3 Bänden abeschlossen

THE ART OF SPLATOON

€ 40,00 (D) / € 41,20 (A)
O The Art of Splatoon

THE BOOK OF LIST - GRIMM'S MAGICAL ITEMS

von Izuco Fujiya
€ 6,95 (D) / € 7,20 (A)
O Band 1 bis 5
€ 8,95 (D) / € 9,20 (A)
O Band 6
In 6 Bänden abeschlossen

THE CASE STUDY OF VANITAS

von Jun Mochizuki
€ 7,99 (D) / € 8,30 (A)
O Band 1 bis 7
Bislang 8 Bände in Japan

THE DEMON PRINCE

von Aya Shouoto
€ 6,95 (D) / € 7,20 (A)
O Band 1 bis 15
O Band 16 [11/20]
In 16 Bänden abgeschlossen
€ 7,50 (D) / € 7,80 (A)
O The Demon Prince Doppelpack 1+2 [10/20]

HALT.

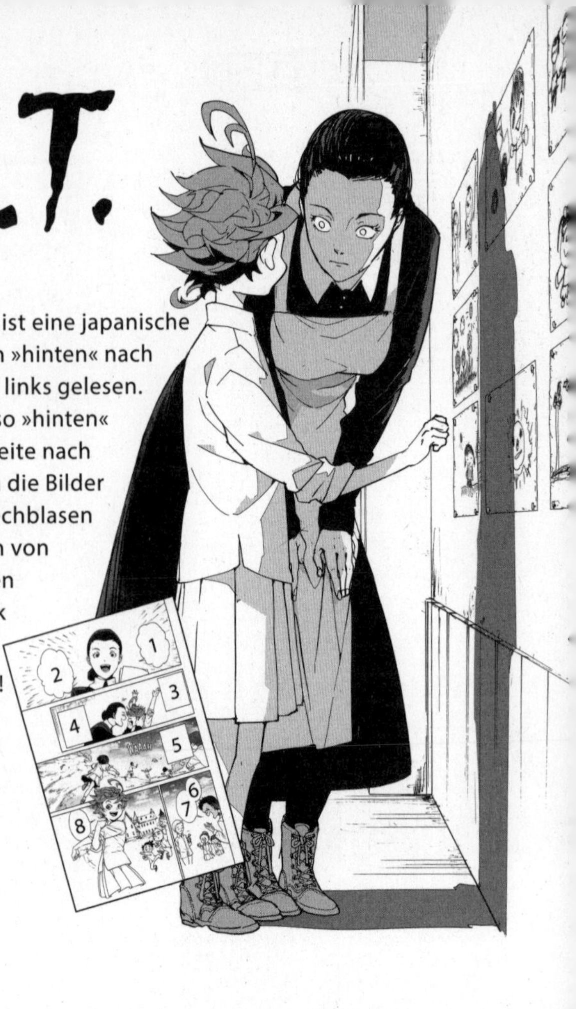

»THE PROMISED NEVERLAND« ist eine japanische Serie, und in Japan wird von »hinten« nach »vorn« und von rechts nach links gelesen. Man muss diesen Manga also »hinten« aufschlagen und Seite für Seite nach »vorn« weiterblättern. Auch die Bilder auf jeder Seite und die Sprechblasen innerhalb der Bilder werden von rechts oben nach links unten gelesen, so wie in der Grafik gezeigt. Viel Spaß mit »THE PROMISED NEVERLAND«!

Carlsen Manga! News –
jeden Monat neu per E-Mail!
www.carlsenmanga.de
www.carlsen.de

Klimaneutrales Produkt

MIX
Papier | Fördert gute Waldnutzung
FSC® C083411

Deutsche Ausgabe/German Edition

Aus dem Japanischen von Luise Steggewentz

First published in Japan in 2016 by SHUEISHA Inc., Tokyo.
German translation rights in Germany, Austria, Luxembourg and German-speaking Switzerland arranged by SHUEISHA Inc. through VME PLB SAS, France.
Redaktion: Philipp Nakata · Textbearbeitung: Steffi Korda
Herstellung: Tobias Hametner
Alle deutschen Rechte vorbehalten · ISBN: 978-3-551-73919-3